JN112858

読書の日記

InDesign
入籍
山口くん

阿久津隆

NUMABOOKS

10月4日（木）

朝、今度は「Number Web」で小谷野栄一の記事を読み、読んだら、また涙がじっとりと溢れた。僕は小谷野がすごく好きなんだろう、そんな気ではいたが、よりその気が強まった。思い違いがいくつかあった、オリックス移籍当時は福良は監督でなくてヘッドコーチだった、嘔吐はその一番ひどい時分だけでなくオリックス時代も続いていた、「試合前は毎日吐いていましたし、チームのみんなも見てましたけど、それでも野球がやれるんだったらという思いだった。それが僕の個性だから」とあった、「僕、最初、超ビックリしちゃったんです。でも栄一さんは、『気にしないで。オレ、これしないと試合に入れないから』って」とあった、小谷野栄一。どのタイミングで好きになったんだろうな、思い出せないな、とても好きだったな。

たいしてやることのない日だったが、だからのんびりと過ごすのだろうかと思ったが、夕方、友人が今度やるお店のことでどうのこうのということだったので差し支えなかったら事業計画書見せてもらえますかと尋ねたところオッケーとのことで、送られてきて、僕は胸がひたすらにワクワクするようだった、楽しい！　楽しい！　楽しい！となり、それでExcelで皮算用というか試算というか、ここに記されている売上目標が現実的なものなのかどうか検討しようとExcelで皮算用というか試算というかをして、した、したら、夕方以降はひたすらそれをしていた、暇な日だったわけではなかった、平日としては妙に忙しいというかコンスタントにお客さんがある感じがあり、最終的には「調子のいい金曜かな？」という数字に着地するそういう木曜だったから暇な日だったわけではまったくなかったが、隙間隙間はとにかくExcelとたわむれていた、40人とあるけれど、9時間営業で10席で40人ってどういう感じなんだろうな、滞在時間をどのくらいに見ているんだろうな、仮にフヅクエと同じで2・5時間だとしてみると、どうなるんだろうか、と計算してみたら計算してみるまでもなくはみ出した、じゃあこれ滞在時間的にはどのくらいだったら回る話だろう、と、思い、フヅクエの最大値というか限界値というか、今年でいったらそれは35人という日で去年とかもそのぐらいの日があった、30人を超えることなんてまずありえなくて、年間でも数日だろう、片手で足りるくらいの数日。だからその、だからというのかその、例えばその今年の一番だった35人の日の平均の滞在時間を見るとやっぱりきれいに2時間半で、正確には2時間24分、立派な日だなあと思うわけだけど、だからその、フヅクエの限界値はここだ、10席、平均2・5時間、3・5回転。それは、席はつまりどのくらい稼働しているということなのだろう、と計算したら70％ということで、１００％だったら10席すべて12時間埋まり続けているというそういう１００％での70％ということで、仮説：もうめいっぱい！　これ以上はどう考えても無理な気がする！という日の飲食店の席の稼働率は70％。それで、じゃあその9時間営業で10席で4回転させたい場合、滞在時間をいくつに設定すれば稼働率70％になるのだろうか、と考えてみて、この理路でいいのだろうか、なにか間違っているのではないだろうか、と思いながら考えてみた、そうしたら1・5時間だった、平均滞在時間1・5時間の店であれば、限界まで稼働したら40人いける、ということがわかった、そして、それはあくまで上限で、そんな日があることは考えないほうがいい、ということだった。じゃあ、どうしたら、4年目のフヅクエの現況をひとつの基準にしてみるならば、等々、ずーっとずーっとExcelをいじりながら、考えた、結果、まあ、そりゃそうなんだけど、単価が上がればいろいろ解決、ということではあった、そんな話だったか。でもやっぱりというかやっぱりなのかわからないが結局、欲望と美意識でしかないというか、欲望と美意識が設定されればやることというか取るべき態度はわりと自ずと決定される気がする、それだけ、考えればいいように思った。

思うんですよ、そういうふうに、と、閉店後、ＬＩＮＥをしていた、そうしたらまた楽しくなって、ああだこうだと好き勝手なことをたくさん言って、楽しくなった、気づいたら2時で、まずいまずい帰らないと、というのでおしまいにした。

帰って、帰ると遊ちゃんはまだ起きていて、夜に『寝ても覚めても』を見てきたらしかった、怖かったということだった、終わりの引っ越した家の前で子どもたちが遊ぶ、ボールが転がってくる、投げる、亮平がいる。そのことを遊ちゃんは言った、つまり、冒頭が川、子どもたちの遊び、爆竹、麦、だった、終わりも川、子どもたちの遊び、ボール、亮平、だった、うわ〜そうだった〜！と思った。それから、キッチンに突っ立っている朝子の姿のこと。

あれこれと話していたら4時近くになっていて、あっぷねー、と思って、本を読んでいなかった、寝るときは何かを読んでいたい、ミシェル・レリスの『幻のアフリカ』をだいぶ久しぶりに開いて、開いたら9月25日くらいの記述だった、少ししたら今日に追いつけそうだった、読んで、そうしたら面白くて、寝た。

10月5日（金）

朝、「文春オンライン」で矢野謙次の記事を読み、読んだら、また涙がじっとりと溢れそうになった、ぐっとこらえた、とどまった。なんだか今年は感傷的だ。感傷ではないか、ではなにか。

今日やることになる仕込みはこのあたりだろう、と思っていたものがいくつかあった、開店してから、減り具合を見ながら、今日やっちゃう、やるのは明日、そういう判断をしていくことになる、開店して、減っていく、定食が出ておかずが減るたびに、あれ？　あれれ？　もしかしてあれも？　それも？　これも？と新たな仕込みが発覚というか発生していって、結果的に、ものすごい量というか種類というか、とにかくヘビーな仕込みになった、それを、あれ？　どうしたの？　土曜だっけ？というような忙しい営業になった午後、夕方、夜、てんてこ舞いになりながらひたすらがんばった。がんばってがんばってがんばった。

するとll時になってやっと座ることができた、今日は雨だったから外で一服するときも階段が濡れているから座れないから今日の「一日中立ちっぱなしだった」は深刻に本当にその通りのそれで、当然、へとへとに疲れることになった、働きながら、なにを考えていたんだっけか、全部忘れちゃったな、と思った、思い出せるのは朝に見た夢だった、戦場だった、つきまとい続ける恐怖と不潔な環境に心底うんざりしていた、ぬかるんだ道を歩いていた、上官から集合の声が掛かって、敵意や憎悪は身内に向くもんだなあ、と思った。敵国というのか敵軍というのか敵兵というのかのことが意識にのぼることはまれだった、それよりもよほど上官に対して具体的な殺意を感じていた、たぶんそんな調子だった。

働きながら、そうだった、昨日いろいろ計算していてめいっぱいで稼働率70%という知見を得て、それじゃあ、5席の店だったらどうなるんだ? という、我が事に当てはめて考えることをやっとした、2・5時間で5席だと17・5人がマックスだった、マックスで17人。よくよく考えないといけない。

閉店後、小谷野栄一の最後の打席を見た。名前がコールされ、ベンチから出てきた。最初から泣いていた。しばらくネクストバッターズサークルで屈んで、涙を押し戻そうとしていて、それから、立ち上がって、素振りをした。審判とキャッチャーに深く一礼して、それから、打席に立った。腕で何度も目を拭った。とっくに僕も泣いた。投手に一礼をして、構えた。いい顔をしていた。初球、ファウル。ヘルメットがずれるようなフルスイング。二球目、空振り。福良監督も泣いていた。はっきりと泣いていた。三球目、ショートゴロを打った。試合が終わった。いい打席だった。

10月6日(土)

寝る前は昨日は昨日も『幻のアフリカ』だった。葬式だった。

まったく日が暮れる。案内人と僕は村を出て、近くの岩場で、一群の男たちと一緒になる。みな、二つの仮面以外は、普段と同じ服装をしている。二つの仮面とは繊維の衣装をつけた若者たちだが、暗いのでよく見分けられない。非常な数の太鼓があり、大部分の男は、槍か鍬を持っている。僕は行列にまじる。行列は草や岩場をよぎって、うねうねと進み、ある種の場所で立ちどまり、歌い踊る。武器が振りかざされ、男たちは野獣の真似をするためなのか、裏声で、鋭い叫びをあげる。僕がただ一人の観客だ。やっと追いついたアンバラが、フロックコートの垂れを空気の精シルフの翼のようにはためかせながら、僕の前で跳ねまわっている。小休止のとき、彼は親族の誰かにフロックコートを預け、両手の先にサンダルを振りかざしながら、輪の真ん中へ踊りに入る。男たちの大部分ではないにしても、多くは酔っていて、なかには、裏声であざ笑いのような声をあげながら、黍の畑に散ってゆく者もいる。これらすべての基調に、太鼓と並外れて気高い合唱の声。

ミシェル・レリス『幻のアフリカ』（岡谷公二・田中淳一・高橋達明訳、平凡社）p.185, 186

昨日は昨日も寝るのが遅くなって3時を過ぎていた。気づいたらそんな時間で、慌てて眠ったら朝になって起きた、曜日の感覚がなかった、土曜日だった。

今日は昨日たくさんがんばったから仕込みはほとんどなくて、チーズケーキを焼いた、昨日のたくさんの仕込みは昨日のうちに活躍したのは味噌汁だけで結局他のものは今日でも構わなかったわけだった、それは結果論だった。で、働いた。

忙しかった。今日は複雑に予約がいろいろ入っている日で、複雑というのは夕方くらいに予約が4つ5つ入っていてそうなるといろいろなんだか複雑で、あれ、どうなってるんだっけ、等々こんがらがりながら、働いた、実質満席という状態の時間がいくらかあり、このあと5時からご予約で全部埋まっちゃうんで、5時までは確約できるんですがそれからは状況次第、みたいなところで、お帰りになるというか帰すことになった方が何人かいて、そうしたら5時の予約に直前でキャンセルが出て、こういうときとてももんやりした気持ちになる、店としてももちろん損しているし、それよりも、それよりもはかっこつけ過ぎかもしれない、それとともに、さっきのかた通せたってことじゃん、と思うと、今日フヅクエで過ごしたかった人の一人が無意味に不当に過ごすことができなかった、という、ことで、ふーむ、と思う。デポジットみたいなものを取りたい、とたまに思うが、たまに思うだけだし、ちょうどいい仕組みというかサービスは現時点ではなさそう、探してもいないが。

夜はゆったりしたペースだったが、僕の動きが落ち着いたのは10時を過ぎてからだった、日記の推敲を済ませて、日記の推敲をしていたら先週の日記をだから読んでいたら、先週はいくつか数字づいているというか、数字についての言及というかなにか数字を出したがりな週だったんだなということを思ったのと、それから消費税の納付の事業者になる話が『黙ってピアノを弾いてくれ』の感想とまったく重なっているというか、変わるってことは、怖いことなんだ、という、なんかそういう話だと思っていたらなんだよこれ消費税の話かよwwwという話として響いたというそういう気付きと学びがあって、一週間という短いスパンでも自分の気づいていないところでそういう偏りというか意識が向いている方角みたいなものがある、ものだなと思った、野球の引退についていろいろ思っていることには当時から気づいていた。

それで、11時半くらいになってやっとやることもなくなったので、本を開いた、『クラフツマン』を開いた、開いたら、数日前に寝る前に読んでいるときにおかしくなって、遊ちゃんにそのおかしさを伝えた場面を思い出した、このおかしさは可笑しさのおかしさだ、それはこの本がやたらルビを振りたがる本というところで、圏点も多い、ルビを振りたがるというところで、今開いてるページだけでもさ模範モデル発展キャリア有能タレンテッド模範モデル模倣イミテート革新イノヴェート基本原則フォーミュラ作業場ワークショップ技術クラフトまだあるよ模範モデル3度めだ訓練トレイニング技術クラフト共感シンパシー、ちょっとすごくないこれ！　どこだったかな、あったwwwこれ、レベルっていうところにスタンダード！

その、おかしな、可笑しなページの続きを読んでいたら、あ、そういえばメール返さなきゃ、等々が出てきて、すぐに閉店時間になった。疲れた。

終わってから、そういえば、先日の打ち合わせのときに僕に課されたのは日記の読み直しというか手直しというか推敲というか、ということだった、と思い出して、動き出したときにそれがだいぶきれいにできていたら話の進行も早くなるのではないかと思った、というかそれが終わらなければ始まらない、じゃあやろうと思った、やるなら、きれいに整えた状態で見たいと思った、ということは、InDesignをまた入れて、組んで、やる、というのがいいと思った、そう思ったら、にわかに楽しくなった、InDesignをまた触る、これは楽しいことだった、楽しいことは続いた、Twitterを見ていたら『新潮』の11月号に滝口悠生の「アイオワ日記」が掲載されているという、これは！と思って

『新潮』のページを見に行ったら目次を見たらB&Bでのときのものだと思われる滝口悠生・柴崎友香対談も収録されているという、これは！と思って、にわかに一気に楽しくなった、楽しくなって、帰った。

帰ってから、いんでざいんいんでざいんと頭のなかはそれで、どうやったら効率的にできるだろうか、そういうことを考えていた、ウィスキーを飲みながら、考えていた、遊ちゃんと話しながら、考えていた、寝ようと思って、今日はミシェル・レリスにしようかプルーストにしようかと迷った末、今日はInDesignのことを考えて寝よう、と寝ることにして、本読まないの？と遊ちゃんに聞かれた、InDesignのことを考えて寝ることにした、と言うと、本当に好きなんだねえ、と言った、それで、すぐに眠った。

10月7日（日）

朝、InDesignのことを考えながら起きた、昨日寝言で僕は「さっさっさっさ」と言いながら手首をちょいちょいちょいちょいと動かしていたらしく、なんてかわいいんだろう、と思った。

そんな、のんきなことを思っていたら、というかInDesignのことを思っていたら、余裕あったらInDesign触ろうかなと思っていたら、いたが、いたら、とんでもない日になった、先週この店のマックスは35人でそれはもうとてもこれ以上は無理という数字だというところでいろいろ計算したりしていたけれど、今日は33人だった、ただ、35人だった一月のその日は平均の滞在時間がいつもどおり2時間半というそういう35人でだからそれはそれ以上無理な数字というそういうことだったけれども今日のこの33はきっとまだ伝票を入力していないからわからないけれどもおそらく平均にすれば2時間くらいだろうもしかしたら切るかもしれないというそういう33だったから、ちょっと質が違うが、それにしてもすごかった、ずっと機嫌がよかったというかワーカーズハイ的な感じで変に機嫌のいいテンションがずっと続いていて、すごかった、全部なくなった、定食もケーキもなくなった、と、いうことは、と思ったら暗澹とした気持ちになったが、今日はもうどうしようもないのでそのままで、それで11時頃になってやっと座れて、その瞬間にまたInDesignのことを思い出して、少し、下ごしらえのようなことをした。ようやるわと思った、思って、閉店して、急いでご飯を食べて、急いで帰った。

10月8日（月）

それで、少し『幻のアフリカ』を読み、10月7日まで読み、寝た。追いついた。

早起き、眠り足りない、遊ちゃんに起こされ、「実験」といって二度寝をして、起きて、慌てて、スーツを着て、家を出た。成城学園前まで電車に乗り、持ってきたプルーストを開いたが、まったく頭に入らないし、あれ、ここ読んだっけかな、まだだっけかな、とわからなくなって、あ、読んだ記憶があるな、しかし読んだ記憶がある程度でほとんど読んだ記憶がないようなところは、また読んでしかるべきというか、読んだ記憶があるからといって読んだ記憶がある先のところを探す必要性がないというか、読んだとしても読んでいないんだから、読めばいいじゃないか、と思った、思ったりしていたらあっという間に着いたので降り、バスに乗り、星美学園で降り、砧公園のかどっこだった、降りると名前を呼ばれ、見るとけいちゃんがいたので一緒のバスだったのだねと言って、一緒に歩いた、砧公園は立派だった、公園はよい。

しばらく歩くと、会場らしきものがあり、というか新郎と新婦が外の挙式をあげる庭みたいなところでなにか打ち合わせめいたものをしていて、白い椅子が並んでいた、星美学園で降りてこのルートで会場を目指すというのはたぶん非正規のルートで、だから玉村たちがこちらに気づくと手を振りながら「早いよ」と言ったわけだった、この時間までに来てくださいね、の時間の10分前くらいだったからそれは到着が早いということではなくてこちらを見るのが早いというそういう早いだったはずだった、待つべきところで待っていなさいよという。それで、回り込んで、そういう場があったからそこに行って、西山やけんちゃんが煙草を吸っていたところに、やあおはよう、と言ってまざった、10時20分だった。

それからしばらくすると、案内があり、さっきの庭のほうに行った、そこで人前式ということで、結婚式が催されるようだった、待っていると、まずは新郎からというところで、森みたいな小道みたいなところから玉村が一人で歩いてきて、なんとなく笑った、笑い声が上がった、もっさりとしたひげを蓄えた顔立ちのはっきりしたそういう男が、歩いてきて、祭壇みたいなところの前に立った、誰かが牧師さんみたいだなと言ったのを聞いて、まったく本当にそうだったのでよりおかしな気分になった、そのあととりちゃんとお父さんが歩いてきて、それで同じところに立った、とりちゃんと玉村が並ぶと、本当に牧師さんと新婦、という様子に思えて、面白かった、人前式ということで、まず玉村から、誓いの言葉みたいな言葉が発せられた、その中で唐突に人種や性別や云々という言葉が出てきて、なんだか無性におかしな気分になり、というかけいちゃんが後ろではっきりと笑っていて、まわりも笑っていて、僕も感染してすごくおかしくなって笑った、涙が出てきた、おかしくて笑って涙が出ているのか、この光景の全体の幸福感のようなものに感動して涙が出ているのか、わからなくなった。式が終わり二人が退場するとき、沿道というのか結婚式スペースの横の道で、ジョギング途中の人や家族連れや、立ち止まって拍手を送る人たちの姿があった。

短い、気分のいい式が終わると横のレストランでの披露宴で、始まる前、座ってビールを飲みながら、祝日ってどうなん、店、忙しいん、みたいなことを聞かれ、いやあ、営業したいところだよね、小さくないよね、ということを言って、いくらくらいなもんなの、というところで、営業してたら出たであろう売上と今日の出費とで考えたら10万とかマイナスになったりするかもね最大、と言って、昨日が、33人だった昨日が7万5千円とかそういう売上だったからそこから言ったわけだが、こういうとき、年に一回の大入りだった日を注釈なく採用してみせるというのは、僕も何か人になんというか実際よりも大きく見せたいみたいなところがあるのだろうと思った、え、そんな売上いくん、となった、や、めっちゃ忙しい日はね、と言った。年に一回レベルの話だけどね、とは言わなかった。

ビールを飲み、シャンパンを飲み、愉快に、過ごした、途中から玉村ととりちゃんによるスライドと解説みたいな時間が始まり、見た、玉村の、とりちゃんと一緒の玉村の、リラックスした、安心した顔が、よかった。

途中、スライドに突然『読書の日記』の書影とあるページの写真が並んだ様子が映り、おお、よく知った本だ！と思った、玉村が読み上げた、それは玉村と西山と三人でルームシェアをしていた大学時代のいっときのことを書いたところだった、僕はずっと友人であるとかの名前を出さないで日記を書いていたけれどもこのときにたぶん唯一ぐらいで出したのが玉村と西山の名前だった、野球を一緒に見に行った日だった、それで、「どうですか本について、阿久津さん」みたいな雑な話を振られ、え、あ、え、となって、特に何も答えられない自分があった、僕たちはその時分、「アニ玉クッキング１０７」という料理ブログをやっていたんです、エキサイトブログで、やっていたんです、僕と西山はちょいちょいと更新していたんですけれど、玉村はたぶん一回しか書いていないんじゃないかな、そういうブログを、やっていたんです、という話でもすればよかったような気もしたし、それよりも、一緒に住んでいて、玉村はかっこいい存在で、僕は憧れていて、彼がラッキーストライクを吸っているのを見て僕もラッキーストライクを吸うようになって、それから、そのとき彼はドレッドだったんです、それで、かっこいいなドレッド、と思って、これは僕には黒歴史になったんですけど、玉村の顔やスタイルや雰囲気がかっこいいからかっこいいということを忘れて、僕も真似してドレッドにしたんです、だから一時期、家の中に二人ドレッドがいたんです、そういう話をすればよかった気がした。

　酔っ払って、披露宴の後半、外でガーデンビュッフェという時間があって、甘いものを食べた、コーヒーを飲んだ、西山は先日『きみの鳥はうたえる』を見て、すごくよかった、その翌日に山手線に乗っていたら目の前に柄本佑にめちゃくちゃ似ている人があった、似てるなー似てるなーと思って見ていたら、持っていたiPadに三宅唱の『THE COCKPIT』のステッカーが貼ってあって、あ、柄本佑だ、となったらしかった、それで笑った。そのあと、別の人が、SFCの話の流れだったか、公園に小熊英二にめちゃくちゃ似ている人があった、小さいこどもを連れていた、似てるなー似てるなーと思って見ていたら、子どもが着ているTシャツの胸のところに「反戦」とあって、あ、小熊英二だ、となったらしかった、それで大笑いした。

　披露宴は最後はやはり感動的でいくらか僕は涙をこぼし、玉村の挨拶もとりちゃんの手紙もよくて、感動して、そのあとは二次会で公園でピクニックということだったので、公園の所定の位置に行った、プラスチックのボールを拾って、それで西山とキャッチボールをした、僕は今日、グローブとボールを持っていこうかどうしようか悩んでいたような者だったから、これは僥倖だった、軽いボールでも、キャッチボールはそれだけでまったく面白かった、木にのぼった、ピクニックは、牧歌的な光景そのものだった、僕はこういう場でどういうふうに振る舞ったらいいかわからない者だから、なんとなく座ったりしながら、ワインを飲んだりしながら、なんとなく人と話したり、話さなかったりしながら、そこにいた、途中、なおちゃんと瀬太郎がやってきて、お、瀬太郎だ、と思って、瀬太郎は二歳くらいだろうか、会うのは二回目だった、なんだかなついてくれたのか、一緒に遊んでくれた、一緒に走って、猛スピードで追い抜いた、それから、抱えて、猛スピードで走った、ボールを渡すと、腕をぎゅっと曲げて、ショベルカー、ということをやった、彼は車が好きということだった、車と恐竜が好き、それで僕もボールを拾いながらショベルカー、とやると、真顔の二秒後にケラケラケラケラと笑う、ということを何度でもやってくれて、うれしかった。そのあと、彼は何度も「アタッチメント」と言っていた、アタッチメントが取れちゃったの、アタッチメントが取れたら違うアタッチメントに交換するの、と言っていた。なおちゃん曰く、ショベルカーとかの先の部分は取り外しができて、なんとかと名称も言っていた、母子ともにショベルカーに詳しかった。

暮れて、帰った、けいちゃんとあきおくんと、また同じ行き方で、バスに乗り、電車に乗り、帰った、電車を降りて、僕はお腹が満ちているような気もするし、でも酔っ払っているこの感じを薄めるためにはあたたかい食べ物を食べる必要があるような気もするし、したので、なか卯に入って親子丼と小うどんのセットを食べて、久しぶりになか卯に入った、おいしかった、とてもおいしかった、それで家に帰り、帰ってきて、めんどくさー、めんどくさー、と言ってから着替えて家を出て、買い物をして、店に行った、仕込みだった。昨日、全部がなくなり、と、いうことは、というそのそれはつまり今晩仕込みをする必要があるということだった、ケーキを焼き定食のおかず全部を作り、その他もろもろ、ということをやった、いい一日を過ごしてなにかエモい気分になったのか、イースタンユースを大きな音で流しながらやった、ひたすら、一気呵成に働き、がんばった、これで、明日も営業ができる。それで、帰った。

帰って、早く寝たかった、『新潮』を開いて滝口悠生の「アイオワ日記」を読んだ。

柴崎さんや藤野さんが書いていたのを読んである程度予想していた通りで、参加者のなかで自分だけ極端に英語ができないことがはっきりした。私は、自分の名前と日本から来たこと、自分はfiction writerであること、日本で五、六冊本を出版したことを話した。As you know, My English is very poor. During this program, I will get many moment of confusion. It is… まで話してあとが続かなくなったので、以上、みたいな雰囲気を出して終わりにした。笑いが起こったが、それが失笑なのか苦笑なのか和やかなものなのかわからない。英語がわからないと他の参加者の情報も得られない。わかるのは国籍と肩書きくらいで、語られているらしき経歴や関心分野についてほぼ意味がとれない。名前も発音が難しくて聞き取れないし、と言って名札やプログラムの冊子で表記を見てもなんと読むのかよくわからない人が多い。何を聞いてもしゃべっても宙ぶらりんのままで、そのやりとりやその人の発言がどういうものだったのか、どこにも落ち着くことがない。言葉の意味としても、またその人の内面的なことも、計り知れなさしか残らない。手応えがない。

滝口悠生「アイオワ日記」『新潮 2018年11月号』所収（新潮社）p.149

わからない、わからない、ということが書かれる。このときはまだわからなかったが、ずいぶんあとになってわかったりもする。という、過去を振り返るだけでない日記が書かれていく。この先の時間を含んだ過去が綴られていく。めっぽう面白くて、べらぼうに面白くて、面白い、面白い、と思いながら読んでいった。いくつもナイスな場面があった。

それでロベルトと、ジミヘンの話をした。ロベルトはベネズエラから来た。すらりとしていてそんなに口数は多くなくて、いつもまわりの声や音を聴きながら心中で何か考えているようで、私はその感じに少し共感する気がしていたので、話しかけてくれたのが嬉しかった。ジミヘンが生きていたらマイルス・デイビスと何かしただろう。イエスそれは間違いないだろう。という会話は単純だが、私たちのあいだには言葉以上の情報交換があった。ロベルトと私はその後、あまり語りすぎないこと、形にしないこと、音楽のようなこと、みたいな感じをたぶん共有していて、挨拶以外にそんなにたくさん話はしないのだが、コモンルームなどで会うと、挨拶をして、無言のうちに何かふたりで思い出すというか、その場の音を聴いたり空気を眺めるみたいな、親しい友人と過ごすのに似た時間を持つようになった。

同前 p.150

今回掲載されたのは10日分ほどで、10日間、わからない、わからない、と書かれていた最後、トルコの詩人ベジャンは、学生だった頃に逮捕され拘束されていた時の牢屋の暗闇と、子どもの頃に育った土地の美しい景色について話した。私はベジャンとはこれまでほとんど話していなくて、それは彼女がいつもあまり人を寄せ付けない、孤高な雰囲気を出しているように私が感じていたからだが、ベジャンの話を聞いていると、彼女が子どもの頃に見た緑や空の青や、花の鮮やかな色が見えた気がした。その想像について私は説明することもできる。私は、彼女の故郷ではないが隣国のイラン映画の色彩をたぶん彼女の話に重ねて聞いていた。そして彼女はいつも原色の、ビビッドな色の服を着ていた。ブルー、グリーン、そしてこの日も真っ赤な長い丈のジャケットだった。私はその色の印象を彼女の話に重ねて聞いていた。説明すれば不安になるほど私の想像の材料は貧しいが、私にはそれが精一杯で、けれども暗い部屋のなかで鮮やかな色彩を忘れなかった彼女が詩作をはじめ、そして続けているマインドを私はつかめたように思えて、その感覚についてはうまく説明できないがそれは強くて、彼女のことが少しわかった、これまで一週間ほど全然わからなかった彼女のことを少し知ることができたと思いながらその話を聞いていると、涙が出た。

同前 p.160

とってもよくて、清々しい、なにかスコーンと抜けたような気持ちのいい気持ちになって、それで、この気持ちよさのままでいたくて、高橋源一郎の文章を読もうかと思っていたが、きっとこの気持ちよさはなくなってしまうからと思ってやめて、布団に移ってからはプルーストを読んで寝た。

10月9日（火）

今日も早起き。起きられた。よかった。今日は下北沢で、行き先は小田急電鉄の下北沢工事事務所という場所だった、世田谷代田駅のすぐそばで、これは工事のための事務所で、年度末くらいで壊すらしい、工事のために事務所を建てる、ということがもうなんというか想像のつかないスケールだった、このあたりは、旅館になる。

先週内沼さんから声を掛けていただいたお話で、世田谷代田から下北沢から東北沢に至る1・7キロにわたる線路跡地が遊歩道になって、それでいくつもの区画に分かれて、いろいろ作られる、小田急の開発のエリアで、そこで内沼さんはマスターリースという立場で関わることになって、マスターリースというのは今回であれば小田急からその区画全部を借りて家賃を小田急に払うという立場ということで、で、店子たちから家賃をもらうという、そういう立場ということだった、マスターリースという言葉自体ぼくは初めて聞いた、それでマスターリースで、B&Bもそこに移転する、大きい建物を建てて、その横のところに広場を作ってその周りに小さい建物を10棟ほど作ってっていうのをやるんですけどどうですか阿久津さんフヅクエ、というお話で、めっちゃ面白そう、と思って、それで今日は説明会だった。きっとその工事事務所から歩いて現場を見て下北沢方面に行くのではないか、と予想したので、下北沢に行くときはそこに停める駐輪場に自転車を置いて、セブンイレブンでコーヒーを買って、飲み飲み、知らない道を歩いた。で、着いた、会議室で、最初にいたのは内沼さんと、マスターリースとしてNUMABOOKSとグリーンズが手を組むという話でグリーンズの小野さんと、店子候補の方が一人、それから途中で不動産管理というのかを担うomusubi不動産の殿塚さん、小田急の向井さんが来られ、という人たちだった。

それで、自己紹介をして、下北沢でその物件でやるならこういうことがやりたい、というようなことを話して、僕が話して、もう一人の方が話した、走る系のお店をされているということだった、その話がとても面白かった、トレイルという3日で160キロ走るみたいなそういうこともされるそうだ、走るイベントをよくしていて、人々が集まって、一緒に走る、そういうことをされている、走っていると、歩いている人に「がんばれ！」と声をかけられたりしやすい、走るのはただ楽しいから気持ちいいから好きだからやっていることなのに、なにを目指しているんですか、というような問いが発生しやすい、もっとただ楽しいこと好きなこととしてのランニングが広まればいい、というようなことをたぶん話されていて、それはめっちゃ読書と同じだな〜と思って、ニコニコして聞いた、その、スポーツ全般に対するなにか警戒心というかハードルの高さみたいなものは、とその方は話した、学校の体育教育によるものなのではないか、ということだった、僕も、読書全般に対するなにか警戒心というかハードルの高さみたいなものは国語教育のたまものだと思っているので、まったく考えたことがなかった、読書とスポーツに同じ課題というか、余計な課題があるということを。というのでとても面白かった。それから向井さんが開発全体の説明をされて、いろいろできるんだなあ、というところで面白かった。なんというか、小田急という立派な会社の開発事業なわけだけど、他の町と同じようにしちゃったら意味がない、下北沢らしさみたいな、今どんどん減っている下北沢らしさみたいなものを作り直すものにしないといけない、という課題意識から白羽の矢を立てた先が内沼さんであり小野さんであって、なんというか思いみたいなもののある、美意識みたいなもののある開発なんだなというところで、よかった。向井さんの話し方はなんだか僕は好感の持てる好きな話し方で、向井さんは名刺を見たら「生活創造事業本部 開発推進部」とあった。

外に出て、開発予定地を外から眺めたりする時間になった、まだ基礎工事というのか、地面の工事というのか、そういう段階で、まっすぐ、駅まで見通せた。今の駅を知らせるランドマークは南西口至近のラブホテルの「ホテル」の文字で、真っ直ぐだったら徒歩5分というところだった。

2019年の春に着工で、2019年の暮れか2020年の頭に引き渡しで内装工事を始められて、2020年4月に全部一気にオープン、という流れだそうだ。僕は、きっとやるのだろうな、いろいろ想像がつかないからこそ、きっとやるのだろうな、やってみる、ということをやりたいのだろうな、と思って、工事事務所に戻って殿塚さんから契約の流れ的な説明といくつかの質疑応答があって、終わって、みなさんは世田谷代田駅に向かうようだった、僕の予想はだから外れて、また同じ道を下北沢のほうに歩いて、質問し忘れたことがあったなと気づき、また11月か12月のときに説明会に行こうかな、と思って、自転車を拾って、家に帰った。

暑い日だった、うどんを茹でるためにお湯を沸かしながら『新潮』を取って高橋源一郎の「「文藝評論家」小川榮太郎氏の全著作を読んでおれは泣いた」を読んで、途中でお湯が湧いたのでうどんを入れて13分のタイマーをセットして、読んで、やるせない心地になって、それから「躍るせかい――保坂和志『ハレルヤ』／丹生谷貴志」を読んで、うどんが茹であがったのでザルにあげて冷水で冷やしてお皿に取って、食べながら、柴崎友香と滝口悠生の対談を読んだ。

じゃあ自分にとってエモーショナルな言語の使い方はどういうものかといえば、相手と辞書的な意味を超えたやり取りができるかなんですね。コール＆レスポンスというか、自分が何か言ったときに、そこに込めたニュアンスや意味を相手が受け取ってくれる信頼というか、可能性みたいなことが存在すること。つまり、言語体系というよりは、文法の使い方とか、あるいは崩し方とか、そういうところに宿るものじゃないかと思ったんです。

柴崎友香・滝口悠生「エモーショナルな言語を探して」
『新潮　２０１8年11月号』所収（新潮社）p.244, 245

そのあとの柴崎友香の、massiveの話もなんだかすごくよかった、「発電所の量感を伴ったああいう感じがmassiveか、と理解できた。そうすると、「massive習得した！」って感じがして、嬉しくなるんです（笑）」。言語の習得というものに昔からなんだかときめくところがあるので、ときめいた。

うどんを食べて、それから日記をいくらか書いて、書きながら、なにか油断したというか緩んだのか、済んだら「アイオワ日記」の続き読も、みたいな気分が湧いたことに気づいて、でも続きはここには存在しなかった、来月の『新潮』を待つほかなかった、なんか、「アイオワ日記」、すごくよかった、こんなにぴったり来るものは久しぶりに読んだというかずっと読んでいたいというそういうよさだったらしかった。

で、『マーディン・イーデン』を読むことにした、その前に、そういえば読んでなかった、と思って『新潮』の10月号の、ふた月連続で『新潮』を買うなんて初めてかもしれない、『新潮』の10月号の、三宅唱のエッセイを読んだ。「僕」たちは、クラブに行ったり本を読んだりすることをあたり前のようにしながら生きていた。

彼らは貧乏ではあるが、貧困ではない。なにかを諦めていない。もちろん、楽しけりゃいいってわけでもない。それがあたり前のこととして示されていることが重要に感じた。そうやって生きることがあたり前ではないのだとしたら、どう考えてもおかしい。果たして自分はどうか？　羨ましいと思った自分は多分、今の時代の貧困さにどこかで加担していたらしいと反省した。だから、彼らのそんな姿の眩しさをあたり前のように捉えることが、この小説を今の時代に映画化する自分たちの役割だと決めた。眩しさのためなら、貧しさなんて描写している暇はないとすら思った。

三宅唱「貧しさと眩しさ――『きみの鳥はうたえる』について」『新潮 2018年10月号』所収(新潮社)p.207

眩しさのためなら、貧しさなんて描写している暇はないとすら思った。かっこいい。ほんとかっこいい。眩しい。とても気持ちがいい。

それで、気分よくなって、『マーティン・イーデン』を開いた。すでになんだか眠くて、どうしたものか、と思っていたら、遊ちゃんが帰ってきて、それで、いくらかおしゃべりをして、それから読んで、マーティンは洗濯屋になって、猛烈に洗濯していた、労働の場面というものは面白いものだよなあとやっぱり、思って愉快だった、それから昼寝をした。

起きたとき、やたらに眠くて、重く眠くて、どんよりした心地になって、歯を磨いてしゃっきりして、店に行った。たいしてやることもなかった。

それで、とうとうInDesignをインストールし、テキストを流し込んだ。今回は読んで確認することが目的なので細かな設定はせず、日付けと書誌情報に段落スタイルを付与する程度にした。よくわかっていないが、これを元に作れたほうがきっと効率がいいはずだから、あまり余計なことはしない方がよさそうな気がしたためそうした。それで、あまりファイルが大きいのも不便かなというところでひと月分ずつのファイルを作った、とりあえず前回と同じ判型というのか文字数とか行数とか文字の大きさとかでやったところ、面白いもので、いちばん短い月で74ページ、いちばん長い月で155ページと、倍も違った。合計したら1236ページだった。前よりも多いということだった。

そういうことをしていたら肩が重くなって、閉店して、『Number』の広島優勝特集を、Amazonの袋を開けてすらいなかったそれを取り出して、新井の記事と鈴木の記事と新井の記事を読みながら、ご飯を食べて、帰った。帰ると、『エコラリアス』を読み、それからプルーストを読み、寝た。散漫な読書。

なんだか多分、先々週くらいに、なんかずいぶん本を買っちゃったな、となって、そこで読書のリズムみたいなものがおかしくなった気がする、ちょっと今、散漫すぎるというか、どれを手に取りたいのか、よくわからない、そういう状態が続いている。あまり楽しくもない。

10月10日（水）

店、着いてぽやぽやとしていると鈴木さんがやってきて、昨日の夜、明日開店前の時間にうかがってもいいですかということだったので、やってきて、おしゃべりというか、わざわざ来られるくらいだからなにか相談ごとがあったらしかった、店のことを話す、僕はやっぱりずっととにかく、新しく始められようとしている店のことをあだこうだ考えるのはすごく面白い、と思っていて、面白がっている、だから面白い時間だった。

開店してから、いろいろの仕込み。トマトソース、トマトをセミドライに焼いてオイル漬けにするやつ、ピクルス、それらを並行して。しばらくして、しばしやることないフェーズに入り、どうしようかな、経理が先かな、それとも原稿チェックかな、と迷った、原稿のチェックは、毎日の経理のタスクと同じように、毎日のタスクに入れて、一日10日分ずつ、ということでやろうかなという気が起きた、それはいい方法に思えた。1ヶ月とちょっとで済む。たぶん、そんなにスピードは求められていないから、1ヶ月とちょっとというのは、ちょうどいい方法に思えた。

2017年10月、激烈に暇。それを、激烈に暇な日に読み返している。不安になっていく。なっていくし、どこにも進んでいないような気にもなっていく。そんなはずは、きっとない。ない、はずだ。去年の10月は暗かった。

と、やっていると、結局ひと月分やってしまった。毎日10日分、と決めたら、野放図に際限なくやり続けることを回避できる、と思っていたのに、止まらなくなってひと月分やってしまった、そうしたら肩が重くなった。気持ち悪くなった。それなのに、そのあともまた時間を見つけてはやっていた、11月。5日に「昼間にちょうど一年前の読書日記を少し読んでみたとき」とあって、一年前の日記を読み直していたらその一年前の日記を読み直していた。

11月の15日までやった。そうしたら、閉店したら、なんだかげっそりと疲れた調子になった。わりと忙しい日だった、仕込みもたくさんあったし、お客さんも水曜日にしては多かった、最初のお客さんが来られたのが15時20分で初めてお会計をしたのが19時だったことを思えば、そういうやたら遅いスタートだったことを思えば、そのあとははっきり忙しかったということだった、だから総じてわりと忙しい日だったその日に、3時間以上は取り組んでいただろうか、なにをやっているのだろうか。それにしてもやはり、日記を読み直すのは面白くて、そうか、そういう気分か、と思いながら読む。そうか、そうだったっけか、すっかり忘れちゃってたな、と思いながら読む。10月の暗い時間を通り過ぎて、11月、スタッフも入り、未来ばかり見ている、明るくなっている、その変化がおかしかった。

帰宅後、遊ちゃんとゲラゲラ笑いながら話したのち、『マーティン・イーデン』。やっと読書。ホテルの洗濯場で、がむしゃらに、猛烈に働いている。働いて働いて働いている。相棒である腕っこきの洗濯屋のジョウは、「自分の仕事と、いかに時間を節約すればいいかに集中し、マーティンにも、五つの動作でやっているところを三つの動作でできる点や、三つの動作のところを二つでやれる点を指摘した」。知っている、と思った。少しでも効率的にやろうという意志も知っているし、ただただ、働き、へとへとに疲れ、嫌気が差しながらも、しかし労働は翌日もまた翌日もやってきて、そのくるくる回る輪っかの中を全力で走り続けなければならない、そういう状態も知っている。

週末になるとまた、百四十マイルを身をすり減らして走った。麻痺してしまった大変な仕事の労苦を、さらにそれに輪をかけたような労苦から来る麻痺によってかき消すのだった。三ヶ月めの終わりには、三度(みたび)ジョウと村へ出かけていった。何もかも忘れて、生きかえり、そういう状態にあってよくよく考えてみると、自分が獣になってしまっている——それも酒のためではなく、仕事のために——ことを知った。酒は原因ではなく、結果なのだ。夜のあとに昼が来るように、仕事には必ず酒が付き物だ。獣みたいに働かなくとも高みに達することはできるだろう、との言葉をウイスキーが彼にささやいた。彼はうなずき、なるほどと思った。ウイスキーは賢明だ。自分の秘密を教えてくれる。

ジャック・ロンドン『マーティン・イーデン』（辻井栄滋訳、白水社）p.183

労働する機械になること、疲れを疲れでかき消そうとすること、酒を飲んで麻痺させようとすること、すべて知っている。すべて、すべて知っているよ、と思った。

10月11日（木）

開店前からちょこちょこと隙間を見つけてはInDesignに向かっていた、11月20日、鈴木さんとお多幸で飲む。そこにはこうあった。

「会社を辞め、本屋とカフェが一緒になっている店を始めようとしている人と飲んでいた、こういうのがこういうふうになっているような店だったら町みたいなものに向けてやる意義があるというかけっこうそれは感動的なことになりそうですよね、というような話をして、それを想像していたら楽しかった」

11月21日、「本の読める店」になった。この転換がどれだけ素晴らしいものであるか、このときにはまだ知らない。それにしてもトンプソンさんの存在というか様々な発想や忠言によって、本当にたくさんのことが変わったのだなと改めて気づかされる。わりと早々と辞めることになったけれど、なんというかほんとありがたい、と改めて、思った。

10月、11月と売上は最悪だった、10月の数字に愕然とし、11月、まだ落ちるのか、と愕然とした。そういうことが書かれていた。毎日10日分、それを守っていれば今はまだ10月20日のはずだったが、すでに12月に入った。いったい何をやっているのか。営業は、暇だった、今日は、18時で店じまいだった。

閉めると、店を出、神保町まで電車に乗った。『マーティン・イーデン』を読んでいた、マーティンとルースの距離が縮まっていく、電車を降りると地図を何度か見ながら歩いて、神保町のその道を歩くのは初めてだった、知った景色にぶつかった、線路があり、その向こうに東京ドームシティがある、坂道を上がって、それで曲がると、懐かしい薄紫色の外壁があった、夜だったから、色はもうわからなかった、薄紫色であるはずだった、アテネ・フランセに入り、階段を4階まで上がり、いったいいつ以来だろうか、なにか小ぎれいになっているような気もするがなにか変わったのだろうか、改修等あったのだろうか、受付でチケットを買い、あの赤い、座り心地は特によくない、座席に腰掛けた。かつて、大学時代、いくらか強迫的に映画を見ていた、見ないと、という気分は多分にあった、そういう時代、何度もアテネ・フランセには足を運んだ、ぼんやりとしたいくつかの光景が立ち上がる、廊下の先の喫煙所でタバコを吸いながらおいおいと泣いたことであるとか、入り口前のスペースで遭遇した友だちと話したことであるとか。

フレデリック・ワイズマンの『病院』を見た。見ていて辛くなるところもいくつもあったけれど、なんともいえない暢気さみたいなものが全体にあって、何度も笑いが起こったし僕も笑った、嘔吐青年の怯えた目つきや言動、立派な嘔吐、白眉だった。私は癌なんでしょうか、という、泌尿器科を受診した方がいいし歯科も受診した方がいいおじさんの涙も、すばらしかった。人間を映す場所として病院というのは多分とても好都合というか強い力を場所が持っていた。がくがくとあごを震わせながら薬とミルクを飲む老婆、危篤の母のあごにキスをする娘、患者の窮状を福祉施設に必死に冷静に電話で伝えようとする精神科医、開かれたお腹、縮んでは膨らむ臓器、傷口からあふれる血、重ねられる手。

とってもいいものを見たと充実した気持ちになって同じ道を戻って電車に乗って、店に戻った、店のキッチンの寸法とか席間の寸法とかを測っていくらか考え事をしてから、いったん家に帰って自転車を置き、飲みに出た、居酒屋に入り、適当に飲みながらつまみながら、イヤホンをしてケンドリック・ラマーを聞きながら、『マーティン・イーデン』を読んだ、少しずつ、状況が変わっていく。書くことで生計を立てようとする男であるところのマーティンの、これからがとにかく気になる。成功してほしい。大金を稼いでほしい。

イヤホンをしてみればわりに落ち着いて居座ることができて、1時間半くらいだろうか、ゆっくり本が読めた、とは言え何か、借り物感というか、肩身の狭さみたいなものは感じた、やっぱりこういう、飲みたいんだよな今日は、酒飲みながら、気が済むまで本が読みたいんだよな、という気分、こういう気分に全力で嘘偽りなく完全に応えてくれる店というのはほぼ存在しない、それはだから、僕が作らないといけない、と思った。思った。

帰って、風呂に入って、日記を書いていると遊ちゃんが帰ってきて、職場の飲み会だった、送別会。そこで職場の人にこの日記を読んでいる人があって数人のグループLINEがあってそこで、「遊ちゃん」の名が出てくると引用だったかスクリーンショットだったかで共有されることになっている、ということを知った、と話していて、笑った。笑ってから、もう少し飲んで、そうしたら酔っ払って、『マーティン・イーデン』を読みながら眠った。マーティンとルースはマジでこれ幸せな結末を迎えるのだろうか、なんだか想像がつかない、というところでけっこう物語に没入しているというか「がんばれ、マーティン!」という気持ちが強くある。

10月12日（金）

わりと仕込み。がんばる。がんばっていたら途中でまだがんばらないといけない局面なのに日記の手直しをし始めて、本当に際限ないというか、ダメだねえ俺は、と思った。昨日も、飲みに読みに行く前、どこかで本読むのも一興だけど、酒買って家に帰って、飲みながらInDesignの画面を見続けるのも、楽しそうでない？という考えがもたげ、傾いた、がんばって斥けた、そういうことがあった、楽しい時間なんだろう、なんだろうというか、楽しい。

お客さんは少なく、やることも2時や3時にはたいてい終わり、また原稿の直しをしていた。原稿というか日記の。これなの？　やるべきことって今これ？という思いはある。書かないといけない原稿仕事もあって、たぶんこれから2週間くらいは「あ〜、やんなきゃだよなあ、なに書こうかなあ」というくらか暗く重い思いにつきまとわれるだろう、終われば、いややり始めさえすれば、そんなことは思わなくなるのだから、やれ、と思うが、日記楽しい。自堕落。

夕方、ふとクラウドファンディングのことを考えていた、昨日Twitterを見ていたら代々木上原と代々木八幡と初台の中間くらいに、ハイパー銭湯なるものができると知って、そういえば前に遊ちゃんがそんなことを言っていたな、これか、と思って、そのツイートにはそのハイパー銭湯のクラウドファンディングが30%ぐらいの達成率で終わった画面のスクショ付きで、開始直後は盛り上がったのに着地はこんなものか、クラファンはストラグル感が大事だと思っている、というようなことが書かれていた。それを見て、まずは「クラファン」と思って、それから、ストラグル感が少ないのかな、と思ってその当該クラファンを見に行った、なんだかとても勢いがありそうで、元気そうだとは確かに思った。7000万円掛かる。4500万円までは調達のめどがついているが、残りの必要資金のうち1000万をここで募りたい、というようなことがお金についてのそれだった。ところで僕はクラウドファンディングはよくわからないところがあって、今回のはそういうふうには感じなかったというかあくまでひとつの調達手段ですという感じが明確だったのでさっぱりしていたのだけど、あといくら足りないとかこれこれに必要なんですとか、だからお願いしますとか、言うのがあるけれど、クラウドファンディングで集まらなかったらやらないってこと？　やるんだよね？　やりたいんだから。というかもう動き始めてるんだから。と思うと、融資とかもあるだろうし、その緊急性というかどうしてもクラウドファンディングでお金を集める必要があるんです感がわからないことがしばしばある気がする、必須感がわからない、いや必須感のなさはいいのか、必須とは思えないのに微妙に必須感のある書かれ方とかを見かけやすい気がして、そういうとき気持ち悪い。とても応援したいと思ったものに対しては何度かお金を入れたことはあるけれど、それも、どうしても、という切羽詰まったものでは全然なかった。どちらかというと宣伝という使い方に見えるものが多かった。『BRIDES』という仮タイトルがつけられていた『ハッピーアワー』は例外かもしれない。あれは、クラウドファンディングによってたぶん本当に変わったというか実現したものなんじゃないか。なかったら、全然違う映画になっていたのではないか。

　だからそれがストラグル感ということだろうか。でも本当にストラグル感が必要なのか。森の図書室のときは募った額はたしか10万円とかだったはずで、本棚を埋めたいから本を買いたいから、というそういう10万円だったはずで、結果として1000万とか超えたわけだけど、金額的なストラグル感はほぼゼロというプロジェクトだった。ストラグル感。わかる気もするしわからない気もする。それよりも、よりもではないが、お店とか場とか、だから場所が固定されているものはわりと膨らみにくかったりとか、しないだろうか、と思った。

なんか、いいね、コンセプトいいね、そんな場所が近くにあったら自分も通いたいな、と思っても、でも、どこ？　あ、そこか、自分の生活とは関係ないな、みたいな、訴求できる範囲が、そこに日々アクセスできる人に限られそうというか、限られはしないにしても、場所のせいで、関係ないな、と思って終わりにする人がたくさん発生しそう。森の図書室も思いきり店だけど、それがまだ「渋谷」くらいの単位で言えるところであれば、話も違いそう。あるいはそういう場所があっても行くのは年一とかでいいんだ、そのコンセプトの場所が存在してくれることが世界にとって豊か、それに俺はマジで寄与したい、くらいのものであれば、場所は関係なくなりそう。

そういうことを考えながら働いていた。例えばフヅクエが、新しい店をやるぞというタイミングが来たときにクラウドファンディングを使うとしたら、どういうふるまいがいちばん適切なんだろう、であるとかを考えていた、「本当に「本の読める店」を全国に作りたい。まずは下北沢から！」みたいな感じとかどうだろうか、下北沢という町性には縛られるが、全国というところで、ところで全国が意味が早々にゲシュタルトが壊れた、全国が日本や韓国やブラジルやアメリカやフィンランドやフランスやナイジェリアやコロンビアやみたいな意味にしか思えなくなってきた、そうじゃない、全国というところで、ちょっと自分ごととして捉えてもらうことができないだろうか。こうだ、「今回の2店舗目がうまいこと行ったら、他にも作っていきたいです。もうひとつふたつは都内埼玉神奈川とかの近場からにはなると思いますが、ゆくゆくは各大都市くらいに、というつもり、なので！」という、どうだ。どうなんだろ。お金の理由はこうだ、「開店に掛かるお金は1000万円、銀行から800万円の融資が決定したため残り200万円は自己資金で。なので、始めることはできますというか、始めます。今回お力をお借りしたいのは、助走期間中の運転資金です。最初のうちは、物珍しさや「一度行ってみよう」需要でもしかしたらうまくいくかもしれない、それこそこのクラウドファンディングがバズりでもしたらより最初はうまくいきやすいとも思います。が、ちゃんと軌道に乗るまでがものすごく怖くて。現在のフヅクエが「なんかコンスタントにまともな数字だな」というところになるまでには5年掛かりました。今回は初台のこの5年間でいくらかの下地はできているはずで（きっと）、もう少し時間は掛からないといいなと思っているのですが、それにしたって1年2年は掛かるよなあと。というところと、今までは主に自分が店に立っていたため、（たいへん危うい認識ですが）人件費を最小限しか掛けなくて済む、家賃さえ払えれば続けることはできる、というところがあり、僕はこれまでこういうやり方でしか店舗の運営をしたことがない。経営なんて言えないレベルのものです。のですが、２店舗目になるともちろんそうはいかず、１００万円近いコストを燃料として毎月毎月投下し続けなければいけない、という、完全に未知の状態になります。めっちゃ怖い。諸先輩方ほんとすごいよなと思うんですが、ともあれ、軌道に乗るところまでの運転資金を、みなさんからご支援いただけたら、と思ってのクラウドファンディングです。うまいこと行っていただいたお金を切り崩さずに回せていけたとしたら、それを原資に、また次のお店、みたいなことにしたい。それを約束しますとは言えませんが、強い欲望として僕は今そう考えています。もっと作りたい。読書を楽しみたい人たちに向けられた場所をもっともっと作りたい。今日はめっちゃ読書を楽しみたいぞという人たちが気分よく何にも邪魔されない読書の時間を楽しめて、よりいっそうその読書体験が豊かになるようなそんな場所をもっともっと作りたい。だから、やれさえすれば僕はやると思います。本当はこんなの、大きな書店とか、大きな出版社とか、財力があるところがやるものだと思うんです。東宝がＴＯＨＯシネマズやっているみたいに。読書振興的なことの一環として。新潮社とか、ラカグとか作ってる暇があるるなら読者のためのそういう場所を作りなさいよと、嘘です思わないんですが、どこもそういうところを作ろうとする気配が一向にない。なので、新潮社がやらないんなら俺がやるよ、という、そういう、フヅクエ、ネクスト、ステップ、です。どうぞよろしくお願いいたします。」

夕方以降、ずっとこの文章を考えていた……いったい何してんだろう……楽しかったのでよかった。

うれしいのは、成功の対象物ではなくて、それをやることなんだ。はっきりしないけど、それが僕にはわかるし、君にだってわかってるさ。美のために心が痛むんだ。それは、果てしのない痛みであり、癒えることのない傷であり、燃えるナイフなのさ。なぜ雑誌とかけ合わなくちゃならんのだ？　美を君は目的にするんだよ。

ジャック・ロンドン『マーティン・イーデン』（辻井栄滋訳、白水社）p.330, 331

美を目的にする。

閉店後、『Number』読み、飯、帰宅して、『マーティン・イーデン』。マーティンにいい友だちができてうれしい。どんどん、ずぶずぶ、面白い。

10月13日（土）

まだ暗い時間に遊ちゃんが起きていてその気配で目が覚め、眠れないの？と聞くと、起きたの、ということだった、5時に家を出て京都に向かう。出張との由。たいへんな早起きだということにまず驚き、5時という時間はもう少し朝なのかと思っていたがまったくまだ夜だったことに驚いた。いってらっしゃいと言って、眠った。

起きて、店。今日も忙しい始まりで、始まりの始まりはゆっくりだったがたちまち忙しいことになり、満席の状態が続いて、ワタワタとやっていたら気づいたら6時、誰もいなくなっていた。おやまあ！と思って座って、日記の推敲をしたりしていたら、ぽつ、ぽつとお客さん来られ、夜もまた満席近くまでいった。6時のあの瞬間はなんだったのだろうか、完全入れ替え制みたいな一日だった、いったん座ってクールダウンしてしまったからか、夜、すごく疲れて、元気がまったく出なかった。すごく暗いことばかり考えていた、もう完全に未来が暗い、もう終わりだ、そんな気分だった、バカみたいだった。

たぶん手のせいでもある、手が痛い、先々週くらいにいつも洗い物時に使っている

「ポリエチレン手袋」と書かれただからきっとポリエチレンという素材なのだろう使い捨ての手袋が切れて、それでスーパーでゴム手袋を買った、使ってみたところ使い勝手がよく、これはこっちの方がいいかもなというところでそれを使っていたら、手が今までとは違う荒れ方をして、指の股であるとかそういうところがきつくなって、なんとなくズルズル使っていたが今日やめて元のポリエチレン手袋に戻った、

ここまで書いて、なんだか、もう全部が嫌になった。

閉店後、洗い物をしながら、今グラスを割ったりでもしたら全部が終わるなと思いながら、洗い物をしながら、自分の洗い物の食器のぶつかる音だけで苛立ちがどんどん増幅されていった。増幅された苛立ちはさらに手を荒くさせるから、

つかれた

閉店後、ご褒美と思って、InDesignを触っていた、12月分が終わった、よかったね
閉店後、『Number』を、飯食いながら。衣笠祥雄の記事とそのあと江夏豊と古葉竹識

の記事。どちらもなんかやたら面白い。それにしても古葉竹織、江夏の21球の、山際淳司の『スローカーブを、もう一球』で名前を知ったけれども、それにしてもきれいな名前というか、古典みたいな名前ですごい。古事記、万葉集、竹取物語、紫式部、みたいな。あれ、紫式部、織部かと思って、思ったんだけど違った。まあなんかありそう、織。あるでしょう。きっと。

暗い気持ちのまま帰って、帰ったところ遊ちゃんが廊下をたたたと走ってきて「どーん」と言いながらお腹にぶつかってきた、そのときは大した反応もできなかった、シャワーを浴びながら、「どーん」を思い出していたら、気持ちがほぐれていくのを感じた。すっかりほぐれた。救われ。

寝る前、『マーティン・イーデン』。原稿がとうとう売れ始めたとおもったらなんか島を買おうかなレベルに一気に裕福な感じになっていって笑った。よかった。

10月14日（日）

靴ずれ。どうしてだろうか。満身創痍と思って、自分を気の毒がった。開店前、というか店に着くなりInDesignを触り始める。開店までに10日分終わる。本当に何をやっているのか。

日曜、忙しい日だった、淡々と忙しい日をこなしていった。途中、外で一服しながら、宇田智子の『市場のことば、本の声』を少し読んでいた、エッセイ、と思い。静かに優しく染みていく言葉たち。久しぶりに開いたがやっぱり心地よかった。この本のことを思うとき、僕は外階段から座って見える景色を思うことになるだろう。

夜、少し間が空いて、ちょっと5坪ってどういうレイアウトが可能なのか検証しよう、と思ってイラレを開いて図面とも呼べないようなものをこしらえていたら、これ、5坪って、どうしたらいいの、という見当がつかない気分になった。6席作りたい。5席だと怖いなと思うのだけど、6席だったら一気に大丈夫なような気がなんでだかして、だから、6席作りたい。厨房というものは、どこまで小さくできるのだろうか。

菅野、クライマックスシリーズにて、ノーヒットノーラン。

閉店して、またInDesignを開いて、1月分を終わらせた。1月、ピンチョンを読んでいる。帰って、ロンドンを読んでいる。最終盤。盤石。盤。なんだか「最終盤」と打ってはみたもののあまり意味がよくフィットしない、最終・盤。という感じがする。最後のレコード。そうでなく、もうこれはいよいよ終わるよ~という終盤、ということで、最終盤。ロンドン。大金持ち。大盤振る舞い。あ、盤。

なぜ今になって招待してくれたんだろう、と自問した。俺は変わってなんかいやしない。あの頃のマーティン・イーデンとおんなじだ。どんな違いがあるっていうんだ？俺の書いたものが、本の表紙の内側に現れたという事実なのか？　だけど、そんなのはもうやってしまったことじゃないか。あれからは、大したことなど何もやってないじゃないか。そういう仕事をやってのけたのは、ブラント判事が世間と意見を共にし俺のスペンサーや知性をあざ笑った当時のことだ。だから、判事が俺を食事に招いたのは、真の価値のためではなく、まったく虚像の価値のためなんだ。

ジャック・ロンドン『マーティン・イーデン』（辻井栄滋訳、白水社）p.425, 426

「もう大分前に、君の『鐘の響き』を何かの雑誌で読んだよ」と、彼は言った。「ポウと変わらないね。僕はそのときに、すばらしい、実にすばらしい、って言ってしまったよ」

そうですね、そのあと二度、あなたは僕のそばを通りすぎましたが、僕には気づかれませんでしたよ、とマーティンはもう少しで口にするところだった。あの時はいずれも僕は腹をすかしていて、質屋へ行くところだったのです。でも、すでにやり終えた仕事ですよ。あの時は気づかないで、なぜ今は気づいたのですか?

同前 p.439, 440

すでにやり終えた仕事。この感覚はよく知っている。

外で煙草を吸いながらTwitterを見ていたらヨ・ラ・テンゴのライブの映像があって、それは2階席から撮られたものだった、1階の最前列であるとかでぼんやりと、両腕を頭の上で輪っかの形にしている人たちがたくさんあって、なんのポーズなんだろう、と思ってよく見たらその人たちはスマホで動画を撮っている人だった。いちばん見えるところまでわざわざ行って、ディスプレイ越しにライブを見る馬鹿らしさをこの人たちはどう考えているんだろう。単純にその後ろにいる人たちからしても景色として美しくないし、というのは付け足しで、そもそも人の体験なんだから勝手だけれども、勝手だとは十分に知りつつ、苛立ちというのか憤りというのかを抑えられない感覚になった。体験を大事にしろよと、目の前にもしいたら、泣きそうな顔で怒りたくなるだろう。その人の自由だから、そんな説教にはなんの正当性もない、そのこと、そのもどかしさが僕を泣きそうにさせるのだろう。わかってる、わかってるんだけど、だってさ、だって、あまりにも、あまりにもそんな、馬鹿げた、ことを……

10月15日（月）

昨日は感じていなかった疲れを感知して、体がどっさり重い。そりゃそうなんだよなというか、そのはずだったんだよな、昨日はなんで、疲れも大して感じず、InDesignを触ったりイラレを触ったり、遅くまで本を読んでいたりしたのか、そちらの方が不思議だった。

だから、疲れながら働いた、ゆっくりで、静かだった、長い時間、InDesignを触っていた、外で煙草を吸いながら、宇田智子を読んでいたところ終わりのページに着いた。この、3ヶ月以上のあいだ、途中で手に取らない時期を挟みながら、つまり、目の前の積み上げている本の下のほうに段々と位置が下がっていく、そこでとどまる、そういう時期を挟みながら、煙草を一本吸うあいだにふたつみっつのエッセイを読むという、バタバタ忙しい日とかにも、階段に腰を下ろして、開いて、ふっと肩の力が抜ける、そうやって読み継がれてきたこの一冊は、なんというか、本といい付き合い方ができたなといううれしい気持ちがあった、だから、だからというのか、「読み終わる」という言い方は少し違った、そういう直線的なものではなかった、「終わり」という言葉は違った、しかし代替の適当な言葉が見つからなかった。

2018年2月。怒られたり怒ったり喧嘩したりしている。そういう時期を見返してみると、ずいぶん平和になったもんだと思う。

夕方、たまに来てくださる方が、ベン・ラーナーとかの置いてあるところで何か一冊取って、戻して、そのあと日本人作家コーナーのところを見上げて、席に戻った、それを見て、もしかして、と思って、コーヒーをお出しするときに、お出ししようとしたら濱口竜介特集の『ユリイカ』があったから確度高い気がすると思いながら、勘違いかもしれないんですけどさっき『新潮』探してました？と聞いてみると、そのとおりで、買ったんだけど持ってくるの忘れちゃって、ということだったので、えっへっへと笑って、持ってきます持ってきますといって、僕の目の前のところに積んである『新潮』を取ってお渡しした、昨日もどなたか『新潮』っぽいよな〜あれは、というものを読んでいる方を見かけた。11月号、人気らしい、と思っていたら、2月、3月号の『新潮』をよく見かける、と書いていた、これはリレー日記の号だった、11月号はなんだろうか、「アイオワ日記」だろうか、僕は、そう。

2月分が終わった。1日10日ではなくて1日1ヶ月になっている。肩が重くなった。そのあと、『マーティン・イーデン』。終わった。なんかずいぶんよかった。いろいろ移入しまくりながら読んでいた気がした。

閉店後、面接。コーヒーを淹れ、僕はビールを飲んだ。なにを聞いたらいいのかこういうときいつもわからなくて、最初からわからなかった、Twitterを見ていたら文章を書いたりすることを「文字を書く」という言い方でしていましたけど、あれってどういうことですか？というのが最初の問いだったろうか。

頭と手がもっと直接つながっているような気がします。僕は表現という言葉が苦手で、作業という言葉を使いたいです。それはつまり、キャッチーさっていうことですか？キャッチーさでももちろんあるんですが、ちゃんと伝えようとすること、伝える努力を放棄しないこと、そういうことだと思っています。でも、映画の表面って、画面かもしれないですよ。そういう、この場面を見たのは自分だけなんだなというそういう瞬間を見た時、幸せを強く感じているようです。僕は、わかりあえないということをわかりあいたいんです。それが僕がいちばん喜びを感じることのように思います。『三月の5日間』で、好きな場面はいくつもありますが、やっぱりいちばん好きなのは、わかるよね、うん、わかるよ、というあの瞬間なんです。合意形成の美しさを僕は思っています。フヅクエというこの場においても、お客さんはこの長々としたメニューを読んで、言葉は交わさずとも、店と、それから他のお客さんと、合意形成しているように思う、理解したよ、この枠内で十全に楽しむよ、という、それを感じる瞬間、僕は喜びます。幸せな時間でした。額面通りに受け取ります。

どれかが僕の言葉で、どれかが山口くんの言葉だった。2時近くまで話して、終わりにした、帰って、面接が楽しかったことを話した、それから『エコラリアス』を開き、ちっとも頭に入ってこないので少しでやめ、プルーストを開き、ちっとも頭に入ってこないので眠った。

10月16日（火）

眠くて、起きるのが辛かった、起きた、店行った、階段を上がっていたらちょうどひきちゃんが後ろから上がってきて、おはよう、と言った。コーヒーを淹れて飲みつつ、仕込みをしながらひきちゃんとお話。並んでなにかしていると、一緒に働いているという感じがあって、よかった。

　開店し、少ししたら仕込みも終わったのでよろしくさんと言って辞し、帰宅。お昼ご飯はうどんを茹でるつもりだったが、とんかつもいいよなあということになり、遊ちゃんと出、以前にとんかつさんに教わったとんかつ屋さんであるところの武信に行った、それで、あれやこれや話しながら食べる。おいしかった。ご飯とキャベツをおかわりした。

　で、少し歩きたいねとなり、じゃあパドラーズ寄ろうとなり、パドラーズコーヒーに行き、僕はカフェラテ、遊ちゃんはコーヒーをテイクアウトし、出、歩き出してわりとすぐに遊ちゃんがカップを落とし、全損。笑い、戻り。たぶん、落としたといったらきっと無料でもう一杯もらえてしまうから、そう気づかれないように頼まないとねといっていた、僕はニヤニヤしながら見ていた、遊ちゃんは「コーヒーをもう一杯ください」といい、それ以外はないとも思いながらも、それはなんだか正しい適切な言い方だなと思った、あたかも、せっかくだからこれから会う人にも買っていってあげようと思って、という感じがなんとなくトーンの中にあった、それでつつがなく受け取り、支払い、でもカップを二つ持って歩くのも歩きにくいだろうと思い、それは捨ててもらったら？といって、出したら「袋に入れましょうか」といわれ、そうだよな、二つ持って帰るっていうところでそういうふうな気遣いがあるよなと思い、あの、落としちゃって、捨ててもらってもいいですか、とお願いすると、あ、そういうことなら、とそのときにいた二人のスタッフの方がお金を返そうとしてきて、大丈夫です大丈夫ですと笑いながら出た。

そのときは無事お金を払って買い直せたと思ってよかったと思っていたが、今こうやって書きながら考えてみると、いやそのときだってうっすら感じてはいただろう、落としたという事実を最後に知らせることはなにか卑怯だったのではないかというような気がしてきた、こちらの瑕疵ですからちゃんとお金は払いますよ我々はそういう人間ですよということを、なにかアピールするような振る舞いになってしまったのではないか、となにか思い始めた。僕らはというか僕は、カップは捨ててもらいなよと言った僕は、知らせたかったんじゃないか、というような、気がしてきた。どうか。恥ずかしい。

で、歩き、目の前を若いお母さんと幼稚園終わりの男の子が歩いていて、幼稚園というのは早い時間に終わるのだなあ、と思った、男の子はかっこいい髪型をしていた、だっこをしてほしいということで、途中からだっこをした、重そうだった、お母さんはどこかの帰りで、ヒールのある靴を履いていて、これで重い人間を抱っこして歩くのは大変だろうなと思った、今日のお弁当のことを聞いていた、いろいろと息子に聞いていた、それをわりと近く、後ろを歩きながら見ていたら、なんだか感動していった。西原のスポーツセンターがあって、運動をしたいよねという話を最近していた、西原のスポーツセンターなのかなという話も出ていたこともあり、見ていく？と遊ちゃんが言ったためそうしようと中に入った、入ると、遊ちゃんは以前来たことがあった、レイアウトがいろいろと変わっていて、驚いていた、ランニングマシーンが10台くらいあり、広々と、快適そうだった、プールもあるしスタジオもある、一回４００円で使える、これは、ここかもしれない、ここに来て走ればいいのかもしれない、そう思った、スタッフが入って独り立ちして店をもう少し離れられるようになったら、僕は運動したい、と思った、遊ちゃんはヨガをやりたい、チラシをもらった。

帰宅して西原のスポーツセンターを調べると夏に「フィットネスクラブ大手のティップネス（港区）などが指定管理者となり」リニューアルしたとのことだった。それから、僕はまたInDesignを触っていた、3月、一週間分やって、眠くなった、植本一子の『フエルメール』を開いて、読み始めた。少し読み、面白くなり、眠くなり、遊ちゃんは仕事に出、僕はタオルケットをかぶって昼寝をした。起きて、店。ひきちゃんとバトンタッチ、今日はゆっくりな日だったようで、夜もゆっくりだった、だから、一日を通して暇な日だった、僕はやることもなく、たいていの時間は座って、InDesignを触っていた、3月、わかりあうこと、わかりあえないということも含めてわかりあうこと、という、昨日の夜に話していたことが書かれていた、同じことをずっと思っている、それはそうというか、3月なんて、半年前でしかなかった、同じことを考えていてもなにも不思議ではなかった。3月が終わり、4月に入った。どんどん進めたいらしかった、肩が重くなっていった。

ここのところ休憩しながらであるとか、スマホでなにを見たらいいかわからない、と思う思いが強くなってきた。なにを見たら平和な気分だけで済ませられるのかわからない、はてブを開いてもギスギスしているし、どうしたらいいのかわからない、平和なインターネット、どこにいるんだ、と思って、戸惑っている。

閉店後、トイレに入って座ったところ、便座の冷たさに「おっ」と驚いた、そういう季節になってきた。

10月17日（水）

帰宅後、『エコラリアス』、それからプルースト。

起きて、『ものするひと』を読んだ、なんだかじんわりじんわりと、よくて、なんだか切ない、なんでだか人ごとども思えないような心地になりながら、読んでいて、途中でうどんを茹で始めて時間を計ろうとiPhoneを取ると3つのＬＩＮＥの通知が並んでいて「やさしい味がしたよ」「六本木で、食べてみたかったシェイクシャックのハンバーガー食べた」という遊ちゃんからのものと、「fuzkueの誕生日おめでとうございます。5年目に入ったのですね。お父さんが気付いて教えてくれました。何だかすごいなと思います。これからも体調に気をつけて営業してください。ところで お味…」という母からのもので、なんというか、幸せな心地になった、5年目に入った、ということ、10月17日だったこと、それを初めて思い出した、『ものするひと』は遊ちゃんがこれ柴崎さんが帯書いてたり滝口さんが対談してるよと今朝、出る前、言っていたような記憶があった、眠りながら聞いていた、それが机にあったので、開いて読み出した、シェイクシャックは、『公園へ行かないか？ 火曜日に』を読んで、遊ちゃんは食べ物の場面にそういえば反応していた、シェイクシャックも食べてみたいと思ったと言っていた、それを今日のお昼に、食べたんだね。俺はうどんを食べるね。

『ものするひと』、あんみつ、テナント募集、のページでゾゾゾゾゾとなり、すごいページだった、言葉が乱舞する、遊戯、濱口竜介の『何食わぬ顔』の電車の中の辞書の読み上げを思い出してそのままサッカーの場面を思い出して、遊戯、遊戯や演技、が現実を切り裂くというか、現実に切れ目というか裂け目というかを入れるそういう瞬間に僕は強く惹かれる、ゾゾゾゾゾとなり、存外に時間がなくなり急いで家を出、代々木公園駅に出た、出る前にスイッチコーヒーでコーヒーを買い、ケニアとのこと、おいしい、電車に乗り、副都心線、また各停でゆっくり地下鉄赤塚駅まで出ようと乗り、プルーストを開く。「ある想起の欠落は、読書の文章の一部分に欠落があるときのように、不正確な意味よりもむしろ正確な意味をさっとはやく呼びだすのに好都合なことがときどきある」とあり、よかった。

それ以前にはとりわけ背の高い少女のことを考えていた私にとって、この午後から、私の心を領しはじめたのは、ゴルフのクラブをもった、シモネ嬢と推定される少女ということになった。他の少女たちと歩いている途中、彼女はよく足をとどめ、そのようにして、彼女を大いに尊敬しているらしく見えるその女の友人たちのあゆみまでむりにとどめてしまうことがあった。私はいまでも、そんなふうに立ちどまった彼女、その「ポロ」の下にかがやく目をもった彼女を、ありありと思いうかべる、——海が背景で、そのスクリーンの上に映るシルエット、透明な、コバルト色の空間と、このとき以来流れさった時間とによって、私からへだてられたシルエット、私の回想のなかの、うすい一片の、最初の映像、このとき以来過ぎさった月日のなかにしばしば私が投影した顔の、欲望され、追求され、ついで忘れられ、ついでまた見出された映像、そして、私の部屋にいる一人の少女を見て、おもわず、「ああ、彼女だ！」と心のなかで私に叫ばせることができた、あの映像を。

マルセル・プルースト『失われた時を求めて 3 第2篇 花咲く乙女たちのかげに 2』（井上究一郎訳、筑摩書房）p.238

うっとりと読んでいたら、車掌さんのアナウンスに、今日も西武線をご利用いただき、とあり、そういえばさっきの停車駅が西武線との乗り換えがどうこうという駅だったから、それに引っ張られて車掌さん、言い間違いをおかしたぞ、これは副都心線だぞ、と思った、それはあとで思い出した、それから、まだだっけ、まだだっけ、とときどき案内のデジタルサイネージを見上げていたら、あれ？ なんか、違和感、と思って、練馬駅に着いた。練馬って、遠くない？ と思い、なにかがおかしい、今どこだ、とグーグルマップを開いたら明後日の方向にいた、降りて、池袋まで戻って東上線、乗りながら何が起こったのか見ていると、副都心線の一部は小竹向原で西武線になる、ということみたいで、僕はそれに乗ってしまっていたらしかった、東京メトロと西武線が同じになるという事態が、そう言われてもしっくり来ず、なにか間違った、ずれた世界にいるようなゴワゴワした感じがあったが、もうそういうことなのだろう、ともあれ、ときわ台には無事たどり着けた。公園に向かい、鈴木さんと合流した、キャッチボール。そこはわりとちびっこたちが激しくサッカーをしたりしているところだったので、僕らは近い距離でゆるくゆるく、話しながら、30分ほどキャッチボールをした、もう、それだけで十二分に楽しかった。4時になるので駅に行き、優くんと合流、鈴木さんの物件に行く。今日は施工管理の荒井さんといろいろの打ち合わせで、僕らはそこにいて、ほとんど無関係に過ごしていたが途中途中で「こうでは」と口を挟んで、面白くいた。施工開始時期が迫っているとのことでわりとシビアなシリアスな話し合いがおこなわれていた。

終わり、荒井さんと別れ、三人でぷらぷらとときわ台を歩いて、なんだか賑わっている居酒屋に入った、入って、鈴木さんが始めようとしている本屋+読書喫茶的な店のことを、あれこれ、あれこれと、ずけずけと僕らは話した、店のことを考えることは僕らにはあまりに楽しいことらしくて、なんだかバカみたいに楽しかった、いくつか、いいことが決まったような気がする。野球が放送されていた、菊池雄星が、打ち込まれるところを見た、2対3、2対5、2対6、一気に打ち込まれた。鈴木さんは明日の午前中までの宿題があるということで、シビアな局面だった、飲んでる場合じゃないですよ！　早く図面修正しないと！　と笑ってお別れし、優くんと僕はもう一軒行った、デイリーコーヒースタンドの話、フヅクエの話、あれこれとし、ずっと面白かった。デイリーコーヒースタンドは、本当に真面目に町のコーヒー屋としてあろうとしている、この真面目さは、あまりに好きなたぐいの真面目さだった。

途中で、採用できそうだ、いい人がいた、僕はあの男がとても好ましかった、という話をした、ハガキ職人で、というと、ラジオ好きの優くんはちなみになんて番組で、なんてラジオネームの、と聞いてきて、バナナマンの番組の、ファイヤーダンス失敗。ファイヤーダンス失敗ね、という、わかるのかあ！　ということが起きて、笑った、笑って、やっぱり僕は山口くんが素晴らしく気持ちよかった、あの人間が好きだ、と思った、これはもう山口くんしかいない、と思い、本当はその場で即決ぐらいの気分だったけれど一応なんだかあれだなと思って「一週間以内に連絡します」と言って終わりにしたのだけど、そのだからたった二日後のこの夜、「お願いしたいと思っています！」という、わりと勢いのあるメールを送った、送った瞬間に、今度はフヅクエが合否の発表を待つ立場になったんだ、と思って、緊張し始めた。新企画を思いついた、その名も、「ファイヤーダンスの読書失敗日記」、である。ぜひやりたいというかやってもらいたいというかやらせたいというか、その光景を見たい。

別れ、電車のなかでプルーストを読むも頭にもう入ってこず、眠気との戦いにすらなった、電車を降りた、松屋があった、ときわ台の松屋を何度も見ていたからか、今日は松屋と思って入って、入ったら大幅にレイアウトもオペレーションのシステムも変わっていて、ほう、と思い、プルーストを開きながら食べたが、目はほとんど文字のうえを滑っていくだけだった。

帰り、山口くんから合格通知。プルーストを開いても仕方がないことはわかっていたので、『ものするひと』の2巻を読んでから寝た、ずっと面白い。続くのか。漫画はこれが苦手で、『A子さんの恋人』もべらぼうに面白く読んでいたらまだ続くことが知れ、そしてそれが出るのはまだだいぶ先らしいと知れ、それで4巻の途中くらいで切り上げて、そのままになっている。

10月18日（木）

店、チーズケーキを作り、鶏ハムを作り、店を開けた、ゆっくりだった、主に、InDesignを触っていた、4月が終わり、5月に入った、4月も5月も疲れている、夜になった、そろそろ、やったほうがいいよな、やったら、楽になるよな、そう思って、依頼をいただいた原稿に着手したところ、たちまち書けた、1700字。それを、書いた原稿みたいなものはどれもいつもまず遊ちゃんに送って読んでもらう、そうすることにしているので送ろうと、InDesignで組んで、流して、PDFにして、ということをやっていた、そちらの作業のほうが書いている時間よりも長かったくらいだった、そういうものを作って送りつけ、読み直しながら、何度か推敲というか修正をして、それで、送った。宿題が済んだというかいったん手から離れて、楽になった。肩の荷が降りた。もっと早くやればよかった。

ゆっくりな営業で、やることも大してなく、本を読んでもよかったが、またInDesignを開いた、5月分を進めていった、そうしたら、閉店してからもしばらく続けたところ、5月も終わった。あと4ヶ月分、これから、ひとつきごとのページ数がたしか増えるが、それにしても、あと4ヶ月分、だいぶいいところまで来た、僕をいま突き動かしているのは、全部終わらせて、ひとつのファイルに統合して、うっとりしたい、という欲望だった。

帰り、グローブに油を塗ったら靴にも油を塗りたくなり塗り、それからプルースト。昨日松屋でうたうたと目を滑らせて、やめたところ、エルスチールの「カルクチュイ港」という絵画の描写のところから読み始めた、キャンバスの中で生起していることが、仔細に描かれていく、4ページくらい、絵の描写が続く、それが、眠い状態だと一切なんのことかわからなかったが今晩は違って、わあ、わわわ、となりながら読んで、一気に面白い、どういう絵なのだろうと気になって検索すると、エルスチールの絵はターナーやマネやホイッスラーといった画家たちの絵が参照されているということだった、そういう研究をしている人がやっぱりいるのだなと思って、胸熱な気持ちになった、『プルーストと絵画』という本も出ている。

そのあと、シモネ嬢と鉢合わせる。これまで読みながら語り手はこの地でアルベルチーヌとも出会うしシモネ嬢とも出会う、どちらも大事な存在になる、ということなのかな、と思っていたら、アルベルチーヌ・シモネ、だった、しかし僕のそれもあながち見当違いでもなく、印象の絶えざる刷新がこの小説ではあるけれども、「何かの誤解や発見や、ある人物に関して抱く概念の変更は、化学反応のように、あっという瞬間なのである」というように、あるけれども、語り手も、同一人物だとわかりながら、同一人物

だと思いきれないところがあって、さらに、

そんな原因のうえに、さらにもう一つの原因が加わって、つまり、小さな一団のさまざまな少女たちが、最初私をとまどわせた集合的な魅力をみんなそれぞれにすこしずつ残していて、それらの少女たちを選択しかねたという私のためらいが原因に加わって、それ以後に起こったアルベルチーヌへの私のもっとも大きな恋――私の第二の恋――の時代でさえ、きわめて短い周期で間歇的に彼女を愛さなくなるという自由を、私に残すことになったのではないか？　彼女の上に決定的にとどまるまえに、彼女のすべての友人たちのあいだをさまよい歩いたために、私の恋は、ときどきアルベルチーヌと、彼女の映像とのあいだに、ある種の「光のたわむれ」のようなものがはいる余地を残したのであって、そのために私の恋は、焦点の定まらない照明のように、彼女の上にぴったりとあてはまるまえに、他の少女たちの上をあちこちととまり歩くことになるのであった、

マルセル・プルースト『失われた時を求めて 3 第2篇 花咲く乙女たちのかげに 2』
（井上究一郎訳、筑摩書房）p.265, 266

とずいぶんなことを言っていて、ずいぶんなことを言ってはいるのだけど、なんとも

美しい文章だと思ってうっとりとして、それから、早くあの子たちに会いたいから散歩にいきましょうよと彼はエルスチールに言う、ちょっと絵を仕上げるから待っとってとエルスチールは言う、待つ、「エルスチールは絵をかきながら、植物学の話をしだしたが、私はろくにきいてはいず、いまはもう彼だけでは不十分なのであり、彼はただあの少女たちと私のあいだの必要な仲介者であるにすぎなかった、ほんのしばらくまえまでは、彼の才能は彼にふしぎな威力をそえているように思われたのに、その威力も、いまは彼が私を紹介してくれる小さな一団のまえで、それのいくらかを私自身にさずけてくれるかぎりにおいて価値をもっているにすぎなかった」とまで言う。現金！と思ってゲラゲラ笑った。偉大な画家にもうちょっと敬意払ってやって！

10月19日（金）

スーパーで、会計を済ませ、買ったものを袋に入れながら、昨日遊ちゃんが見てきたというアニエス・ヴァルダの映画のことというかアニエス・ヴァルダのことを考えていた、咳をしたとする、そういう「老婆」を示すというか補強するような様子は、使われやすそう、と思ってから、宮崎あおいの素の咳とかくしゃみとか、使われなさそう、見たことないよなと思って、朝ドラ、今は安藤サクラなんだよな、と考えて、それから木村拓哉のことにどうしてだか、考えは延びていった、木村拓哉はもう何十年も国民的イケメン存在として存在し続けているんだよなと思って、木村拓哉以降、国民的イケメンというような存在は現れなかったということか、誰かいなかっただろうか、いくつかの顔が浮かんだが、却下された、木村拓哉は偉大だった、チャリにまたがり、店に向かった。

数日前、八百屋さんの前を通ったら、臨時休業、22日まで休みます、とあり、どうしたんだろう、と思っていたら、昨日あたりに、今月いっぱい休みます、に変わっていた。今日も見た。昨日と同じだった。

店に着くと、お湯を沸かし、コーヒーを淹れる、という動きがここ一週間くらいで生まれたというか戻ってきた、夏の時期の水出しアイスコーヒーを出していた時期は店に着くと冷蔵庫を開けてポットを取って冷たいコーヒーをひとくちふたくち分、注ぐ、という感じになっていたそれが、豆を挽いて、ゆっくり、淹れる、という動作が生まれるようになったというか戻ってきた、こちらの方が、区切りというか、始まりの合図みたいなものとして、適切な気がして、よかった。

暇すぎてゾッとした。4時まで誰もいなくて、ちょうど、先月に受けた取材の原稿の確認があって、7000字くらいあるインタビュー記事だった、それをひたすら修正というか、グーグルドキュメント上で編集しまくっていた、いい記事で、なんだか感動した。それで、誰もいなくて、途中で外に出て看板が出ているかを確認したりしていた、4時で、やっとお客さんがあり、よかったと思って、でももう取り戻せまい、今日は暇な日として終わるだろう。金曜日。

暇な日として終わった、ずっとInDesignを見ていた、いろいろ書き加えたり修正したりしていた、それが面白くて、今週は本をあまり読まなかったけれど、読むことはずっとしていた、ひたすら自分の日記を読み返していた、それは、面白かった、こういう機会でもないと自分の日記を通して読み返すことなんてないから、これは、いい機会だった、このとき、こういうことを思っていたよなあ、こういういい時間があったよなあ、ちょっと前はああだったのにたちまちそうなのね、そういうことが、ただただ、面白かった。声を出して笑ったりしている。

なかなか終わらなかった、あと1週間で終わるので、というところでパソコンを家に持ち帰り、6月分の見直しを続けていった、すると3時を過ぎた、6月は114ページだった、書き足していたら6ページくらい増えた、あと3ヶ月、といえば近い感じもするが、たしか7月が異常に長く155ページだった月で、8月も9月も長かった、まだまだ終わりではなかった、それにしても、なんでこんなに楽しいのだろうか。僕は今、長いものを読みたい、ということのあらわれのひとつなのかもしれない、と思った、それは、1200ページを超すこの日記であったり、あるいはプルーストであったり、と思い、プルーストの書いたものと自分の書いたものを今、並べたぞ！と思って笑った。布団に入り、そのプルーストを少しだけ読んで、寝た。

10月20日（土）

昨日は結局、4時近くまで起きていた。今日が暇だったから、明日も暇だと決めつけたらしかった。ここ数週間の週末がだいたい忙しいことをすっかり忘れて、今日が暇だったからという理由を取り出して、それに乗っかったらしかった。バカなのかと思った。

朝、天皇が出てくる夢を見た、透明の、ポチ袋というのだろうか、透明の小さい四角い僕はポチ袋だと思った袋というかケースというかに折り曲げたお金を何枚か、それは千円札だった、入れていて、それをうやうやしく、机の上で押し出すように、出した、誰かに差し上げるということのようだった、そういう夢を見ていたから、そのあと、皇后のお言葉だったかお達しだったかを、はてブ経由で読んだときは、お喜びがあった、それにしても美しい文章だった、美智子様、ちょっとびっくりするくらい、美しい文章だった。で暇な始まりだった、とても暇な始まりで、昨日が暇だったから、今日も暇だったら、あれ、どうしよう、また下降するの？と思っていくらかそわそわした、先週の日記の推敲をしたあと、7月分の日記の読み直しをしていた、日記日記。

暇な時間が5時くらいまでだったか、これはダメな土曜日だ、と思っていたところ、そこから一気にドライブが掛かり、働き通しの時間になった、とは言え始動が遅すぎる、間に合わないだろう、と思ったら、わりに早々とバジェットは超えて、どういうことだったのだろうか、途中、7時くらいか8時くらい、物悲しい気持ちになって、悲しかった、暗かった、先週の土曜日と同じ気分になりながら働いていた、そういうとき、どん底みたいな心地になる、あれは、なんなんだろう。

閉店まで1時間くらい、InDesignを触っていた、7月分、12時になったら、眠くなって、睡眠時間がやはり足りなかった、夕飯を食べながら、大谷翔平特集の『Number』を読んでいた、大谷は、いい。

「確かに9月2日の試合では150km台後半のストレートは普通に投げられていたんですけど、でも、あれが自分のピッチングかと言われれば、そうではないと思っていました。投げていて違和感があったんです。（スピードを）出すつもりがないのに、ゲームの雰囲気に乗せられて出てしまっただけで、腕は振れてなかった。まだ24歳で、思い切り、自分の100％のパフォーマンスを出せる状態じゃないまま、不安を抱えてマウンドに上がるというのはしんどいなと思いました。やっぱり100％で相手と勝負したいし、このヒジでも160km近く出ちゃうんなら、もしかしてケガをしてなかったら170kmくらい出てたかもしれないと思ったくらいです」

『Number963号 大谷翔平 旋風の軌跡。』（文藝春秋）p.16

「8月はブルペンだけで、実戦の強度では投げていないので、その段階では何も感じられません。実戦で96マイルとか、そういうボールを投げたときにどうなのかということがわからなかったんです。ただ、投げていて張りはずっと感じていたし、復帰することになったとき、本当にこれでいいのか、このまま投げていくことが楽しいのかどうかを最終的に確認したかった。バッターを抑えられるのかどうかもそうでしたけど、この状態で投げていて、自分の中に楽しいイメージが湧くのかどうか……それは打球が右手に当たったこととは関係ありません。試合前から違和感はありましたし、それは普通なら試合で投げられる程度のものでした。その原因が靭帯にあるなら、そういうピッチングが楽しいのか。今までも張りを感じたときに球速が落ちるなと感じたことはありましたし、これから先発ピッチャーをやっていく上で、それではこっちのバッターを抑えられません。あの試合、投げていてそういうイメージしか湧かなくて、これは楽しくないなと思ったんです。（…）」

同前 p.16, 17

楽しいか、どうか。大谷の言葉はいいよなあ、いいよなあ、と思いながら読んでいた、楽しかった。眠かった。家に帰って、早く寝ようと思ってから、プルーストを開いた、すぐに眠くなるだろう、と思って読みだしたら、ぐいぐいと面白くて、そもそも、家に帰る時、帰ったらプルーストだと思ったらウキウキした、休日とかに、ひたすらプルーストを読んだりして過ごせたらいいのになとそんなことを思いながら帰っていた、寒かった、そろそろ寸足らずのズボンではなくてちゃんとした長ズボンを履かないといけないだろうし、セーターなんかも、そろそろだろうか、セーターの前に、ジャケットを着るようになるのだろうか、今は、遊ちゃんがやたらゆるっと羽織りたかったらしく買った女性用のXLサイズだったかLサイズだったかの羽織るやつを、羽織ってみたらちょうどいいサイズで、それを、どうしてだか僕がずっと着ている、着たくなったらいつでも言ってね、とは言ってある、それで、ウイスキーを読みながら、そのときはパジャマだ、ウイスキーを読みながら、プルーストを読んでいたら面白くなって、どんどん読んでいた、いつもよりもずっと長い時間読んでいた。

一瞬、彼女のまなざしが私のそれとすれちがった、まるで、嵐の日に、速度のおそい雲に近づき、それに沿い、それにふれ、それを追いこしてゆく、あわただしい空の雲脚のように。しかしそれらの雲脚は、おたがいに知りあうこともなく、はなればなれに遠ざかってしまう。そのように、私たちのまなざしも、一瞬間、まともに向きあった、そしてそれぞれの行く手にある空の大陸が、将来どんな約束と脅威とをふくんでいるかを知らないのであった。ただ、彼女のまなざしは、ちょうどそれが私のまなざしのなかを通った瞬間だけ、その速度はゆるめないままで、かすかにちらとかげった。そのように、晴れた夜空に、風にはこばれる月は、ひとひらの雲のなかを通り、一瞬のあいだかげり、すぐまたその姿をあらわすのだ。

マルセル・プルースト『失われた時を求めて 3 第2篇 花咲く乙女たちのかげに 2』

（井上究一郎訳、筑摩書房）p.282

プルーストの語りの、手のひらをコロッコロと返す、即座に返す、その様子はおかしくて、現金で、それはコメディだった、僕は悲しいこともおかしいことも一緒くたになったそういうモードのものが好きで、どのトーンと規定できないような、次の場面にどのトーンに流れるのか予測がつかないような、あらかじめ決められてはいないような、そういうものが好きで、『キングス&クイーン』とかが僕のなかではそうだったし『運命のつくりかた』もそうだった、その二つがよく浮かぶ、『タレンタイム』もそうだろう、プルーストもそうだった。

エルスチールが、真剣な調子で1ページ分くらい、しゃべる、いいこと言ってるなあ、と僕は思いながら読んでいたら、そのセリフが終わって、それを受けて語り手はなにを言う、なにを思うのかと思ったらなにも言わないし思いもしないというか言及せずに違うことを考え出す、ちょっと、敬意を払いなさいよ！wと思って、すごくおかしい。いつのまにかソファでうたうたと寝ており、慌てて起き上がり、布団、寝。

10月21日（日）

開店するまではわりといくつかやることがありワタワタと準備し、開けたらゆっくりだった、今日も暇だぞ、これ、とうとうなんか調子いい感じの時期が終わったのかな、と思いながら、一日を過ごしていた、結果、数字上というかお客さんの数は十分というかバジェットに乗ったから問題はないというか悪いわけではない日曜日だったはずだけれども体感はひたすら暇で、ずっと日記の見直しをしていた、7月が済んで、8月に入った、滝口悠生の『死んでいない者』を読んでいるところ、保坂和志の『ハレルヤ』を読んでいるところが、面白かった。

今日はだから、自分の日記と、山口くんの小説をずっと読む、というそういう一日だった。

いつもお帰りの際に話す、それを僕は楽しみなこととしてずっと持っている、もうだいぶずっと話すスズキさんがいて、スズキさんと話すのは饒舌に話すときも訥々と話すときもどちらも「会話ってそういうもんだよね」というコンセンサスが取れている感じがして楽で、会話って失敗したりもするよね、こうやって失敗するんだよね、たくさん失敗するよね、というコンセンサスが取れている感じがして楽で、それで話す、僕はスズキさんにはなんでも話してしまうなあという、新井田千一とタムラックスのような、そういうスズキさんがいて、スズキさんが昨日の夜に来たときに、帰るときに話していた。あたらしい人が決まったんですよ、ファイヤーダンス失敗という人です、調べてみてくださいと、僕はなんでも話すスズキさんだから話したのが金曜日だった、そうしたら土曜日の昨日も来られて、それはごくごく珍しいことというか記憶にない連日だった、それで昨日も帰るときに話していたら、昨日教わってファイヤーダンス失敗さんのツイッター、見てみたんです、そうしたら小説あって、読んだんです、それが僕はすごく好きで、朝までずっと読んじゃいましたっていう、今日はそれだけ言いたくて来た感じです、どこかの帰りというわけでもなくて、日中はジムで体を動かしていました、ジム行ってるんですか、いいですね、最近それが楽しくて、ともあれ、小説が面白かった、わあ、そうなんですね、僕はちょっとしか読んでないな、と思って、そのちょっとしかのときはずっとツイッターをさかのぼっていたときで、意識はツイッター優先だった、ツイッター掘っていきたいの、それが楽しいの、と思って、だからnoteで小説が書かれているそのリンクに行ったときもちょっと読んで、ツイッターに戻った、その小説をスズキさんは朝まで掛けて全部読んだ、とにかくよかった、そう言っていて、じゃあ僕も読んでみようかなと思って昨日、読み始めたら、これが面白い、面白いというか、すごい、これは、すごい、面白い、と、ずっと読んでいった、そうしたら一日が終わった。デリケート。

すごい、すごい、と思いながら、この人に嫌われない人というか、この人に「ダサっ」と思われない人であるといいなというか、彼から見たら僕は大人だった、顔向けするのが恥ずかしくない大人でありたいなというか、そうじゃないとな、と思った、これだもんなあ大人はずるいよなあと思われない人でありたいなというか、そうじゃないとな、と思った、ちょっと、怖かった。

閉店後、西武の辻監督が頭を抱えて泣く様子を見て、こんな監督とともに戦ってきた選手たちはなんというか、誇らしいだろうなと思った。

10月22日（月）

今日も暇。フヅクエの調子いい時期、終わった説がある。

いくらか仕込みをして、空いている時間はずっと、昨日と同じで、日記の見直しと、それから山口くんの小説を読む、を交互にしていた、交互というか、休憩している時間はずっと山口くんの小説、というようだった。全力で歌がうたわれる場面があった、そこで、泣いた。この小説は、とにかく、やさしい。人間に対してとにかくやさしい。真摯だと思う、というこういう感覚は、滝口悠生を読んでいるときに思う、ジエン社の演劇を見たときに思った、それと同じ、やさしさ、真摯さ、誠実さだった。

夜、xxxさんから教えてもらって、すごくいい場所だよって、と言って来た方があって、おー、それはうれしいな、と思った、そうしたらその方はパソコンを開いて、ずっとなにか作業していた、途中からタイピングが目立って、あ、ダメだ、タイピングしすぎ、と思って、すいませんこれ読んでくださってますよね？　タイピングちょっとしすぎ、それはなし、と伝えたところ、すぐに荷物をまとめて帰っていかれた。

どんな店だと聞いて、どんな過ごし方をしたくて、来たんだろうな、と思った。がっつり本を読みたい人と、本は読まずともフヅクエのありかたやそこで過ごす他の人たちのありかたに十全な理解と共感を持とうとする姿勢を持った人以外、この店は僕は俺は相手する気まったくないんだわ、と思った。この店に立っているとき、そういう人たち以外に回す愛は俺は一切持ち合わせていないんだわ、と思った。

そのあと、昨日買ったブラウンのハンドブレンダーみたいなやつにつけるアタッチメントみたいなやつの泡立て器を、使う機会が訪れて、使ってみた、ホイップを立てるために。そうしたら、ものすごくうるさいという音ではなかったけれどそれなりにうるさく、そして、長いｗｗｗという感じで、立つまでが長く、でも、とてもきれいなホイップができて満足だった、今度からは外に出てやることにした、これまではタッパーに入れてひたすらシェイクという方法をとっていて、疲れるんだよな、という課題があった、疲れるし、オーダーされたときに忙しいときとかだと、あ、ちょっとつらい、と思うときがあって、そういうのはよくない、という課題があった、これで、解決された。とても満足した。

閉店して、小説を読み終え、うっとりとして、いやあ、これはマジで立派な小説だぞ、どうやったらこんなふうに書けるんだろうか、どういうふうに書いてるんだろうか、すばらしく細部が響き合う、こんなことってできるもんなんだろうか、すごいな、と思って、日記の見直しは9月半ばまで進んだ、あと少しで終わる。水曜日に内沼さんと会うから、それまでに終わらせて、会ったときに、内沼さん、日記の見直し、終わりましたよ！と言いたいのだろう。

帰って、山口くんの小説の話をして、それからプルースト。プルーストがずっと面白い。ドストエフスキーもそうだけど、いかにも難しい世界の大文豪という感じだけど、そういうところももちろん確かにあるのだろうけど、どちらもけっこうゲラゲラ笑っちゃうような面白さがいくつもあって、それはこの面白さは、本当にテキストをずっと読んでいくことでしか経験できない知ることのできない面白さで、だから、あらすじで読むプルーストみたいなものは、本当にダメだよね、ほんと無価値だし無意味なんだよね、ということを改めて思った、思って、遊ちゃんと話した。音楽を、サビのメロディだけ抜いて聞かせて、それでその曲を聞いたとは誰も言わないはずで、あらすじで読む、というのはそういうことだった、いや、言うかもな、サビで、聞いた、っていうのは、言うかもしれない、では絵画か、絵画で考えると完璧だった、たとえば「モナ・リザ」を、輪郭をトレースしたペン画があったとして、それを見て、私は「モナ・リザ」を見たことがありますと言う人はいない、それが実際の作品を見る経験とまったく違う経験だということを理解しない人はいない、いないかは知らない、知らないが、それが、あらすじで読む、とか、漫画で読む、みたいなものだった、言葉で構築されたものは圧縮することができると思っている人がきっと世界にはたくさんいるが、語り手がエルスチールの立派な演説を聞いて、一語も反応しないで女の子たちに会えなかったことが惜しまれる、みたいな地の文を続けるときの面白さ、笑っちゃう面白さは、それを読まないと味わえない、カギカッコのあとに、改行も何もなく、語り手の非情でろくでもない語りが続くそれを、それ自体を見ないと、味わえない。

だから、その部分を遊ちゃんに朗読して聞かせて、寝た。

10月23日(火)

起き、出。副都心線、また間違えていつのまにか練馬にいないよう、ちゃんと和光市行きの電車を確認する、電車を待ちながら時刻表を見ると、西武線になる副都心線がたまにあることがわかり、これらはトラップであることを僕は全身を持って理解したのでもう二度と同じ過ちはおかさないだろうと思う。

乗り、プルースト。ここ数日、自分の日記と山口くんの小説とプルーストしか読んでいない、プルーストを読む時間がやたらに楽しくなっている、今日も楽しい、花咲く乙女たちに囲まれて、ついに囲まれて、語り手はとても楽しくなっている模様。もう、サン＝ルーもエルスチールも、眼中にない。

地下鉄赤塚で乗り換え、ときわ台。仕事先から直接向かっていた遊ちゃんが7分後に着くようだったので、駅のところで待った、細かい雨が舞った。合流し、鈴木さんの物件に。解体が昨日から始まって、階段を上がった、側面のところの壁をぶち抜く。そうすると気持ちのいい吹き抜け感が一気に出る、そうするために、解体が昨日から始まって、まずはお昼ご飯を食べましょうというところで、松屋で食べましょうかと言っていたが、キッチンときわに行った、すばらしい町の定食屋さんだった、四人がけのテーブルに座ったら、こっちの広いところを使ったら？と定食屋のお母さんに言われ、そちらに移った、こっちならテレビも見えるし、ということだった、テレビでは、サウジアラビアの記者の事件を放送しているらしかった、詳細は僕は何も知らなかった、遊ちゃんは着替えてくると言ってトイレに行った、僕はオムライス、遊ちゃんは親子丼、鈴木さんはハンバーグライスを食べた、向こうにいたおばあちゃんと娘くらいの母子らしき二人はおばあちゃんがきれいな格好をしていて、二人は、チャーハンと餃子と麻婆豆腐を頼んで、シェアしているようだった、食後にはアイスコーヒーとコーヒーフロートを飲んでいた。もうひと組みは仕事中と思しきスーツの中年の男性と若い女性の二人で、ハンバーグライス的なものを頼んでいて、男性は、ライスは僕はいいです、とご飯が来たときに言って、いいの、そうなの、と定食屋のお母さんは言って、厨房に戻りながらライスひとつなしでいいそうです〜、と言った、厨房を見ると二人の男性が立ち働いていた、そのあと味噌汁を持っていって、そのときは女性の分だけしか持っていかなかった、男性は、味噌汁は飲むのでほしいということだった。どちらのテーブルも、なんだか僕は好きだった。少しすると、まずカトラリーが運ばれ、それから頼んだものが運ばれ、それから、味噌汁であるとかが運ばれた、オムライスを食べたのは、ここのところ少しオムライスを食べたかったからだった、面接のときに、そういえば玉ねぎのみじん切りって、できるっていうことですけど、玉ねぎのみじん切りってなに作るときに作るんですか、と聞いたら、オムライスとか、という答えがあって、その工程をちゃんと入れたオムライスを作るという丁寧さにいくらか感動したというか、作るならちゃんとチキンライスを作ろうという意志というか気分に好ましいものを感じて、それ以来オムライスを食べたかった、それで食べたオムライスはとてもおいしかった。遊ちゃんは先月だったかに鈴木さんの母校である東北芸術工科大学に遊びに行っていて、すばらしく好きな場所だった、それを鈴木さんに話した、初対面だった。

ご飯を終え、鈴木さんは夕方に仕事があるので3時半くらいまでだった、僕はもっと早く来たかったが起きるのが遅くなり遅くなった、残された時間は2時間ちょい、これじゃあ冷やかしに来たみたいなものになっちゃったかな、と思ったが、取り掛かった、マスクとゴーグルとバールを用意してくれていたので、着用して、脚立にのぼり、壁は、軽い金属の柱みたいなものが組まれたところに石膏ボードが固定されているというもので、その石膏ボードをとにかく落としていった、バールで、叩いて、叩いて、叩いて、落としていった。気持ちがよかった、遊ちゃんももう少し離れたところで同じことをやっていた、小さな細い体とはそんなにそぐわないように見える立派な勢いで、壁を壊していた、彼女は解体作業を好きだった、どうしてそんなに何回も解体の現場に行っていたのか僕はよく知らなかったが、そのよく解体をしていた時分には解体用の着るものセットを持っていたというから、それはけっこう頻度があったことを知らせた、僕はこの日は、履かない、デニムのパンツを履いていた、帽子は取った。

叩いて、叩いて、叩いて。大きな音が反響する、たくさんの粉塵が舞う、壁が、崩れ、落ちる。バールは2本だけだったので、鈴木さんはトンカチでやっていたが、やりにくそうで、途中で、借りている身で言うことでもなかったが、ホームセンター近いんですよね、バールもうひとつ買ってきたほうがやりやすいんじゃないですか、と提案したところ、鈴木さんはそうするということでいったん出た。引き続き、壁を落としていった、すると、鈴木さんが戻ってくるまでのあいだにほとんどの石膏ボードを落としきることができて、僕と遊ちゃんは満足だった、バール、要らなかったね、と笑った。戻ってきた鈴木さんは驚いていた。ただバールを買うついでにインパクトも買ってきていたので、無駄足ではなかった。

少し休憩して、次は軽金属の柱というか、それを取り払う。ビスで固定されているからそれをインパクト等で外して、柱を緩めて、としたら抜けるかな、と思ったが、それでもいけたし、それではいけない部分もあって、バールでバチンバチンと叩いて曲げて、取ったりした、長い柱が、ぶらーんとゆるんで、倒れてくる、何度か、ヒヤッとした。バールを振るうとき、とにかく気持ちよかった、生きている手応えのようなものといえば大げさだが、手応えがあった。途中で施工管理の荒井さんが来て、午前中に見に来たときは厳しいかな間に合うかなと思ったが、一気に進みましたね、と言った。役に立った。

柱も取れて、そうすると一気に、一気に見通しが出た、やっぱりこれは壊して正解でしたねえと言い合って、あとは天井の同じような骨組みを取れば、ほぼさっぱり、というところだったが、これがどうやったらいいのかわからない、そもそも、それは階段の頭上の天井であり、ということは、足元は階段だった、奈落で、どうやって作業したらいいいかわからない、わからないので無理くり脚立の上から叩き落とすようにまたバールを振るっていたら、思った以上に落とせた、おおむね、きれいになった。たくさん出たゴミというか廃材を見て、手伝いに来たの今日でよかった、と思った、片付ける作業は、途方に暮れるたぐいの作業になるだろうから、破壊の日でよかった。

外に出ると寒かったが、汚い体できれいなシャツを羽織るのは気が引けて、半袖のまま家まで帰った、シャワーを浴びて、さっぱりして、5時過ぎだった、少し昼寝してから店に行こうと布団に入って目をつむっていた、うとうとしているとシャワーを済ませた遊ちゃんの「さっぱり！」という声が聞こえたような気がした、眠った。

起きて店に行き、ひきちゃんと歓談ののち、働いた、働こうとしたが、働かせてはくれなかった、極端に暇な日だった、僕はほとんど何もしていない気がした、『新潮』をご持参で読んでいる方がまたあって、ちょうど他に人がいないタイミングだった、お出しするとき、その『新潮』読んでる方をなんかよく見かけるんですけど、どうして読んでるんですか、と尋ねてみたところ、その方は「いかれころ」だった、新潮新人賞の受賞作ということだった、また、町屋良平の「1R1分34秒」も目当てだった、でも、今回のが多く読まれているとしたら、高橋源一郎のやつじゃないですか、と言っていて、ああ、そうか、と思った、それはあるかもしれない、けどそうじゃないかもしれない、どうなんだろう、どのみち、読みどころが多い号ということのようだった、僕は「アイオワ日記」です、僕はこれからです、めっちゃ面白かったです、そういうやり取りがあって、なんだか気持ちよかった、お会計のとき、オーダーされたものを間違えて150円多くいただいてしまったことにあとで気付いて、次に来られたときに返さないと、と思った、それで、だから暇で、ほとんどの時間は日記の見直しに費やした、9月14日、残り16日だった、17日だろうか、とにかくそのくらいだった、で、進めていった、閉店時間を迎えるあたりで、終わった。終わった！と思って、今は月ごとになっているシートを、ひとつのところに統合しよう、それがしたかったの〜、ということをやろうとしたら、何度もフリーズするから、家に帰ってからやろうと思って、ご飯を食べて家に帰って、腹一杯で、それでやった、そうしたらできて、ページ数を見たら、どのくらいになるだろう、月ごとのときにページ数を足してみたら1236ページとかだった、書き足したりもわりとしていたから、1300ページ近くになったりして、それはさすがにないか、1250ページくらいかな、と思っていたら、1176ページで、あれ、どうしてだろう、なにかがおかしい、減るってことはないはずなのに、と思ったら、月ごとのほうのファイルが、1ページ16行でテキストが流されていて、本当はというかもともとの雛形のほうだと17行だった、どうしてそうなったのかわからない、InDesign のことはまったく理解していない、ともあれ、1行ずつ違ったらそうなるわね、と思って、だから、満足だった、満足したあとは今度は、山口くんの小説を、note の全32回のテキストをいったん全部エディタにコピーし、それをInDesignに流す、ということをなぜかやり始めた。やったところ、230ページほどだった。僕は何をしているんだろうか。それにしてもこの小説は、本になったりするべきものなんじゃないのか。と、僕はここ数日、思っているらしかった。

それでやっとInDesignに満足し、ウイスキーを飲み始めた、プルーストを読み始めた、ずっと、面白い。語り手、楽しくなりすぎ。

10月24日（水）

いわば彼女らは、その一人一人がかかわるがわるに小さな影像となるのであって、彼女らは、それぞれ、はしゃぎとか、きまじめとか、甘ったれとか、びっくりとかいった名で呼ばれる、率直な、完全な、それでいてはかない、そんな印象に型どられた、若々しい小像なのだ。

マルセル・プルースト『失われた時を求めて 3 第2篇 花咲く乙女たちのかげに 2』（井上究一郎訳、筑摩書房）p.365

びっくりとかいった名――名。

一度起き、もう一度眠れ、と念じながら、眠りのポーズを取っていたところ無事眠り、起きたら12時過ぎだった、たくさん眠れた。起きて、コーヒーを淹れ、ここ数日、日記の見直しにかまけて日記を全然書いていなかった、昨日の分とおとといの分の日記を書いて、満足した、それからうどんを茹でながらプルーストを読み始めた、鍋に貼り付いてしまうとなかなか取れなくなるので、混ぜながら、蒸気で手が熱くなった、もう片方の手で本を開いてプルーストを読んでいた、食べた。食べて、満足した、読んで、夕方まで読んでいた、そろそろ家を出ようと思っていたところ遊ちゃんが戻ってきて、丸善ジュンク堂に行くと言うと一緒に行こうということになり、行った。

アリ・スミスの『両方になる』を取り、それから、ナカムラケンタの『生きるように働く』を、読んでみたい気がしたため、探した、あって、ふむふむと思っていたところ遊ちゃんがやってきて、そのエリアを一緒に見ていたら、キャリアアップとか自己啓発本とかのエリアで、タイトルを見ていたら、どんどん元気が吸い取られるような気分になった、肩がずっしりと重くなりすらした、げんなりして、悪い冗談みたいだった、それで、棚から離れた、歩きながら自分が手に持っている2冊の本を見やると、生きるように働く。両方になる。と2つ並ぶと、『両方になる』が突如、パラレルキャリアとかの指南書みたいに見えてきて、その変容が愉快だった。

フグレンに行った、ソファに座れたためソファに座った、コーヒーを飲み、『生きるように働く』を開いた、ソファで隣に座っていた男女がつまらなかった、お店の人がアイスアメリカーノ、アイスアメリカーノ、みたいな、アイスアメリカーノできたけどどなた~、という呼びかけをしていてそれを二人だけに聞こえる小さい声で繰り返して、さっきの人は日本語っぽく言ってたね、てことはあの人は英語担当、英語話すのが仕事、あとはどれだけ仕事してるっぽいふりして突っ立っていられるか、それがあの人の仕事、って俺ディスりすぎ、性格わる、みたいなことを言っていて、つまらなかった、ディスにもなっていないし性格悪くもなれていないし、せめて面白くディスれよ、どうしようもないよそれ、と思って、『生きるように働く』を読んでいた、隣の二人のやり取りに気を取られ、あまりはかどらなかった、『アニー・ホール』でウディ・アレンがダイアン・キートンと並んでベンチに座ってセントラルパークで、通り過ぎる人たちを指してジョークを言ってゲラゲラ笑い合う幸せな場面を思い出した、せめて幸せになってくれよ。

夜、もともとは武田さんと内沼さんと飲む予定だった、『寝ても覚めても』の話をしようというところからの飲む約束だった、先日友人が『寝ても覚めても』の最初の焼肉屋はあれは渋谷の百軒店の焼肉屋のどうげんなんじゃないかと言っていた、そうなのかな、どうなのかな、と思った、なのでどうげんでどうでしょうか、と言っていて、予約でいっぱいということで、あれま、どうしましょうか、なんでもいいや、とやり取りをしているうちに武田さんの体調が悪くなったようで、キャンセルになった、あらま、と思って、飲みたかったので、内沼さんに「よかったら軽く飲みませんか」とメッセージを送ろうとしたところ、「軽く飲みますか、どうしますか」というようなメッセージが来て、面白かった、軽く飲む、という言葉がどちらからも出てくるのが面白かった、本来いるはずだった人への慮りというかなにかだった、軽く飲むことになり、時間になり、フグレンを出て、代々木八幡で、ということになった、予定の時間に少し遅れるとのことだったので先に入ることにして、勝手に店を決めて入って、ビールを頼んだ、入ったのは居酒屋俊だった、武田さんは武田俊なので、いつか武田さんとここで飲みたいなと前に思った記憶があったそこに、今日はここしかないでしょ！と思って入って、内沼さんに、ここの地下一階にいます、とグーグルマップでピンをつけて、だから店名はわからない形で、送付して、ニヤニヤと楽しんだ、ビールを頼み、飲み、『生きるように働く』を読みながら待った、この、先にお店に着いて先に飲み始めて待ちながら本を読む、という時間が僕は好きだった、できたら毎回そうしたいくらい好きだった、それで、来られ、僕はまず『生きるように働く』と『両方になる』を出して、『両方になる』が被る意味の変化をヘラヘラしながら見せて、それから飲んだ。

下北沢の出店の話から、先日日記で書いたクラウドファンディング、あれありですよねの話から、僕が先日思いついたスケジュールを話した、つまり、2020年4月下北沢店オープン、そこから逆算して、2020年年明けにクラウドファンディングで、それを考えると、2019年つまり来年だ、来年の夏までにフヅクエ本を出したい、これ出せたら、なんかいいことになる確率を高められるのではないかと僕は思いついて、それで、ミシマ社、どうだろうか、本の読める店の本、なりわいを作る系の本とも言えるしソーシャルデザイン的な要素も見込めるそういう本、どうだろうか、いいんじゃないかと思っているんですよねミシマ社、ミシマ社から出せたら最高な気がするんですよね、どうですかね、というような話をしたところ、ミシマ社の三島さんととても知り合いであるどころかミシマ社の開業の時期にミシマ社の仮の住所として内沼さんのオフィスの住所を使ったりしていたそういうレベルで密な知り合いだったと判明し、そしたらよかったらなんか声を掛けていただくみたいなことお願いできますかということで、お願いすることにした、僕はどんどん、図々しくなっているような気がする。図々しくなっているのは、もし何か形になるとしたらそれは双方にとってウィンでウィンなときだけなんだから、ということをわかってきたからかもしれない。もしこれで僕がミシマ社から本を出せたとして、前だったらそれを何か裏口入学的な、内沼さんにつなげていただいたからこそ的な、何かずるい手口によるものみたいな後ろめたさをいくらか持ったかもしれないけれども、もしこれで僕がミシマ社から本を出せたとして、それは誰も損をしないと関わる人たちが判断したからそうなったのであって、そのきっかけを内沼さんに作っていただく、というだけ（というだけといってももし本当にそうなったらいよいよというかとっくにすでにだがいよいよ本当になんもかんも内沼さんにしていただいているなあ！　感謝とかするにも到底しきれないレベルになんもかんも！　ということではあるからしきれないと思いながらも感謝は深くするのだけど）、ということだから、なにも後ろめたいことではない、という感覚を持つようになったのだろう、と思った。

今度入ることになった山口くんという人の小説がなんだかすごくよかったんですよという話や、鈴木さんの店の話、『読書の日記2』の話等々、あれこれ話し、つまり僕は話したいことがいろいろあったということだった、話して、楽しく、飲んで、いい時間だった、僕は、内沼さんと話しているのはいつも気持ちがよかった。

店を出て、駅で別れ、とことこと歩いて帰りながら、楽しかったなあと思って、この、清々しい、楽しかったなあという感じ、これはなんだったっけかなと思ったら武田百合子の『犬が星見た』のトイレで少女たちとゲラゲラ笑って、楽しかったねえ、という場面の武田百合子のそれだと気づいた、新版が出る、というのをhontoからのメールで見たのは、その前だったか、後だったか。コンビニで、おにぎりとビールを買って、おにぎりを食べて、家に着いて、家の前で、ビールを飲んで、煙草を吸って、家に帰った、今日は月がきれいだったということで、見忘れた、遊ちゃん、月を見に行こうよと誘って外に出た、見上げると、雲が広く出ていて、月は隠れているようだった。

10月25日（木）

今週が暇だったからフヅクエは暇になってしまった、ちょうど人が入るというところで、暇になってしまった、と思っていたら、今日は忙しかった、忙しい金曜日くらいで、今週の凹んでいた分を取り戻せたのでよかった、パタパタと働いていて、途中、お客さんが「読みました?」と言って、滝口悠生のエッセイがある、よかったらどうぞと、貸してくださった、『ちゃぶ台』というミシマ社の雑誌ということで、お、ミシマ社、と思った、それで、手が空いたときにエッセイを読んだ、チャンドラモハン、で合ってたっけ、それのことが書かれていた、「アイオワ日記」で触れられていたことがもっと書かれているということだった、とても、よかった。

営業中にうまく本を読めない、日記もうまく書けない、なんだか世界の箍が外れてしまったというか、リズムがおかしくなった、いい日だった、わ〜、はじめまして〜、ということや、おわわ〜、ひさしぶり〜、ということがあって、人とよくしゃべる日でもあった、終わって、ご飯を軽く食べて、3杯、食べて、帰りながら、ダミアン・ライスの「デリケート」を聞いていた、いくつもの場面が勝手に浮かんできた、音楽とともに見える景色が流れていくと、映画みたいだった、そういう鳴り方をする曲だった、バックグラウンド・ミュージック。

帰って、『生きるように働く』をしばらく読み、布団に移り、プルースト。今夜はどうやら、アルベルチーヌとヤれそうだ！

「およしなさい、ベルを鳴らすわよ」とアルベルチーヌは、私が彼女にとびついて接吻しようとするのを見て叫んだ。しかし私は自分にいうのであった、――叔母に知られないように手筈をして、若い女がこっそり若い男を呼びよせるのは、何もしないためではない、それに、機会をつかむことを知る人間は、大胆に物事をおこなって成功するのだ、と。熱狂した私に、アルベルチーヌのまるい顔は、終夜灯に照らされたように内面からの火に照らされながら、くっきりと浮彫になり、旋風の、目くるめくばかりの、不動の渦のなかにのみこまれようとするミケランジェロの諸人物さながらに、燃えさかる天体の自転にしたがいながら回転しているように見えるのであった。私はこの未知のばら色の果実がもつ、匂を、味を、知ろうとした。私は、突然けたたましく、長く鳴りひびく物音をきいた。アルベルチーヌが力のかぎりにベルを鳴らしたのであった。

マルセル・プルースト『失われた時を求めて 3 第2篇 花咲く乙女たちのかげに 2』
（井上究一郎訳、筑摩書房）p.412

このあと空白行があって、これはこの小説においてはものすごく珍しいというか、今まで一度でもあったっけな、というものだった、この展開といい空白行といい、完全にコメディで、プルーストもバカバカしい場面として書いたのではないだろうか、どうなのか、ともかく面白く、笑った、寝た。

10月26日（金）

起きようとするも、眠くて、今日はまた重度の眠さだなあ、と思いながら、立ち上がった、めまいがした。

来週、ワイズマンを見に行きたい、と思って、上映時間を調べたら、そうだった、メカスをやるんだった、という、だから来週はイメフォはワイズマンとメカスというすごいプログラムで、すごっ、と思って、ワイズマンはしばらくはやるよなあ、きっとやってくれるよなあ、ということで、だからメカスだろうか、『ウォールデン』。いつか見てみたかった。この日、眠たくなければいいなあ、と、今からそんな心配をしている。

眠い、暇な日で、ずっと座っていたせいか、眠い、『生きるように働く』を、読んでいたところ、読み終えた、僕は、生きるように働いていると思うところもあるし、労働するように労働していると思うところもある、楽しく生きたい。楽しく働き生きるためには、僕は、どん詰まっていないといけないタイプだったりもするような気もしたしそんなことはないような気もしたが、爽やかに生きたい、疲れた。

夜、誰もいなくなり、『両方になる』を開いて、エピグラフを読んだところでそうだ、ホットサンドを作ろう、とちょうど煮込んでいたカレーがあったのでカレーとチーズでホットサンドを作り出したところ、それを合図にしたように忙しくなった、よかった、ホットサンドは1時間後に食べた、しんなりしていた、おいしかった、よかった、どんどんどん元気がなくなっていった、ちらっと見かけた記事のせいかもしれなかった、作品とかそういうものをコミュニケーションとかビジネスとかの道具としてしか見ていない人、見ていないという自覚すらない人、愛も敬意も欲望も熱狂もなにもない人、そういう手合いは作品とかそういうものに関わってこようとすんなよ、自分たちの領域に引っ張り込んで同じような手合いと「いいね!」とか付け合っていいねとか言い合うことに忙しくて一瞬も作品とかそういうものそのものに真面目に対峙していない、真剣な眼差しを送っていない、対峙していない送っていないという自覚すらない、そういう手合いだけで群れて村でも作ってその中にとどまって一生気分よく生きてってください、と思ったら、なんだか、悲しみと苛立ちでどんどん元気がなくなっていった、今、道端で喧嘩を売られたら、自分の非力さとかをすっかり忘れて猛然と殴り掛かりそうだった、なにかを強く殴打したい、と思い、また解体したいなあ!　バールを振り回したいなあ！と思った、やっぱりあれはヘルシーだった。ゲラゲラ笑った。死んでろ。

けっきょく、ほんとに、けっきょくでもないけれど、真面目な人なんて少ないよなと思うというか、摩擦みたいなものを恐れて、ちゃんとやりきろうとする人なんて少ないよなと思うというか、諦める、おもねる、手を抜く、そんなのばっかりだよなあというか、そういうことをしている自覚すらなさそうなのが怖い、なにかをよくしていこうということよりも、機嫌を損ねないようにしよう円滑に進めようみたいな、そういう姿勢が優先される、その不真面目さに気づいていないように見える、と書いていて、自分もマジでそういうことにならないようにマジで気をつけないとマジで怖いなと思った、思った。

バカみたいな気持ちになった、なっている、ラーメン、ラーメン食う必要がある。

ラーメン、餃子、大ライス、野球の記事読みながら食って帰って、遊ちゃんと話した、上記の話をし、こういう、元気がなくなる、悲しくなる、不機嫌になる、そういうとき人は、往々にして、本当の原因を直視しないために、手近にある不機嫌になれる材料を取り出して、こねくり回して、嬉々として安心してネガティブな思考と戯れる、ということって、あるよねー、と言った。あるある、と遊ちゃんは言った。

寝る前、プルースト。

私ははじめから、私の夢想は肉体占有の希望とは無関係だと思っていたのだったが、その夢想は、それ自身が肉体占有の希望から養分を吸収しなくなると、たちまちアルベルチーヌから離れた。この晩から、夢想は、ふたたび自由をとりもどし――いつか以前に、私がある少女に見出した魅力、とりわけ、その少女に愛されると予想した可能性やチャンスが、ふたたび活躍しはじめて――アルベルチーヌの女友達の誰かに、そしてまず最初はアンドレのほうに、私の夢想は移った。

マルセル・プルースト『失われた時を求めて 3 第2篇 花咲く乙女たちのかげに 2』（井上究一郎訳、筑摩書房）p.413

wwwwww

10月27日（土）

いくらか重めの仕込みというか開店までにこれらは、というものが複数あったから、気持ちだけ急いで店に行き、ほぼいつもどおりの時間だった、がんばって仕込みをした、ERAを聞いていた、変わる気はある。よかった。

間に合い、開店すると、誰一人として入ってこなかった。1時半まで誰一人として入ってこず、先々週とかはこの時間には満席、みたいになっていたのにえらい違いだった、日記の推敲をしていた、だいたい終わって、という1時半でやっとおひとり来られ、そこからの1時間でほぼ満席みたいになり、ワタワタ働き、気付いたときには半分くらいになっていた、変な日だった。

ダミアン・ライスの「デリケート」が頭のなかで流れていた。

結局は総じて暇な日でバジェットには届かず、総じて、フヅクエの勢いは減じているようだ、どうしたものか、と、打ったが、特に考えていない、夜、一瞬アリ・スミスの『両方になる』を開いて、エピグラフのあたりを読んで、何かが起きて、閉じて、そのあと、暇だったので「オープンから4年」というブログを書いた、17日に4周年を迎えて、今年は書こうかなと思っていたが日記の見直しで忙しいというかそちらが欲望的に優先度高く、書いていなかった、書かないかなこれは、と思っていたが、暇だったので書いたところ、久しぶりにおかしな文章を書けたような気がして満足度が高かった、おかしなグルーヴを作れたような気がして満足度が高かった、なんなんだこれは、という文章だった、よかった、それで、スズキさんが来られたので、おっしゃー俺スズキさんと話したかったんだよ、と思って、帰り際、いつものように話した、ひたすら山口くんの小説の話をしていた、二人ともに興奮した口吻でしゃべった、僕はすごく興奮していた、あれは、すごい、その気持ちがすごくしゃべらせた、それで喋って、店に戻って、勝手に作った縦書きバージョンのPDFファイルを見て、また少し読んだ、スズキさんは何度か読んだらしい、どこかが本にしないだろうか、もしどこもしないなら、もしどこもしないなら。

帰宅後、閉店前に久しぶりに少し読んだら面白く読めそうな気がしたため『クラフツマン』を読んで、寝る。

10月28日（日）

夜中、なにか大きな声で叫んでいたらしい。なんて叫んでいたのかは思い出せなかったが、例えば「プラスチック！」みたいなそういう、なんていうことのない言葉を叫んでいたらしい。まったく覚えがなくて、惜しいことをしたと思った。たくさん汗をかいて、たくさん夢を見た、夢だったのか、それとも眠りと覚醒のあわいのところで考えごとをしていたのか、『デリケート』のいくつもの場面が、流れていた。

朝、パドラーズコーヒー。本だけを持った人が、前を歩いていた、そのままパドラーズに入っていって、外の席で、コーヒーとシナモンロールを飲み食いして読んで、30分くらいで出ていった、いい朝だろうなあ、と思って、よかった、そのあとに外の席に来た隣というか近くに座っていた人も、コーヒーとなにかお菓子を飲み食いして、一段落すると、ペーパーバックを開いて、読んでいた、よかった。

遊ちゃんは昨日『寝ても覚めても』の2度めを読み終えたらしく、遊ちゃんは『寝ても覚めても』は2度見に行っている、チケットは3度買っている、一緒に見ようとしたとき、予告編で急用が僕にできて出た、そのときのそれはそのまま行きそびれて、そのあと、2度、見に行っていた、僕も2度見たし2度読んだが、読んだのは何年も前なので覚えていなくて、どんなことが書かれていたか聞いたら、いろいろと、驚いた、映画の終わりかけの大阪の川沿いの家の亮平と再会する場面、あれは、原作で、朝子がテレビを通して見た麦が出演しているドラマの場面の通りの画面だったという、なんというか、いったい、なにを見させられたんだろうと思った。すごいことだなと思った。

僕は、先日ひさしぶりに読もうと思ったときに麦が出てきたらたちまち東出昌大になって、うわあ、うっとうしい！と思って、先に進めなくなって、そのままにした、それはまあ、そうなるよね、私もみんな彼らだった、と言っていた、僕は、俺はそれだとどうもつらかったんだよね、と言った、昨日の夜だか朝だかに見ていた流れていた『デリケート』の場面は、人物たちもいて、でも彼らには顔が与えられていない、顔が与えられていないといってものっぺらぼうというふうに見るわけではない、十全にリアルなものとして現前していて、でも、それをよくよく、わざわざズームアップして近づこうとすると、顔がないということがわかる、というような与えられていなさで、そもそも基本的に小説を読むときに想起している絵というか映像というか像というのはこういうことなんだよなと思った、なんとなく知った人とか俳優とかあるいはアニメのキャラクターとかなにかの顔をうっすら与えてというか思いながら読んでいるようなときもあるけど、そうでない、ぼんやりとした人物の姿形の想起のまま読むことのほうがきっと多い、それで何かが減じるわけではない、面白く読んでいるとき、その状態で十全にリアルな感触を得ている、つまり、小説を読むときのリアリティというのは、頭の中で描かれる姿形の具体性とか抽象性とは関係のない次元で発生するというか、リアリティが属している場所というのは具体性とか抽象性とかとは無関係の場所であるというか、ということなんだなと思った、むしろ、『寝ても覚めても』を読もうとしたときに起こったことは、顔や姿の具体性が、小説のリアリティというか強さみたいなものを弱めた、そのときの僕にはそう作用した、ということだろうか。店を出て、少し一緒に歩くと、いい日曜日にね、と言って、小さく手を振った。

店、今日もゆっくりのスタート、さすがに昨日ほどではなかったが、ゆっくりで、おやおや、どうしたものかな、困ったな、と思いながら、仕込みもないので本を読みますかと、『両方になる』をちゃんと読み始めた。すると波紋が広がった。

なくなった、と私は言った。消えちゃったよ。
ああ、と彼女は言った。だから泣いてるわけ？　でも、本当は消えたわけじゃないわ。だからこそ、金の指輪より素敵なの。輪は実は消えてない。たまたま私たちの目には見えなくなっただけ。本当は、今でもずっと広がり続けている。あなたが見た輪はどこまでも進み続けて、どんどん広がる。水溜まりの端まで達したら、今度は水から出て、目には見えないけれど空気の中を進む。驚異の現象ね。体の中を輪が突き抜けるのを感じた？　感じなかった？　でも、通ったのよ。今ではあなたも輪の内側にいる。ママもそう。私たちは二人とも輪の内側にいる。この庭も。煉瓦の山も。砂の山も。薪小屋も。家も。それに馬、パパ、伯父さん、お兄ちゃんたち、職人さんたち、家の前の道も。よそのおうちも。それから塀も庭も、家も教会も、宮殿の塔も大聖堂の尖塔も、川、裏の野原も、ほら、あの向こうの野原も。あなたの目はどこまで見える？　あそこの塔、向こうの家が見える？　誰も何も気付かないけれど、輪はそこを通り抜けているの。ここからは見えない野原や畑の上に輪が広がるところを想像してごらんなさい。野原や畑を越えてその向こうの町、さらに向こうの海まで広がっていく。次は海の向こうまで。あなたが水溜まりに見た輪は世界の縁まで広がり、縁まで行ってもまだ進むのをやめない。何もそれを止めることはできないわ。

アリ・スミス『両方になる』（木原善彦訳、新潮社）p.16, 17

美しいイメージで、それにしても「尖塔」という言葉を僕は「れっとう」とこれまで読んでいた、「劣」と混同していたらしかった、それで、あれ、じゃあ、なんだろ、この文字が使われる言葉、言葉、と思い、「尖閣」か、「せん」か、「せんとう」か、とわかり、「せんとう」と打ったら、がぜん、銭湯に行きたくなった、なっている、銭湯に行きたい、なんせ疲れた、『両方になる』をしばらく読んでいたらだんだん忙しくなっていって、猛烈に忙しいというふうでもなかったけれどずっと立ち働き続けるようだった、それで、疲れて、一段落したら猛烈な眠気がやってきた、10時、誰もいなくなって、もう閉めちゃおうかなと思っていたらまさかの10時半からのご予約が2つ入って、よっしゃよっしゃお金ちゃんと稼がないとねと思っていたら、10時半を過ぎて、キャンセルされた、どういうつもりの予約だったのか、と思っていたら最近しばしば来られる方が来られ、最後までしっかり営業するぞ、と思い、本を読もうかなと今、思っている。

10月29日（月）

朝、少し早めに店に行き、仕込みがんばる、がんばり終えて開店する、がんばり終えたのでゆっくり働こうと、働く、『両方になる』を少し読んで、それからどうしてだかフォントを調べて、クレスト・ブックスとかエクス・リブリスとかで使われているのはなんというフォントなんだろうなと思う、それから、プルースト。第3巻がというか「花咲く乙女たちのかげに」が終わろうとしていて、季節が終わり、少女たちはひとりまたひとりとバルベックから去っていった、語り手はまだ残っていて、ホテルはすっかり閑散とした姿になりつつあった、廃墟のようだった、それは美しい光景だった、ボラーニョの『第三帝国』だったか、を思い出した、人がいなくなったあとの場所、ということではウルフの『灯台へ』がいつも思い出された、なんだか、元気な、語り手を取り巻いていた少女たちがいなくなって、僕はすごく寂しさの感情が湧いていることに気がついた、なんせあいつ、とっても楽しそうだったからさ。

終わって、4巻を取ってくると「ゲルマントのほう」とタイトルにあり、ずっと社交界的な話になるのだろうか、だとしたら相当つらそう、と思って、開くことはまだしない、変に忙しい日になりつつあって、どうしたんだろう、と思っていたら、どんどん変に忙しい日になっていって、途中、途方に暮れるというか収拾がつかなくなるような気配があった、気配だけだったが、結果として、まともに忙しい休日くらいの忙しさの日になって、だから10月29日はきっと祝日かなにかだったのだろうと思った。

閉店後、山口くんに来てもらい、説明会というか、シフトの相談や、フヅクエで働く心得みたいなものを訓示を垂れるみたいなことをして、それから、心得の続きみたいなものとして、「絶対に嘘をつかないで」と言い、言い切らないうちに笑ってしまって、それはだから増村さんのセリフとして言った、あとはずっとひたすら『デリケート』の話をしていた、話しながら、自分でもよくいろいろ覚えているなと思って感心した、それだけ熱心に読んだということだったのか、それだけ勝手に刻み込まれてきたということなのか。けっきょく3時近くまで話していて、帰って、急いで寝た。

10月30日（火）

起き、出、代々木公園の右半分が紅葉し始めていた、ジャンベを叩いている人があった、空が青かった、少し暑さがあった。丸亀製麺にうどんを食べに行こうとするも、お昼時の行列ができていてやめて、青山ブックセンターに入って千葉雅也の本を買おうと、一番上のやつを取って、なにか不具合というか完璧じゃなさを感じたらしく二冊目のものを取る、という行動をしていたら、こんにちは、という声が聞こえたから見たら、山下さんがいて、こんにちは、と言った。あの、先日の、インタビュー記事、あれよかったですねえ、と言ったら、よかったですよね、阿久津さんのインタビュー記事もよかったですね、と言われ、ああ、あれもよかったですよねえ、と言った、なんか笑った、山下さんは面識があるだけでゆっくり話したこともないけれど、見るたびに、いい顔をしているなあ、と思う。

買って出て、ザ・ローカルでアイスコーヒーとパンオショコラを買って、座って、パンオショコラを食べる2分間だけ座って、コーヒー片手にすぐに出て、イメージフォー

ラムに行った、ジョナス・メカスの『ウォールデン』だった、始まって、

DIARIES
notes &
sketches

という文字が出た、それで、そういえばメカスって日記映画を撮っている人だったよなというとても基礎的メカス知識を思い出して、むしろこういうときに思うけれどよく忘れていたよなというか、よくこれまで思い出していなかったよなと思って、見た、光、運動、ウォールデン、公園の、女性を撮るところ、そこでわあとなり、それから、アパートの窓に貼りついた子どもたちと、花とかだったっけか、なにかが二重露光というのか、かさなるところ、そこでゾクゾクとして、それからもただただ眠くなったり強烈に面白く感じたりしながら、漫然とした気持ちで見続けた、漫然と、リラックスした気持ちで見続けた、1部と2部のあいだの休憩の時間にザ・ローカルに戻り、ホットコーヒーを買ってきて、続きを見た、サーカスの、第2部だったか1部の真ん中あたりだったか、サーカスの場面が、ゆったりとした音楽のなかで展開されるサーカスの場面がとても気持ちよく、日記、三宅唱の『無言日記』を思い出して、日記、と思い、『メカスの映画日記』を久しぶりにペラペラしたくなった、途中、なにか覚えておきたいことが言

われていたけれど、見終えるころには忘れていて、思い出そうとしたが思い出せなくて、残念に思った。

『読書の日記』が手元にわずかになったので、NUMABOOKSに寄って10冊追加でいただいて、いただきながら松井さんと話した、あたらしい人決まったんですね、そうなんですよその人の小説がなんかめちゃくちゃ面白くってこれNUMABOOKSから出してくださいよ、そう言って、今、言いたくてしかたがないらしい、それで、本をリュックに入れた、重い本だった、重い重いと思いながら山手通りを駆け上がり、皮膚科というか処方屋さんに行って処方箋をもらって隣の薬局で処方箋を出して薬を買って店に寄り、本を下ろし、ひきちゃんといくらか歓談し、今日はゆっくりした日になっているようだった、家に帰った、夕方5時半、店から家、という動きは新鮮だった、これからきっと、こういう動きをするようになるということだよなと思って、なにをして過ごすんだろうなと思った。どうして家に戻ったのだろうと思って、たちまち出るところだったが、少しだけソファに落ち着き、日記を書いたりしていた、眠かったが眠るような時間はなかった、出て、千葉雅也を読みながら新宿に出て、人がたくさんあった、埼京線に乗ったら満員電車で、「あたたかいな〜」と思った、十条で降りた。

初めて降りる駅で、ほうほう、町、と思いながらぐるっと歩いて、クルド料理屋さんであるところのメソポタミアに入った、永山がすでにいて、テーブルにはすでに酒と、ピクルスとご飯があった。もう食べてる、と思って面白くて、僕も倣うことにして、ビールとおつまみセットみたいなものをお願いした。すぐにさっちゃんが来て、荷物が多かった、お店の人と知り合いだったようで、気軽な挨拶をしていた、それで、ケバブであるとかいろいろを頼んで、乾杯した、どれもおいしかった、じゃがいもと豆と肉の煮込みが特においしかったか。どれもおいしかった。永山は小学校の同級生で、さっちゃんは永山の高校の同級生の大学の同級生だった。長い付き合いだった。永山の、適当で勢いにまかせていい加減なことをしゃべるそのしゃべりが好きだった、今はリペア職人として働いていた、そろそろ独立しそうな気配だということで、いいねいいねと言った。途中、さっちゃんのカメラマンとしての仕事の話になり、水タバコをぷくぷくと吸いながら、3人で回しながら、話になり、ついこういうとき強いことを言いたくなるというか、それじゃあ中途半端なんじゃないの、みたいな、なにか焚きつけるようなことを言ってみたくなるためそういうことを言ったし永山もそういうことを言って、さっちゃんの顔が本当に陰った時間があったように思えたが、いっときだった。ワインを飲んで、おいしいものをたくさん食べて、お会計をしたら、あ、けっこういったな、という金額で、誰もなにも考えずに頼んだボトルのワインがきっといいやつだったということだった。どうりで頭が痛くならなかった。

新宿でさっちゃんと別れ、親子丼が食べたい、と思い、なぜならうどんは昼に食べたから、ご飯物が食べたい、と思い、はて、さっきなんかパクパク食べた気もするが、とも思ったが、食べたかったらしく、親子丼、と思ったら、なか卯だなというところで、道としては遠回りになるが、いくらか散歩しながら帰るのもよかろうと思い、代々木上原に出て、なか卯に行って、食べた、食べて、なか卯の親子丼はおいしくて、満足して、歩いていたら、先ほど電車から大黒湯のネオンが見えたことが思い出されて、久しぶりに銭湯に行こうと思ったら愉快な予定になり、そのようにして、入った、気持ちよく、久しぶりの銭湯は気持ちよく、「気持ちいいな〜」と思った、道蘭さん、湯冷めするほど外は冷えておらず、あたたかい体のまま、とことことしばらく歩いて、家に帰った、あとは着替えて歯磨きをするだけだと思うと簡単だった、そのようにして布団に入って、千葉雅也を読むでもなく読むというか開いて、文字を追っていたらすぐにまぶたが重くなり、目を閉じたあたりでやはり飲み会だった遊ちゃんが帰ってくる音があり、おかえりと言って、眠りに入った、12時にもなっていなかった。

11月1日（木）

スーパーでシチューの材料等を買い、店、懸命に仕込みをする、肉はワインと香味野菜で漬ける、もう一日早く考えていれば、丸一日漬け込めたのだけど、いつもギリギリまでなにも考えない、愚かだと思う、そういう自己嫌悪は今日はもうしなかった、昨日は少しした。

開店前、コーヒーを淹れる時間ギリギリある！　と思ってコーヒーを淹れて、ひとくち飲むと、安堵感というか安らぎみたいなものが全身に一気に染み渡った、寒くなってきた朝、もはや昼だが、寒くなってきた朝に飲むコーヒーのこの幸せを思うと寒くなってきてうれしい。

で、開け、最初の一時間がなんだかやけに忙しく、え、どうしよ、あ、え、と思いながら働く、最初の一時間で今日は終わりみたいな日で、3時くらいにはオーダーも洗い物も落ち着き、ビーフシチューに取り掛かる、少しずつ進めていく、今は煮込みフェーズ、どこまであの肉は柔らかく煮えるのだろうか、楽しみ。

煮え、7時で閉め、食べる量をホーローのタッパーというのか容器に入れて、レンジで蒸したじゃがいもも入れて、それからパウンドケーキと、ホイップを立てて、入れて、時間が経ったらゆるむだろうというところでホイッパーのやつも入れて、慎重に帰った、シチューは紙袋にまとめて入れていて、なんとなくまだ秘密という気分があったので家に帰って、廊下のすぐのところの洗面所に置いたら、向こうから畳んだタオルを抱えた遊ちゃんが歩いてきて、行き先は洗面所なので、ゲラゲラ笑った。

それから、二人でワインを買いに出た、いいワインかどうかを頭が痛くならないかどうかでしかわからないような僕にはいいワインみたいなものを飲む資格も価値もないと思ったばかりだったが、なんかおいしいワイン飲もうぜみたいな気持ちがあり、わかんないから、なんかビオみたいなやつ飲もうぜ、ど直球でビオみたいなやつ、バカみたいにビオみたいなやつ、という気持ちがあり、それで、どっかにないかなと歩いた、自然派食品のお店みたいなものがあり、オーガニックワインと書いてあったので、まさにビオみたいなやつがあるんでないかと思って入り、見たら、よくわからなかったけれどそれぞれのワインの名前のところに「xxx家」とあったから、なんかきっとそれらはシングルオリジン的な、そういう何かなんだろう、だからビオ的なきっと何か的なものなんだろう、とは思ったけれど、どこにも「ビオ」という言葉はなかったから、また戻ってくる可能性を含みつつ、他にも行ってみよう、と出た、それで、代々木上原駅のほうに行き、ほうというか、に行き、カルディを見て、よくわからなくて、駅の中の金持ちスーパーみたいなところに行き、見て、よくわからなくて、戻ることにした、戻って、聞こう、というところで、私たちはワインのことは何も知らないがバカみたいにビオみたいなものが飲みたいんですが、という、そういうところで、聞いたところ、聞いた方が私はたぶん一番詳しくない、他の人に聞いてくれた、ビオワインについて知りたいそうです、その方がまた別の方に、こちらの方々ビオワインについて、というので、小さな店内、わりとお客さんがいる小さな店内にビオワインについて知りたい木偶のような二人というのがここにいることが知れ渡り、明るいカラカラとした気分を伴ったこっ恥ずかさを覚えて、それから懇切丁寧にいろいろ教えていただいた、それで、なんかジャケがかっこいいやつ、というので選んで、買って、帰った、それで、まずワインを開けて、飲んで、あれ、やっぱりビオ、おいしいんじゃない、これおいしいよね、おいしいよねこれ、とおいしく飲んで、そういえば今日はビーフシチューなんだよ、というところで、もう少し煮ようと、タッパーから鍋に移し、コトコトと弱火で煮た、ワインを飲み飲み、ナッツとかをつまみながら、それから遊ちゃんに365日で買ってきてもらったバゲットを切って食べながら、ぺちゃくちゃと話して、そろそろシチュー食べますかねというあたりで、ボトルが終わりそうになり、近所のスーパーに追加のお酒を買いに行った、戻って、シチューを食べて、おいしいねと言った、遊ちゃんは30歳になった、私は30代に向いている人間なんじゃないかと思っていたから楽しみである、というようなことを言っていて、それはいいあれだなあと思った、シチューを食べ終えた頃にはだいぶ酔っ払っていたしお腹もいっぱいだったが、デザートもあるよデザートも、というところで、食べよう、というところで、パウンドケーキを出し、どのくらい食べる？と聞いて切って、立方体みたいなものになったパウンドケーキの塊に、ホイップを塗りたくって、食べた、それは、とてもおいしかったし、とてもおいしいと言ってもらえて、作ってよかった、うれしかった、へべれけで、食べ終えたら、ソファに移って、横になったら、寝た。

11月2日（金）

それがたぶん11時前で、ふぁっ、と起きたのが12時で、シャワーを浴び、布団に移り、プルーストを開き、寝て、ずいぶん寝た、途中で何度か暑かったり寒かったりして起きて、ずいぶん寝た、朝になって、起きた、店に行った、今日は山口くんの初めての日で、11時になると山口くんが来て、あれや、これやと説明しながら開店準備をして、それから開店して、あれや、これやと、おこなった。

ちょうどいいことにわりと忙しい日中になり、作るところを見てもらって、一度見てもらったものは次は作ってもらって、ということで、そういう、作る機会を多く取れたためよかった、山口くんの横で働いたり見守ったりしていると、山口くんの小説の記憶がいろいろと湧いてきて、折原くんと働いているような気持ちになるときが何度かあった、夜になってくるに連れて、単純に忙しい日になっていって、7時で山口くんは上がって、どうですか不慣れなことってやっぱり疲れるもの？と聞いたところやっぱり疲れたと言っていた、僕も、いつもと違う働き方はやはり疲れたしリズムもよくわからなくなった、上がって、それから、ちょっとこれは収拾がつかないぞ、というような状態になっていった、やらなければならない仕込みが次々と目の前に登場してくる、どうしよう、これはちょっとどうしたらいいかわからないぞ、と思い、ながら、洗い物でせいいっぱいで、そのなかで、鶏ハムを仕込み始めたり、今日2台目のチーズケーキに取り掛かったり、ショートブレッドの生地の準備をしたり、和え物をこしらえたり、そういうあれやこれやがとにかく積もっていって、気持ちはひたすらテンパっていた、閉店して、1時まで、Hi'Specのアルバムを大きな音で聞きながらひたすらひたすら仕込みを片付けていった、手が著しくバキバキになっていて、ひたすら痛い、どうしたんだろうというほどあかぎれが極まっている、何をしていても星がまたたくようなバチバチとした痛みが生じる、1時過ぎ、ようやく座って、ビールを飲んで、飲みながら、まだなにか混乱していた、どうしたらいいかわからない、たくさん、消化しなければならない仕事がまだまだあるように思う、どうしたらいいかわからない、と混乱して、ビールを飲んで、ご飯を食べている時間はないように思ったため食べなかった、いいのかそれでと思って、それから、今週はマジで本を読んでないなと思って、暗い気持ちになった、アリ・スミスをほんの少し読んだのと、千葉雅也をほんの少し読んだのと、プルーストをほんの少し読んだだけだった、どうしてこんなに本を読んでいないのだろう、と思うと、つまらない、退屈な気持ちになって、家に帰った、家に帰って、日記を書いた。

プルーストをほんの少し読んだ。

11月3日（土）

山口くんの2日目。ご予約がけっこうな数で入っていたので、今日は忙しくなるかもしれないなと思っていたところ、忙しくなった、2日目にもかかわらず、もう一人いる、という気持ちがあると、それだけで少し頼りにするようなところがあった、助けてもらうために週末に入ってもらったわけではなく、平日に入るよりもたくさん練習というか実践の機会があってよかろうと思って入ってもらったわけだけど、2日目にもかかわらず、それだけで少し頼りにするようなところがあって、だから、二人で働いている、という感覚があった。

途中途中で外で階段で、どう？　なんか大丈夫？　と聞いたりしていたそのときに、よくこれ一人でやってたなと、二人でやっている途端に思うよ、と僕は言って、そうですよねえ、というところで、いつか山口くんもこれ一人でできるようになるよ、と言ったあとに、まあできるようになったところで何もないけどねと言って笑って、あとで反省したというか、こういうことを言うのはどうなのかなと思った。それに、本当に「何もない」のだろうか、それもわからなかった、できるようになることで、何かはあるかもしれなかった、それがなんなのかはわからなかったが、何かはあるかもしれなかった。

帰り際、「昨日よりも楽しかったです。だからどんどん楽しくなっていくといいなと思います」みたいなことを言っていて、単純に、なんか、うれしかった。楽しくあってほしい。というか、楽しくあるための条件としてまずきっと「まあできる」「まあ掌握している」みたいな状態になるということはあるのかもしれない、この店を構成するものについて知らないものがない、という状態になって初めて、楽しいというものも生じていくのかもしれない。わからないが。

疲れて、忙しい日で、疲れて、必死で働いた、夜までがんばって働いて、がんばった、夜、ビーフシチューを食べた、昨日も今日も、あと2食分あったから、出そうかなとも思っていたが出しそびれたままだった、そのままダメにでもしようものならもったいなさすぎる、というところで、夕飯に食べた、おいしかった、肉はもう少しなんというか圧倒的にほろほろ、みたいにならないものだろうか、牛肉のかたまり、僕はその扱い方を知らなかった。

火曜日に『ソトコト』の取材があって宿題があって、「以下のQから1つ選んでいただき、ご回答くださいませ。　Q言葉を学んだ本は？　Q社会を学んだ言葉は？　Q豊かさを理解した言葉は？」というのと、「背中を押してもらった5冊」というのがあって、考えなければならなかった、というのがあって、今週は6日がそれで7日が『GINZA』の締切で、なんだかそれだけで十分に気が重かった、考える、書く、時間が、いつ取れるんだ、というような。それで『ソトコト』の宿題を考えた、こういう、列挙する系は僕は本当に苦手でなにも思いつかない、「言葉を学んだ本」、なんだろうか、言葉を学ぶ、私は言葉を学んだといえるのだろうか。私は言葉のなにを知っているのだろうか。社会を学ぶなんてさらにそうで、社会のなにを知っているのか。社会を、学ぶ。なんだろうか。豊かさを理解した言葉。豊かさを、理解したのだろうか。豊かさに近づきたいとはいつも思っている。保坂和志の、「真面目にしていればいいなんていうほうが人生にとってよほど不真面目な態度だ」みたいな言葉が思い出されて、それでいいというか、それがいいかなと思った、昨今の僕のスローガンみたいになっている、日記を読み直していても、何度も同じことが言われていた。このスローガンというか言葉は『考える人』の短編小説特集のところで言われていたものだった。

背中を押してくれた本、これも考える。背中を押してもらおうとして本を読んでいない。押されたということでパッと浮かぶのは、『収容所のプルースト』と『無分別』で、『失われた時を求めて』の再読へ、それから、ラテンアメリカ小説の世界へ、という、そういう押され方をした、それが一番素直な押され方だった、あとは『ウォール街のランダム・ウォーカー』、読んで、投資信託を始めた、そういう答えでいいだろうか。『本の逆襲』、本ともっとかかわる仕事をしたいと思った。『時間のかかる読書』、日記を始めるきっかけのひとつだろう。だんだん『ソトコト』に喜ばれそうな答えになってきた気がする。背中を押されて崖から飛び降りることになった、そういう、衝撃、みたいな一冊もなにか入れたい、5冊だが他の人との重複の可能性があるので7冊挙げなければならず、それぞれ100字ほどなにか書かなければならないとのことで、けっこうな宿題だった。

帰宅して、寝る前、プルースト。少しで、寝た。

11月4日(日)

スーパーで買い物をしているとコーヒーの香りがして、店に着いたら即コーヒー、と思ったら楽しみになった、どんどん、朝のコーヒーがきっとおいしい、うれしい。レジで、前の人は金持ちだった、僕は車を持っている人全員を金持ちだと思っているらしい、金持ちで、見たら、「REGULAR COFFEE」という、最初はペットフードかな、なんだろうこれ、「ARMY GREEN」ってなんだろうな、「MJB」、と見ていたら「REGULAR COFFEE」ともあって、コーヒーなのかと知って、なんというか、そうなんだよなあ、と思った、僕は勝手に金持ちはコーヒーもこだわったものを、こだわったというか、コーヒー屋さんで買ったりしたものを飲む、それが金持ちだと思っていたけれど、そういうものでもないのだよなと思って、こういう、自分の基準というか感覚なんてなんの当てにもならないんだよなと思った。それにしても前の人が車で来たと、なんで思ったのだろうか、なにか根拠はあったろうか。

店に着き、コーヒー、飲む、おいしい、うれしい、ブラジル。ブラジルがこれまであまり得意でない豆で、注文も回避しがちだったが、農園が変わったため頼んでみたところ、おいしかった、わー、深煎り、という感じでどっしりと、おいしかった、で、開けた。

ゆっくり始まり、なんとなく忙しい感じになり、調子よく働いていた、夕方から山口くんが入り、調子よくいろいろのオーダーがあったためいろいろを作ってもらって、よしよし、と言いながら見守ったり口出ししたりしながら、過ごしていた、途中、とても忙しいところがあり、手を何度も出しそうになったがダメダメちゃんと見守ることに徹しないと、と戒め、則った、偉かった、それで、そうしたら夜は一気に暇になり、ものすごい暇になった、あれ、なんだこれ、どうしたものか、と思っていたところはるいちゃんが来て、永山の配偶者だった、はるいちゃんが来て、先週永山と飲んだときに生命保険の話にどうしてなったのか、なって、聞いたら、それはきっと払いすぎだよ、という話をして、はるいちゃんに「永山の保険見直した方がいいよ！」と連絡した、そのあとに今の契約内容がわかるものを送ってもらって、見て、これはわかりやすく見直しだわ、早くその旨を伝えよう、とウキウキしていたが金曜土曜とそんな余裕がどこにもなくて早く送りたかったところだったのではるいちゃんの顔が見えた瞬間に僕は破顔して、即座に一緒に外に出て保険の話をひとしきりした、そのあとはるいちゃんはゆっくり読書をしていった。

帰り際にまた少し話して、今お茶に興味があるのだという、お義母さんつまり永山のお母さんに点ててもらうことがしばしばある、うつわとかも、おもしろい。お義母さんからは、結婚式に出席するときとかに着物を借りている。ほんとうに変わった子ねえ、と言われる、そういうやり取りが、私はとてもうれしい。

閉店して、山口くんの練習でオムレツのサンドイッチをこしらえてもらい、それとビーフシチューがまだあったので温め、それで夕飯。夕方、入ったときに、今度取材があって背中を押してもらった本5冊を挙げるみたいな宿題があるんだけど、考え中なんだけど、山口くんも夜までに5冊考えてみてよ、という課題を出した、いろいろ覚えたりするのに一生懸命な時期になにに余計なことを考えさせているんだと思ったが、幸か不幸か今日は暇で、考える時間はたっぷりあったのだろう、ご飯を食べながら5冊をうかがったところ、面白かった、津村記久子のなんとかというやつと、ジョン・スタインベックと、本谷有希子のなんとかと、なんだったか、『百年の孤独』、もうひとつ、なんだったか。

11月5日（月）

たいしてやることもなく、ゆっくりした気分で始めたところ、極端に暇な一日になった、これで昨日の夜から続けて一日半、完膚なきまでに暇な時間が続いたことになって、フヅクエはいよいよ終わりかもしれんね、と思った、つい一週間前の月曜日は「まともに忙しい休日くらいの忙しさの日になって、だから10月29日はきっと祝日かなにかだったのだろうと思った」と言っていて、一週間後に「フヅクエはいよいよ終わりかもしれんね」というのもバカみたいだと思ったし、実際バカみたいだった、バカだった、でも、こうやって毎日不安になったりひいひい言ったりする以外にやりようはなかったから仕方がなかった。

それにしてもというか、家入一真のインタビューの記事を読んだら飲食店を10店舗ぐらい経営していたそうで、「一応当時は飲食店を10店舗ぐらい経営してたので、その売上が細々と入ってきてはいました。」とあって、え、10店舗あっても細々なの！と思って、ちょっと衝撃を受けた。

暇で、午後早い時間には、『GINZA』の文章も書けたし、取材の宿題も済んだ、これでなんというか、羽を伸ばせる、と思ったらだいぶうれしい簡単な気持ちになって、そうしたら、フヅクエのマニュアルをちょこちょこと直したいそういう箇所があったので直そうかとファイルを開いたところ、作り方失敗したな、修正がなんだかいちいち面倒というかする気が起きないそういう作りになっているんだよな、ということに当たり、出た、

「一から作り直したい……」

出た、この、病気、と思って、しかも

「InDesignで作りたい……」

出た、この、病気、と思って、今のところ80ページくらいあるマニュアルを、一から作り直すべく、InDesignを開き、どういうのが一番見やすい頭に入りやすいのだろうかなと考えたり、触ったりして、そうやってパソコンの前にいたら肩がどんどん気持ち悪くなっていった、それでも僕は諦めない、ずっと、延々と、パソコンの

疲れきって、本を読むことにした、肩が気持ち悪いのが限界に達したので、本を読むことにした、それで『両方になる』を取って開いて数行読んだら、まったく頭に入ってこなくて、やめた、それで『意味がない無意味』を開いて目次から短いやつを選んでひとつ読み、面白く、もうひとつ読みだしたら、疲れて、やめた、それで、そういえばと思い、Amazonで買ったのはいつだったか、袋から取り出してもいなかった本があることを思い出した、森田真生の『数学する身体』だった、それを取り出し、読み始めたら、面白くて、ちゃんと面白い、本を読んでいる気分になって、読んでいった。

ところで、数字の道具としての著しい性質は、それが容易に内面化されてしまう点である。はじめは紙と鉛筆を使っていた計算も、繰り返しているうちに神経系が訓練され、頭の中で想像上の数字を操作するだけで済んでしまうようになる。それは、道具としての数字が次第に自分の一部分になっていく、すなわち「身体化」されていく過程である。

ひとたび「身体化」されると、紙と鉛筆を使って計算していたときには明らかに「行為」とみなされたことも、今度は「思考」とみなされるようになる。行為と思考の境界は案外に微妙なのである。

行為はしばしば内面化されて思考となるし、逆に、思考が外在化して行為となることもある。私は時々、人の所作を見ているときに、あるいは自分で身体を動かしているときに、ふと「動くことは考えることに似ている」と思うことがある。身体的な行為が、まるで外に溢れ出した思考のように思えてくるのだ。

森田真生『数学する身体』（新潮社）p.40

閉店して、もうしばらく読んでからご飯を食べて、帰って、シャワーを浴びているとふと、今の俺の用途って、イラレなくてもいいのでは？　全部InDesignでいいのでは？というひらめきがやってきた。

少しだけInDesignでマニュアルを作り直すことに対しての疑念というか疑念じゃなかった、懸念があった、それは「本当にInDesignをずっと入れている気なんだろうか？」ということで、もともと日記の読み直しの作業に向けて入れて、これから『読書の日記2』を作っていくときには必要だったがいったん読み直しが済んだ今、次の作業が始まるまでは解約していてもよかったが、なんとなく続けていた、でもどこかでいったん切るだろうなとは思っていた、だから、そんなInDesignでマニュアルを作ったらあとでいじれないことになる、いじりやすくしたくて作り直したかったのに、わざわざInDesignを再インストールしないといじれなくなったらいよいよいじりにくくなる、でももしかしたらずっとInDesignを入れているかもしれない、だからマニュアルもそれで作っても問題ないかもしれない、でも本当に？　だってイラレで月２５００円くらいで、InDesignは月々契約にしたから３０００円ちょっと掛かって、なんでそういった職業でもなんでもない人間がアドビに６０００円近く毎月払う必要があるのか、もったいない、そういう心地があった、それがシャワーを浴びていたらふいに、「むしろInDesignだけでいいのでは？」という新しいひらめきが、やってきたわけだった。考えてみたらイラレも使っているのはそのときどきのメニューの印刷し直しが一番多くて、完全にテキストだけで構成されたもので、他で使うものも案内書きやメニューとか、あとは日記の推敲用に流して印刷してとかで、だから完全にテキストばっかり扱っていた、それって、むしろ、InDesignの領分だったのでは？という気付きがそれで、これはなんというか、明るかった、でもそうなるとイラレを辞める前に、今のメニューと案内書きもInDesignで作り直さないといけない……やることが、いっぱいだぜ……

寝る前も森田真生。アラン・チューリング、岡潔。思考は環境に染み出て……いや、思考は環境の中で生じ……

11月6日（火）

早起き、店、コーヒー淹れ、眠い。深煎りをぐっと飲み込み煙草を吸って、眠たい。10時から『ソトコト』。カメラマンの方と編集者の方がいろいろ相談しながら撮影しているあいだ、ライターの方と雑談なのか取材なのかという調子で話し、話していたらずいぶん時間が経った、途中でひきちゃんがやってきて、おはようと言った。

ライターの方は週末にフヅクエに来てくださっていて、帰りのときに「今度の取材の」ということで知ったわけだったが、岡山のときに『ソトコト』で受けた取材のライターの方のパートナーの方ということが知れ、びっくりした、そのライターの方は週末フヅクエで過ごしていたとき保坂和志コーナーから数冊取って読んでいて途中で席を移動した、帰るときに保坂和志コーナーが頭上にある席には他のお客さんがあって戻せなかったので預かっていた、そのなかの一冊が『残響』で、話しながら「これ読んでましたねー」とか言っていたら、ふいに『残響』をとても久しぶりに読みたくなった、リュックに入れた。

撮影はけっきょく12時直前まで続いて、そんなに撮るものがあるものか、と思った、12時で場所を移動する、まずはお昼を食べましょう、ということになり、隣の中華屋さんで4人で食事、なんだかのんびりした取材だなと思ったというか、こんなにのんびりした取材は初めて受けた。そのあとスタバに移り、取材の続き、ちゃーちゃーと話す。雨が外でばちばちと降っていて、どうしようと思う。けっきょく2時過ぎで終わりになり、都合4時間、長い取材だった。こんなに長い取材は初めて受けた。

店に顔出し、壊滅的暇と知れ、外でひきちゃんと少ししゃべり、家戻り、雨、革靴を買って初めて、雨の道を歩いた、靴は大丈夫だろうか、ぶっ壊れないだろうか、心配になった、家に着いて、小道を挟んだ向かいのマンションの壁にもたれて煙草を一本、吸った。そうしたら一年半前くらい、この物件に内見しに来たときのことを思い出した、遊ちゃんと建物の前で集合で、集合し、雨が降っていた、不動産屋さんが来るのを、そのときは外壁の工事かなにかで足場が組まれていたそのマンションにもたれる格好で、だから内見しようとしている物件のファサードを正面に見ながら、傘をさして待っていた、その情景を思い出した。多分というか間違いなく、さっきひきちゃんと話していたときにひきちゃんが今度引っ越そうと思っているという話をして、いい物件があった、どれどれ見せてよ、これです、ほおいいねえ、決めちゃいなよそれで、そんな話をしていたからだったし、この角度で、だから向かいのマンションにもたれながら見る景色も久しぶりだったからだった。

ソファで、ひとしきりマニュアルを触ってから、森田真生の続きを読んだ。岡潔。読み終わり、数学の世界はきっと途方もなく面白いんだろうなと思い、岡潔。読み終わると夕方で、眠く、タオルケットを頭までかぶって、寝た、夢を見て、忘れて、起きた。起きると、そういえばInDesignって、ハイパーリンクみたいなやつ付けられなかったっけ？　というひらめきがやってきた。

そうだ、きっと使える、ということは、これまではPDF上で、目次のページで該当文字を長押しして検索してそれぞれのマニュアルページに遷移していたのを、今度は1タップで飛べる、さらに、使ううつわや、道具や、それぞれの説明なんかもリンクさせれば、縦横無尽に行き来するマニュアルを作れる、そう考えたら湧き立つ気持ちになり、歩いていたら雨が弱まっていって、最後は傘を閉じた、店に着いて、壊滅的に暇だったらしかった、バトンタッチして、ほとんどやることはなかったからひたすらInDesignと戯れていた、今日はもう、疲れを感じなかった、閉店して、ホットコーヒーには主にこのマグカップ、みたいなやつで、さらに作家は誰それ、どこで買った、みたいなやつで、うつわの写真を撮っておきたい、どうせ撮るならきれいに撮りたい、どうしたらきれいに撮れるんだろう、白いバック？　照明？　レフ板？　みたいな、完全に素人がなんかなんの支えもなく試行錯誤をして、そうやって夜は更けていった、1時だ……と思って夕飯を食べて、もう少し試行錯誤して、2時じゃん……と思って家に帰って、さあまだまだマニュアルだ……と、4時半くらいまで、やっていた、朝になってしまう、と思い、リュックから『残響』を取り出し、「コーリング」を読み始めた、保坂和志の小説は本当に、小説に限らず文章は本当に、なんでこんなに自然に、体の中に入っていくのだろう、どれを読んでも、しっくりとそのまま、たちまち、目で跳ね返ることなく、入り、鼻、口腔、腹の中に、ぶわーっと広がっていく、これはなんなんだろうな、と思った。本当に久しぶりに読んだ、一度しか多分読んでいなかった、気持ちよくなりながら、眠ることができた。

11月7日（水）

起きたらまだ11時過ぎくらいらしく、まだ寝ていたほうが一日がいいものになりそうな気がした、枕元にあった『残響』を取って「コーリング」の続きを読み、さっきまで眠っていた男が起きたと思ったら本を読んですらいた、という情景に洗面所から戻ってきた遊ちゃんは笑って、僕は笑わせたかったのでその通りになってよかった、それで、読み終わった。遊ちゃんはどこかに出て行った。

しばらく、ぽやぽやとしていて、昼を過ぎて、家を出た、青山に行って丸亀製麺でうどんを食べた、昼時でまだ少し並んでいるそういう時間で、席につくと、向こうに食べ終えてトレイを机の奥にやってパソコンを開いている人があって、「だってここ、丸亀製麺だぜ……⁉」と思って、うどんを食べた、食べ終えて立ち上がるとまだパソコン男はパソコンを開いたままで、なんというか、決まりなんてないのかもしれないけどそれにしてもそんなのは野暮すぎるんじゃないのか、と思った。どうなんだろうか。僕の感覚がズレているのかもしれなかった。それはわからなかった。ザ・ローカルに行って、コーヒーを買って、持ってきたパソコンをリュックから出して日記を書いた、コーヒーショップで開くパソコン、うどん屋で開くパソコン、どう違うのかと言われたらすっきりとは答えられない気がするが、気がするが。

時間になり、コーヒーをもう一杯買い、イメージフォーラムに行き、フレデリック・ワイズマンの『ニューヨーク、ジャクソンハイツへようこそ』を見た、ひたすら楽しいというか目が面白がり続けた。ずっと面白かったけれど、妙に強く印象に残ったのは道端で奉仕活動とかで掃除中とかのクリスチャンとかの人たちにおばちゃんが声を掛けて、父が危篤でホスピスに移るんだけど、よかったら私と一緒に祈ってくれない？という場面で、輪になって、一人がお祈りを唱えて、周りの若い女性たちも、特に手前に映っている人が、相づちを何度も打ったりなんか言葉を挟んだりして、それで、みなで、祈った。おばちゃんは祈った人とその相づちガールとハグをして、みなに感謝をして、行った。掃除が再開された。そういう場面で、これはいったいなんなんだろう、と思って、けっこうな衝撃を受けた。信仰を同じくするという共通項だけで、いきなりこんなことが可能になるのだろうか。というか、そんないきなりの依頼に対しての奉仕活動中とかの人たちのあまりに正しい振る舞い、あまりに健全な振る舞い、そういうものに、凄みのようなものを感じたらしかった。コレクト・ビヘイビアー、そんな言葉があるかわからないがそういう言葉が浮かんだ、いま調べたら、「礼儀正しい行い」という訳語が出てきた、礼儀正しいというか、なにか、社会的に正しいというか、社会的に過剰に適切というか、とにかく、凄いと思った。それで、ずっと面白かった。最後の最後、何度も出てくる場所で、小さくなったおばあちゃんがいったん映って、人々がなにか話して、ギターが鳴らされて、歌が始まった、そのおばあちゃんたちが、力強く歌っていた！最初に映ったときはまさか歌い出す人になるとは思わなかった人が熱唱して、それで映画が終わった。感動して、それにしてもこの映画は、ひたすらに人がスピーチをする姿を映した映画だった、こんなに人がスピーチする様子を見まくる機会もまずないだろうというくらい人々は、熱心に喋っていた、元気が出た……

どうしようか、このあとどうしようか、ビールを飲みたい、ポテトフライを食べたい、それで本を読みたい、そう思って、このあとどうしようか、そう思って、タラモアに行くかそれとも、と思い、フグレンに入った、なんとかかんとかというカクテルを頼み、ソファに座った、ソファは、一人の人が三人いて、いいソファだった、そこに座り、『両方になる』を開いた、ここのところご無沙汰だったが、今日持って出るときに少し開いたときに、あれ？　これ今日、俺、面白く読めるのでは？という予感があって、それで開いたら、その予感は正しかった、今までになくたくさん読んで、それで、読んだ。途中で、俺が食べたいのはポテトフライ、ポテトフライを食べながらビールを飲みながら本を読みたい、それで、だから、アイリッシュパブとかに入って読もうという選択肢が今も有効なものとしてあるけれど、でも結局、そういうところに入ると、グラスが空くと、ついもう一杯頼みたくなるというか、頼んだほうがいいような気になって頼んでしまって、なんとなくスピードが速くなってしまうというか、本当にゆっくり自分にとっていいペースで酒を飲みながら本を読んで過ごすって難しいんだよな、やっぱり家が気楽でいいんだよな、と思って、で、アイリッシュパブで俺が食べたいのはポテトフライ、ポテトフライ、と思っていたら、ひらめきがやってきた。Uber Eats！

考えたこともなかった！　でも、これはかなり正しい！　そうだ！　俺が食べたいのはポテトフライ！　家が気楽でいい！　イコール！　家で！　ポテトフライを食べればいい！　そのために！　Uber Eatsで注文すれば！　E〜!!

びっくりした、これにはびっくりした、本当にこれが正解だと思って、アプリをさっそくダウンロードした、それで見てみたら、ポテトフライはいくらでも頼めそうだった、ふむふむと思い、飲み終わり、飲み終わったので家に帰ることにして、スーパーでビールとミックスナッツを買い、家に帰った、帰って、俺は世紀の発見をした！と遊ちゃんに告げた。つまり、Uber Eats！というところで、それは考えてもみなかったねえ、というところで、ポテトフライをどこで買えばいいのか、一生懸命探した。けっこう探しにくくて、「ポテトフライ」とかで検索をしても表示されるのは店ごとで、それよりも各店の「ポテトフライ」の結果を一覧できるようにしてくれたらいいのにと思った、探していたら疲れていって、どんよりしてきた、サンドイッチも買おうかと思ったが、なんだかバカらしい気分になって、ポテトフライをポチって、決済した。少しして、配達先の住所がフグレンになっていることに気づいた、気づかないままでも全然おかしくないような感じだった、配達の方に直接連絡をしてくださいというような解決法だったため、配達が始まるのを待ち、始まったので、表示されていた「Takuya」さんに連絡をした、住所を告げて、すいません、と思った。地図の上を、「Takuya」さんが進んでいく様子を見守った、「自転車」とあるが、本当に自転車なんだろうか、ずいぶん速い、と思いながら、見守り、ああ、あの角を曲がれば、曲がれば。「Takuya」さんがどんどん近づいてくる！「Takuya」さんはもう家の前だ！ピンポーンとなり、出て、すいません間違っちゃって遠くなっちゃって、初めて使ったもので間違えました、と言ったところ、にこやかに「Takuya」さんは応じてくれた。

それで念願のポテトフライが手元にやってきたので、ビールを飲み、ポテトをつまみ、向かいでビールを飲みながら本を読んでいた遊ちゃんにすごい勢いで食べていると笑われながら、すごい勢いでつまみ、そうしたらあっという間になくなった。でも大丈夫、僕にはUber Eatsがあるからね。そう思って、餃子を頼もうと思った、今度は餃子だ、と思って、また難儀しながら探して、ヘトヘトになって、オーダーしようとすると、なんだか決済がうまくいかない、カードを認証して下さい、みたいなメッセージが出た、さっきはすんなりできたのに今度は認証を必要とするの？と思って、スキャンしろということだったので、スキャンさせようとしたが、いつまで経ってもうまくできない、全然ゴールがわからない、いらだち、もしかしてＪＣＢがダメなのかな、と思い、でもさっきは決済できたのに、と思いながらMasterCardのやつを取ってスキャンすると一発でできて、しかしなんでだか、決済がうまくできない、いらだち、いらだちながらまたスキャンさせていたら、iPhoneの充電が切れた、僕も切れて、もういい、餃子はもういい、Uber Eatsもう知らんよ、と思って、やめた、ということは、僕の今日の夕飯はミックスナッツとポテトフライということになった、それもどうなのかと思ったがもうしかたがなかった、Uber Eatsが全部悪かった、それで外で煙草を吸っていたら、そうだ、InDesignをまた、となんでだか思ってしまって、ソファに戻り、ウイスキーを飲みながら、InDesignを触っていた、遊ちゃんがなにか話しかけてきた、うまく耳に入ってこなくてうまくコミュニケーションできない、遊ちゃんが洗濯物を畳み始めたのが見えた、立ち上がらなきゃ立ち上がらなきゃと思いながら、手を離せない、気分がどんどん落ち込んでいった、そもそも、俺はこの夜、本が読みたかったんじゃないのか？　いったいどれだけ読んだというのだろうか。その夜を支えるための手段だと思ったUber Eatsに翻弄され、諦めたら今度はInDesignを触っている。なにをしているのだろうか。

InDesignは本当にろくでもなかった。あんなに食べたかった人間の肉に貪りつきながら、木にもたれて座って、どろんとした視線を向こうに放つ、重い倦怠に身を包まれる、サエールの『孤児』を、こういうときいつだって思い出した。

シャワーを浴びて、少し本を読んで、もう楽しさはどこにもなくなっていて、布団に入った、眠った。

11月8日(木)

朝、遊ちゃんが「滝口さんが帰国するんだって」と、滝口悠生のツイートを見たのだろう、言って、なんでだかさみしさを覚えた、なんだかなぜかさみしい、と言うと、遊ちゃんも同じような気持ちだった。3ヶ月とかのアイオワの大学のライティングのプログラムを終えて作家が帰国する、そのニュースが、なんでだろうか、その日々が終わったのだなということが、たくさんの別れというか、人との別れというよりはその暮らしていた場所との別れみたいなほうか、それが、なんだかそうかあ、さみしいなあ、という心地を与えた、不思議なものだった、日記の続きが楽しみだった、また『新潮』を買うことになるだろうか。そもそもこの会話は、今朝のものだったろうか、昨日ではなかったか、あるいはおとといでは。

店、行き、勢いよく仕込みをして、山口くんがやってきた、朝の準備は山口くんにお願いして、勢いよく仕込みをして、店を開けた、ゆったりした営業で、つまり今日もまた暇で、勢いよくInDesignを触ることにした、山口くんはいろいろを作れるようになってきた、なんかやりたいことある？と聞くとお会計のやり方とかを、ということだったので、それはまさにちょうど思っていたことだった、そのため、架空の伝票をたくさん書いて計算問題を問いてもらった、ほぼ正解で、ちゃんと理解されていることにうれしい思いをした、優秀だね！と言ったか言わなかったか。

途中、お客さんの姿がない時間があった、そこで、うつわの写真を撮りまくった、前の夜には思いつかなかったいいポジションが見つかり、そうするとカメラも置いて固定できて、バミリのテープを貼ってうつわを置いて、次々にシャッターを押していった、すごい勢いでうつわの写真を収めて満足した、それを今度はInDesignに配置だ。そうやって、マニュアルは、進化していく……たくさんのリンクが張り巡らされた……そういえばどのマグカップを使えばいいんだっけ……そんな問いにすぐさま答えを与えてくれるような……

夜、山口くん終わり、夜も暇、僕は猛烈に忙しい、インデザインデザインデザイン……

イラレからInDesignへの移行もしていかなければならない、ちょうど「そのときどきのメニュー」を新しく印刷する必要があったため、また一から作った、InDesignは、便利だなあ、と感嘆しながら、ぐったりしながら作った。きれいにできた。閉店して、2日分、日記が書けていない、書かないと気持ち悪い、と思って書き出すも、なかなか終わらない、時間は遅い、帰って書こうか、そう思ったが、家にパソコンを今日は持ち込みたくなかった、明日の朝にしようと思って出て、霧雨が降っていた。

寝る前、初めて、読書、『両方になる』。半分ほどまで来て、面白い、開くと、大きな余白のあとに「第一部」とあり、あれ、今までのやつはなんだったたっけ、と見に戻ると「第一部」とあり、ほう〜、と思い、その、新しい第一部を読み出すと、ページが1から始まっていた、ほう〜、と思い、読んでいった。最初の第一部は15世紀だったかとかのイタリアの画家の語りで、次の第一部は21世紀だったとかのイギリスの少女か少年の語りということのようだった、両方に、なっていく。布団に入り、昨日の僕の振る舞いは適切なものではなかった、申し訳なく思っている、と遊ちゃんに謝った。Uber Eatsが悪いね、と遊ちゃんが言ったから、あとInDesignもね、と付け加えた。

11月9日（金）

雨が降ってはいなかった、急いで店に行き、いくつかの仕込みをおこない、コーヒーを淹れて日記を書いた、書いている、ここのところ日記を書く隙間というものがうまく見つけられないでいるというか、そういう隙間ができない過ごし方をしている、おかしい、リズムがなんだかおかしくなっている、というか、ここ数ヶ月ずっとそういう変な感じがあるような気がする、それは言い過ぎだが、トークであるとか、エッセイであるとかで、いつ書いているか、いろんな時間に、隙間隙間に、書いて読んで働いて、それが未分化の状態で一日がある、そういうことを立て続けに言ったり書いたりした、そのあたりから、本当にそんなふうになっているか？と思って、なっていないような気に、状態に、どんどんなっていったような気もするし、そんなに変わっていない気もする、とにかくここ数週間か一ヶ月くらいか、よくわからないことになっている、すぐに詰まっていく、そうだっけか、そんなことになっていたっけか、ちょっとよく覚えていない。

ぽやぽやと営業しながら、なにをしていたんだっけか。働いたり、していた、途中からまたInDesignを触っていた、雨が降っていた、夕方に山口くんが来た、それで、グッと使い勝手がよくなったはずのマニュアルを見せて得意な顔をした、それで、それで、なにをしていたんだっけか、夜、途端に忙しくなり、これだけオーダーが立て込んだ状況というのは習得の場としてはどうなんだろうか、と思いながら、山口くんには定食をよそってもらったり、できることをひたすらやってもらった、どうなんだろうかと思ったが、反復練習的にきっと意味があったからよかった、一気呵成に忙しい、今週初めて忙しいことになってくれてうれしい、そういう日だった、僕も疲れた、それで終わりの時間になり、練習がてらで鶏ハムのサンドイッチを立て続けに二つ作ってもらい、ひとつは僕が、ひとつは山口くんが、食べた、たしか、そういう日だった。

帰宅後、『両方になる』、読む。舞台が現代になって、すんなり面白い、15世紀だったかのイタリアが舞台のときも、なんだか不思議にすんなり面白かった、『両方になる』の組版というのかなんというのか、レイアウトというのか、組版でいいのかな、組版は変わっていて、数字は漢数字ではなくアラビア数字で、それも珍しいというか「3つ」とかならまだしも「2重」とかにもなっていて珍しくて、それから、「?」や「!」、だいたい後ろがどう続こうが1文字分のアキというのか、空白がある、というのが通常見かけるものだと思っているけれども、この本では「?」とか「!」とかのあとに「と」とかが続く場合はアキというのか、空白なしで続いている。フラナガンの『奥のほそ道』もそんな感じだった。

先日『読書の日記』の装丁をやってくださった緒方修一さんと少し話す機会があり、

『奥のほそ道』のあれはどういったあれなんですか、と聞いてみたところ、あれはこっちでどうこうではなくて翻訳家の人の文章がそうなっていた、というようなことをたしかおっしゃっていた、どんなルールであれ、統一されていればそれでいいと思うんだよね、というようなことをおっしゃっていた。『読書の日記』は、僕は「?」のあとに「と」とかが続く場合は1文字分じゃなくて半角分くらいのアキにしたくて、そのことのやり取りが何度かあった、それを思い出した。きっと統一に思わなかったところがあっただろうし、僕もその文章の気分とか流れに添うことのほうを考えていた。

夕飯がサンドイッチだけだったため腹が埋まらず、お酒を飲んだらいつもより酔っ払った。早く朝ご飯を食べたいな、と思いながら寝た。

11月10日(土)

朝、おならブヒ〜〜〜! くっさ〜〜〜! みたいな夢を見てゲラゲラ笑ったところそのままゲラゲラというか引き笑いで笑っていたらしく遊ちゃんの声で目が覚めるとまだ笑っていたから自分でも聞けて、隣の部屋でその声が聞こえてきた遊ちゃんは泣き声なのか笑い声なのかわからなかった。自分で聞いてもそうだと思った。

「笑ってる？　泣いてる？」

おもしろー！　おもしろー！　という感覚は続いていて、笑いながら、「笑ってる」と言った。

朝、眠い、煮物と味噌汁をこしらえ、のんびりした心地で準備したところ、昼、店始まり、暇だった、日記の推敲とかをしていた、そのあと、まだ暇だった、InDesignは常に開かれていた、夕方、暇なままだった、山口くんがやってきた、暇なペースだったので手出しをせずに見守るという形にして、まだまだぎこちはなかったが、いろいろなことができるようになってきた感じがあった、よかった、いん・でざいん。案内書きとメニューの再創造に着手した。リクリエイション。雨が降ったりしていた。

それから、イラレの解約に向けて、細々とした、イラレで作っていたもののInDesignでの再創造に着手し、もうだいたい、イラレを開く用向きもなくなる、そんな状態になったため、InDesignを月々プランから年間プランに変更したあと、イラレを解約しようとすると1万円近く解約料が発生するとの由、見たら、このイラレのプランをInDesignに変更できたようだった、どうしてだか一括払いの年間プランだけだったが、できたようだった、だから、早まったと思ったが、クーリングオフというか、InDesignのほう、解約できないだろうか、と思っているが、今はまだ、「まもなくプランを管理できます」という表示で、契約したてだからだろう、なにかいじれない状態になっている、と、いじれる状態になった、そのため、というか見たら14日以内だったら無料で解約できるようで無事解約でき、イラレのプランをInDesignのプランに変更した、一括払いだったから3万円近く掛かった、そのため、向こう12ヶ月はお金を払わなくて済むことになって、来月以降、得した気持ちが芽生えた。

結局、ここのところで言えば空前の、絶後であってほしいような、そういう暇な休日になってしまって、閉店後、山口くんに氷を割る方法を指南したというか、一番、自分の体で覚える以外ないタイプの作業だったからひたすら氷を割ってもらった、僕だったら10分くらいで終わるものだったが、50分くらい掛かって、そういうもんなんだなあ、と思った、氷はだんだん溶けていって、溶けつつある氷にアイスピックを当てる様子を50分見続けていたら、なんだか次第に淫靡なものを見ているような気になって、笑った。

山口くんに、日記を書いてもらったら面白いな、と思っていて、そのあとに彼の小説を読んで、むしろお願いするの憚られるな、と思って、でも試しに「日記どうですかスタッフ日記的な、タイトルはね、ファイヤーダンスの読書失敗日記とかどうですか」とか、言ってみたところ乗り気で、それで、初めて入った日からつけてもらって、三日目くらいのときに「どんな？」と聞いたところ、いろいろ試行錯誤しながら、でもなんだか楽しそうな顔つきだったので、楽しいなら何よりだ、と思っていた、その日記が一週間分が溜まったはずだったから更新のことも考えて、タイトルほんとに何にしようね、と、氷と格闘している山口くんに言うと、日記の話を僕もしたかったところで、一週間書いてみたら、どうにも面白くならなくて、自分にとってもしっくりこなくって、今は書くタイミングではないようだ、という話で、あれや、これやと話して、その決定自体は残念だったが、なにか率直な気持ちのいい、空気のような男で、僕はとても好ましかった。

夕飯を食べ、こうやって二人で並んで夕飯を食べるというのは変なものだった、食べ、山口くんは帰っていって、僕も2時過ぎに店を出た、遅くなった。

帰って、帰ると、部屋が、僕の誕生日を祝う飾り付けがなされていて（「33」の形の風船とか、リボンとか、くす玉とか）、僕は、幸せな気持ちが胸いっぱいに広がっていくのを感じた。

11月11日（日）

遊ちゃんとあれやこれやと話したあとに『両方になる』をしばらく読み、現代編になってからずいぶん読みやすく、やっぱり結局、結局というわけではないが15世紀の語り手よりは読みやすさはずっとあって、15世紀の画家の語りは、画家らしい視点で、それはそれぞれ新鮮で面白かった、現代編になってからずいぶん、それで、読みやすく、しばらく読んで、3時半とかになっていた、まずい、まずい、と思って寝て、朝になると起きた。

今日は仕込みがほとんどなかったためパドラーズコーヒーに行ってコーヒーを飲もうというところで、パドラーズコーヒーに行った、入ると、入って、コーヒーを頼もうとすると、今日のポップアップ的なやつで静岡のイフニコーヒーの方と陶芸家の方の廃棄コーヒー豆を使ったコーヒー器具のためのクラウドファンディングの、それで夜にトークがあって、という日だったらしく、コーヒーを頼もうとすると、横のブースの、イフニコーヒーのやつも飲めますよ、と言われたので、じゃあせっかくなのでそうしようかということでそちらのコーヒーをいただいた、かっこいい形のドリップポットでぽたぽたと抽出しているあいだ、横で、陶芸家の方があれこれと説明してくださった、うつわの釉薬は、なんだっけな、土と灰となんとかだっけな、それで作って、それがガラス質のあのうつわの、てらてらした、それが釉薬、その灰のところに、コーヒーの焙煎で出た廃棄豆を灰にしたものを使って、うんぬん、ということで、僕はずっとこの「釉薬」という文字が読めなかった、今も、まず「ちゅうやく」と打っているから、いまだに「ゆう」とはどうも呼びづらい字面らしかった、あの、ちゅうやくじゃなくて、なんていうんだっけ、うわぐすり、と、「うわぐすり」と打つと、「釉薬」となり、「ゆうやく」と「うわぐすり」はまったく同じ字だったのか、と目が開くようだった、そして、うつわのなにかのときに「釉薬」って見るけど、それがあのテラテラしたものだったということをやっと初めて知ることができた、忘れなさそうな覚え方で知ることができた、それで、その同じシリーズというか今度だから量産しようとしているそのプロダクトのシリーズのその同じそのやつの、だからドリップポットと同じやつのシリーズの、マグカップでコーヒーが出され、外のベンチで、晴れていてあたたかだった。コーヒーが、なんだかやたらにおいしくて、遊ちゃんも、おいしい、おいしい、と言った。

店、飯食い、開店、今日は昨日と打って変わってで開店と同時に忙しいような感じになって、ずーっと動き続けていた、それは、なんだか妙に気持ちのいい時間で、朝のパドラーズタイムのさわやかな効果もあったろうし、また、パズルがはまるように、極めて効率的に動くことができて、その効率的な鮮やかなお手並み、それに我ながら感心する、そういう気持ちよさもあって、それで、6時くらいまで満席に近い状態がずっと続いて、あっという間に昨日の数字を越して、昨日の倍まで目指せるかもしれない、そうしたら昨日の凹みも平日の凹みも取り返せる、と思ってそういう忙しさで、僕はしかしまるでテンパることもなく、鮮やかに、動き続けた。

7時過ぎ、誰もいなくなった。

7時半にご予約がひとつ、ついさっき入ったところで、誰もいない店内で迎えるのは申し訳ないというか申し訳ないなと思っていたら、来なかった。なのでそれで、なんかしようと思い、整理整頓的なことをしたりしていた、1時間くらいは誰もいない状態が続いたか、誰もいなくなって、そのときは、ここからまたわーっとなって、大変な一日だ！　になるぞ！　みたいなつもりでいたがまったくそういう日にはならないらしかった、整理整頓的なことをしているとお客さんがひとり来られ、よかったよかったと思い、それから、あとお二人、来られた、とにかく静かな夜だった、もう、InDesignにはワクワクしない、ウキウキしない、開きはしたが、面倒だな、という気持ちが先に立つようになった、潮時だった、わかっていた。

それで、そうなるとどうなるか、読書だ、というところでとても久しぶりに能動的な心地というか欲望の発露としてという形で、営業中に本を開いた気がした、『両方になる』を、開いた、ティーンエイジの女の子たちの話は切なくて、お母さんや周囲の人たちとのやりとりも、よくて、よかった、楽しい、楽しい、あとちょっとで読み終わる、という様子になってきた、はたと、明後日の電車でなにを読もう、となった。明後日、草津に小旅行で、しかし遊ちゃんが都合によりまったく違う土地から向かう、草津集合という形になったので、ということは行きの電車はお弁当とビールとかでやいのやいのの予定だったのが、本を読む、ひたすら読む、そして寝る、というそういうものになるということだった、だから、なに読もう、と思って、クレスト・ブックスの山のやつってもう出てるのかな、と思って調べたら10月末に出ていて、これかなこれ読みたかったんだよな無性に山とかそういうやつを読みたくなることがあるんだよな、と思って、というか、いつどこで買おう、と思って、思った。それで特急電車に乗る上野駅の周囲に、本屋さんないかなと調べたが、危うい感じがあり、Amazonさんに持ってきてもらうことにした、それから、でも一冊でいいのか？という思いがもたげ、もう一冊くらい用意しておこうかな、と思い、ふいに、滝口悠生の『愛と人生』はまだ読んでいなかった、去年の秋に箱根に行ったときは『高架線』を読んだ、今年、葬式で実家に帰るときは『死んでいない者』を読んだ、「普段と違う場所」と滝口悠生は僕は好きな組み合わせというかこれまであった組み合わせで今回もまたいいのではないか、と思い、見ると、来月文庫化されるようだった、単行本をポチった、が、到着日が12日あるいは13日となっている、どうか前者であれ！

と思ってから読書に戻り、とてもいい時間だった、体の中に小説の世界が染み渡るようで、気持ちがよかった、閉店すると、なにか体がポカポカした感じというかポカポカではない、運動した日の運動の数時間あとの疲労感みたいなものが、心地よい疲労感みたいなものが、あり、それは読書とは関係なく前半の大忙しの大働きのためかもしれなかった。たらふく飯食い、帰り、続き読み。また遅い時間になって、眠い。

11月12日（月）

サンドイッチ、オープンサンドイッチ、なんでサンドイッチなのにオープンサンドイッチなんだろうねえ、という話を遊ちゃんとしていたら、もともと北欧だとかのなにかだったらしく、それが、だから北欧のどこかの国の言葉でもともとあった、それがどこかで英語になったときにオープンサンドイッチになった、オープンなのにサンドイッチ、という話を遊ちゃんとしていたら、それだったらオープンイッチ、いや、オープニッチでよかったのにね、という話を遊ちゃんとしていたら、あれ、そういえば、サンドイッチって人名じゃなかったっけ、伯爵とかの、カードゲームとかが好きとかの、という話を遊ちゃんとしていたら、だからそもそもサンドイッチって別にサンドしなければいけないわけではなく、いや、というか、あそうかというか、だから、サンドって、サンドするって、日本語か！　サンドイッチから派生して、そんな意味ではない意味に転用した、日本語か！　ということに気づいたときの、喜びといったらなかった。きっと知られた話だろうが、知らなかったので、そこに自分で辿り着いたときの、その気持ちのよさは格別だった。なお、サンドイッチ伯爵だったか侯爵だったかのルーツであるサンドイッチ村は、サンドは砂で、イッチは村とかを意味する、語源を辿るとvillageとかともうんぬんかんぬん、そういう語で、サンドイッチは「砂の上の港町」というような意味合いだそうだ。

朝、遊ちゃんと一緒に出、家の前で、じゃ、また明日、草津でね、という二度となさそうな挨拶をした、店に行った、仕事をした、いっしょけんめい仕込みをし、それから、変に忙しい感じの日になり、変に忙しいなと思っていたら夕方、山口くんがやってきて、そのタイミングで「スーパー行ってくる、30分で戻ります、もし自信のないメニュー頼まれたらその旨を伝えてあとどれくらいで戻ってくるからそのくらいお待ちいただけますかと伝える感じで」ということを伝え、スーパーに行った、買い物をして戻ってきて、そういえば人は、というか主語が大きかった、僕は、これまで長いあいだ本当にまったく考えもしなかった、考えもしなかったけれど、いざそうなった瞬間に、これだったね、これしかないね、ということがよくある、そのひとつが最近、スーパーで、カートを使うようになったということだった、これまで、重くても、手でカゴをぶら下げていたのだが、それはカートだとエレベーターに乗らないといけなくなるからで、エレベーターに乗りたくなかった、階段で上がりたかったからなのだが、カートを使ってぐるっと一周して、元の場所にカートを戻してそれで階段で上がれば、いいじゃない、ということに思い至り、カートを使うようになった、すると、全然重くないんだ！

　そういう気づき、学びがまだまだたくさんある、そういうことだった、夕方それでスーパー行って戻り、町は少しずつ夜になって、帰宅の人たちであろう人たちもちらほら、その人たちを横目にまた店に戻り、それからは、ゆっくりやるか、僕はまあ見守り役で、なんか適当に、なんかしながら、昼忙しかったし夜は僕は座っているくらいでもよかろう、と思っていたら途切れず夜も忙しくなり、オーダーが集中する時間もあり、手伝った、けっきょく調子のいい休日くらいの月曜日になって祝日だった、先週は劇的に暇だったはずだった、先々週はやはり調子のいい休日くらいだった記憶がある、隔週で忙しい月曜日、まったくわからなかった、山口くんは、大丈夫かなこの忙しさ、と思って、心配になったが、明日の準備というか下ごしらえとかがたくさんあり、僕は僕で気が急いていたので見守るというわけにはいかなくたくさん手出しというか一緒にやり、手を出さないで見守る、というのは辛抱強さが必要だし余裕も必要なことなのだということを改めて知った。小笠原、ラミレス、その中での、坂本。というような。

『愛と人生』は届かなかった。飯食い、帰宅。家には誰もいない。誰もいない家。変な感じで、ウイスキーを飲み、ミックスナッツをつまみ、ながら、『両方になる』。読み終わり、美しい小説だった。

もう少しなにかつまもうかと思ったけれど3時で、やめて、布団に移り、誰もいない布団、変な感じで、千葉雅也の『意味がない無意味』を開いて、「あなたにギャル男を愛していないとは言わせない」を読み、全然なに書かれているかわからないけどかっこいい面白いと思いながら読んでいたらいつの間にか眠っていて、目を開けると明かりがついていて、だから寝落ちしていて、そのまま寝た。

11月13日（火）

いつもと変わらない時間に起き、なんとなく慌ただしい気分になりながら用意し、家を出、コーヒー買って電車に乗って、上野まで、プルースト。ここまでこれマジで退屈そう、という感じだった第4巻が、途端になんだか面白い気配というか感覚になった、プルーストは移動中に映える。というわけではないが。移動中のプルーストがやたら面白いときは、たしかにいくつも記憶にある。

上野、早く着き、余裕あり、と思って余裕綽々でいた、みどりの窓口に行って、えきねっとで予約した内容を変更したいというか2席だったところを1席にしたいのだが、できたりするのだろうか、とお尋ねしたところ、窓口でやると30%の料金が掛かってしまう、えきねっと上でやればキャンセルひとつ310円でできる、だからえきねっと上で変更手続きしてください、と言われ、どうしてそこまで違うというかなんでこんなに管轄みたいなものがまったく違うんだよと思いながらも、言われた通りにすることにして、壁にもたれながらえきねっと。パスワード？　知らないよ、と思い、再発行、すでに面倒。入力が数字しかないところもなんというのか数字前提の入力にさせてくれないから、いちいち「あいう」から「☆123」に移らないといけないし、打っても打ったらすぐ遷移するわけではなくエンターをしてさらに自力で移動しなければいけないし、そうやってイライラしていると見えるところの表示に半角のカタカナが見えてきたりしてイライラは募るというか、人をバカにしているのかという憤りが積もっていく。人数を変更する、ということができるようだった、人数だけ変更、という項目があった、どうにか辿り着いた、そこで人数を変更しようとすると、席については「どこでもよい」みたいな選択になり、えっと、どこでもよいというか、元の席のままひとつキャンセルしたいという格好なんですけど、人数だけ変えたいんですけど、と思っていたが、どこでもよい、いやどこでもよいではない、なんか適当なところ取られそう、という懸念が否めず、それで席も選択することにしたが、もともと取っていた席は選べない、なんなの、なんなの、と思いながら、何度も、クソ腹立つと思いながら、時間が減っていく、ご飯買いたいのに、時間が迫ってくる、イライラしすぎて泣きそうになりながら、どうにか完了し、発券し、時間はないのでニューデイズで綾鷹とおにぎりを4つ買って、乗り込んだ、つまんない。

一人で乗る特急列車の旅、というのは、やっぱり味気がなかった、もともと一人旅の予定で乗っている特急列車であればそれは途端に風情になったかもしれないが、なっただろうが、二人で乗るはずだった特急列車に一人で乗って、ニューデイズのおにぎりをバクバク、ただ腹満たすためだけに食う、そういう特急列車はなんだかやっぱり違った、王子のあたりで見かけたなにかに反応して、地図を開いたりしていた。

パオロ・コニェッティ『帰れない山』を読み出した、少年がいて、活発でやさしい母親がいて、頑固で山好きの父親がいて、ミラノで暮らして、山に別荘を借りた、そこで少年は、友情を育んだり、山を愛したり、した。山のふもとの彼らの夏のあいだ暮らす村は寂れる一方で、住んでいる人はもう数えるほどだった、そこで出会ったブルーノと、歩いた、探検をした。

窓外の景色を眺めていると、広がる光景はとっくに静かな鄙びたものになっていて、紅葉しかけた、あるいは枯れかけた葉をまとった林というか森というかがあり、木と木のあいだから同じような色合いの田んぼや、電線や、ぽつんぽつんと家の建つ集落が見えた。

そんな村の中心に、周囲の家々よりもはるかに現代的で、威厳を感じさせる建物があった。三階建てで、壁は漆喰で白く塗られ、外階段や中庭まである。まわりを囲む塀の一部が崩れていた。僕らはそこから、庭を覆いつくすようにはびこる灌木をかきわけて中に入った。一階の入り口には鍵がかかっておらず、合わせてあっただけの扉は、ブルーノが押すとあっけなく開いた。そこは薄暗い玄関ホールになっていて、木製のベンチと外套掛けが設えられていた。それがなんの建物かはすぐにわかった。おそらく学校というものはどこも似通っているからだろう。ただし、そのグラーナ村の学校は、いまでは灰色の大きな兎が数羽飼われているだけだった。一列に並べられた小屋のなかから、怯えた様子でこちらの動きをうかがっている。教室には、麦わらや秣、尿、もはや酢になった古いワインの大瓶ダミジャーノが何本か転がっていた、とはいえ、壁から磔刑像をはがして持ち去ったり、教室の後方に積みあげられた机の板を割って薪にしたりする無法者はさすがにいないらしい。

パオロ・コニェッティ『帰れない山』（関口英子訳、新潮社）p.34, 35

こちらでも、立て続けに学校らしき建物が見えた。最初学校が流れてきて、廃校なのだろうか、となにかの要素を見て思った、10分もしないうちにまた学校らしき建物が見えて、やっぱりなにか、変な静けさがあった、廃校だろうか。すぐにまた見えて、同じように思った、群馬のどこかだった、廃校らしきものが3つ狭い間隔であったという格好だった。

Erykah Baduを聞きながら電車に乗っていて、先日ツイッターでなにか言及するツイートを見かけて久しぶりに聞きたくなって聞いていた、久しぶりに聞いて、やっぱり好きだった、声だけになってしまいたい、と思うことはあるのだろうか。それともなにか、伝えたい言いたい事柄というのは声を自由に発したい欲望といつも同じだけあるのだろうか。

うとうととしながら、うつらうつらとしながら、歌声を聞き、最後、眠りに落ちたようなところできっとそうなるであろうと思っていたとおりに電車は駅について、僕は降りた、長野原草津口。そのホームを歩きながら、一人で着いたことにやはり変な、寂しい、おかしな、違和を感じていた、バスに乗って、草津温泉に向かった、最前列に座っていると、これから草津節メロディラインが始まりますよ、時速40キロで走ると草津節が流れますよ、という案内が見えて、どういうことだろう、と思っていると、道路に刻まれた溝とそこを走り抜けるタイヤの摩擦で、音が流れるようになっていて、それでもって、なにかテルミンめいた音色の不安定なメロディが、流れた、それはなんていうかもう、愉快だった。

20分ほどで草津温泉のバスターミナルに着いて、降りると、草津温泉で、歩いて、すぐに、三関屋旅館は見つかった、入って、あとでひとり合流です、というのでチェックインした。今度草津に行くんだけどどこがいいですかねと、かつてリクルートでじゃらんで働いていた友人に聞いたら三関屋旅館と、即答だった、即答だったので他は調べずにここに決めて予約をしていた。食事は朝ご飯だけのお宿で、夜ご飯はない、そういう旅館が、とにかくいい、と絶賛され、そして口コミとかを見ていたら、というか見なかったけれど星だけ見たらやたらな高評価で、僕は宿泊施設とかのリテラシーがまったくない、解像度が極めて低い、そういう人間からしたら、きっと安易に宿泊施設を測る要素として大きなものの一つであるはずの夕食という項目をなくした旅館が、これだけなにか、いい、いい、と言われるというのはどういうことなのか、想像ができなくて、だからよりいっそう、楽しみだった、そういう三関屋旅館だった、チェックインして、宿の方は物腰のやわらかい、自然な、普通に話す感じの方で、こういうのはとてもいいよねと思いながら部屋に案内していただき、入った。窓の外を見ると向こうにおそらく湯畑と言われているものであろう草津の中心的なスポットめいたものがあって、湯気が上がり、人がたくさんいた。遊ちゃんが来るまで3時間以上あった、どうしたものかなと思い、すぐそばに喫茶店があるようだったので本を持って行った、マンデリンを注文し、本を読んだ。標高1200メートルの草津の地で、山の話を読むというのはちょうどいいことだった、少年たちの遊ぶ山のどこかで、水が湧き出るところがある、そういう場面があった、草津では、温泉が湧き出ていた。

30分くらい読んで、部屋に戻ることにして、布団に横になって、また読んで、うつらうつらして、眠った。

起きると夜で、バスターミナルまで歩いた、冷たい空気が気持ちよく、セーターを着た体をちょうどよく、包んだ、東京とは当然、違う冷涼さ、一足先の冬の冷たい空気で、うれしかった。少し待っているとバスが停まり、遊ちゃんが降りてきた、ひさしぶり、というような挨拶をして、旅館に向かった、まるで地元民のように僕はすらすらと歩いた!

すぐに夕飯を食べに出ることにして、出た、さっき喫茶店に行くときも湯畑は通らないようにしていた、初めて湯畑に出て、わあ、湯畑だねえ、草津だねえ、と喜びたかったからだった、それで、喜んで、ライトアップされた湯畑はフジロックみたいだった、焚かれて光を当てられたスモーク。Erykah Baduがその中から登場しても誰も変には思わなかった。歩いて、急峻な坂を上がり、大茶庵に入った、少しお店を調べていたらちゃんこ鍋がおいしいということが知れて、それでとても評価も高かった、けっこう僕は、Googleの口コミの口コミ数と点数を当てにするところがあって、それによって選定された格好だった、元力士の方がやっているとのことだった、入ると、一人で切り盛りされていた。ビールを頼み、遊ちゃんの帰省の話を聞いたり、ちょうどさっきメールが来て3月号とかでまたリニューアルで連載が終わることになった『GINZA』の話をしたりしながら、飲んだり食べたりをした、6月号でリニューアルして始まった連載だったが、またリニューアル、というので、カルチャーページを担当していた編集者の方からメールがあり、私も離れることになった、こういうことになってしまった、申し訳がない、という、わりと謝りのメールで、だから、だからというか、6月でリニューアルして3月でまたリニューアルというのはきっとなにもいいことではないようだった、どうしたのだろうか、ほとんど開くこともなかったが、かっこういい感じだと思っていたし、毎号遊ちゃんは読むのを楽しみにしていてとてもかっこいい感じだったらしかった、どうしたのだろうか。それから、遊ちゃんが中学時代に生徒会長をやっていたことを知って、快活に笑った。

ちゃんこ鍋は、とてもおいしかった。

何組かあったお客さんがいなくなると、お店のおじちゃんと話し始めて、なんだかものすごくチャーミングな人で、船の旅が本当にいい、という話をすごく嬉しそうにしてきた、その話をたくさん聞いた、とにかく優雅でいい、ディナーとかでたまにおしゃれをするのはとてもいい、そういうことだった、船旅なんて考えたこともなかったが、渡されたパンフレットというのかリーフレットとかを見ていて、なるほどこういう旅行もきっととてもいいだろうな、と思った、いつかそんな機会があるだろうか。「ちょっと古いやつだから」といって、見せてもらっていたものとはまた別の、「世界のクルーズ」と書かれた2016年の、リーフレットというかパンフレットというかをもらった。

本当にかわいい人だったねと喜びながら歩き、ライトアップされた湯畑を、ひきちゃんに送りつけたろ、と思ってパシャリして、宿に戻ると、一緒のタイミングで階段を上がっていた旅館に付いている整体の方が話しかけてきて、今まで整体をしていました、うんぬんかんぬん、というので、いやーそれはお疲れ様でしたね、おやすみなさい、と別れて、部屋に入って、なんだか草津のおじちゃんはみんな人懐っこいねえ、今まで全員人懐っこい、と言って、僕たちは喜んだ、楽しんだ。部屋に入って、You Tubeでお経を検索してしばらく聞いたり探したりしていたら、なにか怖い話の音声読み上げの動画に当たり、怖い話といっても隠し念仏についての話だったから怖くなかった、音声読み上げの声はいびつというか、不安になる抑揚だった、つい10分くらい聞き続けた、早起きだった遊ちゃんはぺたっと畳に顔をつけて浅く眠っていた。

風呂に入り、3つあって、そのうちの1つに入り、上がったあとに他の風呂を覗いたらそちらも気持ちよさそうな、全然違うつくりで、明朝こっち入ろう、と思って、草津の温泉は強酸性ということだった、アトピーがよくなった。本をしばらく読むとすぐに眠気がやってきて、寝た。

11月14日（水）

8時、朝飯、過酷な早起き。朝ご飯、おいしい。こんにゃくの刺し身というのか、等、どれもおいしい。ご飯をたくさん食べる。おひつうれしい。食後にコーヒーと一緒に出たお茶請けの甘納豆がやたら好きで、甘納豆めっちゃおいしいなと思う、女将さんといくらか話す、やっぱり、とても人懐っこい方で、よかった。風呂に入り、檜風呂的な、檜かどうか知らないが、そういう風呂で、光が気持ちよく、お湯も気持ちよく、アトピーが全快した。

チェックアウトして、出。散歩。湯畑のそばを歩いたときに遊ちゃんが昨日聞いたお経が面白かった、そのお経を唱えてケラケラ笑って、僕も笑った、コーヒーが飲みたいよね、というところで、観光地のコーヒー問題というのはあるような気がする、観光の町においしいコーヒースタンドがあったら、町のコーヒーを一手に引き受けるような展開も狙えそうな気がするし、旅館に卸したり、よさそうな気がするが、そもそもそこまでおいしいコーヒーみたいなものに対する需要はないのだろうか、どうなのだろうか、とにかく、コーヒーが飲みたいよねというところで、セブンイレブンに入ってコーヒーを買った、おいしかった、きっとこの町で一番おいしいコーヒーはセブンイレブンのコーヒーなんじゃないだろうか、どうだろうか。

西の河原公園に向かい、途中でふかしたての温泉まんじゅうをいただき、おいしくて、西の河原公園へ行き、緑色の、びっくりするくらい緑色の水を見て、おばちゃんがバスクリンと言っていて、よかった、ベルツ博士、どこに通じるのかわからない階段をのぼっていって、山をぐるっと歩いた、『帰れない山』の父子の登山のことを少し思い出したりしていた、観光地の仕事、迎え、見送る仕事、そのことを考えていた、店だって同じだった。ぐるっと回って、あずまやで休憩しながら、帰りの電車を決めた、草津、特に行くところもすることもなさそうな観光地で、調べていないからもしかしたらあるのかもしれないが、調べていない限り、知らない、そういう町で、こういうなんというかなんにもしない旅行は気分がよかった、なににも追い立てられない、よかった。

お蕎麦屋さんに入って、てんぷらとお蕎麦と日本酒と板わさを頼んで、向かいの壁に色紙があって「バナナマン」とあって、さらに「2018.11.14」とあり、あれ、今日？となり、どうやら今日、バナナマンがいたらしかった、色紙の写真を撮った、バナナマンは山口くんが僕の知る限り最敬礼というかもっとも何か好きというか大事な存在だったはずだった、帰ったら自慢したろ、と思った。

特にやることもなく、湯畑を眺めながら座って、遊ちゃんはやはり昨日さわや書店で買ったという『私を空腹にしないほうがいい』を取り出して、岩手弁で書かれた文章を岩手弁で音読した、初めて聞いた、音楽みたいだった。そのまま座って本を読もうかと思っていたが、寒くなりそうだったので、そうはせず、しばらく座ったり、したのち、喫茶店に入ってコーヒーを頼んだ、出て、お土産物屋でお土産物を見て、甘納豆を買った、バスの時間が近くなったのでバスターミナルに向かった。発車時間まで少しあり、上の階に温泉図書館なるものがあるということが知れ、上がってみた、草津温泉についてのパネル展示があり、明治大正昭和と、湯畑の様子の変遷を見て、面白かった、時間湯の様子の写真もあり、圧巻だった、おもしろー、おもしろー、と思って遊ちゃんが見えたので手招きして、おもしろーだよ、と言って見て、バスに乗って、駅に戻った、3時40分の特急電車で帰ることにした、バスの到着から電車の発車まで、40分くらいあり、なにもない駅でどうやって時間を過ごそうかと思い、散歩をした、橋の上に立ち、川を見下ろした、護岸壁を見ていたらぎりぎり登れそうな勾配で、登りたく思う地元の小中学生のことを想像したら、足がすくんだ、楽しい、楽しい、と思って登って、途中で自分がいる高さに気がついて、足が震える、固まる。下りることも怖いし、それ以上高くに行くことも怖かった、どうしたらいいだろうか……

つまみとビールを買って電車に乗って、飲み飲み、景色を見たりしながら、本を読んでいった、空が、雲が、桃色に色づき、紫色に色づき、山吹色に色づいた。2本、ビールを飲むと、途端に眠気がやってきて、まだ高崎を出たくらいだった、遊ちゃんにもたれかかって、眠った、起こされて起きたら上野で、降りた。のどが渇いて、コーヒーが飲みたかった、コーヒーが飲みたい、と言った、どこで飲もうね、となって、その前に本屋さんに入って、『新潮』の新しいやつを買った、昨日の夜ちゃんこを食べながら千葉雅也の話になって、遊ちゃんが千葉雅也がやたら好きだった、それで、ツイッターを見たりしていたら『新潮』を読みたくなって、滝口悠生の日記の続きもきっとあるだろう、と思って本屋さんで買って、明正堂書店、見たら『帰れない山』も置いてあった、失礼いたした、それから、コーヒー、どこで飲もうね、となって、歩いて20分と少し掛かるが、特に僕はこっち側にいることがまれで、せっかくの機会と言っても差し支えのない程度の距離だったため、浅草まで歩くことにして、フグレンの浅草店に向かった、暗くて、あれ、まさか休みかな、と思ったらやっていて、薄暗かった、仄暗かった、そこは、たしかにフグレンだった、渋谷というか奥渋谷というか富ヶ谷のあの店を、縦にも横にも広げた空間があった、希釈ということではなかった、フグレンだった。かっこよかった。ドリンクを受け取ると2階に上がって、ソファで、アイスのアメリカーノを飲んだ。渋谷の店のソファの席のこととかを話した、あの席は無条件に成立するものではない、たぶん、店の人間の視界に入るというか、店の人の視線に守られた状況で初めてあれは成立する、あの心地よさは生まれる、2階の、お店の人の目の届かないこの空間に同じソファを置いても、同じことはきっと起きないだろう。そういうことを話していた、それで出て、浅草駅まで歩いた、歩きながら、アーケードの下を歩きながら、いろいろなお店が軒を連ねていて、道路をまたいで向こうにスターバックスが見えたときにふいに、京都みたいだなあ、と思って、そのあと、歩いている並びにＵＦＪ銀行を見たときに、京都みたいだなあ、と思った、挙げ句、雷門を見たときに、京都みたいだなあ、と思った、ひどい解像度だった、それにしても、我々はいま浅草にいるねえ、と思ったら、おかしかった、さっきまで草津にいて、今度は浅草、どんなこれはツアーなんだろう、と思った、浅草津。電車に乗って、メトロの冊子をふたりでやけに楽しんで見ながら、帰った。もう2杯、お酒を飲む店に寄ってビールを飲んで、しばらくまたあれこれ話して、家に帰った、すぐに寝た。

11月15日（木）

たくさん寝たはずなのに十分眠かった、この人生から眠気が取れることなんてあるのだろうか、と思ったあと、先日見たツイートで、いつも眠かった、この人生は眠気とともにあるのだろうと思っていた、ジムで走るようになったらそれがなくなった、運動すごい、みたいものを見かけ、それを見て、見かけ、早く俺もまた走るようになりたいなと思った、まだ走っていなかった、だからまだ眠かった、店に行った。

コーヒーを飲み、仕込みをし、日記を書き、いい旅行だったなと思い、朝ご飯を食べ、店を開け、働いた、暇で、いろいろとやるべきことをこなしていった、夕方、だいたい済んで、夕方、昨日は今頃は電車に乗っていて、等々思って、いくらかのさみしさを感じた、このさみしさはどういったさみしさなんだろうか、夕方、だいたい済んで、本を読むことにして読んだ、まずは『新潮』を開いて、「アイオワ日記」がまたあることを確認してよかったと思い、「差別と想像力――「新潮45」問題から考える」を読んだ、順番に読んでいった、千葉雅也のやつが圧倒的に面白かったというかすごかった、それから、『帰れない山』に帰った、読んだ、そろそろ読書疲れたな、そろそろ働かせてほしいな、と思っていたところ夜は忙しいとまではならないが悪くないとんとんとんとんという感じで、働いた、働いたら、閉店時間になった。閉店前、『両方になる』が、実は2パターン存在する、売り場で混在している、イタリアのとイギリスの、目パートと監視カメラパートの、その順番はランダムで、僕は目、監視カメラ、の順のものだったけれど、監視カメラ、目、の順番のものもある、という衝撃の事実を聞いた。それは、けっこう衝撃というか頭を殴られたような感じがあった、それはまったく違う読み方というか読書の時間になるのだろうなあと思った、それは、なんというか、すごいぞそれは、という事態だった。内容の同一性の担保されていない本、というのは、なにか揺るがされるところがあった。

ご飯を食べ、食べ終えると、しばらくのあいだソファに座って続きを読んだ、すると、読み終わった。山、と思った。

寝る前は千葉雅也。ギャル男のやつを続きを読んだ。ただただ、闇雲に、かっこいい。それから、プルースト。開いた記憶はあるが、どこまで読んだか探した記憶はあるが、その先の記憶がない。

11月16日（金）

どうしてだか、パン屋さんでパンを切ってもらっているあいだに開いたスマホにて、木梨憲武のインタビューのYahoo特集の記事を見かけたとき、「店に着いたらコーヒーを淹れて、飲みながら、この記事を読みたい」という欲求がやってきて、不可解だった。開店後、開店すると、なんだか妙にパタパタとお客さんがあり、いくつかのものが予期せぬ減り方をして、うろたえた、つまり、あれ？　これ、今日間に合う？　というたぐいのものだった。パタパタしたのはすぐに落ち着き、それからはじっくりと腰を据えて、

じっくりとなにかを腰を据えてやったことなど、これまでの人生にあっただろうか。浮薄に、漂ってきた。

夕方、山口くん着、30分で戻りますと告げ、外に、皮膚科に。待合室は相変わらずの閑散で、誰もいなかった、診察券を出すと20秒で呼ばれて、患者の皮膚を見る気の相変わらずない先生は僕を見るなり「大丈夫そうね」と言った。いやいやいや、今ｗｗｗどこが見えてるっていうのｗｗｗと僕は思って、皮膚が露出されていたのは手と首の

上だけだ、思って、「そんなことないです」と笑って言った。見ず、見せず、処方の指示を出し、処方箋をもらって病院を出た、5分掛からなかった、名医というか名院だった。薬局で薬を受け取り店に戻り、それから、引き続き、働いた、今日は11月16日の金曜日、夜、暇だった。

夕方まで調子よく、夜はご予約が2つあったから、少なくともあと2人は確定で、それだけのわけはなかろうからけっこういい金曜日になる確率高いぞ、と思っていたら夜、6時以降の話だ、なんとそのおふたりだけで、終わった、圧倒的に暇な夜となり、山口くんも変に忙しい日だったり変に暇な日だったり、ちょうどいい日になかなか出くわさず、大変だなと思った、チーズケーキの焼き方等、適当に教えたりしつつ、10時半になっていい加減なにもやることもなくなった、僕は本が読みたい、なので山口くんにも「本でも読んでれば?」と言って、僕は読み出した、『新潮』の、滝口悠生の、「続アイオワ日記」を開いた。

昼すぎ、ホテルに戻り。雨になる。コモンルームにベジャンがひとりでいたので、私はあなたの昨日の話を聞いている時に、あなたが子どもの頃に見た色を見たと思います、と伝えてみた。ベジャンはゆっくり、サンキュー、ユウショウ、サンキュー、と言った。ベジャンは私の目をしっかり見るから、私も目をしっかり見る。言ってよかった。

滝口悠生「続アイオワ日記」『新潮 2018年12月号』所収（新潮社）p.80

のっけから感動して、そのあとも、ことごとく面白いというかずーっと面白い、いちいちずっと面白くて、面白い、面白い、と思いながら読んでいた、ひたすら面白い、ひたすらグッと来る。

今日書き終えたというパネルのためのテキストを読ませてもらう。彼の育った小さな町のことや、子どもの頃のこと、お父さんが毎日寝る前にお話を聞かせてくれたことなどが書いてあったのだが、私は先日授業でベジャンの話を聞いていた時と同じ感じで感極まってしまう。ふだんから私はわりとすぐ泣くが、ここでは自分でも不思議なくらい他のライターの人生に素朴に反応してしまう。ここに来るまで全然知らなかった人に、これまで生きてきた時間があり、何事か考えたり志したりして、勉強をし、その人がものを書く人になった、そういう時間と歴史があったことを知って、感動する。私は彼と出会ってしばらくの間、言語力の乏しさゆえに彼についてほとんどわからなかったけれど、こうして時間を重ね、彼の誘いで一緒にインドネシアのご飯を食べて、ようやくその一部を知ることができた。ファイサルはそんなことは知らないのでけらけら笑いながら、どうしたのどうして泣いているの、と言って私の肩を叩いた。彼の育ったのはスラウェシ島の南にあるターラという小さな村で、プログラムが始まった二日後にインドネシアで大きな地震があった時に、地震のニュースを見たけどあなたの家族は大丈夫？と訊いたらそんなに近くじゃないから自分の家族は大丈夫、と言っていた。でもひと月後に今度はスラウェシ島で地震と津波があり、彼の村や家も大変な被害を受ける。幸い家族は無事だったが、知人も何人かなくなった。

同前 p.82

先月号では、わからない、わからない、とたくさんのわからないが出てきたが、今月号でも出てくるが、それよりも、少しずつわかってくる、つかめてくる、そういう様子が多く書かれている、何人もの人たちと交流が生まれている、感じている親しみみたいなものがペン先というか指先から自然にこぼれていく、その様子を見ながら、プログラムが終わって帰国することを知ったときに感じたさみしさみたいな感情がまた思い出されて、また、そしてもう、さみしくなっていく。

その後、ホテルのコモンルームでベジャンの誕生日のお祝い。誕生日は明日だが、明日の夜はベジャンはいないそうなので今日。部屋着でふらりとコモンルームにやって来たベジャンはサプライズの誕生祝いに驚き、感激して、部屋に戻ってきれいな赤い洋服に着替えてきた。よろこんだり感激している時は子どものように純粋な表情になる。シャンパンを開けて、ベジャンは一時間以上踊りっぱなしで、みんなで順番にダンスの相手をする。アジアの男性は概ね踊りがへたでみんなの笑いを誘う。こういう場にいないことの多いチャンドラモハンが珍しくこの日はいて、最初は自分は踊れないと固辞していたが、最後にはとうとう立ち上がって踊った。戸惑い気味に、拳を握ってゆっくり足踏みをするチャンドラモハンの踊りは、日本の演歌歌手のようで、みんなは笑って、チャンドラモハンは恥ずかしそうだったが、私は結構感動した。クールなロベルトもずっと固辞していたが最後は酔ったのかとうとうベジャンと一緒に踊った。男性でいちばんダンスが上手なのはアラムで、アラムとベジャンが踊ると歓声があがった。

同前 p.92

だからこのさみしさは滝口さんのさみしさを想像したさみしさでもあるが、同時に、テキストを通してベジャンを、チャンドラモハンを、ロベルトを、ファイサルを、カイを、好きになっていっている僕のさみしさでもあるらしかった。

全部読むのももったいないというところもあり途中で閉じて、立ち上がって振り返ると、冷蔵庫にもたれて立っていた山口くんは『茄子の輝き』を読んでいた。お、なにに、滝口悠生じゃん、という顔を見せた。

そのまま閉店。なんだったんだろうか今日は。12時前には片付けも終わり、夕飯。『茄子の輝き』の話をして、前に通じるものを感じたと言った山口くんの小説の話をした、どちらも、やさしいというか、人を悪者にしないところに留まろうとする意志というか、留まるではないか、むしろ悪者にしないために想像の手を伸ばそうとする意志というか、そういう、だからそれは僕はやさしさで、そういうやさしさがあると思ったし、どちらも連作短編集的な形の小説で、僕は『茄子の輝き』の記憶も山口くんの小説の記憶も似た形で記憶されていてそれは小説内での位置とは関係ない、どのあたりのページというのでは全然ない、というかそれは覚えていられない、もっと漠とした、もっと大づかみの、自分の記憶みたいな記憶のされ方をしていて、それはなんでなんだろうね、という話をした、話していたら、時系列がバラバラで描かれる小説というのはその形はもしかしたら時間がまっすぐに進む小説と比べてより記憶の形に近いのかもしれない、ひとつのエピソードがあって、そこから波紋が広るみたいな形で記憶がきっとあって、またひとつの点、波紋、そういう、そもそも記憶に似た形の小説を読んでいると、自分の記憶みたいな記憶の仕方を読む方もしていくのかもしれない、と思った、言った。

帰宅後、千葉雅也。「美術史にブラックライトを当てること――クリスチャン・ラッセンのブルー」。最初の水槽の話からビリビリかっこよく、見ずに見る、そのまま次の「思弁的実在論と無解釈的なもの」に行くが、頭が追いつかないのでやめて、その次の「アンチ・エビデンス――九〇年代的ストリートの終焉と柑橘系の匂い」に。

何かを「ある程度」の判断によって、大したことではないと受け流す、適当に略して対応する、ついには忘却していく……このような、「どうでもよさ」、「どうでもいい性」の引き受けは、裏切りの可能性を受忍しつつそれでも他者を信じることと不可分なのであり、そしてそれは、エビデンスの収集によって説明責任を処理することよりもはるかに重く、個として「実質的に」責任を担うことに他ならないのだ、と。

どうでもよさは、説明責任よりもはるかに真摯である。

千葉雅也「アンチ・エビデンス——九〇年代的ストリートの終焉と柑橘系の匂い」『意味がない無意味』所収(河出書房新社)p.166, 167

11月17日(土)

開店前、『新潮』を持って外に出て、煙草を吸いながら滝口悠生の「続アイオワ日記」。読んだら、たちまちやわらかい心地になった、期待していた効能だったので、よかった、それで、開けた。開けたら今日は開店と同時にだいぶわーっとなり、猛烈に働いた、猛烈にずっと働き、夕方までほぼ満席という状態が持続した、夕方、山口くん来店。来店というかシフト。で、忙しさは続き、山口くんの動向を見守ったり、随所で手伝ったり、洗い物を担当したり、なんというか、采配、という感じでやっていた、違う頭を使うような使い方だった。

家に帰ると、遊ちゃんが座って寝ていた、肩や顔がこくんこくんと落ちる様子を、しばらく見ていた。

そのあと、一日忙しくて終わらなかったため日記の推敲を済ませて、それから千葉雅也。昨日の続きから。かっこいい。なんかちょっと癖になってきたというかここ数日「さっぱりわかんないけど、読みたい、読み続けたい」という変に強い欲望が生じて、維持されている、他の著書も調べたりし始めて、他のも読んでみたい、となりつつあるらしい、無性に面白い。かっこいい。その中にいたい、そういうテキストだった。

11月18日（日）

もう朝なのか！と思いながら起きた。店、いくつか仕込みをおこない、コーヒーがおいしい、開店前、昨日と同様に「続アイオワ日記」。開店し、そこそこ忙しい、テンパるほどでもない、夕方、甘いものを食べたい、という気持ちになって、それから今度はしょっぱいものを食べたい、という気持ちになった、なにか口に入れたいらしかった。家に帰ったらミックスナッツかポテチでも今日は、つまみながら、千葉雅也読むそんな時間にしようかな、その場合はご飯を食べる量を調整しなければならないぞ、と、6時くらいからそんなことばかり考えていた。疲れたといえば疲れた。夜、座り。ぼーっとしたのち、『新潮』開く。

夕飯を買って帰り。店の前でナターシャに会って立ち話。私は相槌を打つだけで全然何の話だかわからないのだがナターシャは私がわからないことはわからないようで、いろいろ話して去って行った。

ホテルに戻るオールドキャピタルの芝生の坂道で、電話で誰かと話しながら泣いているアジア系の女子学生とすれ違った。何があったのかわからない。私は日本でもよく泣いている人とすれ違ってどうしたんだろうと思うけれど、ここでは泣いていようがいまいが、ほぼほとんどの人に対してその人がどんな時間を毎日生きて、今日生きたのかうまく想像ができないので、泣いていてもあまり特別でないというか、わからなさのバリエーションに過ぎない感じがある。と思いながら歩いていたら、向かいから坂をのぼってくるこれははっきりとアメリカンの女子がやはり泣きながら誰かと電話をしていた。何かあったのだろうか。

滝口悠生「続アイオワ日記」『新潮 2018年12月号』所収（新潮社）p.97

最初この二人目の泣く人の登場に笑って、笑ったのち、アメリカ、泣きながら電話で話す女性、というその組み合わせで僕が知っているというか最初に想像されるのはテロとかのあとのニュースの映像とかで、なにか悲劇のあとのニュースの映像とかで、それに当たり、笑いが凍りつくというのはこういう瞬間のことだよな、と思った。

明確にわからない中で生きていると、わかる、と思っていることの傲慢さというか傲慢さは言いすぎかもしれないけれど、根拠の薄弱さというか、たいていの場合はわかるなんていうのは幻想でしかない、雑な投影みたいなものでしかない、みたいなものに突き当たったりするのだろうか、どうだろうか。

と思ったら（以下次号）ということで終わってしまった。さみしい。さみしがっていても仕方がないので、ぼーっとして、それから目の前に溜まっている、郵便受けから取って開きもしていない封筒群に手を付けることにした、免許証の更新に行かねばならぬ、開いて見てみると「優良」とあり、「優良」とはゴールド免許を指すようだった、たいへん光栄だった、それから、あれこれと、税務署に行かねばなあであるとか、あって、進めていくと、「個人事業税納税通知書」とあり、えっと、と思って開くと、個人事業税を納税しなければならないらしく、げんなりした。期日は10月末日だったが、過ぎてしまった。開けてみたくさせるような封筒を送りなさいよ、こんなの全然ときめかないよ、と思い、思って、振込に行かねばな、と思った、全部が面倒だった。閉店して、ツイッターを拝見していると、いつものエゴサーチ画面を見ていると、ここ12時間以内くらいのツイートで「フヅクエ行った、よかった」的なツイートが5つくらい見られ、全員ツイートしてくれたんじゃないか、と思うような、なんだろうこれは、なにか誰かの陰謀かな的な、あるいは実は一人の人で、複数アカウントで全部でフヅクエ感想ツイートをしてくれたのかな、的な、俺、死んだのかな、的な、お褒めの言葉をいくつもちょうだいして花束を受け取ったみたいだった、喜んだ。それから、『GINZA』で『本を贈る』を紹介する文章を書いたら著者の一人である校正者の牟田都子さんが読んでくださったらしく「店頭で読んだら涙がぶわー出てきて、映画館で鼻すすりながらエンドロール見てる人そのものになってしまった」と書かれていて、こっちが泣きそうになった。店にせよ文章にせよ、喜んでくれる人がいる、というのはうれしいものだったし、それを教えてくれるツイッターには感謝しかないということはないがツイッターが好きだ。最近本当に「しかない」が多く見られるけれど、今は「しかない」にしないと最上級の気持ちは表せないということなのだろうか。今は、「とても感謝している」では感謝し足りないと思われかねなかったりするのだろうか。

夕飯は、気がついたらいつもの量をバクバク食べていた。満腹になり、帰って、帰っていると、スープを今年もつくろうかな、という気持ちがもたげてきた、面倒になってやめたのだけど、面倒にならないやり方はないだろうかな、と、考えながら帰った。帰って、シャワーを浴びながら、わからない、わかる、のことを考えていた、「わからないほうがずっと真摯だ」と一瞬言いたくなったのだけど、Amazonレビュー等に見られるディスとしての「わからない」を考えるとそんなふうには一概には当然言えなくて、豊かな「わからない」も貧しい「わからない」もあるし豊かな「わかる」も貧しい「わかる」もある、「わかる」も「わからない」も、全身が賭けられているかどうか、全身がちゃんと揺さぶられているかどうか。

風呂後、ウイスキー、千葉雅也。「分身」の章を読んでいった、おもしろかっこいいがずっと続いている、ずっと読んでいたい、そう思ったらいつもは2杯のウイスキーを3杯飲んでおり、最近酒量が増えているような気もするし、今晩だけの気もする、重い眠気をまとい、寝。

11月19日（月）

もう19日、早い、にわかには信じられないとも思ったが、じゃあ何日くらいの感覚なんだと、何日だったら納得するんだと、誰かにもし問われたとしても、特に何日というそういうものは持っていない。だから、驚きたいだけ、にわかには信じない態度で振る舞ってみたいだけ、なのかもしれない、指が。

店、暇始まり、コーヒーがおいしい、全部忘れていく、こぼれていく、頭から、下に下におりていって、つま先から、5本というか10本の指先から、液状に、こぼれていく。全部忘れていく。締まりがない。

暇な日で、特にやるべきこともなかったため、原稿仕事の原稿を書こうと思って原稿を書き出したところ、書けた気がした、それを、僕は書いたらまず遊ちゃんに送るということをするのだけど、送るために、InDesignでちょうどいいレイアウトを

クッキー食べたら気持ち悪くなった

ヘミングウェイ

眠い

レッドはリッツ・ホテルの一室の暖炉の上に女の子の写真を飾っていた。我々が町に突入をした日の夜、この娘と出会ったのだ。一種の東洋風の舞をする踊り子だった、と

レッドは言った。腰のくびれがすごく印象的だった。娘の方もレッドを深く愛していた。しかし、レッドはどこで出会ったのか思い出すことが出来なかったし、ふたたびその場所を見つけ出すことも出来なかった。クロードはレッドを思いやり、すごく真剣に探していたが。

大きな丘の上のどこかなんだ、とレッドは言っているが、娘を見つけることは出来なかった。

「こういうことって、戦争では起こりうることなんだろうな」

アーネスト・ヘミングウェイ「中庭に面した部屋」『新潮 2018年12月号』所収（今村楯夫訳、新潮社）p.104

つまり夕方、原稿を書くよりもずっとずっと長い時間、InDesignで文字を組むというのか、をすることに時間を費やし、疲れ、無性にクッキーが食べたくなって、どうしよう、どうしよう、と思い、えいや、と思い、横のドラッグストアに駆け込み、なんか何かがいくらかヘルシーらしいクッキーを買って、それしかなかったため、買って、食ったところ、すぐに食べ終わり、そして気持ちが悪くなったということだった、そのあともInDesignを触っていた。僕は原理的なことというか基礎的なことをまったく理解しないでInDesignを使っているから、もう少しわかってもいいのではないか、と思い、いくらか調べたりしながら、レイアウトグリッドとか、云々、なにかをがんばろうとしたが、なにを？　作るの？　と思ったらなにも作らないので、がんばる気力が雲散した。なにか作るものがあればまた違うのだろうか、どうだろうか。閉じた、それで本を読むことにした、ヘミングウェイの未発表だった短編を読んだ、それで、それから、山口くんのあたらしい小説を読んでいた、ずっと、泣きそうな感覚で読んでいた、心臓であるとかを掴まれて、掴む形で触れられて、そこにもう少しの力が加えられた瞬間に、握りつぶされ、あるいは破裂するような、そういう「手前」みたいな心地がずっとあった、閉店前、いったん読むのをやめて、閉店して、それからショートブレッドを焼いて、とかをしていたら、いくつかのなにか歯車の狂い――たとえば箸置き入れをガシャンしてしまって箸置きのひとつが見当たらなくなってゴミ箱を漁ったり――によってやたらに悄然となって、そうしたら、全部を済ませて1時くらいだろうか、読書を再開したものの、もうあの喜びはなくなってしまった。

なんでこんなに小さなことでこんなに一気に元気がなくなってしまうのだろうか。全部がつまらなくなった。

帰宅後、寝る前、『クラフツマン』を久しぶりに。どうも、読めない。ルビがどうも、気になる。それはルビが気になるのではなく、乗れていないから細かいことが気になる、というだけだった。あいだを空けすぎた。

11月20日（火）

バイブレイションにより覚醒、10時40分、画面にはひきちゃんの名、ろくな予感はしなかったがお寝坊さんとのことでおはようさん。ちょうど僕も僕のアラームも1分後に鳴るところだった、1分後に起きて買い物して店行って、という予定だったので問題なしで、変に急がないで大丈夫だからねと伝え、起床。店。

着き、いくらか準備、あとはコーヒー飲み。開店時間を迎えるタイミングでひきちゃんが来たので、変に申し訳なさそうな顔とかをしていなくてよかった、不要な萎縮とかほど不要なものはなかった、それで草津のおみやげ渡し、しばし歓談し、開店し、辞し。

新宿方向に行く、なんだか久しぶりの感覚。道がどれを曲がるのが通例だったか忘れ、いつもと異なる角度でそのタワーを見上げ。コクーンだったか。ブックファースト入り、つもりとしては『背後の世界』、『Number』、大谷翔平の本、の3冊だったが、最初に雑誌コーナーで『Casa BRUTUS 特別編集 美しい暮らしをつくる本。』を立ち読み。読と思い、なんだかひさしぶりにゆっくり本屋でうろうろした気がしたが、そうだったか、日本編2013‐2018』。本屋は、楽しいな、楽しすぎて困っちゃうくらいだな、になってきたな、と思いながら、最後にスポーツコーナー行き、『大谷翔平 野球翔年Ⅰうな量になっちゃったな、なんかなんだろうな、お金大丈夫かな、なんか不安な気持ちドラード」は要コンプリート案件なので、なのでというか、買うことに、して、けっこていたんだ、しかし今、読みたいかな、面白いかな、と思ったが、「フィクションのエル・ル・ドラード」シリーズの『ライオンを殺せ』を見かけ、そうだそうだ、買おうと思っい、それからもう少し先に進む、ラテンアメリカコーナー、水声社「フィクションのエまたにしよう、と思う、どうも、小説よりも、なにか、という気分があるのかもしれな気になり、また、『ガルシア＝マルケス「東欧」を行く』も気になり、『背後の世界』は『背後の世界』にしようかと思ったが、すぐ近くにあった『アメリカ死にかけ物語』が文芸コーナー。スボール』の「2018プロ野球熱戦の記憶 全877試合カタログ」を取る、取って、に雑誌コーナーで『Number』の「BASEBALL FINAL 2018 鷹が撃つ。」と、『週刊ベーと、荒川洋治の『過去をもつ人』が特に読みたくなった、文芸コーナーに向かい、の前みたい本が増えて、困ったな、と思った、中井久夫の『「思春期を考える」ことについて』

どうだったか。

重い紙袋を提げて、都庁に。初めて入ろうとしている。第二庁舎。第二庁舎に向かう道で向こうを見ると、三方が高層の建物で、特に左面と正面のやつが面で、面々していて、壁に囲まれているようだった、異様だった。で、都庁に。運転免許の更新。10箇所くらいのブースを流れ作業で流れていく。この作業も、練度はあるのだろうけれど、しかし、毎日これをやっているのだろうか、それとも何かぐるぐると、なんだっけか、言葉が出てこない、フォーメーションじゃなくて、オリエンテーションでもなくて、きっとなにかしら「ーション」なんだろう、なにか、なんだったか、言葉が出てこない、回るやつ、それで回しているのだろうか、毎日始業から終わりまでずっとこれだったらけっこうしんどいなと思ったが、そんなこともないだろうか、どうだろうか。

講習が始まるまで20分あって、そもそもブックファーストで本を買ったのは講習が始まるまでの時間になんか読んでいたいよな、楽しいよなそういうの、と思ったからで、どうしてだか1万円以上の買い物になってしまったわけだったが、20分あって、真っ先に大谷翔平の本が開かれた。それで、読まれた。大谷家の飼っている犬の名前がエースで、名付けを大谷がした、そのエースの誕生日が僕と同じ11月11日だと知れ、大谷の飼い犬になった気分になれた、ワンワン、11月11日といえば先日、与沢翼が11月11日生まれだと知って、さらに、中学が同じだったことを知って、なんだか得意な気になった、3つ上なので同じ時期に学校にいたことはなかったらしかった。大宮市立八幡中学校。

それで、講習が始まり、30分のショートコースで、交通事故は怖いな、と思いながら、一生懸命、話を聞いて、映像を見た、『寝ても覚めても』のマヤは、こういう映像に出演していたんだっけ、と思いながら見た。

新しい免許証を受け取り、出。スーパー寄り、帰宅、なんだか気づいたらもう夕方近い感じになっていてうんざりする、うどん食い。釜揚げで食べた。『Number』読みながら。2玉食べたらもうひとつ行きたくなり、追加茹で。腹いっぱい。しばらく大谷翔平本読み、野球は本当にいいなあ。二刀流という言葉。

「僕は使わないですね。誰が言い始めたのかわからないので……僕はそういう表現は使わないです。僕の中ではただ野球を頑張っているという意識でやってますから。（投手と外野とは）やるべきことは区別して取り組みますけど、（両方やることを二刀流などと表現して）そういうふうに区別することはないかなと思います」

石田雄太『大谷翔平 野球翔年 I 日本編２０１３-２０１８』（文藝春秋）p.36

以前、大谷はほとんど初めてのプロのプロ野球選手だ、投手でも、外野手でもなく、野球選手だ、ということを思ったというか日記でいつかに書いていたのだけど、そういうことだった。『両方になる』を読んで、読んだときに、『生きるように働く』と並べるとパラレルキャリアの本みたいに見えるし、大谷が表紙の『Number』と並べたら二刀流の本にも見えそうだ、と思った、両方になる、それもあったし、その『Number』でこの本があることを知った、野球のシーズンも終わってしまい、野球にまた浸っているためにというのもあり、買ったわけだったけれど、両方になる、ではない、両方である、というか、いやどう違うのか、それでもない、両方ではない、そもそも両方ではない、一だ、野球選手という一、それになる、それを究める、ということだった、そもそも、他の選手だって、野手であれば（ＤＨ専門や代打専門や代走や守備固め専門でなければ）打つことと守ることを別個にやっているわけだし、二刀流はシンプルにその延長とも言えた。延長というか、バリエーションのひとつというか。

それにしても大谷の言葉はいつもずっととてもよくて、それにたくさん触れられるのは幸せだった。

そのあと『アメリカ死にかけ物語』。少ししたら眠くなり、寝。めいっぱい寝た。バカみたいな気になった。疲れていた。

時間ギリギリに店に着き、前半は平日の前半として及第点という客入りで、夜いくらか来られたらバジェットには乗る、という様子だった、昨日がさっぱりだったからいくらか安心して、コーヒーをまず淹れて、ひきちゃんと少し話して見送って、さて、働くぞ、と思った、そのとき3人おられたお客さんが一人また一人と帰っていかれ、8時くらいで無人になった、さて、働くよ？と思いながら、やることもないので座って、メールを返したり、していた、9時になり、10時になった。どうやら今日の僕の店における仕事は洗い物だけということになりそうだった。

『大谷翔平 野球翔年 I 日本編2013-2018』の続きを読んだ。プロ1年目を終えたオフの時期の取材で、大谷はこう語っている。「ピッチングについては、抜けたボールを打ってくれてフライになったりとか、たまたまの結果もまだまだ数多くありますし、確実に低めを狙って、意図的にゴロを打たせるとか、狙ったところで三振が取れたりとか、そういうことがまだまだ少ないと思うので、そういうことがで」というところまでで左ページが終わり、開くと、「きるようになったら楽しいのかなと思います」。

大谷特集の『Number』で、メジャー1年目を終えた大谷は、楽しく投げられるイメージが湧かなかったから手術することに決めた、というようなことを言っていて、何度か同じようなことが言われていた、つまり徹底してクライテリアは「楽しくできるかどうか」であって、それはとても気持ちがいい、そう思っていたのだが、19歳のときにすでに、こういう発言があったのか、と思い、感動した。そのあとも、調子のいいときはど真ん中に投げることしか考えていない、それで十分だし、変に狙ってボールひとつ外れてももったいないから、というようなことを言っていて、19歳、かっこよすぎるぞ、と、何度も痺れながら、とにかく楽しい読書。

ところで「クライテリア」は千葉雅也を読んでいたときに知った言葉で「規範。尺度。判定基準。」という意味だそうで、いま人生で初めて使ってみた。

10時半、諦めて片付けを始めようか、と思っていたところお客さん。しばしば来てくださる方で、無人の店内を見て「もう閉めますよね」ということだったので、今日の僕の仕事っぷりについて話し、なのでむしろ仕事させてくださいというところで、ということを言った、茶を出し、サンドイッチをこしらえた。

すぐに仕事は終わって、座って、野球のニュースを見る。大谷が明後日だか、会見をするということだった。そこに、「日本記者クラブでの大谷の会見は、昨年11月11日、メジャー挑戦を表明して以来約1年ぶり。」という記述があり、11月11日、エースの誕生日、僕の、そして与沢翼の、ドストエフスキーの、カート・ヴォネガットの、レオナルド・ディカプリオの、誕生日。

浅村、楽天入り。

閉店後、『Number 965号 BASEBALL FINAL 2018 鷹が撃つ。』を熟読。帰宅後、『アメリカ死にかけ物語』。著者は詩人とかなんだろうか。どっかでそんなことをちらっと言っていたような気もするし、まったくの思い違いかもしれない。ともあれ、随所でとてもいい言葉をくれる。

アメリカでは人と顔を合わせることすら、嫌がられるようになった。どんな人とでも、向き合うことがきつくなった。おいおい、頼むよ、またお前の顔を見せるなよ。セクシーで、美しくて、悲しくて、グロテスクすぎるから。頼むよ、俺の目や、鼻や、口や、おでこを、哀れんだり、批判するような目で見ないでくれ。そうじゃなくて俺の写真を見てくれよ、俺も君の写真を見るからさ。それでいいだろ?

リン・ディン『アメリカ死にかけ物語』（小澤身和子訳、河出書房新社）p.52

か。

11月21日（水）

起き、出。早め。店にて、本の打ち合わせ。楽し。今度はどういうふうになるだろうか。

今日は昼の部というか11時から山口くん。昼間は久しぶりな気がする。開店と同時に変に忙しい感じになり、がんばれ、と思いながら、あまり手伝わないようにする。どんどん定食が出ていってどんどん仕込みが生じたので、横で仕込みをする。一日中仕込みをしていた感じがある。今日は7時閉店で、もともとは今週は木曜に休もうかと思っていたが金曜日から3連休ということを先週くらいに知り、だったら木曜日は休前日となり、休むのはもったいない日という位置づけになるので、どうしたものかな、と考えあぐねていた、どこかで休みは作らないとな、と思っていたが、なんだか決めかねていた、それで水曜に夜だけ休むことにした。なんだかうまくいろいろ考えられていない、来週は火曜と木曜が夜を閉める、という休み方になった、これで僕はどれだけ休めるのか、よくわからない。

7時で閉店して、見たい展示があったから行こうかと思ったが、8時までで、ギリギリだよなあとは思っていた、閉店して、そうしたら山口くんとあれこれ話し始めてしまって、その時点で展示は諦めた、それであれこれ話して、楽しかった、山口くんは帰っていった、8時半になって、どうしようかな、本を読んで酒を飲む、をしたい、と思って、どうしようかな、と思って、大谷翔平本とアメリカ本をリュックに入れてタラモアに行った、ビール、ポテトフライ、それからウイスキー、というつもりで行った、席に荷物を置いて注文しに立つと、なんか見知った顔があるような気がして、見ると、武田さんで、それからたかくらくんで、それから知らない方だった、お、やあ、どうも、ちょうど阿久津さんの名前が出たところだった、ということだった、ビールとポテトを注文して、少し悩んだ、自分の席に戻って本を読むのと、彼らと合流して酒を飲むのと、どっちが楽しいだろうか、と少し悩んで、きっと飲む方だろうなあ、と思って、混ざらせてもらって、彼らはやたらたくさん食べ物を頼んでいた、フィッシュ&チップスがあり、チリコンカンがあり、マッシュポテト的なものがあり、豆の煮込みみたいなものがあり、このあとアマトリチャーナも来る、と誰かが言って、すごい名前の人だな、と思ったら、そうでなく、パスタだった。

キャッシュオンなので、もうお金を払う必要がない、タダで食べられる、という変な楽しさをたかくらくんが見つけて、たしかにｗ　すごいだいぶわかるｗｗ　還付金で買い物したら無料でなんか買えた気になるのとなんか似てるやつだｗｗｗと思って、タダ、タダ、と私たちは言った、タダイズム。たかくらくんがしつこくずっと言ってて、しつこく最後まで言っていた。僕が頼んだポテトは机に乗り切らなかったので、もともとあったポテトの皿に流し込んでもらった。見知らない方は僕は大学が一緒だった、僕のひとつ下の学年の方で、ゼミが一瞬同じだったらしかった、サークルの知り合いたちと友だちとのことだった、ませさんだったか、ますださんだったか、最初に聞きそびれて、途中で確認する手もあったが、名前というものはその場にいる限り、わからなくても問題がなく、最後までよくわからないままでいた。ませさんだったろうか。『新潮』の「差別と想像力」のことを少し話を向けてみたかったが、話すきっかけを得そびれて、たかくらくんが今『シュルレアリスム宣言』を読んでいて、それの話を聞いたりしていた、ブルトンのそれを僕はどうして買ったのか、買ったけれど最初から読む気のないという珍しい買い方をしたのか、持っていて、今度読んでみたいと思ったし、それよりも訳者の巖谷國士のシュルレアリスムについての講義みたいな本の話を聞いたらそれが読みたくなった、ユートピアとラビリンス。彼らが今日乗ったタクシーのドライバーは神社神社神社あ神社言い過ぎだ云々と、ずーっと一人で早口でしゃべる人で、たかくらくんとましこさんは石になっていた、武田さんは自分たちの身の危険を感じて、人間として扱わないと自分たちの精神が食われる、というたぐいの危険を感じて、随所であいづちを打ってみるものの、全部がスルーされてとにかく一人でしゃべっていた。発車して以降、コミュニケーションが成り立ったのは支払いのときだけだった。

店を出て、彼らの入っているオフィスに、キウイをもらいに寄って、彼らのブースは夏に見たときはただの敷地だったものが、立派なやぐらができていて、カウンターのテーブルができていて、壁ができていて、こんなに広がったんですね、と言った。そこで最近たかくらくんが書評を書いた『美術手帖』のその書評を見せてもらうと、見事で、数百字でこんな遠くまで飛ぶことができるのか、と僕は感嘆して、感嘆した。キウイをもらって両方のポケットに入れて、帰った。

帰ると、テーブルの上に同じ『美術手帖』があり、飲んできた、武田さんとかと、という話をして、たかくらくんという人とかと、という話をして、たかくらくんってこの？　というその書評を遊ちゃんも読んでいて、ちょうど遊ちゃんは最近川上弘美の『大きな鳥にさらわれないよう』を読んでいたところだった、書評を読んでいて、これ見事だよねえ、という話をした、酔っ払って、風呂に入って髪を切って、酔っ払っていて、食べ足りなかったので帰りに買ってきたポテチを開けてウイスキーをグラスに注いで、ソファで、『アメリカ死にかけ物語』を読み始めたが、すぐに朦朧としてきて、ポテチを食っているということは記憶にある、遊ちゃんが歯ブラシを持ってきて口に入れてくれたことも記憶にある、眠りながら歯を磨いて、時間を見たらちょうど12時になるところで、布団に入った。

11月22日（木）

金曜日だと思ったら木曜日だった、何度も金曜日だと錯誤した、だから、9時間以上寝た、それなのに朝は過酷なほどに眠くて、どうにか店に行った、昨日山口くんがいたおかげで仕込みはかなりのところできていたので朝はゆっくりした心地で、コーヒーを淹れて、なんとなく暗い気分だった。

時間があったので銀行に行って事業税を払って、ふーむ、と思ってから開店した。

午後、大谷翔平本を読んでいた。僕はどうもなにか自分の言葉でちゃんと話す人が大好きで、自分の言葉でちゃんと話すというのは不要な謙遜であるとか卑下であるとかをしない、ということとも通じて、大谷はそういう言葉を最初からずっと話しているように見える、それがひたすらに気持ちがいい。この本はおそらく『Number』の連載をまとめたもので、わりとただ並べただけなのか、何度も同じエピソードが出てくる、それはこの本を否定的に見るための材料にもなるだろうし、繰り返されることで頭に染み込んでくるという点でいいことのようにも思える。僕はわりと後者の感覚で読んでいて、大谷は自分のことを「羽生世代」と呼ぶ。という話も二度出てきた。僕は、羽生は、フィギュアスケートの羽生だが、読み方がいつもわからないというか、素直に読むと「はぶ」になる、でもたぶん違うはずだった、調べる——やはり違った、「はにゅう」だった、「はにゅうゆづる」、羽生結弦だった、ほとんど一度もというレベルでこの字面を、音で聞く機会が僕にはなかったということもあるだろうし、先行する音はいつも強い、羽生善治。だから、というわけでもないが大谷も、3年目くらいまでは僕はわりと「おおや」で、小中学校と野球、テニスと一緒にやってきた大谷くんが「おおや」だったから、「大谷」は「おおや」の印象が強かった、なかなか拭えなかった、でもおかしなものでこうやって「おおたに」に馴致されていくと今「テニスと一緒にやってきた大谷くんが」のときも、「おおや」で打つべきタイミングだったが「おおたに」と打っていて、そういうものだった。

昨日「忘年会」という言葉が聞こえて、それの影響があるらしい、気分が今日から年末になってきた、年末になるとはどういうことか、それは「今年はもういいや」という気分になるということだった、今年はもう十分にがんばった、働いた、よくやった、今年はもういいや、また来年がんばろ、そういう気分になるということだった。

もしかしたら、明日からの3連休が、というか23日という祝日が、天皇誕生日を想起させているのかもしれない、それで、いよいよの年末感がもたらされているのかもしれない。来年がんばる。全部来年。２０１９年。

２０１５年。大谷の２０１５年が終わり２０１６年が終わり２０１７年が終わった、この本ももう終わるようだ、読んでいると徹頭徹尾、自分がどこまでいけるのか、という姿勢で野球をやっているように見えて、相手がどうとかではなく、自分がどこまでレベルを上げられるのか、どういう景色を見られるのか、そういう戦いをしているように見えて、清々しい。相手と戦うことが清々しくないということでは全然ないけれど、だから、清々しいというか、なんだろうか、登山とか、というか、小説でも音楽でも映画でも絵画でも写真でも演技でもなんでもいいけれど、そういうものと変わらないようななにかであるように見える、店だって同じかもしれない、僕も毎日、一日一日、今日もやりきった、なにも後悔はない、誰にも負けないだけ努力した、そう思って納得してから寝ているわけだから、完璧に同じだった。両方になる。
そのあと、今朝の記者会見の詳報を読んでいた、サンスポ、ページ分割ここに極まれり、という記事でうんざりした。

――アメリカで自伝が発売されたが
「分からないです」
――どう思う
「うれしいんじゃないかなと思います」

『【会見詳報（6）】大谷「個人的には神話のなかの人物だろうなと思うくらい」：イザ！』
https://www.iza.ne.jp/kiji/sports/news/181122/spo18112212500033-n2.html

大谷は取材とかでは「思います」を多用する人でこれはなにか慎重さとかの表れなのかなと思っていて、よかったかなと思います、とか、なんか面白いというか好きなのだけど、このやり取りはいったいなんなんだｗｗｗと思って笑った。

夜、暇だった、今日は休日前夜だから忙しくなってくれるかなと思ったら、暇だった、オーダーいただいた紅茶を届けに行ったところ、読んでいるページが指さされ、見ると、知った誌面があった、濱口竜介特集の『ユリイカ』に書いた原稿だった。あ、それ、と僕は言い、あ、なるほど、濱口濱口と思って読んでいたら開いたら僕の名前があってびっくりしたっていうかっこうか、それは驚くよなあ、と思ったため、「それびっくりしますね」と言った、びっくりしました、と言っていて、なんだか愉快なやりとりだった。『ユリイカ』は、このケースは初めてだけど、『ユリイカ』のエッセイで知って来ました、と教えてくださった方がこれまで二人あって、それは僕はうれしい経路だなと思う、思うし、それはすごい経路だなとも思う、なぜならば、そもそも読みたかった濱口竜介特集といえど、評論ならまだしも、エッセイとか、まるで見知らぬ名前のエッセイを読むかどうかというのはきっと微妙なところで、そこで、読んでくれた、そして、そのあと、たぶん奥付にプロフィールが載っているのではないかと思うのだけど、確認していないからあれだけど、多分、「阿久津隆（あくつ・たかし）fuzkue店主。『読書の日記』」とかあるのではないかと思うのだけど、わざわざ「誰だろう」と思って奥付に行ってくれた、そして、「fuzkueってなんだろう」と思って、わざわざ検索してくれた、そして、わざわざ来てくれた、という、これは偉大な経路だった。

夜、最後まで暇だった、『アメリカ死にかけ物語』読む。ずっとアメリカに住んでいるベトナム人男性、ということだけは知っていた、そのあと、読んでいて知った事実。著者は50歳、アメリカを旅しながら文章を書いている、詩人、8冊の本を出している。ゼーバルトの名前が出てきた、以前、ゼーバルトがいたイースト・アングリア大学のフェローシップがどうとかでそのあたりに暮らしたことがあった、ゼーバルト。その名が出るだけで、なんなんだろうか、この、胸に広がるこのなんかは。

閉店後、しょうくんが久しぶりに来てくれていて、しばらくソファに腰掛けてあれこれと話した、いつ話しても率直な気持ちのいい、空気のような男だった。

帰り、雲が変なマットな不思議な質感で出ていて、ただそれだけだったけれど写真じゃ切りとりきれないから、話せば白々しくなるから、連れていきたい気持ちになったため遊ちゃんに帰宅後開口一番「雲が面白いよ」と言って、一緒に出て、家の前の通りにふたり並んで、ほうけたように空を見上げた。

寝る前、体が乾いて、さっき塗ったばかりのワセリンとステロイドをもう一度塗りながら、まだアトピーなんだなあ、とふいに思った。34だっけ、33か、33歳、まだアトピーなんだなあ、思ってもみなかったな、大人になったら治るのだと思っていた、と思って、『アメリカ死にかけ物語』を読みながら、寝た。

11月23日（金）

開店前、『アメリカ死にかけ物語』。ベトナム人が見た『地獄の黙示録』はそうか、こういうふうに見えるのか、という、というか、ベトナム人が『地獄の黙示録』を見てどういうふうに見るかなんてこれまで考えたこともなかったことに気がついた。曰く、ベトナム全然こんなんじゃないからね、ということだった。という、決して愉快な話を読んでいたわけではないのに、開店前、階段に腰掛けて、煙草を吸いながら、読んでいると、気持ちが清々しくなるようだった。

ご予約が、たくさん入っている日だった。12時半くらいには実質的に満席という状態になり、オーダーは一気呵成で、かつ、こなすのがハードなタイプの組み合わせのオーダーだった、ひいひい言いながらやりながら、満席なんですとか、満席になるんですとか、空いたらご連絡するとかしましょうかとか、やっていた。山口くん早く来て！と思っていて面白かった、頼っている。という。夕方、その山口くんが来て、勢いは変わらず、僕は7時には電池が切れた、完全になんだか糸が切れた感じがあって、ちゃきちゃき体は動くけれど、それはもう気持ちとか、疲労とか、関係ないから。もう自動だから。ちゃきちゃき体は動くけれど、電池は切れていて、疲れた、太もも、ふくらはぎが、立っているだけで疲れた、どうしてこういう疲れ方をしているのだろうと考えたが、なにも考えなかった。

疲れ切ってコーヒーを淹れて、外階段に座って飲んだ、煙草を吸った、狭い、建物と建物のあいだの狭い狭い空に、満月がぽっかりと、薄い雲の次のレイヤーに出ていてそれがちょうど見えて、息をついた。冬みたいだと思った。帰って、常備しているウイスキーが1杯分しかなくて、たまにはそれでいい、と思って、本読んで、ふくらはぎの張りを意識しながら寝た。

11月24日（土）

朝、眠い。次に眠るのが楽しみ。店、カニエ・ウェスト。時折り体を激しく動かしたり大きな声で歌うというか叫んだりして、ゴリゴリとテンションをあげて仕込み。「Bound 2」がいつだって大好きで、一度流れたらもう一度聞きたくなってもう一度流した。

働いた。昨日よりはスムースというか、でも大変だった、でもスムースだった、働いて、違った、忘れてた、最初の時間帯はなんでだか余裕が全然なかったんだった、どうしてだか憔悴したような感じで、追いつめられたような感じでやっていた、突然いったいどうしたんだろうなと思ったが原因はわからなかった、あるいは先日感じた年末感がなにか影響を与えているのだろうか、テンパっていた、最初の2時間くらい、それから余裕を取り戻し、綽然とした顔をしながら、働いた、働いていたら、山口くん夕方イン。今日は山口くんとの連携も昨日よりはスムースに行ったというか、厨房が狭いので、うまいことお互いを使いながらやりましょう、ということにしたら、うまいことお互いを使ってやれた。

途中、本を読んでいる人たちを見ていたら、うらやましいなと心底思った、休日、何時間か、こうやって、本を読んでいる、その過ごし方、めちゃくちゃうらやましい、俺も今この瞬間にそれやりたいと強烈に思って、しかし残念なことに仕事中だった。

でろ〜っと。でろ〜っと、本読みたい。

頭の中に「Bound 2」を流し続けながら、帰り、ウイスキー飲みながら、『アメリカ死にかけ物語』。断片的なものの社会学。長いこと読んでいて、3杯飲んだ。途中で柿ピーを食べようかと思ったが真夜中だしやめて、酒だけ、読んだ。一部、「でろ〜っと、本読みたい」が叶えられた格好で、わりと満足した心地になって寝た。

11月25日（日）

連休が今日で終わると思うとホッとしたというかあと一日ちゃんとがんばろう、と思った、疲れている。朝、なのでまたカニエ・ウェストを大音量で流すことでテンションを上げたというか、3日目になると最初からテンションが高いというか、体がハードワークモードになっている。初日からそうなってほしい。

開店前、2ページくらい、千葉雅也、冒頭の「意味がない無意味」をもう一度。最初に読んだときよりも入ってくるというか立ち上がる感触があった、気持ちよかった。

たくさん働いた、でも大して疲れなかった感じがあった、途中、OOIOOの曲が、もう何年も聞いていないが、曲が、頭の中で流れ始めて、愉快な曲なので愉快だった、どうして流れたか。

夜はゆっくりで、座っている時間も多くあった、『アメリカ死にかけ物語』を読んでいて、わりと長いこと読んでいた、それでも、叩き出した数字はお客さん数は昨日と同じで、どうしてこの数字を達成しながらこんなにゆとりを持って働けるのか、まったく不明だった、3連休は金曜日がけっきょく数としては一番少なく、それでいて一番疲れた。今日は余裕が、本当にあった、数字が気になったこともあり今日の分の伝票も入力していった、すると、売上が一番大きかったのは金曜日だった、お客さんあたりの単価が高かった、だからオーダー数が多かったということなのだろう、働いた。3連休はよく働いた。死にかけているアメリカ。疲れている僕。疲れていない。それでも、それでもというか、二度ほど、忘れた、あれ、今なにしようと思ってこっち来たんだっけ、ということが二度ほどあって、あとで思い出したり、思い出さなかったりした。

ご飯を控えめに食べて帰り、遊ちゃんは今日椎名林檎のライブを見に行ってきたとの由。デジタルサイネージの使い方にいくらか感心した。

山手通りの曲を、山手通りを走っていた数日前に思い出していたことを思い出した。あの歌詞ってどういうものだったか、なんで歌舞伎町の女王は山手通りにいたのか、靖国通りとか甲州街道とかではなく、と思い歌詞を見てみると、仕事帰りに朝の山手通りを歩いていたとばかり思っていたら、そうでなく、部屋にいて、その部屋が山手通りに面しているようだった、歌舞伎町の女王の住まいは西新宿だろうか。

シャワー浴び、連休お疲れ会と称してウイスキーを飲みながら柿ピーをつまみながら本を読む時間を設けた。『ガルシア＝マルケス「東欧」を行く』を開くことにして、開いた、1957年、鉄のカーテンの内部に潜入、というジャーナリストとしての作品ということだった、鉄のカーテン、ってなんだっけ、ベルリンってどういうふうに分断されているんだっけ、とか、歴史を僕は全然知らないので、ちょっと調べようかなと思ったがiPhoneが遠くに置いてあったため調べなかった、柿ピーに途中、アーモンドを混入させて、よりナッティにして食べたらおいしかった、ウイスキーを4杯飲んでしまって、それは多かった。

11月26日（月）

暴力的な眠気。

鉄のカーテンってなんだっけ、と検索して、そのあと「ベルリンの壁」で検索してウィキペディアに入ったら、「長っ」となった、なんだこの長さは、という長さだった、ケネディの苛立ち、フルシチョフの失敗。ベルリンの壁の建設は1961年とのことで、だからガルシア＝マルケスが行ったときはまだ壁はなかった、昨日読んでいたとき、西ベルリンと東ベルリンを行ったり来たりしていて、こんなシームレスに行き来できるんだ、と思ったが、そのときは障壁が、なかった。壁。

のどかな心地で営業を開始し、のどかに働いた、途中『アメリカ死にかけ物語』を読んでいたら「失神」という言葉に当たって、アメリカについてのものを読んでいたからだろう、初めてこの言葉が「神を失う」という二文字であることに気がつくというか、思いが至った。神を失う。

夕方、山口くん、のどかな営業だったこともあり、やることも大してないこともあり、大丈夫だろう、2時間くらい、空けても、というところで、2時間くらい出てきます、デートしてきます、といって出た、リトルナップコーヒーの前で遊ちゃんと待ち合わせて、カフェラテとお菓子を買って代々木公園に行った、紅葉を見よう、という話で、紅葉なんてすぐ終わっちゃうだろうし、タイミングなかなかないし、というところでの、今日、行く？というそういう紅葉公園デートの実施だった、空が、暗くなってきた。

公園に入ると、空が、暗くなっていって、世界から色が失われていった。赤いものを見かけて、紅葉発見と言った、どうも、暗いからよくわからないが、代々木公園の紅葉はまだなのではないか。あずまやのベンチに座って向こうの広場、いくつかのビルのあかり、黒い影になった木々、それらを見ながら、カフェラテを飲んだ。後ろで、なにかしらのトレーニングが実施されていた、いくらか年上なのだろう男性のコーチ的な人物がいくらか年下なのだろう女性の選手的な人物に、はい5、4、3、と言って、1、と言って、すると短距離ダッシュをする、それをなんべんもなんべんも繰り返す。休憩は2分30秒だった、隣のベンチで休憩していた。あと1分ね、とコーチが声を掛けて、僕はあと1分で、休憩が終わってしまう！と思ったらドキドキした、なぜ僕がドキドキするのかはわからなかったが、そんなカウントダウンは聞きたくない！と思った。ぐるっと、色の失われた公園を歩いて、また来週来てみよう、ということにした、紅葉は見られなかったがともあれなんというか、仕事を抜けてデート、というのは、なんかいいね、と思った、思って、店に戻った。

戻ると、山口くんはなにか仕事をしていて、僕は邪魔をしない方がいいというか手伝わない方が彼のためだった、動きすぎてはいけない、だから座って、野球のニュースを真剣な面持ちで読むことにした。ベストナインが発表された。近藤健介が初受賞。うれしい。ファンフェス的な催しに戦力外になった新垣勇人が乱入し、大盛り上がり。これは本当に心温まるというか感動するニュースだった。そのファンフェス的な催しで吉田輝星と斎藤佑樹がご対面。それから、斎藤佑樹と清宮幸太郎がファンフェスでいい笑顔をしている写真を見、そのあと、杉谷拳士のインスタで斎藤佑樹の膝の上に清宮幸太郎が乗っている写真を見た。うれしかった。

昼間、のどかとはいえコンスタントだった客入りは夜もそうで、コンスタントのどかな一日だった、結果、金曜日くらいの感じになった、大忙しではまったくなかったが、いい平日であることは変わらなかった、ここ一ヶ月、本当に隔週で月曜日が金曜日とか土曜日みたいになっている、なんなんだろうかこの隔週感は、という隔週っぷりだった、山口くんが、がんばって働いていた、人になにかを教えたりしていると、わりと簡単に教えのエクリチュールみたいなものが顔を出してきて、よくよく注意を払わないと簡単にガミガミした感じになるよなと、思った。今日は、金言もいくつか生まれて、その生成の様子は面白かった、ひとつは「指摘は指示じゃない、指示は絶対じゃない」というもので、それは言った、もうひとつは「クオリティに寄与しない丁寧さは思考停止とほとんど区別できない」というもので、これは言わなかった。

夜、楽しく夕ご飯を食べて、帰った。

帰り、遊ちゃんと話。どういう流れでだったかTikTokの話になり、僕は先日、いったい何がおこなわれているんだろうという怖いもの見たさでダウンロードしていた、それをまた開いてみた。「人気者になる」が目的になってしまったとき、「すごいことができる」「おもしろいことができる」を持たない人は、見た目の魅力を武器にすることしかできなくなる、その先には性的な姿態を晒すことがすぐさま待っていて、なんというか、あぶねーだろこれはほんと、と思った。大人になって、大人にはわからないよ、我々の感覚は、というものは絶対にあるだろうけれど、いやこれは、あぶねーだろこれほんと、と思って、でも僕のこの感覚はどこまで正しいのか全然わからない。そもそも人気者になるみたいなことが目的なのかも知らないし。けれど、いいね的なものをもらう気持ちよさは味わってはいるだろう。それは危険な薬で、というか、中高生なんて満たされなくていいんだよ、と、台無しなことを思ったが、どうなのか。大人。つまらない大人。

気づいたら3時半とかで。まずいな、寝ないとな、と思って布団に入り、『アメリカ死にかけ物語』。

11月27日（水）

朝眠く、店行き煮物の制作。コーヒー飲み、ひきちゃんと歓談。なんだかいつも以上に元気そうに見えた気がして僕はうれしかった。

開店して出、帰宅、釜揚げにしてうどん食う、3玉食う、そのあと、パソコンを開いてぼーっとしている、特に何を見るでもなく、なんとなく野球の記事を、ブックマークしている野球ニュースのページのマークを、何度も押すような、そういうぼーっと仕方でぼーっとして、いかんいかん、休日が、ダメになる、根腐れを起こす、根がなんなのかはわからないが腐る、いかんいかんと焦燥感を覚える、時間がいつだってない、時間にいつだって追い詰められている、時間。

で、出、やっと、スーツをクリーニングに出せた、ずっと思い出しては忘れて、出しそびれ続けていた、10月8日だったか、結婚式は、それで、それ以来ずっと思い出しては忘れて、出しそびれ続けていた、それをやっと出せた、出せて、出して、税務署に向かって、税務署に入った、そこで消費税の納税事業者になる届出書みたいなものを出した、出したというか出さないといけないから出したわけだが、出さなかったとしたらどうなるのだろうか、ところで11月の税務署はなんだか気持ちのいい空間になっていて、来る人も、対応する署員の方も、余裕があるのか、なんだかみな血が通っているようななにかあたたかいものがあって、あった気がして、よかった。

用事が済んだのでその足でフグレンに行って、初めて座る円卓というかまるいテーブルの席に座って、夕方の日差しがいい色だった、それは税務署から下る坂のところで感じた、それをフグレンの店内でも感じた、そこでカフェラテを飲みながら『アメリカ死にかけ物語』を読んでいった、少ししたら同じテーブルに男性二人組が座って、フグレンは食べ物の持込みが可能でだけど今までそうしている人を見たことがなかったが、二人はどこかで買ってきたロールケーキを食べて、そのあとチーズケーキも食べていた、ロールケーキはやたらおいしいらしかった、特に話すことのなさそうな二人で、僕は右の人のほうが好きだった。また、オーダー待ちをしていた女性に、座っていた女性がなにか言った、え、なんで、ここに、いるの、え、なんで、え、え、え〜!!!というところで、小学校の同級生と遭遇した、小学校のとき以来の再会だった、二人は外に出て、店内だから抑えようと思っていたが抑えきれなかったでももっと放出したかった高いテンションを、外で爆発させて、再会を喜んだ、写真を一緒に撮った、そのあとこのあと予定あるの時間ないのと一人が聞いて、時間は少しならある、少しだけある、そう答えた、僕は、それを聞いていた、本を読んでいるつもりだったが、頭にはまったく入ってこなかった、向かいの二人は、ケーキの男性二人は、筋トレの話をしていた、左の人がことあるごとに「xxxくんは真面目だなあ」と笑いながら言っていて、うっせー死ねとは思わなかったが、つまらないなと思った、真面目であることの価値を彼は否定していないというか真面目な人が好きだと言っていた、だから「うっせー死ね」はまったくの言いがかりではあったが。

帰って、帰ると、帰って『アメリカ死にかけ物語』を読んだら読み終わった、すごく、なんだろうか、面白いというか、惹きつけられながらというか、どんどん読みたいと思いながら読んでいた、著者の、姿勢というか、人にどんどん話しかけるそのありかたは感動的ですらあった、優しさがあった、材料にしようとしていない。ブログがあるということでことでというかそれの書籍化みたいなものらしくそのブログを見ると、たくさんの写真があって、この距離で撮れる、この顔を撮れる、それが、なんというか、それが、そうだったそれだった、そういうことだった。激しく昼寝をした。起きて、ズブズブに重く、眠かった。起きて、これから吉祥寺に行く、ということを思った、夜の吉祥寺に行く、秋の夜の吉祥寺に行く、それは僕にとってはアンゲロプロスを見に行ったバウスシアターだった、上映開始前、流れていた音楽はニック・ドレイクだった、初めて聞いて、よくて、映画が終わったあとに受付の人に、なにが流れていたのか教わった、ニック・ドレイク、そのときに覚えた、これから夜の秋の吉祥寺に行く、僕はまた、アンゲロプロスの夜を思い出すだろうか、そう思って、家を出て、外はもう暗かった、歩道橋を歩いていると向こうから子供の声がして、子供が立っていた、小学生だった、その子を通り過ぎると、階段の下から小学生が何人も上がってきて、さっき通り過ぎた子も後ろからこちらに歩いてきた、小学生に囲まれた、彼らは「捕まえた？」「捕まえた」「いや捕まってない」と口々に言っていて、僕が捕まえられたような気になって、少し、怖かった、怖くなった。子どもたちが怖い映画、あれを思い出した、あれはなんだったろうか、黒沢清か青山真治のなにかだった気もするし、そうじゃない気もする、子どもたちが怖かった、それを思い出したかった、なんだったろうか、『レイクサイド マーダーケース』とかだったろうか、電車に乗って、ガルシア＝マルケスとプルーストどっちにしようかなと思って、プルーストを開いて、読んだ、2週間ぶりくらいだった。すると、グッとよかった。劇場に向かっているその電車で、プルーストは劇場にいた。劇場の描写がひたすら続いた。

はじめは薄ぼんやりした闇があるだけであった、そのなかに、突然目にぶつかってくるのは、形の見えない宝石の宝のような、有名な人の両眼から発する燐光、というよりも、黒地に浮きだすアンリ一四世のメダイヨンのような、オーマール公爵のかしげられた横顔であった、そしてその人に、顔の見えないある貴婦人が声をかけているのであった、「殿下、私がコートをおぬがせしましょう」、「いや、どういたしまして、アンブルサックの奥さん。」

マルセル・プルースト『失われた時を求めて〈4 第3篇〉ゲルマントのほう 1』（井上究一郎訳、筑摩書房）p.59

そのあと、劇場は海に喩えられて長々と描写された、劇場に、吉祥寺シアターに僕は入った、所定の席に向かうと、山口くんがいて、笑った、笑ったというか、山口くんがどこかにいることは知っていた、遊ちゃんが行けなくなって、「山口くんにチケットあげたい」と言ったので、昨日山口くんに聞いたところ、予定なしとのことで、行くとのことだった、僕と遊ちゃんは別々にチケットを取っていて、僕が先に取っていて、遊ちゃんが取ったときに、席指定をしないまま取っていて、なにやってんのと笑った、笑っていた、そうしたら、いくらかそんな予感はあったが、隣同士の席だった、ということだった、向かう先に山口くんがいたということは。

そのいきさつを話し、それからは話さなかった、僕はプルーストをまた開いて、読み出した、途中、昨日、言い忘れたというか褒め忘れた仕事っぷりというかそういうことがあったのを思い出したので笑いながら伝えた。

この大公夫人を薄くらがりの他の寓話の女たちのはるか上に置いている美しさは、彼女の首筋、彼女の肩、彼女の腕、彼女のウェストのなかに、全部物質的、包括的にふくまれているわけではなかった。そうではなくて、この大公夫人のすてきな、未完成の美しい線は、目に見えない多くの線の避けがたい糸口から正確に出てゆく線なのであって、見る人の目は、闇の面に映写される理想の容姿のスペクトルのようにこの女性のまわりに生みだされる霊妙な線を、目に見えない多くの線のなかにひきのばしてみずにはいられないのであった。

同前 p.62

舞台が始まった、範宙遊泳の『#禁じられたた遊び』を見た。見た、見ていた。見た。見終わって、誰ともしゃべりたくない、と思って、僕はそーっと、ボウルに入ったなにかをそーっと、こぼさないようにそーっと持ち運びたかった、誰ともしゃべりたくない、山口くんとも早くはぐれたいと思って、彼は出演者の一人が友だちだったようで、ちょっと挨拶してきます、と言ったので、しめた、と思って、いってらっしゃい、と言って出口に向かった、向かっていると武田さんの姿が見えて、武田さんはこの作品に「編集」として携わっていた、武田さんの姿が見えて、まずい、と思って進路を少しずらして、素通りして、出た、なんでかなんだったのか、出て歩きながら、僕は怒りみたいな感情を抱えていた、社交とかどうでもいいんだよみたいな、なんかそういう身勝手な怒りを抱えていて、それは容易に社交に向かおうとしかねない自分への怒りなのかもしれなかった、ちょっと油断したら、そーっと運ぶつもりだったものをわきに捨てて、やーよかったです、めっちゃ感動しましたとか、クソみたいな口が言い出しそうだなという、そういう自分に対する怒りなのかもしれなかった、僕はでも、なにをそーっと運ぼうとしているのだろうか、そんなものはなにもないのではないか、深刻な顔をしながら僕は、なにを持って帰ってきたつもりなんだろうか。とにかく、僕はあの時間の中にずっといたい、そう思っていたらしかった、外に出たくないという、そういう、だから外みたいな、ロビーとか、コミュニケーションとか、そういう場所、今ほんと要らない、そういうだから、否認みたいな、世界邪魔、そういうだからなにか否認みたいな、俺はあの時間のなかに、決してというかそもそも全然なにも愉快でない話だったのになんだったのだろうか、あの時間のなかにいたかった、16人の役者が全員、強い説得力を持って立っていて、たくさんの美しい声を発していて、立ったり、転げたり、足を踏みならしたり、していた、停止した体の美しさ、強さ、凄さ。停止した恐れの顔に釘付けになった。

役者全員がなんだかものすごく印象的というか、それぞれがもう完全にそれぞれだった、なんだろうか僕は彼らが彼らそれぞれがあの舞台に立って、生きているその時間を見て、なんだったのだろうかただただ幸福だったように思う。

温まりたく、夕飯を食べたあと銭湯に行って、風呂に浸かりながら演劇のことをずっと反芻していた、コインランドリーの回る前のベンチでビールを飲んで、コンビニでビールとつまみを買って帰った、帰って、日記を書いて、それからガルシア＝マルケスを読んでいた。誤植を見つけて、「社主義」とあり、「社」で行が終わって次の行が「主義」だったのだけど、新潮社の校閲部でもこういうことは起こるんだなというか、行終わりって危険な場所なんだなと思った、思って、読んで、ビール、ウイスキー、ひねり揚げ、柿ピー。

11月28日（水）

店、コーヒー、飯。11時、山口くんイン。それからさいとうのさっちゃんも来て、今日は店のスタッフのページの写真を撮ってもらうというそういう予定だったため、来てもらった、11時。特に準備することもあまりなく、写真を撮る様子や撮られる様子を見たりしていた。

開店し、気持ちが今日はなんでだかやたらにのんびりだった、やることも大してない、急いでやるべきことはひとつもない、それで午後になって、ちょっと外というかドトールで仕事してくるね、なんかあったらすぐ来れるから気軽にＳＯＳしてね、と伝え、外出、ドトール、カフェラテを頼んでみたところ清々しいほどにボコボコの泡の飲み物がカップに入っていて、なんというかそれは実際に清々しい気持ちにさせた。きれいなもの、上等なものを作ろうとする気はまったくありません、そういうものはよそで飲んでください、という明確な立ち位置、よかった。

それでパソコンを開き、『GINZA』の原稿書き。書き始めたらわりにすんなり書け、よかった。

戻り、そこそこにコンスタントにお客さんがあったようで、それを特に問題なくこなしたようで、なんというか成長みたいなものを見ている感じがあり、いい。いない方が店内の様子というか状況を把握できたりするのでは、と聞いてみたところ、それたしかにあった、いるとどこかで任せた気持ちが働くのか、見えないものがあった、今日は一人でやらないとという気持ちが働いたのか、これまでよりも解像度が上がって見えた、というような言い方はしていなかったが、そういうことを言っていて、それはよかった、と思った。

そのあとも、できるだけ放置するため、でも僕がいつもの僕の席に座っているとどうしても邪魔な存在になるので、それも消そうと、酒瓶の入っているポリケースに座ってみたりして、存在を消すようなつもりでそうしてみて、本を読んだりということを試みた、座り心地を改良する必要がありそうだった。

夜で山口くんは上がり、それからものんびり働く、ガルシア＝マルケス読む。長い長い列車に乗っている。どこかからモスクワまで、40時間掛かるとの由。

ソビエトの人たちは、自分が無一物になろうとも、とばかり余りに気前よく贈り物をするので、うっかりしたことは言えなかった。価値のあるものだろうが、役に立たないものだろうが、お構いなしに進呈してしまう。ウクライナのある村では、人ごみを掻き分けてこちらにやってきたひとりの老婆が、小さな櫛のかけらをくれた。とにかく人に贈り物をしたくてならないのだ。

ガブリエル・ガルシア＝マルケス『ガルシア＝マルケス「東欧」を行く』（木村榮一訳、新潮社）p.117

こういう様子、なんだか既視感があるよなあ、と思って読んでいた、ドストエフスキーとかだろうか、そういうなにかあげたい老婆、みたいな、熱狂する老婆みたいな、あるよなあ、と思って、どうもしかし僕が思い出したのは『ボヴァリー夫人』の農業の共進会の場面のようで、あの場面で、老婆がなにをしたんだっけか。

そのあと、スターリンとレーニンの遺体のある霊廟に毎日2キロの長さの行列ができているということが書かれ、それを見に行く、そのくだりでこれまでもチラついていた武田百合子の『犬が星見た』とはっきりと響き合って、武田夫妻がロシアに行ったのはガルシア＝マルケスたちの10年後の１９６８年だったっけか、そのくらいだったはずで、そのときも変わらず行列ができていた。

モスクワの新聞社の人に、と、家に帰ってから読んだところにあった、モスクワの新聞社の人に広告について説明するも、広告という概念がどうしても理解できない、しまいには大笑いし始めた、という話が書かれていて、カフカの一場面のようだった、よかった。

11月29日（木）

昨日はアルコールを摂取しなかった、すると夜中、汗だくになって起きて、寝間着はもちろん、パンツを履き替えるほどだった、夢を見た。

鈴木さんの店が完成したらしく、行ってみた、半地下の空間を、路上で屈んでガラスになっているところから見下ろすと、天井のずいぶん高い気持ちのいい空間は壁沿いがすべて本棚で埋まっていて、本棚の中も本で全部埋まっていた、入り口近くに入り切らなかった本があった、開店したのかどうだったのか、ともかく「じゃあたくさん本を買うぞ」というつもりで店に向かっていたことは覚えているが、中に入った記憶はなかった、それから、他の冒険が始まった。

朝、パドラーズコーヒー、ラテ、飲む。気持ちいい。店。寒い。いくつかの準備をおこない、開け。開店後、うっすら気分が暗い。どうしてなのかはわからない。

午後、少しガルシア＝マルケス。もう終盤だが、そもそも1957年にどうしてガルシア＝マルケスはヨーロッパにいるのだろう、というところがよくわかっていない。ジャーナリスト時代は世界のあちこちにいたのだろうか。「どうして」なんてどうして思っているのだろうか、あまり楽しめていないということなのかもしれない。でも面白いので、読んでいる。どういうことだ。

　コンスタントなお客さんで、今日は夜は休みだった、店は今週も一日休みの日がなく、どうしてこうなっているんだっけか、「どうして」なんてどうして思っているのだろうか、自分がそう決めただけだった、夕方、店を閉めたら今日は新宿なので西側なのでブックファーストに行って、それで、舞城王太郎の新作を買おうという気になっていた、なんか、そういうなんか勢いがありそうな小説を読みたいそういう気分になっているらしかった、今回のは怖いだろうか、怖くないといいのだが、どうだろうか、感動するらしいが。と思っていたら夕方、今日はもう看板をそろそろ上げようかなと思っていたところお客さんがあり、今日7時までですけど大丈夫ですか、と問うと大丈夫だとのお答え、のその方はブックファーストのビニール袋を持っており、オーダーを伺いに行ったときに見えた、その袋から出されたのは舞城王太郎の『煙か土か食い物』で、お〜、ブックファースト、舞城王太郎！と思って面白い気分になった、それからもうしばらく働いた、看板を上げてからとん、とんと二人の方が来られて、なんだか、短い時間で恐縮だったがどちらの方も「大丈夫だ」とのことだったので大丈夫だったのだろう、結局、半分の営業だけれども平日フルの日のバジェットにほぼ乗るくらいになり、飲み代いただき、と思って働いた、舞城王太郎の方が帰るとき、こんなの面倒かな言われても、と思いつつも、なんか言いたくなったので、ドアの外で、「いやあの、なんでもないんですけど、今日閉めたらブックファースト行って舞城王太郎買おうと思っていたんですよねほっほっほ」と話したところ、笑ってくださった、この本はこれから会う友だちにあげるために買ったのだという、名古屋から来られたのだという、『読書の日記』を読んでくださって来てくださったのだという、初めてのフヅクエは「驚くほど読めました」とのこと。うれしたのしやりとり。

ガルシア＝マルケス読み終わり。訳者解説を読んでから読んだらよかった気がした。最後、小林さんが残っていて、なので、わりと僕はいつも教えてもらうので、最近なんかありましたか面白い本、と尋ねた、すると今度トークのイベントが続けて2本あって司会とかをされるのか、それが終わるまではそれ関係以外は読めない、ひとつは『ヒロインズ』だ、かくかくしかじかで、とうかがい、『ヒロインズ』は前に双子のライオン堂に行ったときに見かけて手に取って、戻していた、そういう一冊だった、なんとなく気にかかっていた、それが、小林さんが話しているのを聞いたら途端に俄然に読みたい一冊になって、読も、と思った。で、閉めて、できるだけ急いで片付けをして、19時半、店を出た、出て、電車に乗って新宿、なにかを調べようとしたのだったかSafariを開いたら、どうして思ったのか開きっぱなしのページを閉じよう、きっとだいぶ溜まっているはずだ、と思ってだらららららと閉じていったら、ずいぶん溜まっているなあ、こんなに開きっぱなしでも問題ないのだなあ、すごい能力だなあ、等々思っていたら、え、これ一年前とかだなあ、とか、開かれていたページでいつごろ見ていたものかがわかるものが出てきて、ひとつの検索結果ページを見て、ああこれは、遊ちゃんと鍋をどこかに食べに行こうねといっていろいろ探していたときのやつだ、結局その開いているページの店は予約がいっぱいだったのかいけず、結果的には新大久保のベトナム料理屋さんに行ったんだった、ずいぶん歩いて、いい散歩をしたんだった、そういうことが思い出されながら、Safariそれ自体が記憶を重層的に孕んでいるというのは、あまり考えたこともなかったけれど、そうだなと思って、新宿の地下道を歩いていた、古書市みたいなものが開かれていて岩波文庫の背表紙に引き寄せられて入りそうになったが時間もないし、こういうときに買ってもたいてい読まない、買って終わる、僕はそうなる、そう知っていたので寄らず、ブックファーストを目指した、今は19時40分で、20時が待ち合わせの時間だった、遅刻は仕方がない、なぜなら俺は本を買いたいので、と思い、歩いた、この時間の地下道はいくらか暗く、シャッターもいくつも閉まっている、それにしてもずいぶん歩いた、はて、こんなに歩くのだったか、左手に工学院大学、はて、と思い地図を見ると行き過ぎている、Safariに夢中で見逃した、そんなことはしかしあるのだろうか、あんなのは簡単に目に入りそうなものだが、と思い引き返すと、駅に戻った、あれ、なかった、ブックファーストなかった、夜間はあの入り口は閉まっているのだろうか、そう思って地上に上がり、地上からだと簡単で、行った。

それで入ると、景色が違っていて、あれ、間違えたかな、入るところ、と思ったら文房具コーナーが新設されていた、そういえば前行ったときなにか工事というかなにかしていた、開かれるとぐっと変わるものだ、つかつかと文芸書のコーナーに向かい、舞城、舞城、ま、ま、ま、と探したが目に入ってきたのは平出隆の『私のティーアガルテン行』で、なにか自伝的ななにかからしく、開いてみたら途端に俄然に読みたくなり、取った、こういう出会いと突然の欲望の発生というのは書店の本当になんというか楽しさだよなと思って気分が上々で、それから、これも特に買うつもりで行ったわけではなかったがツイッターとかでちらちらと見かけていた滝口悠生と柴崎友香の対談があるという読みたかったタバブックスの『生活考察Vol.06』を取り、舞城王太郎を探すもどうも目に見つからず、外国文学のコーナーに行くと『ヒロインズ』がきれいな表紙のそれがあったので取った、3冊買って、だから舞城王太郎は諦めて、3冊買って、ポイントカードはありますか、作りますか、「あ、いいえ、大丈夫です」となんでだかいつもよりもはっきりと、相手の目を見て答えた、すると了解していただけなかったらしく、ポイントカードが発行され、説明を受けた、説明をしながらブックカバーを巻いていたので時間のロスはなかった、効率的な動きだった、それにしても、なんだったか、それにしても、ブックファーストは僕はめったに行かない書店で、だから先日運転免許の更新のときにとても久しぶりに行ったときに1万円以上買って、でもめったに行かないからポイントカードは作らなかった、作っていたら100ポイントついたんだな、と60ポイントついたカードを見ながら、いや特に眼差しを向けながらというそんなことはなかったが、ぼんやり思った、本を買って、ほくほくした気持ちで外に出ると、出ると、地下道が目の前にあった、えっと、えっとなんだこれ、さっきなかった入り口が今あるのなんだこれ、と戸惑いながら駅の方向に歩き、すると駅に出、えっと、なんだ、今どこにいるんだ、えっと、と頭上を見ると高いビル群と空、あれは京王百貨店か、これは小田急百貨店か、えっと、であるならば、と、なんだか驚くくらい見事に迷子になった、方角がまったくわからず、えっと、えっと、と歩いて、地上に出た頃にはいくらか気持ち悪くなっていた、それはなんというか、方角を失った、失いながらも常に仮説があって、きっとこうだ、というものを持っていて、でもそれが都度都度違っていることが判明して、修正して、また間違えて、という、GPSの位置情報が少しずつずれていて確かな場所に定まるまで時間が掛かるような、そういう状態にしばらくいると世界との関係が崩れるというか三半規管がやられる、みたいなことがあるらしかった、そういう車酔い的な気持ち悪さになっていた、地上に出た頃には。

店に着き、10分遅刻、鈴木さんも10分遅刻ということだったからちょうどよかったと思い、席に着き、ビールを頼み、本を取ろうと思った、ちょっと俺今本読みたいな、鈴木さんもう少し遅刻しないかな、と思っていたら鈴木さんが来て、本をしまった、ビールを飲んだ、鈴木さんの作り中の店の話をした、施工管理の荒井さんが心配になるくらいにDIYを鈴木さんはやる、数日前に電話があって工事が済んで引き渡しをしました今回はご紹介いただきありがとうございましたの電話で、ちょっと心配になるくらいDIYでやられるので、気に掛けるというか、アドバイスとかしてあげてください、と言われた、たしかに聞いていても「それはずいぶん大変そうだな」というDIYのボリュームで、大変そうだなと思うのと同じかあるいはそれ以上に、楽しそうだなと思う、どこか休みの日に手伝いというか遊びに行きたい、あれやこれやと話していたら21時半で、優くんが来た、それで乾杯して、また主に鈴木さんの店の話をしていた、僕らは店の話をするのが好き過ぎた、ああでしょう、こうでしょう、と考える、それをおこなう、それはずいぶんな遊びだった。

話していて、一年以上前、優くんと飲んでいたときに、早く人をある程度ちゃんとというかある程度のボリュームというかで雇うということをやってみたい、どうせ失敗する、どうせ失敗するなら早く失敗したい、だからそろそろ募ろうかな、ということを僕は話していた、ということを言われて、ああそうだそうだ、すっかり忘れていたけれど、言っていたとおりに見事にその通りになったのだな、と思った。その話をしていたあと、ちょうど一年前の11月とか、そういう今までよりは多い、週に何日もという形で入ってくれるスタッフが入って、半年で辞めた、それは見事に、思っていた通りに失敗が起きたということだった、僕の人とともに働く経験不足が見事になんというかその失敗を起こしたということだった、そしてそれを僕は、そのときに話していたのは失敗とかの話で、その流れで優くんはそれを思い出した、言ったのだけど、そしてそれを僕は、失敗という言葉では考えていない、ということだった、次に活かすべき経験、としてしか捉えていない、不健全に思えるほど健全な思考だなと思うのだが、実際そう思っているから、しかたがない、失敗なんてない、やってみるということ自体がすでに常に成功というかそういう成功みたいな性質のものだった、とにかく、店みたいなものをどうこう考えるのは楽しい。

閉店して、どうしてだか来週も優くんと飲む予定があった、鈴木さんともまたすぐ会うだろうし、酔ったし、というので僕はわりと帰ろうかなという気でいたが、もう少し話しましょうよということになりコンビニに入り、ビールを取ったが、あれ、でも俺、お酒もういいんだよな、と思って、そうしたら全員がそうで、それで100円コーヒーを買って、歩道橋に上がった、大ガード、青梅街道、いくつもの光、振動。

帰り、降りると、ホームに回送のロマンスカーが停まっていて、同じ向きの座席がずーっと、照明の消えた薄暗い車内で続いていた、その様子がなにか葬列のようだった。しゃべりすぎたらしく、帰ったら布団にくるまっておにぎりみたいな様子で座って本を読んでいた遊ちゃんに、たくさんまた勢いよくしゃべった、好きなだけしゃべると風呂に入り、上がり、帰りの電車から読み始めた『ヒロインズ』をまた開いた。

ボヴァリー夫人のことを思う。「彼女は旅に憧れた。あるいは女子修道院に戻って、そこで暮らしたかった。死んでしまいたかったし、パリにも住みたかった」

ケイト・ザンブレノ『ヒロインズ』（西山敦子訳、C.I.P.Books）p.20

死んでしまいたかったし、パリにも住みたかった。眠りに落ちる直前、『失われた時を求めて』を日々読んでいる人物が語り手の小説、を、書く、とか、楽しいかな、という考えというか夢というか様子が湧いて、俺は読んでみたいよ、そういうもの、と思った。

11月30日(金)

スーパーで、のったりとしたというか粘っこいというか、ダルそうといえばダルそうな声を発する店員の方はフレンドリーで、おじちゃん的なお客さんと談笑する場面をしばしば見かける、僕の見立てでは近所に行きつけの飲み屋があってそこがコミュニティみたいになっている。その方は敏腕レジ打ちで、それはわりと最近知った、彼女は5秒とかの時間を疎かにしない、その時間でなにができるのか、よくよく考えている、今日もそうだった、僕の前の人のレジ打ちが終わって数字が確定され、財布から金を出そうとしているその時間、その時間に僕のカゴのレジ打ちを始め、それからお金が出され、それを機械に入れる、そこでまた数秒生じる、機械が札を数えたりするそこで数秒が生じて、その間に僕のレジ打ちを進める、数え終わるまでに、僕のカゴはからになった。なんなら彼女は、機械が数え終わって確定待ちの状態になったとしても例えばカゴの中があと一品だけだったりしたら、レジ打ちを先にするだろう。そうすれば会計のコンボを起こすことができる。待たない。待たずに動き続けるにはどうすれば一番スムースなのかを常に考える。だから圧倒的に速い。

ただ、このレジ打ちの仕事における速さとは、どういうものだろうかとも思う、みんながこのやり方をやればいいのにと思うけれど、一人ひとりのレジ打ちの人にとっては、速く処理することの動機がそんなに持てない。レジが一台ですべてが自分の処理に懸かっているなら話は別だが、そうでない以上、自分がゆっくりやっても困ることはないはずで、だから、速さはただ楽しみのためだけ、なにかを効率的に捌くことの喜びを感じるためだけ、というふうになってしまう。しまうというか、それでいいのかもしれないし、みんながみんな超絶レジマスターというのも、それを目指しましょうという感じも、気持ち悪いといえば気持ち悪いから、楽しい気持ちいい人だけがそれをやればいいのかもしれない。とにかく、今日も速かった、金曜だ、仕事が終わって家でご飯を食べたら、飲みに出るのだろうか。

この5秒を無駄にしないみたいな動きはしかしなんというか僕はシンパシーで、この5秒で何ができるだろうか、この10秒で、みたいなことはわりと常に考えているというかセンサーが働いている、この1本カトラリー拭いておくだけでも、差が出てくる、そういう動きが自然と、あるいは機械的に、発生する、発生させている。「自然と」と「機械的に」がわりと近い意味で通じるというのはしかし不思議な感じがするというか面白かった。僕は5秒を使うし、また、待たないし待たせる、僕はディレイ戦術と呼んでいる、呼んでいただろうか、ディレイという言葉は思っている、ディレイは重要なスキルというか方法で、洗い物をやっていて残りちょっとで、そのときにお客さんから呼ばれたりして「はーい」とか言ったとき、洗い物を済ませてから動く、みたいなことはよくやるし、コーヒーを淹れたりしているときにお会計の方が来られても、淹れ終えて、出し終えるまで、待ってもらう、これはそのコーヒーのためでもあるし、ある種、そこでコーヒーの優先順位を下げて対応したとしたら優先されたお会計の方にとっても、あれ、そこレジが優先なんだ、というふうに見せることになる、作ること出すことを優先する姿勢を貫くことはそれを

書いていてバカバカしい気分になった、バカバカしいことではないのだけど、書いているのがバカバカしくなった、開店前、『ヒロインズ』を開いた。

ここでの私は、まず彼の妻。誰に対してもそう紹介される。作家ではない。妻（私が作家だということ、神経質な中篇小説の出版が決まっていることなんて誰も気に留めない）。誰もがジョンの仕事のほうがずっとすごいと思っている。地下牢のようなオフィスで、革綴じの全集の山や焼け焦げたみたいな書物、いくつもの言語で書かれた本に囲まれている。バビロンだ。ロイズ銀行に勤めていたころのトム・エリオットは数カ国語を勉強した。ジョンが本に指を這わせ、ページを調べ、何か言い当てたり、秘密の歴史を話したりしているのを見るのは好きだ。彼はいかにもやすやすと、チャーミングな学者の顔でそこにいる。私のX教授。ウルフが『自分ひとりの部屋』で高等教育に携わる男性につけた呼び名だ。労働者階級の成人に向けた講座で、トムが教えるヴィクトリア朝文学の講義を聴くヴィヴィアン。うっとりと、崇拝するような彼女の表情。彼女は彼にすべてを捧げた。きっと花開くに違いないと彼女が確信した、彼の才能のために。

ケイト・ザンブレノ『ヒロインズ』（西山敦子訳、C.I.P.Books）p.24, 25

午後、ゆっくりと働く、気分が弛緩しているというわけではないがのんびりした心地で、のんびりコーヒーを淹れたりしている、自分が飲む用に淹れたとき、昨日優くんに教わったデイリーコーヒースタンドのレシピの通りに淹れてみた、昨日優くんは、グラインダーはだいぶ大事、と言っていた。僕が使っているみるっこは「十分」ということで、ならよかった。優くんの使っているグラインダーはみるっこの10倍の値段がして、エスプレッソ用はまた別のグラインダーで、やはり同じような値段がするようだった。コーヒー屋さんは違うなあ！と思った。

外で煙草を吸っていると、建物の壁で見えないが、声が聞こえてきた、若いお母さんとかそういう感じだろうか、「ちょっとずつ歩いてるね」と言っていて、ちょっとずつ歩いてるね。よかった。

夕方、山口くん。ショートブレッドを焼き、きれいに焼き上がったのを見届け、今日も山口くんの習熟を目的に、決して外で休憩したいというわけではなくただ彼の習熟を目的に、おとといと同じく「ドトールで仕事してくるね」と言って離席。チョコレートチャンクデニッシュみたいなやつと迷った末にシナモンロールにして、コーヒーと、頼んで、日記を書いている。書いたら『ヒロインズ』を読むんだ、と思うと心躍る。なんというか、ちょっと怖い薬みたいな感じで、飲みたいらしい、ごくごくとこの怖い薬みたいな感じの本を、飲みたいらしい。心躍る。

春くらいだったか、『もうはなしたくない』を早稲田に見に行った、範宙遊泳、ココロノコエ、そのときに出ていた二人も出ていた、二人とも、僕はあのときとは比べ物にならないほどに魅力的に見えた、『もうはなしたくない』はどういうつもりで見たらいいのか、僕はわからなかった、俳優たちをどう見ていいのかもわからなかった、それが、たった一度見ただけなのに、あ、あのときの人たちだね、お久しぶり、みたいな勝手に馴染みみたいなそういう気分が彼らが舞台上に姿をあらわしたとき、湧いて、おかしかった、その二人が魅力的だった、特に子ども役の熊川ふみは、なんでなんでなんでなの、おみそ、とてもよくて、愛は、寝ている人に布団を掛けることだよ、僕はよかった、それから油井文寧もすごかった、何度もすごかった、最後、カーテンコールというのか、挨拶のところで、そのときにそれまで長いこと倒れていた、伏せていた、彼女が顔を上げたときだった、その顔を上げられた顔を見て、そこに俳優の、あるいは俳優というところから離れた人間の、顔が、なんかわあ、やりきったというか出しきった人の顔だ、というものがあって、僕はなんだか感激してドボドボと泣いた、16人、どの人も本当に魅力的にそれぞれが存在していて全部の人に拍手を送りたかった、送った。

帰ってから、キャストのページとかを見ていたら、順繰りに見ていたら、びっくりした、すごいいい顔、すごいいい存在感、すごいいい、と思って見ていた唐沢絵美里は演劇は初めてという人だった、そういう人があああいう存在に舞台というずいぶんな場所において、なるんだな、というのは、すごいことだった、演出家も役者もみんなすごい。ひとりひとりを思い出す、ひとりひとり、思い出すことがある。というのは、きっとすごいことだった。

（私が唾をはき、噛みつき、飛び退くと、あなたは私のそのふるまいを言い訳に使った。私を暴力的にするのはあなたなのに、それを理由に距離を置こうとする。シカゴ・アベニューの狭いロフトで私はあなたに椅子を投げつけた、あのとき。だめだ、そんなことをする相手と一緒にロンドンに行けるはずがないだろう。ジェイムズ・ジョイスの娘のルチアは、椅子を投げて精神病院に入れられた。私だって芸術家なの！　彼女はそう叫んだ。何かを無効にされることで人は暴力へとかき立てられる、R・D・レインはそう書いている）

同前 p.33

ドトールは寒かった、寒がりながら『ヒロインズ』を貪り読んでいた、男たちに吸い尽くされる女たち、作家が、かつて書かれた言葉や、過去の様々な妻たちと溶け合いながら、綴られていくテキスト。変な巻き込まれ方をしそうで、怖い、読みたい。寒い。

2時間ほど離れ、戻り。

暇金曜。「ひまきん」と遊ちゃんに送ると、プレミアムフライデーであることを教えてもらった。月末金曜日がプレミアムフライデーということを初めて知った。わりと月末金曜というのは暇になりがちな気がするが、なにか関係あるのだろうか、検索すると経済産業省のページに当たり、「11月の「プレミアムフライデー」直前情報」という50ページのPDFがあったので開いた、暇だったので熟読しようかとも思ったがそういうことにはならなかった、本を読んでいた、田中くんあ間違えた山口くんは働いたり休憩しに行ったりしていた、今日は暇な時間は座学というか立学で、メニューを全部印刷して、チェックを入れてもらって、まだやっていないもの、不安なものがなんなのか、潰していく作業に入った。

9時を過ぎて少し持ち直した。眠くなった。11月が終わった。とんでもないことだ。帰って、また『ヒロインズ』。眠くなるまで、酒飲みながら、『ヒロインズ』。

12月1日(土)

開店前、ゆとりがあったらしく、『ヒロインズ』を開く、読んでいてしんどい、苦しい、つらい、読みたい。そういえば去年の12月は島尾ミホの評伝を読んでいたんだよな、そのあと島尾敏雄の日記を読んだんだよな、と思い出した。

ただただ忙しい日、とにかく忙しい日、夕方には20人を超え、さらに、7時には30人を超えた、たぶんたしか35とかがこれまでの最高記録だったから、これもしかして超えるんじゃないか、と思い、6時頃は完全に疲れ切っていたが、7時頃は振り切れて、超えるのならば超えてみよ！　どんどん行くぜ！というおかしなテンションになっていた、テンションというか、元気だった、混乱もなかった、まだまだ行ける余裕があった、俺は偉大だ。

そうしたら8時半にひとり来られたのを最後に、終わった、10時過ぎには誰もいなくなった。なので31だった、31でも多分今年のトップ10とかには入る人数だろう、たいそうな仕事量だった。昼、遊ちゃんのお父さんが来られた、電話で話したことはあったが、お会いするのは初めてだった、なんというか、遺伝！と見た瞬間に思ったたし、そのあとも何度も思った。娘同様、チャーミングな方だった。

疲れた。野球の記事をずっと見ている。丸。

味玉ひとつ入れておきましたね

え？

味玉、ひとつ入れておきましたね

あ、

お姉さん前にも来てくれたんで、

えーありがとうございます

食べるものというか食べていいものがなかったというか食べないほうがよかったためラーメンを食べに行った、入って食券の機械で食券を買おうとしているとそういうやり取りが聞こえ、俺にも味玉ひとつ入れてくれるかな、何度も来ているけれど、と思って、席についた、それでラーメンが届くまで『ヘロインズあ間違えた『ヒロインズ』を貪るように読んでいて、ラーメンが届いたらスイッチングして、スマホに、切り替えて、スポーツの記事を読んで、食べた、ラーメン味濃いめと大ライス、それがちょうどいい。

『ヒロインズ』を読む。

素材、患者、所有物、ノベルティ、生贄、犠牲

酒を飲んで、寝た。

12月2日（日）

体がしっかり疲れを引きずっている。いつもより45分早く起きるつもりでいつもより15分ほど早く起きた、店、行き、仕込み、がんばる、ERAを聞きながら勢いよくがんばる、それで店、開け、がんばる、今日は昨日のようなことにはならない、のんびりしていた、どっちがいいのかわからないなと思いながら、午後、しばらく満席近い状況が続いたが、体感は暇で、今日は暇な日だな、と、思ったりしていた、のんびりしていた。

夕方に山口くんがインし、手洗い場の手を拭く紙がそろそろなくなるところで、お願いしようかとも思ったが少し外に出る機会というふうにも思い、ドラッグストアに買いに行った。ここ2週間くらいか、仕事中随時ハンドクリームというのか、そういう、ハンドミルクというようだ、それを塗るようにしていて、これまではベタベタした手では

仕事にならないと思って使わなかったのだが、手の甲はよくない？　手の甲でグラスとか触れなくない？　という気づきに、長い年月を経て至り、それで使うようにしているところ、なんかだいぶ悪化しなくなった、今までだったら今だったらもうバッキバキにぶっ壊れていたはずだが、ちょこちょこと傷がある程度で、まったく苦でない、ハンドミルク、これはすごいぞ、と思っている、そのハンドミルク、これはトンプソンさんが持ってきてくれていたやつで、僕は使わなかった、それは置いたままになっていた、それで、どこで買えるのかな、どっか行かないと買えないんだろうな、と勝手に思っていたら、先日満を持してググったところ、ググるまでもまったくない情報のはずだったが、ググったところ、花王だった、身近なブランドだった、そのハンドミルクを行ったドラッグストアでも見かけ、いつでも買いに行ける、ということが確定し、うれしかったです。

「ハンドクリームを塗るようにしたら、手のあかぎれがよくなったんです！」

今日は本当に手伝わない、というようにできるだけしていた、洗い物が溜まっていく、このペースだと洗い物が溜まっていくのだなあであるとか、こういうときはここらへんは優先的に洗っておかないと面倒なことになるのだなあとかを、体感してもらおうという意図だった、なので田中浩康のインタビュー記事を読んだところ、「僕にとってプロ野球の世界は想像以上に夢の世界でした」という言葉があり、なんというかこの感慨というのは、初めて見た、感慨というのかわからないが、こんな言葉は初めて見た、13年とか、プロの世界にいた選手が、こう言える、これはなんだかとびきりに美しい言葉のように思えた。

それから、久しぶりにDockerを立ち上げ、店のWebをいじる作業をおこなった、スタッフページの編集だった、久しぶりに触るそれはやっぱりなにか面白かった、面白く作業し、肩が凝った、一日のどかだったが夜は完全に暇になり、2日連続で夜が完全に暇で、どうしたかな、と思った、10時にはどなたもおられなくなったので、お酒のこと等いろいろを声を出して指導した。

帰り、遊ちゃんが今日熱を出していたので何か買ってこようかと聞いたところバニラアイスとプリンとのことだったのでバニラアイスとプリンと煙草とチョコアイスを買うべくコンビニに立ち寄った、せっかくだからのハーゲンダッツというところでハーゲンダッツを探したがアイスコーナーになく、ハーゲンダッツって冷凍食品とかのコーナーだっけね、でもなんでだろうね、あちらのほうが冷凍が上等なのかな、と思いながらハーゲンダッツを獲得し、レジに向かうと、小柄な僕よりは年長そうな女性、少し浅黒い肌の、どうしてそう思うのだろうか、この、なにを書こうともただの僕の偏見の発露になるようなことしか浮かばず20秒くらい指が固まるような、これもダメだあれもダメだという、どれを取ってもなんかいろいろ語弊ありすぎるだろという、そういう、なんか、いろいろな偏見で形容したいと思ったそういうような、女性がレジに立っていて、前には二人の店員がいた、その店員二人を背が低いから上目でガンをつける、冷笑と怒りの混ざった顔つきで、という場面があり、「おーこわ」と思って横のレジに行くと二人のうちの一人が離脱してレジをしてくれた、このコンビニは夜間は完全に東南アジアふうの人たちだけしか働いていなくて、今日の二人もそうだった、女性の前にはなんだかいろいろが印字されているいろいろな紙があったから公共料金の支払いとかだろうか、いやめっちゃ怒ってますけど、彼らもたぶん一生懸命対処しようとしているんだから協力的な態度であるべきなんじゃないでしょうか、怒っても解決したいことが解決に向かう助けにはならないのではないでしょうか、と思いながらレジ打ちをしてもらったりお金を払ったりしていた、声が聞こえて「これだとバスに乗れないんですね」と意想外に抑えた声で、焦りと怒りを感じる声で女性が言っていて、ちらと見ると「バス乗車券」という印字が見えた、まあ、今は夜中だ、バスはきっと明日だ、ゆっくり行こう、と思ってコンビニを出た。

それにしてもそのだから、このコンビニは夜間は完全に東南アジアふうの人たちで運営されていて、片言の日本語でがんばるわけだけど、いつも思うけれど片言の日本語でがんばるにはコンビニの業務はあまりに複雑なんじゃないかということで、複雑というか多岐に渡りすぎるということで、だからほんとすごいなと思う、というか、そもそも僕は英語もできない人間だから、第一言語でない言語で仕事をするとか本当にすごいな、俺は英語で数字すら言えない気がするけど、せんよんじゅうえんとか、言えるのすごいよなとか、ろくじゅうにばんとか、言われても「ばん？」とか、逆だったら思いそうとか、すごいし、どうしてこれだけ複雑化しているコンビニで、日本語習得中の人が働けているのか、あまり道理がわからなかった、だから、すごいなと思いながら、たまに「もう少し笑ってほしい」とか、思ったりすることがある、一人ものすごくムスッとした顔をし続けている人がいて、その人に当たると、もう少し笑うというか、緩めた顔を見せてほしい、そういうことを僕は思ってしまったりもするが、とにかく偉大な存在で、きっとそうとう頭いいんだろうなと思う、バスの乗車券の発行なんてそんなに毎日レベルの頻出ではなさそうだから、知らないが、もしかしたら毎日人はバス乗車券を発行しているのかもしれないが、とにかく、もう少し時間をあげてほしい、と、さっきの場面を思いながら思ったが、でももしちゃんと彼女が思うように発券されなかったら、それはやはり困るだろうなと思った、先日開演20分前にローソンで、範宙遊泳、チケットを発行したが、もしそのときにうまく行かずに時間が掛かったら、僕は焦ったし苛ついただろう、そう思うと彼女の苛つきも想像はできる、でもバスは20分じゃ出ないから、早くて明朝だから、と思って、でも苛つくは苛つく、わかる、先日の吉祥寺のローソンのお店の人は背が高い髪の毛の長い武士みたいな男性で、やたら列ができていて、少し時間を気にしながらその最後尾について、だから遠目で、お菓子とかの棚に挟まれた場所から遠目で、結った頭が右に左に素早く、動いているのが見えた、なんだろう、と思ったらその武士みたいな男性で、ものすごく機敏に元気に働いていた。

帰り、熱は少し下がりつつあるようだった、アイス食べる？ と聞くと謝意の表明とともに明日いただくとのことで、僕はシャワーを浴びたらアイスを食べるぞ〜と思ったら楽しみで、楽しみな気分でシャワーを浴びて、アイスを食べた、チョコクリスプなんとか、みたいなやつだった、最初の三分の一くらいがやたらおいしくて、アイスアイス、と思いながら食べたら、そこらへんで飽きて、ふと、僕が子どものときの時分に父親がアイスを買ってきてくれて食べて、という場面って多分あって、そういうとき、最後までおいしいおいしい言いながら食べる子どもを傍目に、親は、ちょっともういいかな、とか思ったりする、最後までおいしいおいしい言いながら食べる子どもを見て、なにかに対して、若さとかだろうか、感嘆する、そういうことがあっただろうか、と思った、父親はよくコンビニに行った、アイス買ってくる、といってコンビニに行った、僕が岡山で店を始める、会社を辞めて店を始める、という話をしに帰ったときも、その話が始まったら「ちょっとアイス買ってくる」といってコンビニに行った、アイスだったか忘れたがコンビニに行った、だからアイスは好きで、最後までおいしく食べる人なのかもしれないが。

最後のひとさじをすくい、食べ終えたときに真っ先に感じたのは安堵だった。

『ヒロインズ』を読む。やみつきになっている。

12月3日（月）

朝、あんまり眠くない、とぼとぼと歩きながら天気がいい、コーヒーを早く飲みたいなと思う、最近はまずコーヒー、開店前にできたらもう一杯淹れて営業に臨みたい、というふうで、夏はひたすら水出しアイスコーヒーを適当にグビグビだったのが、淹れるようになり、さらにヒートアップしていく、冬。冬になるね。

交差点を、母親と3歳くらいの娘が歩いていて、アグレッシブな道路の渡り方で歩いていて、お母さんは片手にちびっこ用のペダルのない自転車を持っていて、娘はとことこと小走りでついていく、「けんけんぽくぽく」とお母さんは伸びやかな晴れやかな声で歌っていて、それだけで十分によかったのに、お母さんの悲鳴のようにも聞こえる笑いを含んだ驚きというか感嘆の声が聞こえて振り返り見ると娘は転倒して、それをお母さんが愉快げに「まあ!」という様子で、それだけで十分によかったのに、少し歩いたあと、なんせアグレッシブな渡り方だったから、横断歩道のない半端な場所で、信号のこともあるし、特に問題は起きていませんか? と心配というか気にかかり、もう一度見ると、お母さんはいったん対岸に自転車を置いて、そこから小走りに、「えみり!」と言いながら娘に近づいていく様子が目に入った、あくまでも楽しそうな伸びやかな晴れやかな顔で。なんでだろうか僕は感動する。

店着き、コーヒー淹れ、たいして準備なし、日記を書く、昨日と今朝、メモしておいたものをもとに書く。メモにはこうあった。

アイス買いに
冷笑しながらガンつける
いやいやいや
しかし店員は大変だ
でも発券されなかったらと思うと
先週の吉祥寺

ハーゲンダッツ
1の3
安堵
父の気持ち

朝、あんま眠くない
けんけんポクポク、えみり！感動する

道路のアグレッシブな渡り方

コーヒー飲みたい

こんなにメモをするのは珍しかった、どういうモードなんだろうか、とにかく、書いた、書いて、飯食い、『ヒロインズ』を数ページ読んで、よし、みたいになって開け、それから「あれ、これやるべき?」というものがでてきて、やったりしながら、日記を進めながら、働いた。静かな午後。外階段で一服しながら『ヒロインズ』を読んでいると、向こうから下校中の小学生が歩いてきたらしい、「勉強が、うまく、なりますように、どうかどうか」という声が聞こえ、次いでゲラゲラという笑い声、そのあと見える位置を前を眼下を通って行った、今度は女の子の番だった、どういう遊びなのか、トランシーバーを模した手に向かって願いごとを話すようだ、彼女は「世界中のお金を、わたくしのところに今すぐ渡しなさい」と言って、願いごとではなく指令だった、彼らの姿はすでに狭い視界から消えていた、ゲラゲラゲラ、「おばか~」。僕は本を片手に持ちながらニッコニコしていた。

今日は夜で交代だった、ひきちゃんがやってきて、買いました、といって本を出すのでなんだっけなと思ったら、福利厚生で月一冊本、というのを11月から始めて、二人とも一向に言ってこないから11月はいいのかな、12月からね、12月12月、と思っていたところ、買ってきました、といって、これは果たして11月分なのか12月分なのか、と思って領収書を見ると日付けは11月28日で、負けた！　みたいな変な気持ちを覚えてから、なんの本なんの本と見るとミランダ・ジュライの『あなたを選んでくれるもの』で、「とってもよいです」と言っていた、おー、よいよねえ、うんうん、よいよねえ、と思って、いくつかの伝達事項を伝達して、じゃ、と言って出た、出て、電車、初台から新宿、大江戸線で乗り換えて中井まで。大江戸線のホームにエスカレーターで下っていると上がってくる人の列が、向こうからわーっと列が、人の波が、やってきて、すごい光景だと思った、大江戸線は、混んでいるのかなと思ったらそこそこ混んでいた、そういう時間だった、『ヒロインズ』を当然のことのように開きながら、電車に乗り、たくさんのページを折りながら読んだ、そういう盛り上がる箇所だった、こっちが勝手に盛り上がる、箇所だった。

ゼルダが仕事をするために部屋に引きこもれば、それは病気の兆候と見なされた。女性であり、サバルタンである彼女にとっては、病気であるという診断そのものが、ある種の封じ込めだった。いっぽうでスコットが同じことをすれば、芸術家らしいふるまいということになる。ニーチェやフローベールの系譜だ。（…）ヘンリー・ミラーのセックス、アルトーの狂気、フィッツジェラルドのアルコール中毒。ワンダーランドが必要だった作家たち。でも、同じような状態になった女性たちはどうなのか。『真夜中よ、おはよう』を一年で書き上げたジーン・リース。激しくお酒をあおりながら、朝方まで寝床で書いた。ベッドに原稿が散乱していた。ときには自分の本や契約書をビリビリに破いてしまうこともあった。彼女もまた、崩壊に近い状態だった。私がここで話そうとしているのは、自己破壊的な作家を美化する傾向についてだけではない。なぜこうも記憶のされかたが違ってしまうのかを、指摘しておきたいのだ。天才の男性とアマチュアの女性、または狂った女性。ヒエラルキーによる分断。片方は神話化され、もう片方は悪魔化される。

ケイト・ザンブレノ『ヒロインズ』（西山敦子訳、C.I.P.Books）p.279

ゼルダはもう一度病院に戻らせてほしいと頼み込み、スコットはそれはできないと答える。彼女が本当に異常だなんて、自分は信じていないから、と。最終的には、彼が

『夜はやさし』を完成させるまで、彼女は精神異常について一切書けないことにされてしまった。スコットがゼルダに言う――「戯曲を書くにしても、精神異常を扱うものはダメだ。リヴィエラが舞台でも、スイスが舞台でもいけない。どんな構想があるにせよ、まずは僕に見せなければならない」。そしてこう締めくくる。「僕はプロの小説家で、君を養っている。だから僕たちの経験は、すべて僕の素材だ。君が使える素材はひとつもない」

同前 p.288

しんど。

中井駅は初めて降り立った。大江戸線の駅から西武線の駅までは少し歩く、小さな橋の上を歩いた、左手の向こうに大きな高架の道路があって首都高とかだろうか、夜の道路は僕はさみしくて切なくてぎゅっとなる、好きな光景だった、オレンジ色の光。

道路を見ながらのんびり歩いていると「そういう態度でやっているうちに医療ミス起こしたりするんだろうな」と、相手への忠告だろうか、話題に上がっている第三者についての意見だろうか、わからなかったが電話でそう言いながら早歩きで歩く男性が追い抜いていった、興味が惹かれたので会話の続きを聞こうと早歩きであとを追った、聞き取れないまま駅に入り、電車に入った。遊ちゃんは今日は風邪が一段落して、それで体が疲れていたからマッサージを受けに行ってこれからヨガだと言っていた、マッサージからのヨガ！　どこかのマダムであるとかのようだね！　というところで、元気になったことを言祝いだ、野方に着いた。

デイリーコーヒースタンドに行き、優くんは忙しそうだったためいったん外に出て煙草を吸いながら『ヒロインズ』をビシビシ続けて、戻ると手がすいたらしく、注文させてもらった、抹茶ラテを頼んだ、このシーズナルなドリンクとやらを僕は飲みたかったし、そういうものを用意しようという流れというか考えの流れが僕は大賛成すぎるという、大好きな判断だった。誰のための店なのか、野方の町の人のための、というそのベースのところがしっかりしているからこういうことができる。フヅクエはだから、フヅクエは本を読みたい人のための店で、それが、こういう形を導いている。僕と優くんは店の格好はまったく違うし敷居みたいなものもまったく違うだろうけれども、考えの順序は同じだ、と頻繁に思う、同志、という感がある。

抹茶ラテを作っているところを仔細に観察し、できあがったものをいただき、席について飲んでいると、少しすると五十嵐さんが来て、こんにちは、と言った、ジャック・

ドーシーのことを話していた、ジャック、ジャック、と話していて、それからWiFiのことを話していて、それからSquareのことを話していた、二人で先に飲んでいることにして隣の隣くらいにあった秋元屋の本店でないほうに入った、本店は月曜は休みということだった、五十嵐さんは昨日が月曜日だと思って昨日この本店でないほうの秋元屋に来たばかりということだった、ずっと月曜日だと思い込み続けられるというのはすごいことだなと思った、入れるかなと思ったら、そういう混み具合で心配したら、2階に通されて、2階は誰もいなかった、そこで先に適当に、飲みながら、話したりしていた。二人で話している状況というのは岡山のとき以来だろう、岡山のときは、何度か飲みに行ったり、コーヒーを飲んだり、していた、離れる前日だったか、五十嵐さんの宇野の家にお邪魔した、そのときはまだ宇野にいた優くんもその夜は一緒にご飯を食べて、距離があった、僕はそのときは優くんは「なんかおしゃれな感じの人」くらいで距離がまったくあった、こんなに仲良くなるとは思わなかった、翌朝、王子が岳だったか、なんか高いところに五十嵐さんに連れていってもらって、そこから海を見た、市場で刺し身かなにかを買い、その場でご飯と一緒に食べた、それが2014年か、4年か。

たぶん9時くらいに優くんが来て、それから飲み食いし、閉店で、僕は酔っ払ったし帰ろうかなと思ったら、デイリーの隣のスペース見ていきなよ、ということで、そうだそうだ見ていなかった、でももうお酒はいいな、と思ったらコーヒーということで、デイリーで淹れてくれるということで、酔っ払ったあとにおいしいコーヒー飲めるっていうのは贅沢だなと思い、暗くなったデイリーに入り、コーヒーを淹れてもらった、それを持って、隣の「長屋」と今のところ称されている場所に入った、すごい、かっこいいエアコンが壁にあった、ぶっ壊したら出てきたのだという。それはチューリングマシンみたいだと思った。

帰り、あたたかいそばを食べてから帰った、帰りながら、コンテンツ化、自分のコンテンツ化……と考えていた、今日吹き込まれたことだった、帰って、それを遊ちゃんに話して、オンラインサロン……メルマガ……いろいろ適当に調べて、ふむ、と思った。自分のコンテンツ化なんて、今までだってずっとやっていることだ、それを金銭を介してやるかどうかのその違いでしかなかった、何だか僕はそれはとてもありなことに思えた。それを発表するブログにはタイトルか最初のセンテンスかわからないがこう書くことになるだろう、「すいません！　文章を書くことを収入源のひとつにしたくなってしまいました！」あるいは「書いた文章を換金して　いや違うな、いやらしくなく、爽やかに、課金。

なかった。

『ヒロインズ』を読んで寝。ふと布団に入ってから熱をはかりたくなってはかってみたところ少し高かった。きっとアルコールのせいだね。と言い聞かせた。風邪は引きたくなかった。

12月4日（火）

やけにさっぱりと目が覚めて、目を閉じたらあと30分寝たから、あのさっぱりはなんだったのだろうと思う。店に行っていくらかの準備をして、朝ご飯を食べようとしたところ山口くん。昼の日。開店前、メルマガのこととか、山口くんがどうやって文章を書いて稼いでいくのかとか、そういう話をする、自前で金を作ることを僕は楽しいことだと思っている、何年も前、書いた小説を電子書籍みたいな形にして販売したことがあった、ほとんど売れなかったけれど、それでもいくらかは売れて、それは楽しいことだった、向かうということそれ自体が心躍ることでありまた報酬であった、それをとても久しぶりに思い出した。ストリートファイト。ある人がフヅクエの歩んできた道のりをそういう言葉で形容してくれて、それを聞いて以来それを僕は気に入った言葉として持っている。ストリートファイトの愉しみ。山口くんは最近「ストリートファイター」にハマっているとの由。

開店から、僕はできるだけ座って、メルマガのことを考えたりしていた、どうやって定期課金するのかなとか、調べたりしていた、挙げ句、メルマガの文章を考えたりして、vol.0として自分と遊ちゃんと山口くん宛に送信すらした。わりと開店からコンスタントな日で、山口くんがんばれ、と一生懸命思っていると、がんばっていた、格段に動きが速くなったような気がする、前ほど洗い物が溜まっていない、え、すごくない、速くなってない、と思って、一段落したときに一緒に外に出て、え、すごくない、速くなってない、と言った、そうですね、前よりは、と彼は言った、僕はなんだか妙にとてもうれしかった、今日はやたらにあたたかく、これからあたたかくなる日のとてもあたたかい日みたいだった。つまり3月のある日。

オーダーはちょこちょことありつつ、レモンシロップとジンジャーシロップを今日は作る日だった、それの手ほどきをしたりしていた、できることを、増やしていく、それは店に立つ自信を増やしていく作業だった。

途中、あれ、なんか見覚えある人の気がするぞ、あれ、どうだったかな、確信持てないな、と、思った、その人が帰るとき、僕はちょうど外で一服していたら山口くんが扉を開けて、お帰りの方が阿久津さんに、というので、あらーやっぱり、と思って出た、それで外で話して、本を買いたい、サイン書いてちょうだい、と言われたので笑って快諾してそのようにして渡した、それは岡山のときの友人で、まだ店を始める前の時分、デカダンでよく顔を合わせていた、確信が持てなかったさっきの時間に、名前が思い出せない、二文字で呼んでいたよな、なんだっけななんだっけな、と、なにかメールとかが残っていないか、調べていたところ、ちょうど小説を電子書籍化して販売しようというそういうときのやり取りが出てきて、表紙に使う写真を提供してもらったりしていた、そのメールを見て、今朝山口くんとそのときのことを話していたことは思い出さなかった、思い出すのは日記を書く今になってからだった。

無事名前も思い出し、それで外で近況を聞いたりして、そうかそうか、二児の母かあ！　というところでなんだか感慨もあり、上の子はもう7歳だという。7歳ってすごいなあ！　というところで感慨もあり、ストリートファイトづいているし、岡山づいている。

夕方、もう大丈夫な感じになり、ちょっと外出ようと思い、出、ドトール、日記を書く、すぐそばの席の若い男がボールペンをやたらノックする、そんな頻度本当に必要⁉

という頻度でノックする。バチン、バチバチン！　コロコロコロ！　うるさい。ほんとうるさい。そんな必要ないだろ、なんのパフォーマンスなんだよ、マジでうるさい、と思いながら、でもドトールだもんなあ、ドトールだもんなあ、とも思うし、でもドトールであろうとも、こんな音ってそんなに発していていいものなんだろうか、という思いを消すことがどうもできない。

苛立つ。『ヒロインズ』を開くと、ここは、昨日読んでいたところだったっけ、どうだったっけ。

母に誘われて、マーシャル・フィールズにランチに出かけたときのことを思い出す。私は大学を卒業して、ウェイトレスをしていた。作家になると決めていたけれど、まだ何も書いていなかった。母は私がまっとうな職に就くことを望んでいた。書く仕事で税金を払っていないなら、それはただの趣味なのよ。そう言われたのを覚えている。でも時間が経つにつれ、私がきっと作家になれると信じてサポートしてくれた。でもたいていの人にとってと同じく、母にとって小説を書くということが意味するのは、ジョナサン・フランゼンとか『オプラ・ウィンフリー・ショー』に出演してソファに座って話すとか、そういう世界のことだった。フィッツジェラルドではなく、フランゼン。新しい時代の成功した作家。納税書類の職業欄に「作家」と書ける人。手に入りやすく、ブルジョワ的で、共鳴しやすい世界を生み出すことができる書き手のこと。

ケイト・ザンブレノ『ヒロインズ』（西山敦子訳、C.I.P.Books）p.305, 306

今週発売の『すばる』の1月号でインタビューの記事があってそこでプロフィール欄はこれでいいですか、の確認が来たとき、「fuzkue店主／文筆家」とあって、文筆家！と思ったというかそんな名乗りはしたことがない！と思って笑ったが、そのままにした、そのままにしたほうがなにか本当に文筆家になるというか、書き仕事が依頼されやすくなったりして、という魂胆だった、名乗ることはきっと大事で、自分からこれからそう名乗るかは別として、まあこれでいいと思ってそうして、ふとそのことを思い出した。書く仕事で税金を払う。納税書類の職業欄に「作家」と書ける。払えないし書けないが、ごくごく小さな一部はそういう税金を払う、今年は『GINZA』から始まり、書くことでお金をいただく機会が何度かあった、それは、去年まではほとんど考えてもみなかったことだった、それを、僕は加速させたいのだろうか、それを、僕はいま加速させたいのかもしれない、それも、求められたところに文章を寄せるという形で一時的な金を得る方法もあるけれど、そうでなく、ストリートファイト、自分で、俺に、俺に金を払ってくれ、読む人、俺に金を払ってくれ！　俺だ！　俺にだ！という、そういうことをやってみたいのかもしれない、知らないが、『GINZA』でもらってきた分くらいはどうだろうか、稼げないだろうか、自前で、これまでだって自前だが、もっと自前で、同じくらい稼げるのなら、それは面白いんじゃないか、そう思っているらしかった。怖い、恥ずかしい、そういう壁を乗り越えたところに、なにか面白い場所がある可能性はあったし、その可能性を捨てる必然性は特になかった。

そろそろ店に戻ろう。

戻って、山口くんが働いていた、今日はどうも、すいすい働いているように見える、お客さんとやり取りしている姿も、今までよりものびのび、いきいきとしているように見える。夜になり山口くん帰る時間になり見送りながら、その旨を伝えたというか聞いた、なんか今日うまいこといってたんじゃない？　なんか今日お客さんともいきいきリラックスしてやり取りしてたんじゃない？　すると「そうだ」ということで、僕は目の前で人が成長する姿を見ている。

夜、平穏、暇、僕にはなにもない。とかは思っていない、僕にはやるべきことが特にない、そう打ちたかった。僕にはなにもない、みたいなことは言ってもしかたがない。手持ちのものでやるしかない、あるいは自己否定に費やしている時間を使って手持ちのものを買い足すであるとかあらたに作るであるとか補強するとか、する以外、どうしようもないじゃないか、というそんな考えはいくらかマッチョで、そういうのはそういうので怖い。でも。

夕飯を食べて、気づいたらいつの間にかずいぶん遅めの時間になっちゃったな、と思っていたら、一時間、時間を間違って認識していたと気づいた、そのときの喜びといったら、なかった。一時間、得した。もらった。

帰り、遊ちゃんは今日は熱は昨日で下がっていたが今日は頭痛だった、早くよくなってほしい、ウイスキー、ウイスキー、『ヒロインズ』。

12月5日(水)

開店前、取材、のため早起きして家を出て仕込み等。本当はもともとは山口くんに「この日入れる?」「入れるっす」というところで昼の時間に入ってもらうことで、開店準備をお願いしようと思っていたのだが、明日が僕が休みということを考えたときに

「ひとの読書」の話を今晩閉店後に聞いたら楽しいなと思い、「やっぱ夜入れる？」「入れるっす」ということになり、つまり楽しいことのほうを優先することにした、そのため今日は取材がある日だったが開店準備まで先に済ませる必要があって、だから早起きして家を出て仕込み等、していた。

山口くん夕方イン。しばらく一緒に働き、今日もまたドトールに行こうと、その前にトイレに入ったら、トイレから出たら突然腰が、ピキッとした痛みで痛むようになって、痛かった、ドトールに入って、その前から作業していたInDesignの、日記を流し込むやつを作って、作っていた、どうして今これをしなければいけないのか、まったくわからない、いくらか虚しさのようなものを覚えてその中にいた、それでよして、『ヒロインズ』を開いた、しばらく読んでいた、勢いよく読んでいたらあと少しで終わりそうになってきて、そして、光が見えてきた、光のフェーズに入ってきた感じがあり、明るい、明るさが、割れた底のところからこぼれてきた。「彼女たち」の名前があふれたその瞬間、涙が出そうになった。光。

7時、そろそろ戻ろうかと戻ってみると、コンスタントにお客さんがあったらしく、山口くんはこなしていた、マジで立派になりつつあるな、と思って、喜んだ、それから忙しくなった、あれ、これは手伝わないと無理なやつだ、と思って、手伝うというか二人で働くという感じで働き、だいぶ忙しい水曜日になっていった、そうしたらいろいろの仕込みが生じていった、明日は休みで、金曜日は一人で、あれ、これも、あれも、ということは、どうしよう、どうしたらいいだろう、となり、今日やれることは今日やらないと金曜日しんどい、ということがわかり、大急ぎでチーズケーキを焼いたり、していた、忙しかった、ちょっと頭の中がテンパった。

遅い時間になって落ち着き、時間ができたりした、それで、じゃあこれから20分は読書タイムね、などといって、それぞれ座って読書に勤しんだりしていた、『ヒロインズ』を進めた、山口くんは蔦屋書店のカバーの掛かった本だったから、たぶん前もそうだったからあれはポール・オースターの『インヴィジブル』だろうか。

私は気づき始めている。論考やエッセイから自分自身の影を消してしまうことも、抑圧のひとつの形なのだ。自分を消去することは、ある種の発言をしてはいけない、という禁止令に従うのと同じことに思える。作品に向き合い、没頭し、圧倒されてしまう経験自体は客観性とはほぼ遠いのに、客観的なふりをしなくてはいけないのだから。私のブログ〈フランシス・ファーマーは私の姉妹〉や仲間たちのブログのコメント欄で優れたテキストが、交流が、対話が構築されてきた。型にはまらず流動的な、最高の批評。新しいものの発生を促すような肯定性があり、お互いに否定し合わない。そして彼らに合わせた言葉ではなく、私たち自身の言葉を使って書かれている。

ケイト・ザンブレノ『ヒロインズ』（西山敦子訳、C.I.P.Books）p.378

誰が決めた、誰が診断をした、誰が、誰が主体に、主語になっている、その問いが、問いというよりは叫びが、繰り返されてきた。そしてここに至った。私が決める。私たちが決める。もう、なんか、感動。

夕飯に食べるものがあまりないというかさみしいおかずで、限られていて、これじゃさみしいなと思い、なにかないかなと思ったら豚肉があり、じゃがいもがあり、しめじがあった、玉ねぎもあるな、にんにくもある、というところで、炒め物を作ることにして豚肉をすりおろしたにんにくとかで漬けておいた、11時くらいには最後の方が帰られた、もう終わりだ、それで炒め物を作って、今度は食べるご飯が少ないことに気づき、山口くん、セブン行ってサトウのごはん買ってきてちょうだい、といって買ってきてもらった、サトウのごはんは高かったからプライベートブランドのやつを買ってきた、それで、炒め物を作って、食べた、やたらおいしかった、胡椒と花椒をきかせた。食べ終わり、よし、じゃあ、始めましょうか、というところでボイスメモを回して、インタビューというか話を聞くというか話をした、これはやっぱり面白いなあ、とても思った、「読書」というテーマを机の真ん中に置いて、それのまわりで自由にしゃべる、というのは、パネルトークというのか、知らないが、そういうのはなんというか遊びとしてなんかとてもよいと、前も思ったけれど、やっぱり思って、うわーこれはー、というい話も聞けて、突き抜けるような楽しさがあった、大喜びで、1時間半くらい話して、終わりにして、俺もう今すぐ文字起こし始めたい、と言って帰って、さっそく寝るまでのあいだ、文字起こしをすることにして、始めた、30分やって7分進んで、タイピングしながら眠くなることって起きるんだなという眠くなり方が起きて、寝た。

12月6日（木）

雨が降っているという。昨日、明日はカレーを食べに行こうか、カレー屋まーくんにまた行こうか、と言っていたが、店じまいしたということだった、経緯は知らないが勝手に「かっこいい」という気持ちが湧いた、それで、そうなんだね、じゃあどこに行こうね、と言いながらうたうたと眠っていて、12時を過ぎてから起きた。起きて、前から行ってみたかったエリックサウス マサラダイナーに行ってみることにして、家を出た、それでバスで渋谷のほうに出て、歩いて、傘は持っていたが、さす必要はないようだった、行った。ランチのカレーの3種のやつと、ミールスのやつを頼んで、だから二人で合計6種とかの、カレーを食べられるね、楽しいね、というところだった、菜食のやつ、ブロッコリーをくたくたにしたカレーがとても好きだった、このお店を知ったのはビリヤニの長々とした説明書きの画像をツイッターで見かけたときで、それを読んでとてもこういうのはいいよなあ、長々とした文章、そういうのはとてもいいよなあ、と思って勝手に好感を抱いていた、それでそれがあったのでもう一度読んだ、「個人的には」という言葉があり、僕は「個人的には」という言葉は基本的には好きではないというか違和感を覚えやすい言葉なのだけど、え、個人じゃないとしたらいったい何を代弁しようとしていたの、何を自分は代弁できるという認識を持っているの、と思うことが多いのだけど、今日の「個人的には」はとても気持ちのいい個人的だった、店として、ではなく、書いている私は、という、こういう個人の発露はやはり見かける機会が少ない、もっとあっていいはずだ、というもので、よかった。カレーもとてもおいしかった。

大満足で、コーヒーをどこで飲もうというところで、明治通りを歩いた、いろいろなお店があって、どこもカフェを併設していて、びっくりするくらいにどこもカフェを併設していた、条例で決められてでもいるのかな？という程度に。それでどこがおいしいだろうか、と考えた結果、WeWorkの中のが一番おいしそうというか、ちゃんとやりそうな気が勝手にし、入ったところストリーマーコーヒーのコーヒーらしく、よかった、会計がキャッシュレスというかキャッシュは受け付けていない、カードとかだけ、という会計で、へ〜、と思った、スイカ。

コーヒーを飲み飲み歩き、それで今日は紅葉リベンジの日だった、明治神宮に行った、それまで原宿とか表参道とか、すげーなーなんか文化が違うという感じがする、という人たちをたくさん見ていてぎょっとしたりしていたところだったが、明治神宮に足を踏み入れた途端に、ただただ静かで、広々として、木々が高くそびえ、気持ちが清々しかった、寒かった、圧倒的に外国人観光客という人たちで占められていた、とことこと歩いた、随所に紅葉が見られた、きれいだった、寒かった、本堂？　本殿？　そこでお参り？　参拝？をして、身近にいたロンドンから来た一人で歩いていた最初から最後まで言葉を一言も発さない男性に声を掛けて二人で写真を撮ってもらった。

東京観光。明治神宮から代々木公園に抜ける道がないかと探したが、どうもなさそうで、だから原宿のほうに戻って、普通にというか普通の入り口から代々木公園に入った、地図があったので見てみたら、そういう求めていた道はやっぱりないようだった、分断されている、正しい、必要な分断なのかもしれない、代々木公園は人が少なかった、道はまだ濡れていた、遊ちゃんのiPhoneは不通になっていて、エリックサウスを目指すときに地図を見るので使ったのが最後で、突然使えなくなったということだった、どうしたかね、と言った、紅葉が、先週は暗かったのでどうやっても確信はないが、先週よりもずっとあって、赤く、黄色かった、進むと、黄色い絨毯になっているところがあって、鮮やかだった、そこにあった椅子に、濡れていないポイントを探して座り、しばらくのあいだ、黄色い景色を見ていた、風が吹くと、雪のように黄色い葉っぱがはらはらと降った。

紅葉を満喫することができて満足した二人は公園をあとにし、歩いた、遊ちゃんが最近行ったヨガだったかホットヨガだったかどちらでもあったかピラティスもあったかの話を聞いたりしながら、うろうろと歩いていると意想外のどんぴしゃの出口にぶつかり、道路を渡ればすぐのところがフグレンだった、ソファが空いていた、入って、コーヒーを頼んで座った、遊ちゃんはそば茶。

パソコンを開き、イヤホンをし、文字起こしをした、昨日が30分で7分進んで、ということは1時間20分の録音を全部起こすには5時間くらいか、と思っていたら、がしがしとテンポよく、また、効率を考えて「な」で「なんか」、「へ」で「へ〜〜〜」、「か」で「感じ」とか、辞書に登録して使って、やっていったところ、ずいずいと進んだ、途中で今日ソフトバンクで大規模な通信障害が起こっていたことがわかって、だってよ、よかったね、と遊ちゃんに言った、がんばってがんばったところ、残り20分のところまで進んだ、2時間で40分、というくらいのペースだったろうか、速かった、時間になり、フグレンを出、歩いた、歩いて、それでタラモアに行った、武田さんたちのなんかの忘年会で、なんの忘年会なのかはよくわかっていなかった、20人超の大人数の会ということで、どうして行くって言ったのかなと昨日くらいから思っていた、大人数で集まって、そういう場所で立ち振る舞うことなんて苦手以外のなにものでもなかった、知り合いもほとんどいないだろうし、何して過ごす気なんだろう俺は、と思っていた、でも行くと言ったので行った、で入り、ビールを頼み、貸し切りだった、遊ちゃんと適当な席について煙草を吸いながら、飲んでいた、そのテーブルにはとんかつさんがいて、基本的にはこの3人でずっとしゃべっていた、途中途中で武田さんがいたり、ゆうたろうくんというカメラマンの方がいたりしながら、動かず、ポテトフライ等を食べながら、そこで過ごした。

最近武田さんとゆうたろうくんが行ったというキャンプというかハンモックで寝るキ

ャンプのことから始まり、それから遊ちゃんがＶＲの教育現場への普及というか使われ方の話をして、それがとてもおもしろかった、曰く、「アインシュタインね」という、アインシュタインになりきった状態で算数の問題とかに対峙すると認知のなにかが向上してどうのこうのということが起こるということだった、遊ちゃんが話す顔をときおり横目で見ながら僕は愛情であるとかときめきであるとかを感じていた、なりきる、というのは大切なことだ、とんかつさんが話した、『絶体絶命都市』というゲームの話、それから演劇の話になり、なりきること、なりきらないこと、ブレヒト、「あっ」の話、本当にそうだと思った、未分化な、分節化以前の、それを保持すること、つまらない自分の尺度でしかできない痩せた言葉に安易に替えず、「あっ」を眼差すこと、僕はそれが引用だった、それから、とてもいいことを聞いた、ジエン社の新作公演が来週からあるという、僕と遊ちゃんは歓喜して、武田さんも行くということで、とんかつさんも行けたら行くということで、その場でチケットを予約した、春だったかに北千住で見た『物の所有を学ぶ庭』が今年一番くらいに好きななにかだった、大喜びで予約して、そうしたらひきちゃんも誘ってみようという気が起きた、『物の所有を学ぶ庭』を見た夜はフヅクエはひきちゃんで、見終えると通知があり、体調が悪くなった、ということだった、今北千住だから帰って行くから交代するからちょっと待ってて〜ということでほくほくした気分で電車に乗って帰って、店行って、今こんな演劇を見てきてさあ、と体調不良のひきちゃんに話して、という記憶が湧いてきて、そうだ、ひきちゃん誘おう、という気になった、遊ちゃんと二人で行く予定だったら誘わなかったが、何人かで行くなら増えるのも楽しかろう、というそういう感じだった、それで、タラモアを出たあとに連絡をした。会は、その貸し切りの会は、最後は武田さんととんかつさんが野球の話をいろいろとしていて、ボールの握りや腕の振りや、その様子を見ているだけで僕はニコニコだった、そのあたりで出た、この夜、とんかつさんと遊ちゃんがいてくれたことによってつつがなく終わって、僕は大して口を開かず、聞いている夜だった、楽しかった、帰って、文字起こしを続けた、あと少しだ、終わらせてしまうぞ、と思ってのことだったが、見ると充電が残り15%で、これは俺が眠くなる前にきっと電源が落ちるなというところで、そうなった、順調に減って、0%になってからしばらく粘るも、ふっと消えた。文字起こしは残り7分。あとちょっとで終わる。

潔くというかさっぱりした、抗いようのない事態によってさっぱりした気持ちでパソコンをしまって布団に移ると『ヒロインズ』を開いて、この日初めて本を開いた、少しで、寝た。

いっぽうで、ときにブログの投稿は、ただそこにあるそのままのものでしかない。未完成で、断片的で、何かを追求する過程にあるもの。私たちはそれを正式な形に整えて、本にしたいとは思わない。ただそのままにしておきたい。生身のまま、私たちだけの素材として。(…)そしてオンラインで書く場合は「完成させる」「洗練させる」「プロらしい質の高さをめざす」ように迫られることからも、完全に自由でいることができる。X教授たちは私たちのブログを嫌うだろう。未完成で、身体感覚が強く、過剰で、赤裸々なまでに自伝的だけれど、ときには偽名を使って書かれている。そして彼らに嫌悪されるこういった要素のすべてこそ、私たちが書く理由そのものだ。

ケイト・ザンブレノ『ヒロインズ』(西山敦子訳、C.I.P.Books) p.381

12月7日(金)

水曜にそう知ったように今日は仕込みが大変だった、あれとこれを開店までに、これは開店までにとまでは言わないが午後くらいには、それからあれも、というような感じで、一所懸命仕込みをする、も、間に合わず、具体的には和え物が間に合わなかった、湯がくところ、和え衣を作るところまではできた、あとは春菊を切って、絞って、和える。それが間に合わなかった。まあ、開けてからでもどうにかなるだろう、と思って12時になり、開けると、開けると同時に何人かの方が来られ、さらに来られ、あれれ、ということになった、定食が出た、まずいまずいまずいぞ〜、と慌てて切って、絞って、和える、和えて即盛る、というそういうなんというかかなり危うい、ギリギリの戦いとなった、忙しかった、え、なんでこれ、なにこれなに、と思いながらどうにか乗り切って、深い息をついた。いつも以上の準備不足といつも以上のお客さんラッシュという、なんというかそういう掛け合わせだった、昨日見た夢を思い出そうとしたが、そんな余裕はなかった。

少しずつ余裕が出てきて、それで昨日までの1時間15分の2万1千字の文字起こしを、打ち間違いであるとかを整形する作業をしていった、そうしたら済んだ、つまり、あと7分起こしたら、山口くんに送付、確認してもらったら、アップできる。異常な熱心さで取り組んでいる。

なんとなく忙しい日で、パタパタと働きながら、していたが、夕方、誰もいなくなった、あ、誰もいなくなった、これは、と思い、残り7分の文字起こしをここぞとばかりにやったところ、最後まで行けた、それでそれからまた夜もパタパタと働きながら、すぐさま遊ちゃんに送りたい〜みたいなところでInDesignでまた、作って、スマホで読みやすいサイズみたいなそういうことをやっていたらわりと手間が掛かって、できて、それで送って、山口くんにも送って、それで働いた、遅い時間になり特にやることがなくなったので『ヒロインズ』を開き、最後、読んでいった。ブログを書くということ。自分の手で足で、進むということ。ストリートファイト。彼女たちはまさに渾身のストリートファイトを繰り広げていた。それは僕は美しかった。僕も美しく戦いたかった。ストリートファイト。書くこと。自分にとって、書くこととは、なんなのか、考えている。考えていない。考えている。

12月8日（土）

メニューに72万円みたいな数字が書かれていて、その日本酒を同席していた少し年上の男性が頼んでいて、すごいなと思った記憶があった、出たあとに言うと、あの銘柄は10万くらいするのは他の店でも全然あるからね、と言いながら持ち帰ったらしいその日本酒を瓶から直接飲んでいて、いや10万でもとんでもないけど72万円ですよ、と思いながら、特に何も返さなかった、居酒屋は駅の地下の構内みたいなところにあったらしく、そういう空間にいた。

朝、起きてから、なんとなく悄然としている、微妙な自己嫌悪のようなものにまとわりつかれている、自分は傲慢で横柄で、特になにもない、面白くもなんにもない、それでいて傲慢で横柄とかなんか最悪な感じがする、いくら面白かったとしても傲慢で横柄は避けたいところだけど、輪をかけて最悪な感じがする、という方向性の自己嫌悪だった、あくまで方向性で、そこまでは思っていない。

昨日文字起こしを終えて山口くんに送り、ということをやっていて、どうも、そこで起こされた自分の発言が、年上風を吹かせているような感じがあるような気がしたのか、それとも先日の忘年会のときのいくつかの自分の言動が、なんだか嫌な後味として残っているのか、合わせ技だとは思うけれど、なんとなく気が悄然とする。つまらない退屈な存在が、なんのつもりなんだろう、というような、方向性の。

『ヒロインズ』の訳者あとがきを読む。

従来的なジャンルにとらわれていないこともまた抵抗のひとつの形ではあろうが、あえて言うならこの本は「抗って書く」ということを全体として表明し、宣言しているマニフェストと言えるのかもしれない。（…）

私自身は本書を訳しながら、社会や周囲の環境が（そしてそれを内面化した自分自身が）「こうあるべき」とする姿のなかに、自分が消えてしまいそうになったことのあるすべての人たち、それに抗いながら生きるさまざまな「私」たちのことを思った。謝辞にあるザンブレノの発想を借りるなら、そんな「あらゆるジェンダーの私の姉妹たち」のもとに、この本が届いてくれることを願っている。

ケイト・ザンブレノ『ヒロインズ』（西山敦子訳、C.I.P.Books）p.405, 406

抗って書く。読み、コーヒーを飲み、開け、コーヒーを淹れ、日記の推敲をしていた、珍しいことに予約のひとつもない土曜日だった、こういう日はどういうふうになるんだろう、と思って開けたら、誰も来なかった、1時まで誰も来なくて、これは珍しいことだった、おかげで日記の推敲の赤入れまでは一気に済んだ、赤入れをして、エディタ上で修正して、というのが段取りだった、でもこんな「おかげ」は望んでいなかった、さみしさわびしさが募った。2杯めのコーヒーも飲み終えてしまった。

一日暇で、一日むなしかった。むなしさに抗えなかった。

途中、昨日の夜から読み出した平出隆の『私のティーアガルテン行』を開いていた、開き、数行読めば、すっと気持ちが静かになるようだった、中学時代に数学にハマっていたという話の中で数学者の話の中で「不遇」という言葉が出てきたが、今まで考えたこともなかったけれど、「不遇」と「不幸」をほとんど一緒に僕はこれまで考えていたような気がした。不遇な人生を送った人は不幸だったと、考えていたような気がする。はたしてそうか。発表されるめども立たない、支援してくれる人もあらわれない、それは嬉しいことではないだろうけれど、人というか社会に求められもしないことをただやり続ける、ただ個人の欲望に従ってやり続け、やり通した人とも言える、それは、このうえなく幸せな人生だったかもしれない、没頭し、没頭し、没頭する、幸福な不遇を生きた人もきっといくらでもいただろう、そう初めて思った。

帰って、気持ちは沈んだままだった、平出隆を少し読み、それから久しぶりにプルーストを開いた、飲酒、飲酒。まだ劇場にいた。それはそうだ、範宙遊泳を見た日以来開いていなかったのだから、動くはずもない。ラ・ベルマ。それに感嘆する。いきいきと目に頭に流れ込んできた。久しぶりのプルーストというのはいいものだ、久しぶりだからいいのではなくいいところだったからいいのだろう、年末年始はプルーストを主に読むことにしようかとも思ったし、それはそれで疲れるかもしれないとも思った、年末になる。例年年越しは、これを読むぞ、というのを定めて、読もう、というふうにしていたが、今年はその欲求が薄いというか、そうじゃなくてもいいかなと思っている、いつもどおりに、そのとき読みたいものを読めばいいかなと思っている、考えは変わるかもしれない。

強く個性的な人物や作品と、美の観念とのあいだにある差は、それらの人物や作品がわれわれに感じさせるものと、恋愛や賞讃の観念そのものとのあいだにある差と同じほど大きい。だから、そうした人物や作品は認められにくい。ラ・ベルマを最初にきいたとき、私には快感がわからなかった（ジルベルトを愛していたとき、彼女に会うことに快感がわかなかったように）。私は内心でこういったのだ、「僕は彼女に感心していないのだな。」しかし、そうはいっても、そのとき私はこの女優の演技を深く知ろうとすることしか考えていなかった、私はそのことにしか執心していなかった。私は彼女の演技にふくまれているものをすべて受けとめるために私の思考をできるだけゆったりと開放しようとつとめていた。それこそまさしく、賞讃する、という行為なのだ、といまの私には納得が行くのであった。

マルセル・プルースト『失われた時を求めて〈4 第3篇〉ゲルマントのほう 1』（井上究一郎訳、筑摩書房）p.77

読む時間、書く時間、考える時間。

12月9日（日）

昨日が劇的に暇で、

「なんだ」

と思ったが、金曜日が妙に忙しかったことを考えると、数字をそれぞれ入れ替えたら順当というか歓迎すべき金土と言えるから、そう考えることにした、そう考えることにしたというか、そう考えたらちょうどいい、ということが判明したためそうした、そう考えたらちょうどいいというか、そういう考え方もある、という気づきを得たためそれに従った、従ったというか、特に昨日の暇で元気がなかったわけではないから、なんでもよかった、どうでもいい。「どうでもいい」は、言い過ぎというか実際の気分に対して過剰な投げやりさが出てしまう、特にどうとも感じていない。

日曜日、開店前、元気なし。ミュージックセイブミー。俺に元気をくれよと思い、ZAZEN BOYSを大きな音で流しながら準備。ミュージックセイブミー。「Asobi」を聞いた、まだまだ遊び足りない、女っぽい男っぽい女っぽい女は言った、だっけか、向井秀徳が見せ続けてくれる態度は完全に僕を救う。

そののち、最近はインスタグラムが興味がなくて投稿頻度も下がっていたが、投稿をしようと思い『すばる』と『ソトコト』の写真を撮って、ご活躍感ありますでしょう、という投稿をしようと思い、写真を撮っていた、『ソトコト』の表紙に「〜に出会う本屋ガイド」という白い丸に囲まれた茶色い文字があり、最初の2文字が読めなかった「宮城?」と思い、もう一段目を細めると、「営業?」となり、近づくと「言葉」だった。宮城、営業、言葉。たしかに、という2文字だった。

この数日の気持ちの不調は、いくつかある気がする、そのひとつが今回の『すばる』と『ソトコト』で、それが僕をいくらかアンバランスな気持ちにさせているような気がする、なんせこんな大きく取り上げられたのは初めてで、それが2誌同時なのだから、なにかを感じることは、しょうがないことだろう、このうぶな感じは、ありなうぶな感じだろう、最初のうちは雑誌であるとかで取り上げられるたびにいくらか「お〜」という気持ちと同時になにか変な自意識みたいなのが前に出るようなそういう気分があった気もするが、そういうことにも慣れてしまえばそういうことでそういうことになるようなことはなくなった、でも今回はそういうふうにいくらかなっている、なんせ立派な2つの雑誌で、フヅクエならまだしも、「阿久津隆」が11ページにも渡って取り上げられているというのは、おかしなもんでしょう。俺なんてなんでもなかったはずなのに、まったくなんでもなかったらきっと取り上げられるものではないだろう、だからきっとまったくなんでもないわけではないなにかになりつつあるのだろう。それは、揺らぐよね。そう思ったら、戸惑うよね。とは思う。妥当。

それからもうひとつふたつ、この不調の、そのひとつは『ヒロインズ』の影響だろう、抗って書く人の物語だった、なにか、響くところがあるのでしょう。あがいてあがいて、叫びながら書く人の物語、なにかあるよね、ストリートファイトを、繰り広げるよね。それがふたつめの候補。候補というか、混じり合っている。

そういうだから総じて、自意識みたいなものといくらか向き合うというか自意識みたいなものがいくらか意識に上がってくるそういうタイミングで、最後の三つめ、先週飲んでいるなかでふいに脈絡なくにわかに浮上した、文章を、俺個人を、課金対象とする、という考え。自意識と関係しないわけがないことだった。

でも不思議なもので、不思議というか、店というペルソナというかペルソナとは言わないのかな、店という鎧というか上着というか、そういうものの心強さみたいなものって、あるのだなということが、こういう個人で云々、個人の名前で云々、ということを考えてみると改めて、浮き彫りになって知れる。フヅクエという箱、人格を通してなにかを発信する、なにかを誰かに売りつける、そのときの心理的な障壁の低さ、一方で僕の名前で僕の僕を僕が僕と僕に僕で僕は僕が僕と僕に僕で僕を売る売ろうとするそれを考えたとき、いよいよもって裸だなと感じるこの感じ方。おかしなものだなと思う。おかしいというか、興味深い。それに、自分の文章を売る売ろうとする、そのときの心理的な障壁もまた違う、本を出した、それで得る金、連載をした、それで得る金、寄稿をした、それで得る金、そういう金を得る体験はしてきたはずだが、そのときはそれぞれに、あなたの文章いいから本にしようよと言ってくれる人、あなたの文章ナイスだから連載してよ、うちに原稿書いてよ、そう言ってくれる人がいるわけで、僕の文章の価値みたいなものを支えてくれる擁護してくれる人がいるわけだった、それが一方で僕の名前で僕の僕がと僕僕いいながら誰のしもべにもならんのだよと言いながら、やろうとすること、一人、自分の足で本当に立とうとすること、その怖さ、恥ずかしさ、そういうものがあるのだなと、これまた興味深い。どうするんだろうか、やるんだろうか、いろいろを天秤に掛けて、考えることになるだろう。

疲れた、忙しかった、疲れた、眠りたい、帰った、平出隆を一編読み、それからプルースト、やっと劇場は出た、何ページも折った、その折った箇所をいくつも引用したいなと思ったとき、「でもそんな時間はないな」と思っていて、ぞっとした。何に追われているんだ？　ウイスキーを普段よりも多く飲んだ。

12月10日（月）

少し二日酔い的な起き心地。午前、取材、午後、営業。暗澹。鬱屈。悄然。

夕方、逃げるように店を出、山口くんに託し、出、ドトール。サンクチュアリ。ドトールかよ。と思わないでもない。おいしいコーヒーが飲みたい。全部が自分に敵対しているように感じるから、全部に敵対する気持ちになる。たとえば今そこで電話してる女。さっきからうろちょろしてる男たち。

めんどくさ。「さっきからうろちょろしてる男たち」は、最初は特になかったが、はじめに「女」と言ったので、これだけだとなんか性別による蔑視感出るかなと思って、男も加えとこ、というそういう男たちだった。なんていうの、ポリティカル・コレクトネス？　アファーマティブ・アクション？　どっち？　どっちでもない？　あそう。そう打っていたらスケボー持った男たちがいよいようろちょろ顔のわきをかすめるように速い速さで何度も歩いていくから、今だったら素直に言える。全部に敵対する気持ちになる。たとえば今そこで電話してる女。さっきからうろちょろしてる男たち。僕が立派な武術や喧嘩術を備えていて負ける気配がないことが確信できるそういう存在であるなら、ぶん殴りたいあるいは蹴り飛ばしたい。できない。

全体がくだらない。価値がない。僕の生が。これは「しものなま」と読む。

体も敵対してくる。手。あかぎれ。ハンドクリームを塗るようになったらよくなった、と思っていた矢先、この週末でまた壊れた。アトピーもよくない。結局というかそれが一番大きいのかもしれない。全部に影響を与えてはくる。

がんじがらめという感じがある。つまらない。イライラする。目をつむる。つむって、逃がそうとするが、逆効果、イライラが内面化されていく。平出隆を開く。読んでいると、そういえばこれまでも違和感というか「おや？」というか、「おや？」になる以前の、「なにか」みたいな感じがあったが、ルビが見慣れない振られ方をしていた、肩付きというやつだろうか、漢字が一文字でルビも一文字のとき、なんというか、乗数というのか、二乗とかのやつ、xの、二乗とかのやつ、ああいう位置にルビがついていて、たぶんわりと見慣れないタイプのルビだった、これはこれでなにか品のよさみたいな、なんだか凛とした感じがあっていいものだなと思った。読んでいると、すっと、いつでもすっと、気持ちが静まる優しくなる丸くなるようで、棘が取れるようで、とてもいい。

ドトールは寒い。あたたかくする理由もないのだろう。寒くなり、時間もそろそろだしというところで店に戻ると、山口くんが店番席に座って本を開いていた、蔦屋書店のブックカバー。『マーティン・イーデン』だろうか。その、本を山口くんが読んでいる、という様子を見たときに僕にとっさにやってきた気分は「お、いいじゃんいいじゃん」というもので、なんなんだろう、この感覚は、と思った。

7時、山口くんアウトで、外で、もうちょっと声をはっきり出したほうがいい、今の声だと、やっぱり注文とかもコソコソじゃないといけないのかなと思われかねない、どのくらいの声を出すことが許されているのかわからないと思う人もいるようなたぐいの店だからこそ、こちらの発話でその基準を知らせるというかある種のデモンストレーションの意味も大きくあるから、出したほうがいい、という有意義な指導をしていたところ、久しぶりの友人が上がってきて、お、どうもお久しぶりです、と言いながら、どうしてだか、山口くんはリーボックで、村下さんはアディダスねと、二人の上着のブランドを考えていた。

昨日の日記を読み返して、恥ずかしいなこれ、と思った。消したいなと思うのは久しぶりだった、なにかそれは、いいことのように思った。

どうもその課金の話は僕はなにか羞恥心があるらしかった、

10人、20人、30人、50人、100人、200人、300人、500人、1000人、1300人!

ふと、実際いったいどれくらいでどれくらいの利益になるんだろう、と思い、スプレッドシートで計算式を作って登録人数を入れ替えて数字を変えていく遊びをしだした、最後の1300人はもう、どうしてしかし最後が1300なんていう半端な数字なんだろうか、ともあれ、もう、とんでもない売上が立つことが発覚した。妄想の中ではいつでもたくさん稼げた。

ここのところだいぶダウナーだったのか、メールもいくつも返していないものがあった、

返した

「デジタルゲームのプログラミングと異なり、アナログゲームのルールの裁定は人が担う。ゲームのルールは絶対なものに成りえない。ゲームのルールは──法は、人が運用することが前提でないといけない。だから、その法は運用しやすいものでないといけない。しかも、法を犯しても罰を与える力がない以上、法に従う事が魅力的なものとならなければならない。思わず従ってみたくなるような法。自分を縛ってみたくなるような法とは、どういった法なのか」

ジエン社の、『物の所有を学ぶ庭』を見に行ったときに曖昧な次回予告として書かれ

ていたテキストで、胸躍るものだった。思わず従ってみたくなるような法。

帰宅後、最近の暗鬱について遊ちゃんに話す。それから、平出隆。いちいちが魅力的だった。歌の話。中学生のとき、遅刻したら歌をうたうことにしたらどうか、という案を提案した。

この案が可決されると、一日二日は、効果があるかの様子見としたはずであるが、すぐに私は、歌う歌を決めてから遅刻をするようになったものである。クラスメートにもだんだん、故意の遅刻が分るほどになったかもしれない。しかしそれは、私だけではなかった。毎朝、友だちの歌を楽しめる日々がはじまっていた。

或る朝、とうとう女先生まで、わたし遅刻しました、と自己申告する事態が起り、教室は沸き返った。私は彼女がなにを歌うのか、どう歌うのか、どきどきしながら、この企画の成功をひそかに喜んだ。

それは「ワシントン広場の夜は更けて」という歌だった。ヴィレッジ・ストンパーズの歌を、日本ではダークダックスやダニー飯田とパラダイスキングが歌った。女先生は才気煥発な文学少女のあとを隠さずにいて、なにをやってもあたりの空気を切るようなスタイルがあった。私ははらはらしながら、先生の歌いだすのを待ち、そして聴いた。

平出隆『私のティーアガルテン行』（紀伊國屋書店）p.110, 111

それから中学校のときの文集の話。これがとにかく素敵だった。先生たちの、素敵な文彩。紙とペンの前に向かうとき、教師である前に一人の人間になる、そんなことがある時期、可能だったんだなと思った。ある時期なのか、ある場所でなのか。生徒たちの言葉もまた、瑞々しく、率直で、透明だった。プルースト、寝。今日も一杯分の過剰飲酒。

12月11日（火）

少し二日酔い的な起き心地。午前、取材。

静かな取材だった、その中で、常連さんとかもいて、と聞かれて、それはなぜだかよく聞かれる質問だった、聞かれるたびに、え、常連さん、そりゃ、常連さんって言葉を使っては僕は考えないんですけど、たびたび来てくださる方はもちろんいますよ、と要領を得ないまま答えるのだが、なんとなく今日は「それってよく聞かれるんですけどどういう意図の質問なんですか」と聞いてみたところ、一回だけ来る人ばっかりで成り立っている店もある、みたいなことだった、ああ、なるほど、そういう、一度行ったら気が済んで、消費しました、完了、という店なのかどうか、と問われていたということなのか、と知った。

ひきちゃんが途中で「朝ご飯買ってきていいですか」と言うのでいいよいいよ買っておいでと言うとセブンでサンドイッチを買ってきた、サンドイッチも今はいろいろな形があるのねと知った、セブンがやっぱりすごい、そう言ったひきちゃんは冷蔵庫の前で食べ始めて、少しすると小走りで客席のほうに出ていったと思ったら、真ん中のソファにぽんと座って、そこで食べることにしたらしかった。そうだね、座って食べたほうがうれしいよね、そういうことは大事にしたいねと思った。ちょうど取材の方もお出ししたカレーとコーヒーを席で食べているところで、僕はやることもなく、二人の女性がそれぞれにご飯を食べているなかに、いた。

そのカレーとコーヒー代で1700円をいただく。1700円。これを今日の俺の昼飯代とコーヒー代にしようか、と思ったら、昼飯とコーヒーがタダで手に入る、と思って愉快だった、と、ひきちゃんが今月の福利厚生本の山口くん所望の本を買ってきてくれていて、そのお金が1728円で、困った、どうしよう、取材で得た1700円は、どちらに充当すべきか、俺の飯代か、本代か、どうしよう、と思いながら決めかねながら本代の1728円を払おうとすると、ひきちゃんは、今日の演劇代の差し引きで、といって、1000円を渡してきた、僕はいよいよ混乱した、ということは僕は今日は、1700円と1000円を得た、2700円だ、ということは今日の僕の演劇代がこれでまかなえる、あるいはこれから本屋に行こうとしている、飯、コーヒー、本、その金額に充当することもできるかもしれない、どれが一番お得だろうかと考えながら、ひきちゃんとしばらく話し、今日は昨日のような開店からのラッシュみたいなことは起きず、人が入ってくる気配もなかった、曇っていて寒い日だった、店を出て、丸善ジュンク堂の方向に走っていった、走りながら、昼飯をどうしようか、魚力で定食を食べたい気もしたが、「食べる時間がない」という、おかしな考えによって却下された、時間とはなんなんだろうか、なにがないのだろうか、なか卯に入って野球の記事を読みながらうどんとかき揚げ丼を食べておいしかった、丸善ジュンク堂に入って、本を探した、なんとなく日本の小説を読みたい気があった、多和田葉子のあたらしいやつを取った、それから昨日ブログを読んでいよいよ読んでみたい気になった、それは多和田葉子との対談を告知する、でもそれだけでない、そういう記事だった、「私の志はそんなに可愛げないよ」、鋭い言葉だった、読みたくなった、温又柔の本を読もうかと思ったが、まだやめた、それで、今日は多和田葉子だけでいいと思っていたら、高橋源一郎の『日本文学盛衰史』

の戦後編が目に入ってきて、気になってはいたが、なんとなく読まないような気でいたが、ふと、その前編である『ニッポンの小説』を読んでいた夜のことを思い出した、どうしてだか読んでいる場面で思い出すのは新宿のサザンテラスのスタバの外の席で、なんであれはあの場所がそんなに印象に残っているのだろうか、とにかく猛烈に面白く読んでいて、猛烈に楽しく読むことをしたいと思った僕はそれが今日は買われる読まれる本なのかもしれないと思って取って、レジに向かって歩きながら、『ニッポンの小説』は『ニッポンの小説』であって、あるいは『さよなら、ニッポン』の前編であって、『日本文学盛衰史』の戦後編の前編ではないというか『日本文学盛衰史』の戦後編の前編は『日本文学盛衰史』だよなということに、当然のことに、気づいたが、引き返しは、しなかった。

　レジで、hontoのポイントが２００ポイントとかあるが使うかと問われ、３７８０円だったので１８０ポイントを使ってもらうことにした、すると１８０円が浮いたことになって、だからフグレンのコーヒーのおかわり代がタダになった、と思い、ええと、総じて考えるとどうなるんだろうか、１７００円をもらって、１０００円をもらって、それから昼飯は１０００円くらいかと思っていたがなか卯で６９０円だったので３１０円が浮いたことになるから、１７００＋１０００＋３１０＋１８０ということでよいか？

であるならば3200円くらいで、フグレンのコーヒーが400円くらいだから、足せば3600円で今日出した本代の3600円はきれいに相殺されてタダということになる。合っているだろうか。

フグレンは今日は今日も混んでいた、ソファは空いていなかった、まるいテーブルに座った、コーヒーをいただき、パソコンを開き、日記を書いていた、しばらく書いたら書いたので、多和田葉子を開いた、一編、読んだ、面白かった、それから高橋源一郎を開いて、一編、もう一編、読んだ、面白い、shing02とサルトル、ちょっとなんだかこの勢いに怒涛にドキドキする感動する、大切なのは全面的アンガジュマン、大切なのは全面的アンガジュマン。

って、みんな首を振り、腕を突き上げて、アンガジュマン！　アンガジュマン！　って連呼するわけだけど、中には涙こぼしてるやつもいて、そんなところ死んだサルトルに見られたらどうしよう、むかついたらごめんサルトル、でもサルトルってエミネムと違ってけっこうふつうにいい人っぽいし、なんかじいちゃんに聞いたら、昔のパリの渋谷っぽいところのクラブに集まって一晩中騒いでたみたいだから、おれたちとたいして

変わんないかもしれないし、全部誤解だとしてもいいじゃん、われわれが選ぶものはつねに善ってことで、

高橋源一郎『今夜はひとりぼっちかい？　日本文学盛衰史　戦後文学篇』（講談社）p.54

全部誤解だとしてもいいじゃん。いいと、とても思うんだよね常々。貧しい痩せた正解より豊かな実りある誤解だと、常々思うんだよね。そっから飛ぶ、そっから飛んだほうがよほど面白い跳躍になると思うんだよね。多和田葉子と高橋源一郎を読んでいたら、なんだかなにかが書かれたがっているような気がしたが、もちろんそんなものはきっとなにもなかった、もちろん、もちろん？　それはほんとうに「もちろん」なのか。短絡はしないほうがいい。

満足し、帰ることにした、出ると雨が降っていて、雨だ、と思った、帰り、今日の演劇である『ボードゲームと種の起源』のことを確認というか、見に行くと、これは「基本公演」というもので、来年5月にこまばアゴラ劇場で「拡張公演」がおこなわれるということが知れた、5月、駒場、あたたかくなり、あるいはもう暑かったりして、自転車で行くのだろうな、と思った。山手通りだか旧山手通りだかを走っている姿がもう、

浮かんだ。

ソファに寝そべって高橋源一郎を続けた、武田泰淳の話、内田裕也の話、ツイッターの話。眠気がやってきて眠ると劇場らしきところにいて、階段を何度も行き来して、それから外の広場に出たりしていた。起きると遊ちゃんが帰ってきて、ダウンを買ったということだった、昨日ダウンの話をしていてダウンはいろいろあって面白い、いいやつはずいぶん立派な値段がする、そういうことを昨日言っていたら今日さっそくダウンを買った、セールをやっていたということだった、もうセールとかなんだ、といって驚いた、茶色い、あたたかそうな、軽い、ダウン。

家を出て、電車に乗った、電車はどんどん混んでいって、満員電車だった、多和田葉子の小説で電車に乗っていて、先頭の車両に乗っていた、運転士の動きや次から次へと前からやってくる景色を見ていた、気づいたら女性専用車両だった、気づいたら女になっていた、僕は最後尾の車両に乗っていた、遊ちゃんと話しながら、運転しない士の動きや後ろに流れていく景色というか空間を見ていた、駅について駅を離れると、明るいところから暗いところへ、見える見え方は切り替わっていった。

アーツ千代田３３３１は初めて行く場所だった、雨が降っていて、校庭みたいなところは高い木が何本もあった、入ると、入って廊下を歩くとひきちゃんの姿があった、やあ、と言って地下におりた、武田さんが来られなくなって、ご予約は4人ですねと言われ、一人来れなくなったんですけど、いや、払います、といったが、満席だったんですよね、次回からは連絡をくださいね、ということで、そうか、連絡をするべきだったんだな、と思いながら、次回とは、5月のことだろうか、と思いながら、まあ次回からは、と思いながら、いや払います、と言ったが、次回からは連絡を、ということだったので3人分のお金を払って入った、とんかつさんがいて、その隣が3つちょうど空いていたので、そこに腰掛けた、前回の公演と同様、始まる前から役者たちは舞台にいて、前回はチロルが勉強していた、たまに先生が来た、今回は4人が、座って、ボードゲームをやっていた、開演を待ちながら、いや、やっぱり払おう、と思って出て、やっぱり払いますよ、売上を損なわせたいわけではないから、ということを言うと、さっき当日で一人入ったので大丈夫だ、ということで、本当かな、まあ、それならいいか、と思って戻った。ゲームのルールが書かれているよ、ととんかつさんに教わって、読んでみた、読んでからいま目の前で舞台上でおこなわれているらしいゲームの様子を見たが、さっぱりわからないなと思い、思ってからとんかつさんに、ゲームの状況、もしかして追えてたりします？と聞いてみたところ、完全に把握しているとのことで、すげーなと思った。

で、始まり、演劇を見た。ずっと、面白かった。ずっと面白かった。全然なんの言葉にも対応しないような面白さでずっと面白がっていた。随所に、前作とも通い合うような、気持ちのいい、風通しのいい、やさしい、いい言葉があった。ドキドキするようなアンサンブルがあった。いい声があって、いい顔があった。大好き、と思って、終わって、トークだった、ゲームデザイナーの方と演出家の方が話していた、面白かった。ゲーム、法、儀式、見立て、演劇。

野球。

フヅクエ。

終わると、ひきちゃんがすたすた帰っていった、あれま、4人で俺、ボードゲームやりたかったな、コンビニでトランプ買って、なんか工夫したら、今日やられているゲーム、やれるかな、なんかやってみたいな、とさっきから思ってたんだよな、と思いながら、先々週の範宙遊泳を見たあとのすたすた帰っていった自分のことを思い出した。雨はまだ降っていて、湯島に、いいお店がある、たしか10時半くらいまでだからあまりゆっくりできないが、とんかつを食べながら一杯飲める、いいお店がある、ととんかつさんが言って、もうそれでしょう、というところで、そこに行った、入った瞬間にたしかにラストオーダーで、とんかつとふろふき大根と里芋を煮たやつと牡蠣のたたきであるとかを頼んだ、それからボードゲームの話とかをした。したというか、とんかつさんにいろいろ教わった。とんかつさんは、ボードゲームをつくる仕事もしているらしく、それを聞いてどうりでさっきすぐに理解していたわけだ、というのは腑に落ちたが、いまいちとんかつさんが何者なのかわからないというか、会うごとに、増殖というか変容というか、僕から見て、増殖というか変容というか、していく存在のようだった。それで、ほうほうほう、そうなのかー、面白いなー、と思いながら聞いていた。とんかつは、めちゃくちゃおいしかった。ビールを一杯と日本酒を一杯飲み、閉店時間になり、帰った。あとで調べたら「ますだ」というお店だった。また行きたい。

帰って、ひねり揚げを食べてウイスキーを飲んで、買ってきた上演台本を読んでいた、はじまりの複雑な、いきなりグワッとくるあの場面とか、あれなんだったんだろう、と思っていたが、読んだら、なるほどというか、やっぱりわかんない、と思って、読んでいて、やっぱりよかった。

12月12日（水）

暇。暇で、店の案内書きの新調作業をInDesignでおこなったりしていた、夕方までお一人しか来られなかった、まったく暇で、昨日も暇だったらしかった、まったく暇で、どうしたものかなと思いながら暮らしていた、夕方山口くんイン。それで、誰もいなかったからいくらかおしゃべりしたのち、いなくなることにして、ドトールに行くことにした。階段を下りるとちょうど床屋のおかあさんがいて、どこかに行こうとしているのだろうか、とにかく一緒に並んで歩きながら、話していた、昨日テレビで六本木の文喫のことをやっていたそうで、あなたのところと一緒ねえ、でもあなたが先でしょ、先見の明ねえ、もう何年になるんだっけ、じゃあ阿久津さんも5つ歳をとったわけだ、私はね、もう歳は取らないの、折り返したから、等々。公園の前のあたりで別れて、僕は果物屋に入って煙草を買った。

文喫は行ってみたい、仕事柄というか仕組み柄、気になる、想像がつかない、だから体験してみたい、そう思っている、なんだか妙に早く行ってみたい感じがあるのだが、最初は混んでいるだろうか、もう少し経ってからのほうがいいだろうか、どうなんだろうか。店は、できたてで行くものではない、できたてで行ってもいいことはない、というのが僕は基本的な考え方だが、それも個人店だったらの話だろうか、ちゃんとした資本が入っているところだったらその限りではないだろうか、準備万端でスタートを切りそうに、思えるから、そうかもしれないとも思うし、それでも人間がいることだから、やっぱりいくらか時間が経ってからのほうがいいのかもしれないとも思うが、どうなんだろうか。

4時間、ドトールにいた、4時間以上か。だいたいの時間は高橋源一郎を読んでいた、寒かった、4時間、ドトールにいた。こういうときの妙な後ろめたさはなんなんだろうと思う、妙なうっすらとした後ろめたさがある。サボっているわけでもないのになんだかサボっているような気持ちになる。この時間をもっと単純に楽しめるようにならないといけない。山口くんが完全に一人で立てるようになるまでは、こういう時間をとにかく設けていくことになるだろう、だから、楽しめるようにならないといけないし、もっとあたたかい格好をしなければいけない。

9時になり閉店時間になり、戻ることにしたが、こういうとき、店に戻るというのはなんというか変なバツの悪さがあるものだった、戻ると、暇そうだった、伝票を見ると、暇ではあったが、お客さんはあったらしかった、これ全部つつがなくこなしたんだな、と思うと、いいじゃんいいじゃん、と思った。

戻ってからも、やることがないから、読書を続けた、そうしていると左手の親指が支える紙の厚みがどんどん薄くなっていって、だからつまり終わりが近づいていった、そんで、終わった。

寝る前、多和田葉子。短編集、昨日読んだひとつめも今日のふたつめも読んでいて「一筆書きみたいだ」という印象というか感触があって、そういうふうに感じることは珍しいことというか新鮮なことだった。

12月13日（木）

平日の緊張感のなさたるや、と思う、特に今週なんだか強くそう思う、ほとんど働いていないような感覚がある、暇だからだろうか。昨日もおとといも過剰に暇だった、今日も暇だろうか、今日は夜で閉める日だった、今週は、今週の休みを決めるときに、ちょっとゆっくりする時間がほしい、どこにも行かずにただゆっくり本を読んだり、机に座ったりしているそういう時間がほしい、と思って、木曜の夜は休もう、と決めたのだが、昨日の夜にドトールで4時間も過ごすということが発生し、だいぶ満たされたというかむしろ持て余しそうな感覚がある、僕は休めない男なのだろうか。

男。午後、誰も来ない、もう2時になるが誰も来ない、閉店まであと4時間だ、まずいだろうこれは。男。やることもないから本を読もうと、先日飲んでいるときに名前が出て、それはそれはと思ってポチって翌日に届いていた『止めたバットでツーベース』を取って、開いた、近藤唯之、スポーツライター、野球の記者、の話が書かれていた、男、男、男とは、男の生きざま、たくさんの男の字にぎょっとしながら、胸が苦しくなるような熱くなるような、読んだ。彼の紡ぐ男たちの物語は、多くのシンパを生むとともに多くのアンチを生み、「血の付着した手ぬぐいがポストに投函される」までに非難もされた。猛烈な書き手で、これまでに60冊以上の本を出している。

「俺は一から百を紡ぐが、ゼロからは一も紡げない。だから小説家にはなれないんだよ。そいつらは『近藤はまったくのゼロから描いている』って言うんだけどよ、ゼロからじゃない。どこかに一か二がある。そこから俺は物語を描く。あれは嘘だと言われると困っちゃうんだよな。嘘じゃない。いろんな要素を繋いでいって……まぁ、確かに都合のいい部分も物語としてあるんだけど、頭の中でストーリーを苦労して繋げているんだよ。その部分を面白いと思うか思わないか。本当のことをそのまま書いたらこんなに楽なことはないよ。事実を繋ぎ合わせて、面白い、ひとつの物語を作り出すんだからね」

村瀬秀信『止めたバットでツーベース 村瀬秀信 野球短編自撰集』（双葉社）p.23, 24

どこかに一か二がある、というのがとてもいい。

奇妙な熱のある味わいのある野球の文章を書く人というと、人というというか、近藤唯之の文章がどういうものなのかは知らないし、読んだ限りきっとまた違うなにかなのだろうなという感じはしたのだけど、あ、違う、途中で何度か出てきた「独特な語り口ゆえに無記名の記事でもすぐに近藤その人が書いたとわかる」みたいなそういう話で思い出したのだった、そこで思い出されたのが安倍昌彦の文章だった、「Number Web」を読んでいても筆者の欄を見なくても読みだしたらすぐに「あ、これは安倍さんだ」と思うあの文章はいったいなんなんだろう……とたまに思う、面白いとか面白くないとかを通り越して、「安倍さんだ」とだけ感じるあの感じはなんなんだろう……とたまに思う、すごく、体で書いている感じがあって、変なんだけど、変な感触なんだけど、しるしが刻まれているというのはもしかしたらそれだけで十分に、いやもしかしてそう感じているその感じだけでそれ自体が賞讃になっているの、かもしれない、し、そうじゃないのかもしれない。

2時半。扉が開いた、とうとう開いた、と思ったら牛乳屋さんだった。次は「ヤクルト弁当屋」という、巣鴨の弁当屋さんで、どうしてだか「ヤクルトの試合を全部放送します」という宣言をしている弁当屋さんだった、初めての取材から二年、ヤクルトが優勝を果たした。

セ・リーグ優勝が決まった10月2日、午後10時2分。延長11回裏2死一、三塁から雄平のライト線を破る劇的なサヨナラヒットで、14年ぶりとなる歓喜の瞬間は訪れた。その時、西巣鴨つるやのカウンターに置かれたテレビの前には、優勝を祝うために創業以来はじめてという〝5人〟の人だかりができていた。

5人は優勝の瞬間、弾け飛んだ。誰からともなくバンザイ三唱をするなか、道行く人が「よかったね」と声をかけてきた。都電から降りて来たお客さんが「優勝おめでとう」と次々に伝えにきた。町の人は皆、知っていたのだ。この店がなんだか知らないが、やたらヤクルトを熱心に応援しているということを。峯岸さんは、胸が熱くなった。5人にビールを振る舞うと、鶏の唐揚げをつまみに祝杯をあげる。

店頭のテレビは、ヒーローインタビューからニュース番組をはしごしてのビールかけ中継。そして最後のプロ野球ニュースまでを映し出した。午前0時過ぎ。はじめて日をまたいだこの店のテレビが、優勝の余韻を残したまま電源を落とす。それは、つるやが始まって以来、最も幸せな夜だった。

同前 p.39, 40

なんか、泣いた。涙がこみあげてきた。

3時半。2時半過ぎにおひとり来られ、よかった。『すばる』を読んでいる。古井由吉のインタビューを読んでいたら古井由吉を猛烈に読みたくなった。以前人に教わったのはなんだったか、読書メーターをさかのぼって見てみたところ『野川』だった、古井由吉ならまずは『野川』だよ、という『野川』だったはずだ、読みたい、朝は、今日は猛烈に読みたくなったのは『日本語組版入門　その構造とアルゴリズム』という本だった、何を知りたいのかわからないというか知ってどうしたいのかがわからないが、読みたくなった。

それから野村由芽、柴崎友香、滝口悠生と、インタビュー、ルポルタージュ、ルポルタージュと読んでいき、次の山崎ナオコーラのルポルタージュコーナーだがインタビューでもあった、HMV & BOOKS HIBIYA COTTAGEの店長の花田菜々子さんへのインタビューで、読んだ、最後、震えた。

山崎「花田さん個人の野望についてお聞きしてもいいですか?」

花田「先ほど言い忘れましたが、本がヒットしてとてもよかったことは、まとまったお金が手に入ったことです。書店員として普通に働いているだけでは、貯金をしたり、開業資金をためることは無理だとあきらめていました。それは職業上の理由だけでなく、貯金ができない性格上の問題もありますが……。ところが大金が手に入ると気づいたとき、自然と『自分の店をやるためのお金ができた』と思い、そこではじめて『どうも自分は、お金があったら自分のお店をやりたかったらしい』と知ることができました。今すぐではないですが、店をやるのではないかなと思います。そしてそれがゴールとも思えず、今回の『本を書く』という一件のように、いつも意外な出来事に直面して思わぬ方向に流れながら生きていきたいです。帰る場所や、一生を添い遂げる相手や、将来の約束、安定した生活がほしいとはやっぱりどうしても思えません。でも何年か後にはそういう気持ちになっていても面白いし、自由に泳ぐように生きていると感じられる時がいちばん幸せです。本のヒットは客観的に考えてまぐれだし、一発屋になれただけで十分幸せです。作家としてやっていくという覚悟や信念は今はないです。本屋として働く日々のことや、新しい家族のあり方などについて、次の本を書き始めてはいますが、その山を乗り越えたときにまたその場所から考えたいです」

『すばる　2019年1月号』（集英社）p.63

『止めたバットでツーベース』に戻る、面白い、でも読書にも飽きた、すぐ飽和する、夜、文喫に行こうかと昨日から思っている、一人で行くのかと思いきや、一人でなく行きたいらしく、遊ちゃんを誘った、予定があるとのことだった、それからまた友だちを誘った、予定があるとのことだった、どうしようと思っている、読書にも飽きた、倦んだ、疲れた、ここのところ僕は「なにかを書きたい」という気持ちがくすぶっている、今日なんかはその最たるチャンスじゃないかと思う、むしろそういう時間を作るために先週、今日は夜は休みにすることにしたような記憶もある、その最たるチャンスを、すぐに飽きる、倦む、疲れる男は、俺は、積極的にそうじゃない時間にしたがっている。

けっきょく「なにかを書きたい」なんていうのはなにも書きたくないということだった、というか、プロセスではきっとなく、得たいのは結果なのだろう、「なにかを書きあげたあとの自分になりたい」という欲望なのではないか、本当にそうか、言い過ぎではないか、わからないが、今のこの自分の様子を見ていると苦労してなにかを書きたいなんていうことはこれっぽっちも欲望していないのだろうなと思う、それこそ、指の動かない、文字の埋められていない、白々と光る画面の前で、5分でさえ座っていられないのだろうなと、思う。

一人の時間を作りたい、孤独が怖い、飽きる、倦む、疲れる。うん、わかった、それじゃあどうしようもないね。

6時、閉店し、結局4人、よかった。1人で終わると思っていたので、よかった。6時、閉店し、『止めたバットでツーベース』の「ヤクルト芸術家」を最後まで読む。凄い。気分が暗い、重い、外に出る気もしないし六本木に行く気なんてまったくしない、けれど出て、行くことにした、行っても行かなくても暗いんだったら行って、もしかしたら明るくなるかもしれないほうに賭けたほうがよかった、それで向かって、六本木なんてどれだけ久しぶりなんだろうかと思いながら町の中を歩いているとそれだけで、やっぱり引き返そうかな、行っても即帰りそう、みたいな気持ちになっていく、「本」の文字が見えてきた、文喫があった。入った。入場料を払って中に入って、人はそう多くなかった、席はたくさん空いていた、静かだった、コーヒーをいただき、暑かったのと重かったので上着とリュックを脱ごうと、ロッカーがあったのでそこに入れて、それから棚を眺めた、ふむふむ、ほうほう、と思って、古井由吉は『辻』と『槿』の2冊があって、『辻』を取った、いやその前に、マグカップ片手で本棚の前をうろうろしていても本を取れないことに気がつき、飲み干すとカップを返し、それからデザインの棚に行って、そこで、このお店にはあるんじゃないか、と思っていたらあった『日本語組版入門その構造とアルゴリズム』を取って、それから近くにあったフォント見比べ辞典みたいな本を取って、それから文芸棚に戻って、『辻』を取った、近くにあった滝口悠生の『茄子の輝き』を取った、それで、ソファを見つけてそこに座った、向こうが大きな窓ガラスの気持ちのいいソファだった、ほどよく音楽が聞こえてきた、音の分散というか消散というか雲散というかの仕方は大きな空間の強さだった、『茄子の輝き』を開き、文字を見て、フォントの本を開き、これかなあ、あれかなあ、と見た、結果、「秀英明朝M」であろうか、というところに落ち着いた、それから『辻』を開いて見ると、同じフォントに見えた。どうだろうか。それから、『日本語組版入門』を読み始めた。どうして、どうして俺はこれを読んでいるのだろうか、と思いながら、読んでいた、俺は今日これを買って帰るだろう、と思いながら、読んでいた。文喫、とてもいいと思っていたというか、楽しい、これはいい、とてもいい、と思った。1500円の入場料を払うことが、とてもいい、1500円の入場料が、「本と出会うための本屋。」というなんていうの、コピー？　キャッチフレーズ？　を成立させようとしてくる、そういうふうに作用してくる。というのは、僕は本屋に行ってもそんなに回遊とかをせずに、目指す棚に行って目指す本を、その周囲を、見る程度、という見方で、買って帰ることになるけれど、入場料というものを払ったことによって、まず「ゆっくり過ごす」という気分が明確にできて、じゃあ、せっかくだからゆっくり本棚いろいろ見ようかな、という気分が生まれた。結果的にはわりとというかまんま、古井由吉と『日本語組版入門』という、今日欲していた本を取ってくることにはなったが、いつもよりもずっと他の本を見ていたような気がする、そして、読むかな、読まないかな、どうかな、という本を、席についてじっくりとためつすがめつできるというのは、もしかしたら蔦屋書店とかもそういう感じで使われているのかもしれないが僕はしたことがなかったので、僕にとっては新鮮で、よかった。じゃあ買うかどうかというとなんだか別問題になってきて、それはそれで僕は自分の感情というか気分の推移をどう捉えたらいいのかはわからなかったけれど、はじめての感覚が面白かった。

僕にとってはたぶんなによりよかったのは、「本を読みに行く」という遊び方というかエンタテインメントというかレジャーというかを提案してくれているように思えるところだったかもしれない。今日は、あそこで、なんかめっちゃ本読もう、であるとか、読み行こうよ、であるとか、そういう行動の提案を、こういうちゃんとした資本のある感じの場所がしてくれるということが、これが何よりも素晴らしいことに思えた、僕はずっと、本にまつわる業界というかに感じていた、作る、売る、まではしてるけど、その先のさ、読むっていうの、どう考えてんの、ちゃんと考えたことあんの、読むって、本にとってめっちゃ大事なことだと思うんだけど、どこまで真剣に考えてる？ という、そういうことを思っていたが、それを、やってくれている、と思った、なんかとても、いいことだと思った。単純に僕の仕事というかフヅクエにとっても、そういう流れが太いものになったら、おこぼれをいただけるので、サンキュー、という気分もあった。

途中でチョコレートのタルトをいただいた、カカオニブが乗っていて、とてもおいしかった。途中で、後ろのテーブルのたくさんある喫茶室スペースから女性二人のわりと声高な会話が聞こえてきて、これまでがとても静かだったことが知れた、「それだったらそれだったでいいんだよ、でもメールのひとつでもほしいじゃん、そう、でもさ」と彼女らのうちの一人が言っていた。

組版組版、ふーむ組版、と思ったのち、少しフラフラしたところ遠藤周作の日記の箱入りの本があって、取ってきた、少し読んだ、箱入りの本を小さい机に置いて、横にはコーヒーの入ったマグカップがあって、という状況は少し緊張のあるもので、これ、汚しちゃった場合ってどうなるんだろうなと思った、あとで調べたら本はすべて買い切りで仕入れているという情報があった、どうするんだろうな。全体に、売り物の本を好きなだけ読んでいい、という状態は、それは書店でもそうではあるのだけど、好きなだけ読んでいいし、好きなだけ読む環境が整っている、その状態は、僕はいくらか後ろめたさがあるらしかった、自分のものでもない本をこれだけしっかり読んでいるとだんだん自分のもののように思えてくるところがあって、危うくページを折りそうになったりしていたから、自分のもののように思えてくるところがあるらしかった。

遠藤周作はすぐに戻して、古井由吉を開いた、いきなりすごかった。

深夜に風が出る。一吹き山から降ろしたように始まり、長い短い間を置いて寄せる。寝床から耳を遣っていると、風につれてあたりが昔の土地へ還っていく。畑がひろがり、藪も林も風に走り、平たく均された土地がゆるやかな起伏を取り戻す。荒涼感が極まって、長いこと避けて来たが落着くべきところに落着いたような安堵が、ないでもない。しかしかりに土地が昔へ還ったとするなら、たかだか何十年来の新参者は落着くどころか、ここにいないこととなる。居を求める若い夫婦はまだここを尋ねてもいない。この土地のことも知らずにいた。あるいはまだ互いに出会ってもいない。ここで育った子供たちは、生まれていない。風が長く吹きつのり、居ながらの不在感は、なまじ居ることの自明さよりも身に染みる。長年ここに居ついてしまったという感慨が、まだここに到り着いていないような怪しみへ、振れる。

古井由吉『辻』（新潮社）p.12, 13

めちゃめちゃにかっこいい。しかしこれ、まだ買っていないぞ？　まだ売り物だぞ？　売り物を撮っていいのか？　ダメじゃないか？　ダメなことをしてしまった。

10時を過ぎた、3時間が経った、コーヒーは3杯飲んだ、そろそろ帰ろうと思って、『日本語組版入門』を買おうと思っていたが古井由吉を開いたら、いや、組版とか俺、関係ないでしょやっぱり、というか、喫緊のなにかが生じたときに買えばいいでしょ、という気になったのでやめて、それでじゃあ古井由吉、と思っていたが、開いたら、いくらか読んだら、どうもそんな気にならない気になっていった、読み疲れていることが影響している気がした、なのでやめることにした、買わないんだな俺、と思った。この2冊は、もしこれだけ読める状況でなかったら僕は買っていた2冊だろう。出版社としてはどういう感覚なのだろう、というのは興味があった、普通の書店に比べて圧倒的に吟味してもらえるというのは、吟味されてしまうというのは、うれしいことだろうか、それとも、さっさと買ってほしいというところだろうか、さっさと買ってくれなんていうことはとてももう言えない状況だろうか。もちろん、吟味されるチャンスを得たからこそ買われた、という場面はいくらでも生じるだろう。よしあしということだろうか。

それで手元に置いていた4冊の本を棚に戻しにいって、デザインの棚の前には閲覧席という席があって、12席のうち5席がそのとき使われていて、そのうち4人がパソコンをカタカタしていた、本を戻して、ロッカーに荷物を取りに行った、そのロッカーの横の本棚をふと見ていたら、時間、時間、時間、時間の文字が並ぶコーナーで、見ると、吉田健一の『時間』があった、なにか目が合ったような気がして、開くと、こうあった。

冬の朝が晴れていれば起きて木の枝の枯れ葉が朝日という水のように流れるものに洗われているのを見ているうちに時間がたって行く。どの位の時間がたつかというのでなくてただ確実にたって行くので長いのでも短いのでもなくてそれが時間というものなのである。

吉田健一『時間』（講談社）p.7

買った。出会い。結局、普通の書店でするような出会い方で出会った格好になった。帰る際、雑誌の棚がなんかあれ、動かせるってツイッターで、とお店の方に聞いてみたところ、そうなんです、見てみてください、ということで、遊んだ。僕はてっきりなんか大掛かりに開くのかと思っていたのだけど、そうでなく、ロッカーみたいになっていて、雑誌が面で置かれているところひとつひとつに取っ手があって、持ち上げると向こうに関連する感じの本が置かれている、というもので、それはこれはものすごく楽しいな、と思った。出た。

六本木を歩いた、人が、知らない顔の人たちがにぎやかに歩いていた。夕飯をどうしようかと思いながら、ケーキしか食べていなかった、思いながら、電車に乗り込み、駅に着き、夕飯をどうしようかと、暗い気持ちだった、なにか暗い気持ちだった、一方で、文喫は明るい気持ちにさせた、僕はこのお店がその「本と出会うための本屋」というコンセプトに向けて純度をどこまで上げていくのか、興味があった、もし上げていくのならば、それはものすごく素敵な強度のある空間になると思った、とにかくこういう場所ができたことはいいことだった、また行きたいと思って、お腹が痛くなってきた、きゅーっとお腹が痛く、吐き気方向の感覚が襲ってきた、ビールと夕飯のポテチを買おうとコンビニに入ろうとすると遊ちゃんがいて、やっほーやっほー、と手を振った、水を買いに来たところだった、それで、腹痛の話と文楽の話をしながら、帰宅した。
文楽の話と遊ちゃんの今日の出来事の話をしながら、少しずつお腹が痛いのが消えていった、ビールを飲んで、ビールをまた飲んだ。夕飯はどうしよう、ポテチという気分ではない、と思い、もう12時は過ぎていた、外に出て少し歩いて、あたたかいそばを食べてまた帰った。それで、吉田健一を少し読む。

我々が時計を見て朝の十時であるのを知るのは用向きの上での意味しか持たないが光線の具合で朝であると感じるのは我々が朝の世界にいるのを認めることで朝の十時であるのはそれを知るもの次第であっても朝であるのは世界が朝なのである。又それが夜であっても昼であってもこのことに変りはない。それは時間の、それもその刻々の流れが世界に招来するそうした状態で時計の針だけでなく鳥獣、草木、気圧その他この世にあるものの凡ての動き、経過、推移がその流れをなしている。又朝というようなのは総称であって朝になれば山川草木がその状態にあるのであり、それが人間であっても生物である限りその変化を受けることは免れない。これは我々の体が我々よりも先に知っていることでこの流れの外に出る時に我々は死ぬ。それ故にこれは我々が生きている感覚とも繋がっていて夜が明ければ我々は朝になったと思う。

同前 p.11, 12

12月14日（金）

夜が明ければ我々は朝になったと思う。どれだけ寝ても朝は眠い。店に行ってトイレで『Number』を開くと平成の日本シリーズの勝った負けたのページで2001年の近鉄ヤクルトの戦いのところで、第一戦のスタメンの名前がすごかった、真中満、宮本慎也、稲葉篤紀、古田敦也、石井一久。監督、ヘッドコーチ、監督、監督、GM。その前年の2000年の巨人とダイエーの写真は優勝してグラウンドを練り歩く巨人の人たちで長嶋監督を先頭に、桑田、松井、高橋由伸とかが先頭集団、その後ろに元木や清水の姿が見える、みな、客席に手を振っている、その中で一人、長嶋の後ろをあるく清原だけが、長嶋の後頭部あたりに視線を据えて、なにか悄然としたような呆然としたような顔つきでいる、ぎょっとした。もしかしたらただ激しく感動しているのかもしれない。

そろそろ体をしゃっきりさせたい。今週はちょっと漫然とというかゆっくりすぎる。働くモードにしたい。ならない。開店までポヤポヤと暮らし、開け、ポヤポヤと働く。

働きたい働きたいと思うが働くことがない。せめてと思ってごぼうをささがきにした。やること終わり。外で煙草を吸うたびに吉田健一を開くが、ものっすごい面白い。プルーストの話が書かれていた。

夕方、山口くんと交代するような感じでまたドトールへ退避。退避であり待機であり、金曜の夜だ、忙しくなってくれ、山口くんが俺を呼ぶくらいになってくれないと、だから、呼んでくれ、山口くん、呼んでくれ、と思いながら、今週は日記が妙に長くなったので見直すの大変だろうなと思ったためもう印刷して、それの赤入れと修正の作業をしていた、特に書く時に長さを気にする自制するということはしてこなかったが先日Webをやってくれている友人が2万字問題解決策がわかったので直しておいた、とのことで、常識的な範囲内でなら無制限で書けるはず、とのことで、常識的な範囲ぜひ超えてみたい！と思った、前に2万字を超えたときに更新できませんのエラーが出る、それを直してくれたようだった、そのため山口くんの話も前回は3記事に分けたが今回は1記事で一気に作れて、今回も、今日までで2万3千字になっていたそれも、今までだったら分割しなくてはいけなくなったところだけど問題なく更新できるのだろう、その長い一週間分の日記を手直しというか赤入れと修正の作業をしていた。時間が掛かった。

それが終わったら今度は『GINZA』の連載の、来月分のものをもう書き始めた。今号分のゲラ確認が昨日とかにちょうどあったところで、だから多分まだ校了にもなっていない、そのタイミングで勝手に書き始めた、本当は「次はこれで書きたいのですが」と伺いを立てて、編集部が判断して、という段取りだが、これまで立てた伺いが斥けられたこともないし、次はこれで決まりでしょ、どう考えても他の人と被らないでしょ、と勝手に思っているがために。そうしたらひとまずのところ書けて、仕事熱心な男だった。

そのあとやっと本を開こうと、『時間』を開いたが、なんだかソワソワしながら読めるものではなかった、7時を過ぎて、夜になった、店は大丈夫なんだろうか、ヘルプは必要ないのだろうか、え、暇なの？と気になり、山口くんに「どんな感じ？　大丈夫？忙しくない？　戻ろうか？」という鬱陶しいLINEをしたところだった、返信はなく、既読にもならない、ということは大丈夫ということでもあるし何かやる仕事はあるということでもあろう、ソワソワは消えない。

こういうときは吉田健一ではなくて野球だ、ということで『止めたバットでツーベース』を開いた、「ジントシオ」、これは長年ロッテの応援団長をつとめた、それから離れたり戻ったりしてから楽天の応援のプロデュースをしている方の話で、「ヤクルト芸術家」とも同じ非公式の応援者たちの苦闘が描かれている、「理想とするスタンドが作れた」という言葉が印象的だった。スタンドを作る。そのあとの「カープのセカイ」はカープを応援する坊さんたちの話で、これもめっぽう面白かった。「仏ってる」で笑った。途中で返信があり、「あ、少し忙しかったのですが、山は乗り越えた感じがします！」とあり、「すごーい！　やるねー！　速くなったねえ！　立派！」と10秒で返し、30分後に「ギリギリ、どうにか、という感じでした！」とのことだった。5時間。今日は5時間近くか。ドトールさんありがとさん。

戻ると、客席はまばらだった、伝票を見ると、予想していたよりも多くお客さんがあったようで、え〜〜〜なにこれ山口くん一人でこれこなしたの〜〜〜！　すごいじゃん〜〜〜!!と思ってうれしくなった。さすがにチーズケーキを焼くところまでは手が回らなかったようで、ボトムを作ろうとし始めたところ、あ、ボトム、と冷蔵庫を指さされ、開けて見るとそこにはたしかにチーズケーキのボトムがあった！　すごい〜〜〜これもやってくれたのか!!と僕は、その成長というかこれはたしかに成長というやつだというやつに嬉しくなってニコニコした。あとで聞いたところによれば、途中で牛乳をこぼしてそこですべてが狂った、もうひとつミスったら阿久津さんを呼ぼうと決めて、そこからまた一段なんか集中できた、みたいなことだった。感涙だよ、と思った。店にいれば、どうしても手伝いたくなる、手伝うというか一緒にやりたくなる、でもそれじゃあ意味がないので、というところでできるだけ、ぼーっと、していた、InDesignを触ったりして、それにいくらか没頭したりしていた、そうしたら、閉店した。

帰り、吉田健一。いつくらいの本なんだろうと思ったら、全然僕は知らないので見当もつかなかった、「プルウスト」とか書くから、「モオツァルト」みたいな感じで戦中戦後みたいな感じなのかと思ったら、1976年だった、没年は77年、と思ったら小林秀雄は1983年が没年だった、なにもわかっちゃいない。ずんずん、面白い。

12月15日(土)

晴れ。寒い。布団の中が気持ちがよすぎて外に出ることが恐怖だった。しかし強い意志の力で外に出た。開店前、吉田健一。2ページ読むその時間で、うっとりうっとりする。

開店し、ゆっくり、先週の土曜日は壊滅的だった、今日はどうなんだろうか、と思いながら、事務仕事を片付けたりする、それから少しずつ席が埋まっていって、ゆっくり働く、途中途中で休憩をしに外に出て煙草を吸いながら吉田健一を読む。開けばこういう文章がある。

どの時代の人間も我々と同様にその日その日を暮して一生を終ったことをこうして我々が時間とともにあることで教えられる。十八世紀のヨオロッパでもそうして一日一日が過ぎて行って夜更しをするのが日常の男女は午後五時か六時に起きて夜会に出掛ける準備をする。その怠惰とか豪奢とか無為とかいうのは今日でも出来る別に珍しくもないことでこれに対して今日と同様に一日一日と日が過ぎて行く中でその夜更しと夜更ししてすることにその男女の生活があったことに真実がある。その夜会もサロンも舞踏会の音楽もあってその空しさは人生の空しさであり、それに従って一転して充実でもあった。貴方は幸福になるというようなことを何故望むのですとワルポオルはデッファン夫人に宛てた手紙で書いている。そこにも時間は流れている。これが昔あったことだと思えるだろうか。その時間がたつということがどういうことかを知っている男がそうして時間がたつのに堪えられなくなった女にそういう手紙を書いている。

吉田健一『時間』(講談社) p.41

夕方から山口くん。そこそこに忙しい、ちょうどいい、土曜日らしい、妥当というかありがたい、そういう日だった、僕は、今日も見守ったり適当に一緒にやったりしていて、まるで疲れない日になった。疲れない日だったこともあり、あたたかいものを食べたかったこともあり、豚肉と白菜と椎茸とかでとろみのついた炒めものみたいなものをつくって、あたたかく食べた。

夜、内沼さんから組版、これが組版というやつだろうか、組版の候補というのか、案のデータをいただき、それを印刷し、カッターで切り落とし、3案あったため、ためというか、岩波文庫の『ブヴァールとペキュシェ』の上中下の3冊を取ってきてそれぞれに挟んで、開いて、ためつすがめつ見比べた。フォントの違いでちょっとずつ印象が違って、どれもいいけどなあ、どれも素敵だけどなあ、こっちはカタカナが小さくなる一方でひらがなは少し大ぶりになったりするのだなあ、漢字も違うものだなあ、どれがいいかなあ、この文字はこっちのフォントが好きだけどこの文字だったらあっちのフォントが好きだなとか、悩んだのちに『ブヴァールとペキュシェ』のページに目を移したら、そこにある小さな無骨な文字を見たら、あまりに異質で、これで問題なく読んでいたのだから、この3案の違いなんて些細なものなのかもしれない、どれであっても、素敵なことには間違いない、という気持ちになり楽な気持ちになった。最初に「これかな」と思ったものを、これがよかったです、と伝えた。

帰宅、耳が冷たい。吉田健一。相変わらずおもしろいが日中に開いていたときのようなきらめく喜びはなかった、眠いせいだろうと思ったし、おそらく眠いせいだったが、これは『新潮』で連載されていたらしかった、時間論、時間についてなんか書くぞ、というとき、連載を続けていくうちに内容ややる気みたいなものが細っていくということもありうるんだよな、最初に書いたもので、そうそう、これが書きたかった、というので、あとは付け足しみたいになるということもあるんだよな、ということは考えた。名著と言われているらしいしこれはきっとそうではないのだろうけれど、そういう連載って世にはきっとたくさんあるんだろうな、と、これまでそういうことは考えたことがなかった。

12月16日（日）

朝、パドラーズコーヒー。昨日、明日はこれだけを準備すればいいから、行けるのでは、朝、パドラーズ、行きたい、と思って、でもルッコラ買わないといけないからスーパー寄らないといけないからやっぱりどうだろうか、と思って、遊ちゃんが外にいたからスーパーに寄れるかどうか伺いを立て、寄れるようだったので寄ってもらって買っておいてもらったので朝、パドラーズコーヒー、に行けた。耳が手が冷たい。今日は最高気温8度とかのようで、道理で寒いわけだと思う。外でカフェラテ。カフェラテのような毛色の柴犬がいて、ひたすらかわいくうつくしかった。

店、朝飯、昨日から「Number Web」で、新着の野球記事がないときは読みたい名前で検索をして昔の記事を読んだら楽しい、と前も一度思ったことがあったそれをまたやって、昨日からなぜか、「小笠原道大」。中日時代の記事が読みたかったが、中日時代の小笠原にスポットを当てた記事は見当たらなかった、いくつか読んだ、その流れで稲葉篤紀の記事を読み、そうしたら今度は「金子誠」。

今週はずっとなんだか、暇だった、金曜と土曜は忙しめというかいい日だったが山口くんがいたので体感としては僕は疲労はないようなそういう忙しさでだからなんだかずっとまともに働いていないような感じがあった、週末は山口くんがいると助かるな、とか思ってしまったりしているのだが、本当はというか目指すというか求めているというかあるべきというか期待しているというか立ちたい場所は、週末にひいひい言わない暮らしではなくて、というか二人で立って一人分が軽減されるそういうものではなくて、だから僕は週末ひいひい言いながら働くことを忘れてはいけない、山口くんの独り立ちのためというか習得中の身のため彼はいま僕と二人で立っているだけで、僕がそれを忘れそうになることがあって、いけない、いけない、と思う。それで今日は山口くんはいない日曜日なのでしゃかりきに働くぞと思っていた、しゃかりきは数日前「ところでどういう意味というか語源というかなんだろう」と思って調べたばかりだった、それによれば「すごいがんばったお釈迦様はすごい力が入っていた」みたいな、釈迦レベルにがんばるみたいなそういうことのようだった、だから今日はしゃかりきに働くぞと思っていた、すると、暇だった、怒涛の暇さだった、働きたいっていってるのに！と思いながら、スイッチはたちまちオフになった。

『止めたバットでツーベース』を開いて、読んだ、智辯和歌山高校の監督の話のあと、和歌山の日高高校中津分校の話で、どちらも面白かった、日高中津は、出てくる地名を見ていたら覚えがあるようなものがあるような気になって、ちょうど内沼さんとやり取りをしているところだったことも手伝ったのか、２０１５年の1月に内沼さんの本屋の講座の人たちとの旅行というか行きましょうあそこへ、みたいなツアーに、僕もほいほいと参加したのだった、そのことを思い出した。２０１５年の1月といえばオープンから3ヶ月くらいであり、ずっと暇だったしずっとほとんど店休日を作らずに店を開けていたそういう時期で、旅行というかツアーは日祝の2日間というものだった、今だったら絶対行けないなと思う、あのときはまだできたというかずっと休んでいなかったしどのみち暇なんだしご褒美ご褒美みたいなそういうことだった、牧歌的といえば牧歌的な時代だったというか牧歌的だった、今が牧歌じゃないかといえばそんなこともなく歌は今も流れ続けている。

暇な時間は続いて、うっすらと、そんなことは思っていた、それは、ePubだった、InDesignのデータ、これ、ePubにして配信するということは、どうだろうか、どういう形で文章データを手渡しするのが一番なのかをずっと考えていたというかずっとではないが考えていて、それで、ePubは、どうなのか、というか、その前に考えていたのは何らかの形でキンドルストアとかにアップしてそれを無料でどうこう、みたいなことだったが、そういうよくわからない考えから始まることは大切というか最初のよくわからない考えはそれでいい、そこから巻き戻ったり押し進めたりして形が見えてくることもあるのだろう、ePubにするには、と思い、調べ、いじり、おこない、全然きれいに表示されない、どうしたらいいのだろう、と調べ、いじり、おこない、やっぱりうまくいかない、どういうことだろうか、ePubでなくてPDFがやはりなんというか妥当にいいのだろうか、リフローとかって必要なものなのだろうか、文字の大きさってそんなに変えたかったりするのだろうか、固定でいいならPDFでいいのではないか、固定レイアウトのePubもうまくできないし（数字がずれたり消えたり括弧が崩れたりする）、PDFでいいのではないか、どうなのだろうか、と思いながらあれこれと調べ、いじり、おこない、mobiに変換するにはどうやったらであるとか、調べ、いじり、おこない、何度も何度もファイルを作り直して見てみて見え方を確認して、CSSを触ってどうこう、して、そうしたらなんだか電子書籍みたいなものができた、パソコンではきれいに見られる、しかし問題はひとつあってiOSのつまりiPhoneのKindleのアプリ上ではそれは横書きになる上にルビは振られないというか「問題もんだい」みたいになってしまう、圏点は完全に無視される、文字の大きさも反映されない、つまりいろいろ反映してくれなくて、でもそれはこれはiOS用のKindleアプリの仕様なのかもしれない、そうじゃないのだろうけれど、Kindleアプリでちゃんと縦書き表示をするにはもっと努力が必要なのだろう、この横書きはこの横書きですっきりしていて読みやすくていいのだけどいかんせんルビが気持ち悪い、圏点が消えるとかはもはやいいような気もするけれど「問題もんだい」みたいなルビはやっぱり気持ち悪い、ではルビを振らなければいいのでは、ともよぎったが、iOSのKindleアプリの見え方のために文章の書き方に制限を加えるのはバカバカしい、と思ったらiOSの場合iBooksであればちゃんと縦書きできれいに見えることがわかった、つまりmobiとePubの2つを用意する必要があるかもしれない、それは変換するだけだから問題ない、Androidの Kindleアプリだとどうなるんだろうか、確認しなくてはいけない、そういうことをしていたら2時になった、飯食わないと、と食い、帰らないと、と帰り、また、InDesignを触っていた、5時になった、朦朧としていて、もう無理だろう、と思い、頭は考えはなにも考えない、こういうことは本当に時間を吸われるなと思った、吉田健一に怒られるぞ、と思い、5時だし、やめて、寝る前にしばらくしばらく『止めたバットでツーベース』を読んだ。

12月17日(月)

昼過ぎに起きて、そろそろ起きようか、眠気もなんとなく薄い感じがある、と思いながらふと、今日手術を受ける友人のことを考えていたら、これは感情移入なのだろうか、なにかこみ上げてくるものがあって、少し涙が出た。どうした。で、起きた。

起きてソファで、すぐにまた昨日の続きでePubであるとかmobiであるとか、そういうことをしていた、これをどうやって配布したらいいのだろうか、という課題というか、メール本文にこのDropboxリンクというのか、のURLを貼りつけているけれど、もっと直接、「〜〜〜.mobi」みたいになんでか貼りつけたい、そちらのほうが受け取る人がスムースそうな気がした。

うどん、2玉。

洗濯機を新しくしよう、なんかいろいろダメな感じになってきた、という話が前からあり、遊ちゃんは家にいて、「今日休みなの?」と聞いたら休みみたいなもの、ということだった、それはどういうものなのだろうか。じゃあヤマダ電機に行こうかということになって、ヤマダ電機に行くことにして家を出た。コーヒーをまず、飲む必要があったためリトルナップに寄ることにしてそちらの方向に行っていると木が宙に浮かんでいて、クレーン車で木を吊り上げているところらしかった、それでちょっと待っててくださいと通行を止められ待たされたので面白がって見上げていた。枝が、電線に引っかかりそうになる、それを止まり、戻り、上がり、微調整しながら移動させていった、無事にトラックの荷台への移動が完了すると、歓声が湧いた。僕と遊ちゃんの。

リトルナップで外でコーヒーを飲んで、おいしかった、目の前のグラウンドではスポーツがおこなわれていたか。向こうの代々木公園の木々は、夕日を受けてなのかオレンジ色に輝いているエリアがあり、その足元は人参色の絨毯みたいになっていた。

そこから渋谷の中心というかにぎやかなところに向かうには、まっすぐに進めば、よかった、代々木公園を左に見て、NHKを左に見て、多くの場合、その道を走るときはその先の交差点で左折をして坂を上がっていくことになる、その先には税務署であったり、労基署であったりがある、年金事務所もそっち方向だった、だから僕はこのルートでその交差点を左折せず直進するというパターンは貴重で、めずらしい気分だった、進んでいくと、東急ハンズが目の前にあった。どこから右手側の大きい通りに出たらいいのか、と迷いながら進んでいったらセンター街のど真ん中という感じのところを通る羽目になり、たちまちうるさい気分になった、抜け出し、ヤマダ電機に着いた。

3階の、洗濯機コーナーを見た。おそるおそるだった。少し前に調べたときに、なんかいいやつは30万とかするっぽい、ということが知れ、いやいや嘘でしょ、ないでしょ、と思っていたが、引っ越しに伴い洗濯機を探していた友人に聞いたところ「20はするみたい……」という答えがあり、どうしよう……と思っていたところだった、そのためおそるおそる見た、おそるおそる見るとはつまり、スペックの低い、安いやつのエリアから順番に見ていくということだった、目を慣らしていく。つまり、「全自動洗濯機」というエリアから始まり、「洗濯乾燥機」というエリアに入り、「ドラム式洗濯乾燥機」というエリアに進む、そういう順番だった。

途中で、近くにいたお店の方に話をうかがった。50がらみのおじさんで、最初は僕が聞いたことに対して僕が求めているような情報でない答えが返ってきた感じがあり、あれ、これうまく成り立たないパターンかな、と懸念したが、早計だった。詳しかった。とてもいろいろいいことを教えていただいた。洗濯乾燥機、といっても縦型のものの乾燥は熱風を上からブワーッとやるだけのもので、タオル類くらいしかまともに使えない、ということがまず、白眉だった。つまり、洗濯乾燥機は中途半端な存在ということだ。それを買う意味はたぶんない、そういうもののようだった。それだったら、全自動洗濯機を買って乾燥はこれまでどおり人間によっておこなわれる、それか、ドラム式洗濯乾燥機を買って全部おまかせする、のどちらかということだろう、というふうに僕は理解した。正しいのかはわからない。僕らはそう理解して、それからドラム式洗濯乾燥機を順繰りに説明していただいた。たいへん、勉強になった。

家に帰るともう暗くて、眠くなって、これはまずいぞ、と思ったため店に行った、閑散としていた、ひきちゃんとの交代の時間までは30分ほどあった、コーヒーを淹れていただき、それで僕は客席について、本を開いた、これは久しぶりだった、吉田健一を読んだ。

それ故に波瀾万丈の生涯というようなのも端から見てのことに過ぎない。その波瀾と形容されることも刻々には一般に考えられていることとは反対に平静に受け留められるもので又それでなければこれを処理することも出来ないのであり、それを我々が処理するから振り返って見てそこには我々が親しんで来た時間の推移しかない。我々にとってそれは親みがあるものでそこは場面や眺めや友達が再現するが事件と普通呼ばれているものはなくて事件というのは時間を一足飛びにたたせて実際に起ったことの荒筋に与えられる名称である。ドレイフュス事件というものは実在しない。併し例えばクレマンソオにとってそれは決闘の場面や多くの人間との対話や炉端での思考だったので晩年のクレマンソオに残されたものはドレイフュス事件でなくてクレマンソオの一生だった。

吉田健一『時間』（講談社）p.62

「或は植物はそうして茂って枯れる。又その間にも時間は世界とともにたって行く。」というのでこの章は終わりで、しびれて笑う。かっこいい。久しぶりに客席でした読書の時間は、気持ちがよかった。山口くんのときもなにも外に出なくても中にいてもいいのかもしれない、作業をしたいときは別だし、作業をしたいときは多くあるし、だからやはりドトールは有力な選択肢だったが。

交代の時間になり、外で、ひきちゃん。ポストに昨日ポチった本が届いていたので取ってきて開けて、こんなの買っちゃった、と見せた。『もじのみほん２・０』。それを、閉店前の時間、開いた、開いて、『時間』を突き合わせてフォントがなんなのかを知ろうとしたが、これが、わからなかった。載っていないやつだったのだろうか。講談社文芸文庫、そのフォント。

夕方にWebをお願いしている友だちに「こういうことをやりたいんだけどDropboxを通してでなくてなんかもっと直接というか送るというか直感的に動きが誘発されるというか方法というかなにかないかな」と相談してみると、「イーサリアムで実装してしてみたい案件」という答えが返ってきて、「いーさりあむ？」と思って、調べてみたが、まったくなんで関係するのかさっぱりわからなかった、そのあとも「個人的にはすげーイーサリアム使ってみてえ案件ｗｗ」と言っていて、技術者の欲望みたいなものを見て、面白かった。でも、もっとシンプルでいいんだ、たぶん、俺の叶えたいことは全然そんなのじゃなくてシンプルなことなんだ、ということを伝えた。答えはＡＷＳということだった、とりあえずアカウントを取ったが、本当にこれなんだろうか、このサーバーというのかなにかに置くということなのだろうか、そうするとなにが、Dropboxを介するよりも快適なのだろうか。本読みたい。

12月18日(火)

昨日は寝る前に吉田健一をしばらく読んで、『止めたバットでツーベース』をしばらく読んで、『生活考察 Vol.06』を開いた、序文というか挨拶文を読んで、目次を見て、速水健朗の「J・G・バラードが予言し、吉澤ひとみが体現した娯楽、テクノロジーについて」が読まれた、面白かった、それで寝た、そうしたら会議室みたいなところに入っていくつも机の島があって、どこに座ろうかな〜と思っていると、遊ちゃんと一緒だった、どこに座ろうかね〜と、見ていたが一番近くの島に座って、見ると知った顔がいくつかあった、そこにいたのか、それとも違う島だったか、オリックスから日ハムに移籍した金子千尋、間違えた、金子弌大がいた、顔は見なかったが、確かにいた、もしかしたら目の前にいた大学時代の友人が金子弌大ということだったのかもしれなかった、わからなかった、大学時代の友人は途中で、扉のすぐのところにある風呂に入って、着衣のまま湯船に飛び込んだ、扉が開いていたからそれが僕からは見えたし、死角になっている人も含めてその部屋にいた全員から見えた、そのあとで渡り廊下みたいなところを歩いていたが喫煙できる場所が見つかったかどうか。

店行き業務。たいして準備することはなかった、開けたらお客さんがどっと来られ、しばらくのあいだバタバタと働いた、なにか久しぶりに「働いている」という感覚になる時間で、うれしかった、『すばる』と『ソトコト』が出てからか、暇な日の割合が高すぎた、どういうことだ！　あるいは文喫がオープンしてからか、暇な日の割合が高すぎた、どういうことだ！という実りのない叫びは叫ばれたとしても、実らない、暇を受け入れるしかない、そう思いながらも下を向いて目を剥いて生きてきたから、今日のその時間帯は救いだった。

そのあとの時間、いったい何をして過ごしていたのだろうか、総じては平日にしては忙しい日で、標準的な金曜日くらいの忙しさの日で、ありがたい日だったが、仕込みがなければ余裕も当然のことながら綽々で、いったい何をして過ごしていたのだろうか、InDesignを触っていたことは覚えている、店のご案内の作り直しの仕上げと、メニューの作り直しを進めることをしていた、きれいにできつつある気がする、これまでは凸版文久明朝だった本文を、今度は秀英明朝でやっていて、凸版文久明朝もすっきりとかわいかったし好きだった、秀英明朝はきれいでうっとりする、打つごとに秀英明朝の文字が生成されていく様子を見るのは、快感だった。

それにしてもなにをして過ごしていたのだろうか。今日もmobiとかePubとかと戯れてはいたが、しかしなんの作業をしたのだろうか、目次というものを作ることを覚えたが、しかしそれだけだろうか、どうしてこんなに思い出せないのだろうか、これが昨日のことならばそんなものかもしれないけれども今はその日の夜中の2時を過ぎたところで、だから僕が思い出したいのはこの夜のことだ、それが思い出せないというのはいかがなものか、「この夜のこと」、その文字がどうしてそうさせたのか、思い出した、夜は店のご案内の文言をけっこう細かく修正する、書き直したりする、そのことにけっこう時間を使っていたのだった、合点がいった、夜は完了、じゃあ夕方とかは？　働いていたのかもしれない、どうだったか、どうだったろうか、本は、今日は、一切開いていない、いいのかそれで、というくらいに、開いていない。いいんだけどさ。

Chromeの履歴を見てみたらなにか思い出せるだろうかと思って見てみたが、これは面白いね、何をしていたのかがわりとわかる、17時55分、「多寡」で検索をしている、同58分、「必要十分」で検索をしている、言葉を知りたがっている、ご案内の文章を書き直していたときだった、19時24分、「オンラインZINE」で検索をしている、「オンラインZINE」と名乗ろうかなと思いつき、これは一般的に使われている言葉なのだろうか、と気になってのことだった、20時9分からの2分間、Googleマップであちらこちらを調べている、明日の行動を考えていた、21時17分、「InDesign　アウトライン化した文字を」、で検索している、アウトライン化した文字を調整できないのだろうかと調べた、まだご案内を触っている、同58分からいくつか仕入れの発注をして、22時16分からmobiとかePubとかに戻った、「添付ファイルは相手に負担か」で検索している、アウトライン化のときもそうだったがどういう言葉で検索したらいいのかわからないことが窺える、それから0時までは、ずっとmobiがどう、という関連のことを調べている、結局、iOSのKindleアプリで自前のmobiファイルを縦書き表記にすることは本当にできないのか、できないはずはなかろう、そう思って調べていたのだが、結局よくわからなかった、ということが窺えた。0時3分に諦めた、同9分、「InDesign目次作成」で検索、同26分「プロ野球 スポーツナビ」。

帰宅後、「Number Web」でアルゼンチンのサッカーの記事を読んだら、「リベルタドーレス」という言葉が見えて、そのときだろうか、ふいに買ったまま読んでいなかった

『ライオンを殺せ』を読み始めたくなった、欲望のスイッチは簡単に押される。

寝る前、『止めたバットでツーベース』。読み終えた。これはなんかすごく名著なんじゃないか、と思った、ずっとひたすら面白かった、奥付を見ると初出が「Number Web」のものもいくつかあったりして、そういえばなんとなく読んだことがあるような気がするものもあったと思ったが、記憶違いだろうか、そもそもこの長さのものはあそこにはないような気がするから、もとにして大幅な加筆をして、という格好だろうか、見てみればいいだけだが。

3時を過ぎていた、早く眠らないと、と思って、そう眠くなかったが目を閉じたら簡単に寝た。

12月19日（水）

いつもと変わらない時間に起きて家を出た、副都心線に乗るために明治神宮前で乗り換えると、千代田線のその駅のホームにはホームドアがなくて、電車が轟々と音を立てて走っていくそのすぐ横を人々は歩いた、それを見ながら、なんて野蛮なんだろうなと思ったし後世、なんて野蛮な世界だったんだろう、ホームドアがないなんて、と人々は目を疑うことになるだろう、と何度か思ったことのあることを思った。

副都心線のホームに出て、電車を待ちながら『時間』を開いた、待っていたのと反対側の乗り場に電車が着いて、電車が走っていった、ふと顔を上げて電光掲示板を見ると渋谷方面のところに僕は立っていて、僕が乗りたかったのは反対側の池袋方面だった、なにも確かめもせずに確信を持って僕はこっち側にいたのだがなんの確信というか自信だったのだろうか。

これまでは地下鉄赤塚であるとかまで鈍行で行って、その30分を楽しい読書の時間として充てていたが今日は「時間がない」という感覚があったために池袋で乗り換える順当な行き方にした、今日は鈴木さんのところに工事の手伝いに行ってそのあと武田さんのところにお見舞いに行く、そういうスケジュールだった、もともとは鈴木さんのところに手伝いに行くだけの予定だったが、そこに優くんも一緒に手伝いにどうかなと思って「明日日中暇ですか」と聞いたところ「明日は仕事なんです。お見舞い？」と来て、「あ、お見舞い、お見舞いか、お見舞いね！」となり、お見舞いに行くというのはいいなと思い、お見舞いに行くことにした、それでお見舞いに行くなら鈴木さんとこはごめんなさいしようと思ったが、よくよく時間を計算してみたら十分に両方行ける、と判断されたため両方行くことにした、そのための早起きだった。それで「時間がパツパツ」

と思いながら『時間』を開いていた。

　併しもしその余計なものが全くなければというのはやはり考えていいことである。それは或る日の日の出からその日の日没までだけのことであっても構わない。その間は時間とともにたって行って現在であるということは世界の刻々の変化とともにあってそれを他のものと取り違えないでいることでこれは凡てのものがそれがあるがままに眼に映ることであり、それに即して何かする自分の手付きも時間とともにあって過たないことである。併しそのようなことよりもこの状態にあっての認識の働きを思うべきで時間が海ならばそれは世界をそのうちに包み、その海が世界であって認識はそのどこにも届く。そしてこれは海でなくて時間である。それはそこにあるものの一切が時間の変化を備えていることであって別な言葉で言えばこれはそれが生きていることであり、その曾ての現在にあってのどのような人間の言葉もそれで生きて響く。或は眼の前にある木の葉の輝きがその通りに輝くものに見える。

吉田健一『時間』（講談社）p.86

　ずっとビシビシといいのだけど、この「これは海でなくて時間である」がなんだか妙に面白くて笑った、え、一文前に時間を海に喩えてみたの吉田さんあなたご自身なんですけど、という、笑い。愉快。かっこいい。

池袋で降りて、そうだ武田さんになにか本でも買っていこう、なにかというか、『時間』を買っていこう、読んでるかなどうかな、読んでたら遊ちゃんにあげよう、なのであるようで、『時間』を買おう、と池袋駅の本屋を調べたところリブロのあったところに三省堂があるようで、リブロが、多分僕は行ったことがないのだが、リブロがあったということはきっと大きいだろう、では三省堂だ、と思い三省堂を目指したが場所がわからず駅の方に聞いてみたところ、三省堂と言っても伝わらなかったが、リブロがあったところ、と言い直したら伝わった、ちょっと遠いですよ、ずっとあっち、反対側、ということで、そうなのか、僕これから東上線なんですけど行って戻ってっていう感じになりますかね、というと、そうだということで、ふーむと思っていると、三省堂じゃないとダメなんですか、と聞かれ、品揃えがある程度いいところがよくて、と答えると、そこの上のところにも本屋さんがありますよ、それなりに広いですよ、ということで、どうかなあ、あるのかなあ、吉田健一、『時間』、と思って、やや躊躇していたところ、「そこ行ってみますか」と駅員の方は言った、「そこ行ってみますか」、なんだか、とてもいい言葉というか提案というかだと思って、途端に「行く行く!」と思ったため行き方を教わり、辞した。

で、言われたとおりの場所にたしかに書店がありそれは旭屋書店だった、入って、文庫の棚のところに行き、講談社文庫の棚のところに行き、しかし見当たらず、講談社文芸文庫自体見当たらず、うーむ、とうろうろしているとお店の方の姿があったのですいません講談社文芸文庫の場所は、とお尋ねした、さっきいたところに連れていかれ、そして指さされたところを見ると二冊、表紙を見せた本が並んでいた、その二冊のうちの一冊が吉田健一の、なんとかというやつだった、ニアミス！と思って、視線をそのすぐ下の棚に移すとそこはもう違う文庫で、あれ、まさか講談社文芸文庫この二冊だけってことはないよな、あれれ、と思って、この、二冊だけですか……？と聞くともう一段下の棚を指した、そこに、一列分、目当てのレーベルというかシリーズというかが、あった、礼を言い、しかしこの一列だけで、『時間』がピンポイントにあるとも思えないというか期待薄だよなあ、と思いながら目を滑らせていくと、あった。なので取って、それから『新潮』を買おうと、滝口悠生の日記を読もうと『新潮』を買おうと雑誌のコーナーの文芸誌のコーナーに行ったところ、見当たらない、あれ、どうしてだ、と思ってうろうろしたがどうしても目に入ってこない、それでうろうろしていたらお店の方の姿があって、さっきと同じ方だった、申し訳なさを覚えながらすいません文芸誌の『新潮』はありますか、と尋ね、さっきの棚に連れていかれた、ここになかったらないってことですよねえ、ええと、ええと、と、お店の方が探しているから僕も改めて順繰りに背を見ていったところ、『小説新潮』であるとかはあるがそうじゃなくてただ二文字の、と思い、見ていったところ、あった、「あ、見つかりました」と言って、取って、礼を言った。買うのにレジの列に並んでいると、前のベビーカーを押した女性の手の中にあった小さな本は「さいたまののりもの」というものだった。

すっかり遅くなった、11時には着くと言っていたが本屋を出たら11時20分だった、東上線に乗って、数駅、乗った、降りた、ときわ台は晴れていた、それで鈴木さんの物件に行くと店っぽくなりつつある空間があった、厨房内はペンキが塗られ冷蔵庫やシンクやガスコンロが置かれ、客席はこれから床に張られようとしている足場板が並べられている、高いところにはレールが浮かび、照明がつけられている。鈴木さんは養生テープを剥がしていた。

僕も剥がし、それから床板を張る作業を始めた、板を置いて、位置を決めて、ビスを打ち込んでいく。僕はビス打ちを担当し、鈴木さんが丸のこで板を切っていった、少しするとインパクトの充電が切れたため昼飯を食いに出て僕はチャーハンを即座に選んだわけだったがそれは昨日読んでいた『止めたバットでツーベース』の「ＰＬチャーハン」に触発されたのだということはすぐに気がついた。

午後も勢いよく、僕は3時で帰るので3時までに床張り終えましょう、と言って、やたらな勢いで床を張っていった、みるみるうちに床ができていった、もともと足場板として使われていた古材ということでラフな状態のものだから、僕もラフだったというか、一定の慎重さは保持しながらも勢いを重視してやっていった、フヅクエのときはもう少しカチッとした素材だったので取り返しがつかなくなりそうな気もしてもう少しカチッとやっていた気がする、どうだったか、５人くらい来てくれて、みなで上手に分担しながらやった、楽しかった日だった、そんな記憶があるが、どうだったか、どんな勢いでやっていたのだったか、忘れたな。

3時になると、惜しかった、全部はできなかった、しかしほとんど済んだ、素晴らしい、と思って、それから中二階というのかロフトというのかの席に上がらせてもらった、それはいいエリアだった、ここでべろ〜っとしながら本を読めたら気持ちがいいだろうなと思って、そう言った。で、帰った。ひたすら楽しい時間だった。

池袋、それから渋谷、そこからバスに乗った、本を開いてもうたうたとした温かい眠気がこみ上げてきて、でも眠るわけにもいかないというかどのくらいで着くものかわからないから眠るわけにもいかなくて、うたうたとしながら、バスに揺られていった。世田谷駅前で降りて、それからコーヒーでも買っていこう、俺が飲みたいから、と思って地図を見るとYOUR DAILY COFFEEが近かったからそこに向かった、歩いていると上町のバス停があってもうひとつ先まで乗っていればよかった。歩いていると向こうからドラゴンズのジャンパーを着た人がやってきてすれ違った、武田さんのお見舞いだろうか！と思って愉快がって、すれ違ってから背中を見ると「NOMO」とあり「16」とあり、だからドラゴンズではなくドジャースのジャンパーだった。コーヒー屋さんに着いて、カフェラテのどうしてだか大きいサイズを頼んで、俺が飲みたいから、頼んで、それができるのを待っているあいだ外のベンチで煙草を吸っていた、目の前の通り、古びた建物、静かな町の音、それらの中にあって、世田谷という場所はいつも僕は全然よく勝手がわからないなあ、と思う、いつも、世田谷という概念みたいなものを捉え間違える、世田谷ってこういう感じなの、というのがいつもずれる、不思議な感覚だった。

『時間』は、今日は細かい移動のあいだで読んだのは4ページくらいだった、進まなかった、そもそも眠たかった、それでもその4ページの、何度も行き来しながら、なんの話だっけ、忘れちゃったな、と思って少し戻ってまた数行読むようなそういう読み方は、こういう読み方もいいなと思った、全部がほとんどパンチラインみたいなことになっているから、ということもあるけれど、なんというか、息の長い文章だけど全体がではひと息で書かれているかといえば決してそんなことはないはずで、何日もかけて書かれているだろう、もしかしたら一日一文だったりするかもしれない、それは言いすぎだろう、段落くらいだったらもしかしたらそうかもしれない、区切られ方の必然性のなさそうな感じがその想像をいくらか肯定してくれる感じがする、そんな書かれ方の気がする、知らないけれど、とにかく一回につき数行とかずつ読むような読み方は一気に一気に読むよりももしかしたらずっと書いている人間の呼吸に近づくだろう、これは一気に読むことでは味わえないことかもしれない、だから、だからというか、

と、考え事を、目の前の静かな情景を眺めながらしていたところカフェラテができた、いただき、引き返し、病院を目指した、空が次第に暗くなってきた、夜になるよ。

武田さんの病室に入ると、武田さんがいた、タブレットと本が乱雑に積み上がった場所があって、武田さんの部屋だ、と思った、「バレンティンのような」と言われていた腕に目が行った、紫色の、たしかにバレンティンのような太い太い腕があってそこを骨

折して手術した。術後のレントゲン写真を見せてもらい、長い杭のようなものが腕にまっすぐ通っていて、上端と下端を二本ずつとかのボルトが固定している、という格好だった。人間はすごいことを考えるよねえ、ということを話したあと洗濯機の話をした、武田家が結局選んだものを教えてもらい、やっぱり結局そこらへんになるんですよねえ、なんかそういうことですよねえ、というような話をした。それから左投げの練習をしようかなということで、これから左投げをするというのは普通野球を始めたばかりの6歳とか7歳とか8歳とか9歳とかが投げるという動作を身に付けていくのをこの歳になってから一からやれるということであり、それはもしかしたらものすごく興味深い面白いことかもしれない、ということを話していたら、部屋が暑かった、静かな音で音楽が機器のうちのどれかから流れていて、なにを聞いたらいいかわからなくて、ジャック・ジョンソンをずっと流して穏やかな気分でいる、というようなことを言っていて、なにか「あっ」というような心地を覚えた、きっとつらいよなあ、という。

しばらくいて、夜の予定があったのでそろそろ帰ろうかなと思っていると、武田さんの野球仲間の人たちがやってきて、5人とか6人とか、やってきた、なんとなく帰りそびれてしばらく突っ立っていると、とんかつさんが僕を他の人たちに紹介したところで、日ハムファンで、というところから、プロ野球の話になって（それまでも武田さんの投球のことや今後の守備位置のこと等が話されていた)、ガルシアが、西が、藤浪が、今永が、と野球選手の名前が出てきてどんな名前もどんな数字も誰かしら引き受ける人がいる、ぽんぽんとやり取りされる野球をめぐる言葉が部屋を満たしていって、なんというのだろうか、「野球ｗｗｗ」と思って、面白かった。で、帰った。

遊ちゃんと待ち合わせ、日本酒とビールを買って、家に帰った、それで僕はとりあえずシャワーを浴びて、それから鍋をだいたい遊ちゃんがこしらえてくれた、僕はいくらか切ったりしていた、酒と肉団子と白菜と大根と長ネギと味噌と酒粕の、鍋だった、ビールを開けて、飲んだ、今日はこの家の忘年会というていで鍋を食べようという夜だった、鍋が完成するまでのあいだにビールが2本飲まれ、途中で話の流れで遊ちゃんが「入籍する?」と言うから、おいおい、と僕は思った、なんせ僕は今日、鍋をつきながら、日本酒を飲みながら、「どうだろうか、結婚しないだろうか」と言おうと思っていた。それで鍋ができるまで結婚の話をして、することにしたのだけど、鍋ができて食べながら、その話を続けた、鍋はおいしかった、バクバク食べた、僕はなんだかとても嬉しいことだった、幸せだと思った、日本酒を飲んだ、甘くておいしかった、なんというお酒だったろうか、結婚の話をしていたら口論に近い議論になって、いやほとんど口論だった、僕らは喧嘩をまったくしないから口論みたいなこともほとんど記憶にございませんというくらいにしないから、それがこういうときに起こったその滑稽に途中途中で笑ってしまいながら、僕は早起きと一日の疲れとアルコールでたちまち酔っ払って眠くなって、9時過ぎには眠っていた。

12月20日（木）

9時過ぎに起きた、まったく全然まだまだ眠かった、どうなってるんだこの体は、と思いながら起きて店に行き、飯を食い、少しぼんやりしてから八百屋さんに行って野菜を買って、仕込みをした、いくつか開店までに完成させたいものがあった、11時、山口くんが来るはずだった時間に来なかった、開店準備を山口くんに任せて僕は仕込みを一気呵成に、というつもりだったので、困って、あれ、どうしたかな、時間間違えたかな、そう思いながらも連絡している余裕もないので一気に仕込みをがんばり、間に合わんな、諦めよ、と思って外で煙草を吸いながら連絡をした、それから戻り、またがんばって、そうしたらだいたい済んだ、よかった、と思って店を開けて、しばらくワタワタと働いていた、午後になって返信があり夕方からだと勘違いしていましたということで、そういうことだよね、よかったよかった、そしたら俺は夕方まで一気呵成で働こう、と気持ちというかつもりを切り替えて、カレーを仕込み、トマトソースを仕込み、チーズケーキを焼き、等々、ガシガシやっていった。

夕方に山口くんがやってきて、来る時に野菜をいくつか買ってきてちょうだいとお願いしていた、そういう買い物をお願いするときはいつも「いつもと同じ時間に出たらいいからね」というふうに言っていて、だから16時インの日だったら買い物分のどれくらいだろうか15分とか、遅くなって構わないというか構わないもなにもお願いしているのだからそういうことで、そういうことだったのだけど、だから、だからというか、今日山口くんは何時に来るかな、なんか反省みたいなやつを表現するために早く来たりして、と面白い気持ちで待っていたら、15時57分には来て、「反省みたいなやつの表現ｗｗｗ」と思って愉快がった。あとでそのことを聞いたらうっすら笑いながら「今日は早く出ました」と言った。

仕込みもだいたい済んだので僕はドトール待機を今日もすることにして、ドトールに来た、それで昨日の日記を書き、それから『生活考察』を開いて柴崎友香と滝口悠生の散歩対談を読んでいた、高田馬場のあたりから、二人は歩いた。

日無坂と富士見坂のY字路の写真を見たらなにかぐっと掴まれた感じがあって泣きそ

うになった、夜で、坂の上がったところから始まるY字路を見下ろす格好で撮られた写真で、真ん中には「Y」の「V」のところに沿った形の古い屋敷みたいな家があって敷地内なのか建物の後ろ側には高い鬱蒼と茂った木の葉の影が黒くべったりと、『イレイザーヘッド』の髪型みたいな形と濃さでべったりとあってその上が空で、坂の向こう側にはそれぞれビル群があって、坂のわきにはぽつぽつと明かりがあって白くなっていて、それを見ていたら、そしてこれは2018年の7月27日収録ということで、その7月の一日、夏の夜がたしかにあって、たしかに二人（というか編集者含め三人）がたしかにこのときこの道を歩いて、歩いてというかいて、いたということ、そのとき僕もたしかにどこかでなにかをしていたということ、それがなにかブワッとやってきて、感動した。そもそも夏の夜というものに僕は弱い。あの暑かった日々が、そのことをリアリティと遠さとともに思うと、それだけですでに感動している。

それから歩いたあとにタイ料理屋に場所を移してというか腰を落ち着けて話が続けられて、読んでいたら、よくて、読んでいたらそういえば昨日の夜に遊ちゃんと話しながら、ほとんど口論という形の会話をしながら、僕は何度かうっすらと『茄子の輝き』のことを思い出していたということを思い出した、会津若松で車の中で交わされたやり取り。日記の簡潔で豊かな記述。そういうそれらを思い出していたそれを思い出した。なんというかそんなときにまで思い出される小説というのはそれはなんというかすごいことだよなと思う。大切な小説ということだろう。

それから岸本佐知子の日記。笑いをこらえながら読む、姿勢を変えたり顔の角度を変えたり息を止めたり目をそらしたり四苦八苦しながら読む、プスッ、プスッ、と笑いが漏れる。それから、ペラペラとしていたら「はてなダイアリー」という言葉が見え、「はてなダイアリー」という言葉に僕は弱いため、読む、栗原裕一郎。

店戻り、佃煮を作る等、少しだけやることをやり、済んだら席について読書、席についた瞬間、ドラッグストアが目に入り、あ、トイレットペーパー、と思いドラッグストアにおもむきトイレットペーパーを買って戻って席について読書。多和田葉子の『穴あきエフの初恋祭り』の「鼻の虫」。鼻に生息する小さな小さな虫のことを楽しく思いながら暮らしていた。たしかに楽しそうだなと思った。本当にいるのだろうか。それから吉田健一。

途中から夕飯にチャーハンを食べたくなり、なにがあるっけか、ということばかり考えだす。ごぼうがあって豚肉があった。ごぼうチャーハンって作ったことないけどおいしそう、香りと食感、と思い、そのことを考える。セブン行ってキムチ買ってきてキムチも入れよう、と思う。閉店し、山口くんが片付けている横でチャーハンを作り出す。ピーラーでごぼうをピールして、ピールとは、と思い、「ピール　意味」、「ピール（Peel）〝フルーツの皮の小片〟を意味する。」、「peeler」、「皮むき器、皮をむく人　お巡り、警官　ストリッパー」。警官、ストリッパー。おもしろい。ピールして、豚肉を小さめに切ったのを入れて、炒める、肉に火が通ったら中華だしとお酒とみりんと醤油を入れる、その時点でおいしいおかずに見えて食べたくなった。でも卵をすでに割っているからチャーハンだ。キムチ入れる。その時点でおいしいおかずに見えて食べたくなった。でも卵をすでに割っているからチャーハンだと思っていたがこの炒め物に卵が入ってもきっとそれはおいしいからチャーハンでないといけないという道理はない。しかしチャーハンだ。炒めたものを取り出し。油を引き、熱し、卵。ふんわりしたらご飯を投入し、がんばる、ご飯が大量すぎてうまくいかない、しょうがない、さっきのやつを戻して、混ぜる、べったりする、しょうがない、おいしいことには変わりはない。で、完成したので皿に盛る。大量のチャーハンができた。

食べながら、『マーティン・イーデン』の話をする、それは食べ終わってからだったろうか、有名になった途端成功した途端に近づいてくる人たちのところとか、うわーって、もう終わった話だって、そうだよねえ、もう終わった話なんだよね、終わっているし、これまでも書いてきたしこれからも書いているそれだけなんだよね、俺はさ、なんかずっと怒っている気がするんだよね、バーカ！　バーカ！　って、フヅクエなり俺の仕事なりをバカにしていたなんか仮想的な敵というかなにか存在に対して、見返してやるってずっと思っている気がするんだよね。でも怒りドリブンなものって、どこまでいけるのかな、って思うんだよね。それは僕も最近ずっと考えていることです、楽しいだけでは楽しくないと思うのだけど、怒っている者は楽しんでいる者にはどうやっても勝てない気もしたり、しているところです。


そういえば一日、筋肉痛だった、きれいに筋肉痛になった。悪くない痛みだった。

帰宅後、飲酒、寝る前、『ライオンを殺せ』を取る、おとといだったかに「あ、これは、読みたくなったかも」となって、結局読まず、「結局読みたくならないのかな」と思ったが、やっぱりなっていたらしく、取った、『ライオンを殺せ』、ホルヘ・イバルグエンゴイティア、覚えられる気がしない。

エピグラフというのか、エピグラフではない気がするけれど物語の始まる前、右ページに小さい文字で舞台の説明がある。

アレパ島はカリブ海に位置する。簡易百科事典なら次のように記述しているかもしれない。「形は直径三五キロの完全な円形。人口は約二五万人で、黒人、白人のほか、グアルパ系インディオから成る。主な輸出品はサトウキビ、煙草、完熟パイナップル。首都プエルト。アレグレ（「陽気な港」の意味）に総人口の約半分が集中する。八八年に及ぶ英雄的独立戦争の末、やむを得ぬ事情でスペインが撤退し、一八九八年にアレパは独立国となった。一九二六年時点で立憲共和制をとっている。独立戦争最後の生き残りで、《独立戦争の英雄少年》として名高い陸軍元帥ドン・マヌエル・ベラウンサランが大統領を務め、憲法上最後となる四期目を首尾よく全うしつつある。」

ホルヘ・イバルグエンゴイティア『ライオンを殺せ』（寺尾隆吉訳、水声社）p.10

これだけでうれしい。ホクホクするところがある。ところでわざわざ説明しているくらいだし聞いたこともないしアレパは架空の国だよな、と一応調べてみるとパンの名前として出てきた、「すり潰したトウモロコシから作る、コロンビアやベネズエラの伝統的な薄焼きパン」とのこと。ホルヘさんはどこの人なのだろう。

それで読み始めたら、独裁者の話で、独裁者が出てきて、対抗勢力の人がひとり殺されて、そういうことが起こっていた。

面白くて、すぐにたちまち面白くて、すぐにたちまちずいずい面白くて、「ラテンアメリカ！」と思って喜びながら寝た。

12月21日（金）

それにしても本当に低調な日々が続く、二週間くらいだろうか、今月ずっとそうだろうか、売上的に明らかに確かに低調で、ふーむ、どうしたものか、と思いながら、思うだけで済ませ、というか思うぐらいしか僕にできることはなく、それで店を開け、なんとなく慌ただしい気持ちで働いていた、今日は16時に山口くんがインの日で、そうなると16時というのがひとつの区切りというか目標点というかなにかに設定されるようで、16時までにどこまでやれるだろうか、いけるところまで、行くぞ、みたいな気持ちになり、どんどこと働くことになる、煮物をこしらえ、カレーをこしらえ、チーズケーキに取り掛かる、ガシガシ働く。

なんでだか、それはそれとして、総じて時間に追い詰められている、という感覚が強くやってくる。なにも間に合わない、と思う。なにに間に合いたいのか具体的なものがまったく見えないからただなんとなく焦る。なにをしたらすっきりとした、なにかに追いついた気持ちになれるのだろうか、そんなことを思いながら働く、今日はいい調子の日で、うれしかった、とんとんと、山口くんが来るまでに昨日一日分の数のお客さんが来られた、最悪の金曜日にはならないで済むということだった、よかった。

夕方、ちょうど立て込む時間で山口くんと二人でパタパタと働いたのち、店を出て、ドトール、打ち合わせ。文章を書くお仕事の話。キャパ的にやれる気があんまりしない、きっとお断りするだろうなと思いながらお会いしたが、話しているうちに、なんとかやれるかな、やり方があるかな、という気持ちになり、前向きな気分に変わった、よかった。

話が終わり、僕はドトールが待機場所なので残ることにして残っていると、だんだんやっぱり無理なような気がしてきた。甘いものを食べた。

なにかに追われているのならばとりあえずタスクを片付けていこうと、印刷してきたご案内書きの文章を再度推敲して、完了とした、これは印刷して製本テープでまとめたら終わり。メニューはまだ完成していない。年内に印刷して差し替えたい。年が明けたら明けたところから消費税が発生するようになる、なるというかそういう設定をしないといけない、これはどうやるんだろうか、そういうのが不透明なのがなにか間に合わなさみたいな感覚をもたらしているのだろう。

ご案内書きタスクが済んだので『ライオンを殺せ』を開いた、のんきに面白い。野っ原で人々は、サンドイッチを食べている、待望の飛行機が、やってくる。

その時、フロントガラスの縁に両肘をついてデュッセンバーグの車内に立っていたドン・カルリートスが、望遠鏡で遠くを見つめたまま叫び声を上げる。
「来た！　来たぞ！」
誰も食事をやめず、皆サンドイッチを手に持ったまま、望遠鏡の指す方向を一斉に振り向く。空に見えた点がだんだん大きくなってくる。

ホルヘ・イバルグエンゴイティア『ライオンを殺せ』（寺尾隆吉訳、水声社）p.65

基本的にアクションの積み重ねで、ふいにそれがなにかグッと、自分にというか自分みたいなものに近づく瞬間があって、「あっ！」となる。

途中で、というかすぐに集中というか気が散漫になり、散漫に読む、読めないな、と思う、そろそろ店に戻ろうかな、店に戻って読書ということにしようかな、先日やってみたら意外に快適だったあれをやろうかな、と思いながら散漫な気でいて、と思って、結局「いつ呼び出されるかわからない状況でなにかに集中する」というのはけっこう僕には難しいことのようだった、それは実感している、だから、呼び出され得ない状況を早くというか、いや、忙しいって言われても、どうしろと？　俺今日オフだよ？　がんばって乗り切って？　というふうにならないといけない、いけないというか、ならないと、いややっぱり、いけない。ドトールで待機している場合じゃない、それでだから、散漫なので散漫なときは小説でなくこっちかな昨日のように、と、『生活考察』を机に出して、開こうとしたところ山口くんから「あくつさーん、ヘルプお願いしまーす」というＬＩＮＥが入って、いつでも気軽にＳＯＳしてねと言ってはいたけれどこれまでそれが発生することはなくて僕がドトールに疲れて倦んであるいは閉店時間になって戻るということしかしていなかったから、やっと来たぜＳＯＳと思い、大田泰示がガッツポーズをしているスタンプを即座に返し、「いま！！！　いきます！！！！」と即座に返し、いそいそと喜びながら店に戻った、そうしたら忙しそう、洗い物まったく追いついていない、そういう状況の山口くんの姿があり、言われたとおりにあれこれこしらえたりして、元気よく働いた、楽しかった、忙しい金曜日だった、いろいろ忙しく仕込み等もがんばった、働いた、働くことは喜びだった。

それにしてもこれがもし山口くんがいなくて一人だったらと思うと、やっぱり大変なんだよなあ、と思った、やるよ？　一人でもやれるよ？　でもこれは閉店後１時間とか洗い物し続けるコースなんだよなと思って、明日からは3連休で、その前日で疲れ果てるとか、勘弁で、山口くん今日いてくれてほんと助かったわと思ったが、そういうことじゃないんだよな、そういう用途というか目的というかどの語を用いても手段という感じが出てしまうけれど、そういうつもりで人員が必要だったわけじゃないんだよな、二人で一緒に働いて楽ちん楽ちんとか、そういうことを求めていたわけじゃなかったのに、週末の一日でも二日でも山口くんに入ってほしいなと思うこの感じは、まずいなと思う、甘えちゃいけない、甘えちゃいけないというかこの甘え方に慣れてはいけない。

山口くんは最後の方の時間はひーひー言いながらひたすら洗い物をしていた。疲れた、と言っていた。おつかれちゃん。

帰って、明日はご予約がすでに6つだったか7つだったか入っていて忙しい日になるのかもしれないしそうではないのかもしれないが忙しくなるかもしれないそんな気配というか予感というか願望か、とにかくそういうところで日記の推敲を先にやっといた方がいいような気がした、いつもは土曜日の営業中にするがその余裕というか隙間があるかどうかわからなかった、それで印刷して持って帰って、推敲をしていた、今週は2万2千字とかだった、2万字を超えたら長いという感覚がある、読み直していると、今日書いていた山口くん依存への危機感みたいなもの、同じことを週の頭の方に書いていた。推敲が済む前に眠くなり時間は3時で、眠るべきだった、少しだけ『ライオンを殺せ』を読んで寝た。

12月22日（土）

初台の坂の途中に作っていた老人ホームかなにかが夜に通ったら上品な光を放ってぃて道にそれがこぼれていて見ると、中にはもうソファその他の調度品が置かれロビーとして完成していて驚いた、つい二週間前くらいはまだ何十人もの人が入って壁を作ったりしていたし壁を作っているときは中はまだなんの細工もされていないスケルトンの状態だったように記憶していた、資材置き場として機能していると思っていた。つい一週間前とかに外壁ができてきれいになるものだなと思っていた矢先だった、一週間はさすがに言い過ぎだろうか、いずれにしても急速だった、何十人もの人の手が入るとこんなに急速に物件というものはできる。

店、土曜、3連休、ご予約がすでにたくさんありいくらか緊張するというか身構える、開店までには、開店までには、といくつか完了させないといけないタスクがあった、何十人もの人がもしいたら、一瞬で終わるだろうか、そうでもない。余るだけだった。

　悩み事というか迷い事があり、珍しい迷い方だった、この話を内沼さんに相談したかった、『読書の日記』とも関係ないことではなかったからというか関係することだったし、相談するのは変なことではないようにも思えたが相談するというのはハードルがあるものだと思った、あきらかにたしかにただ「時間をいただく」ということはやはりなにかハードルがあるらしかった、僕だったら人からなにか相談されたら「聞くよ聞くよ、なにか言えることがあれば言うよ」という、頼られたことに対するうれしさみたいなものがあるからまったく嫌じゃないと思っているからそれを反転させればいいとも言いたいところだが人が違う、相談みたいなことなんてしょっちゅう舞い込むだろう、むしろ相談を受けることが仕事みたいなところすらあるかもしれないそれはわからない、わからないけれどなにかおいそれとは、という気分がある、おいそれは言い過ぎかなと一瞬思ったが「おいそれ」とはなんなのか。

　それでメッセージを打ちながら、最初はうんぬんかんぬんで、「今度どこかでお時間をいただくことはできませんでしょうか？」でおしまいで、しかし、それに対して返せるものって「はい、かまいません」くらいしかありえないような気がして、それは無益な往復運動を誘うだけだから無益なことは避けたい、「今度どこかでお時間をいただけたら、とてもありがたいです」にして、そこから、どうしたらいいものかな、そのままだったら「あ、いいですけど、えっと、いつ?」ということになるだろう、無益な往復運動を誘うだけだから無益なことは避けたい、いつか。僕は話したいから話したいのであって早いとうれしい、特に早くなければいけない話じゃないけれど早いからうれしい、だから希望は年内ということになる、しかしそれはもう今週だ、さすがに失礼というか暇もないだろう、希望を伝えることはタダでできるから伝えてみても構わない、「1時間くらいいただけたら、と思っているのですが、年内はさすがにもう厳しいですよね…?」に進み、「もし、余裕のあるお日にちお時間があったら、教えていただけたらと!(すいませんずいずいと)」とずいずい勝手に進んで、送った。結果、「相談させていただけませんか?」から「今週相談させていただける時間ってどこかにありませんかね?」にまで変形していてって、面の皮、と思った。たしかに厚くはなっている。

するとほどなくして返信があり、ご返信があり、ありがたいことにぜひぜひということだった、それに続いて「ところで無理を承知でなのですが」とあり、「そのご相談を25火曜の朝10時から公開でやるのは、」とあり、渋谷のラジオだｗｗｗと思ってここで僕はすでに笑ってしまったが、そのあとに「やっぱり、あんまりですよね?」でとても笑った、「やっぱり、あんまりですよね」、というのはとてもいいなと思った。月一でパーソナリティを務めているラジオの放送があってわりとそういう方針らしくゲストであるとかを直前に決めていてまだ決まっていなかったし、年内っていうとそこかあるいはもう一日か、くらいしかなくて、もちろん年明けでも、ということで、僕にとってもその日はちょうどよかったし、クリスマスの朝にお金稼ぎの話をするのは愉快なような気もしたし、微妙すぎる知られ方の人間が微妙な金稼ぎを考えていてそれを相談するというのはなんというか、微妙さゆえに面白い、あまり外に出てこない話のような気がして、それはなにかいいコンテンツなのではないかと思ったし、可能性は低い気がしたがもしかしたら聞いている人から僕がいま課題に感じている具体的なことの解決策を、発することによって教えてもらうきっかけになるかもしれなかったし、相談したいことの中で外に出せない話ってなにかあったかな、どうだったかな、と頭の中でセンサーを働かせて精査したところ特にはないような気もしたので、それだったらまったくありだなと思って、でもそのまま「そこでぜひ！」と言うとただ妥協というかおもねりというか遠慮というか、そういうものにも響きかねない気がし、上記のようなことを書き、それでお願いした。

それが開店前と、開店してしばらく経ってからのことだった、ご予約が2時に、5つあった、そこまではゆっくりした調子で、そこからドカーンだった、ひたすらがんばった、がんばっていると夕方に山口くんがインして、山口くんもがんばった、夜になって少し落ち着き、一段落した感じがあり、日記の推敲がこのままだと終わらない！というそういうたぐいの焦りから、ちょっと30分だけ抜けるねといってドトールに退避した、そこで推敲をした、なにか、山口くんが入っている日はドトールに行かないと済まない体になってきたのかもしれない、と思った。

帰宅後、年末年始のことを考えていたら、東京に戻る日のことを考えたときに、親が大宮に帰る車に便乗できたりしないかな、帰るのってこの日あたりだよな、という考えが浮かんだことに気づいて、あっ、となった。両親が帰る大宮の家はもうなかったんだった、父の退職を機に埼玉を離れた、彼らは栃木に暮らしていた。いつからだったっけか。

寝る前、吉田健一。『時間』を読んでいると、自分のこれまでの33年とかの人生のあいだで時間は、一度たりとも止まっていない、時間は、その間、ずっと、ずっと変わらずに流れ続けている、ということに思い至り、その認識はなにか、なにかを不安定にさせるものだった、時間すごすぎる、というような。3時だった、また遅くなった、2時くらいで止まっておいてほしかった。

12月23日（日）

昨日、2018年のベストみたいなツイートで1位に『読書の日記』を挙げてくださっている方を見つけて、それがうれしかった、うれしいというようなものではなかった、それって、すごいことだな、というものだった。たくさんのたくさんの本が出版され、その中でまず手にとってもらえるということがまずすごいことで、そこで読まれて、たくさんの、一年間に読まれたたくさんの本のなかで、一番、よかったとか印象に残ったとか、そういう本になる、というのは、なんというかこれは、すごいことだよな、と思って、じわじわと、すごいことだ、と思った。

今日は開店前の時点で9つだったたか、ご予約があって、たちまち満席状況になることが見えていた、いくらか緊張というか身構えながら、一呼吸、と思って開店直前、一服しながら吉田健一を摂取。心地いい。

開店し、調子よくこなしていった、すると午後、コーヒーを飲んで帰っていく方が会計のときにお席料について「これはなんですか」となり、えっと、読まれてないですか、と聞くと、まず答えず、えっとあれ、読まれてないですか、と聞くと、読んでない、ということで、これはお席料で、かくかくしかじかの仕組みで、と柔和に説明したところつっけんどんな感じで「そんなの知らなかった」と言ったのでカチンときてというか戦う姿勢になってしまって「書いてありますからね」といくらかヘラヘラしながら答えたところ「払いますよそういう決まりなら」と、不承不承の顔で帰っていった、こういうことは久しぶりだった、数ヶ月ぶりくらいのところだった、半年とかレベルかもしれない、覚えていない、こういうとき、どうしても喧嘩腰になるというか、勝ちたくなる。なんですか、僕が最初に「変な仕組みの店ですからね、読んでおいてくださいね」とか言わなかったのが悪いとでも言うんですか、でも安心してください、ここにいるあなた以外の9人の方は全員読んでくださっているので。99%以上の人が何も言わなくても普通に読んでくださっているので。あなたは外れ値なので、安心してください。これが(あなたはきっとそう思っているのでしょうけど)よくあることだとしたらこちらは対策をするだろう、していないということはそういうことなんだよ、読むんだよ。あなたが、勝手に、読まないという選択をした、それだけだ。そう、言いたくなる。それを伝えたくなる。いつも言葉が足りない。ちゃんと説き伏せたい。となる。

こんなところで敵を作ってもなにもいいことないんだけどな、と思いながら、ため息をついた、指先が震えていた、こういう局面でいつもこうなる、こんなふうにならなくていいものなのにな、と思いながら、こういう日に限って起きるんだよな、こういうことは、と、思ってから、「こういう日」というのは忙しい日みたいなつもりなのだろうけれど、起きた日を勝手に「こういう日」に仕立てているだけで、別に忙しい日であってもこういうことはだからここ何ヶ月か半年かとか起きていないんだからそれは間違っている。等々、こういう忙しい日にそういう余計なことを考えたくなかったがそれから2時間くらいのあいだはなんとなく棘みたいにそのやり取りがまとわりついて、鬱陶しかった。猛烈に忙しかった。

猛烈に、ずっと、忙しく、パズルかな？というような感じで満席状態が維持されていった、予約の後ろにぴったりと予約が入るような、そういう状態が続き、それが解けたのは7時を過ぎてくらいだったか、少しずつ余裕が出、チーズケーキを焼いたり、おかずの下ごしらえをしたりしながら、開店からずっと同じ強度でずっと夜まで、ちょっと泣きそうになる時間もあった、ずっと働き続けた。あまりにずっと動きすぎていて、半袖のまま外に出ていたがまったく寒さを感じなかった。

寝る前、ライオン。を、殺そうとしている、がんばれ、と思う。

12月24日（月）

早起き、完全に早起き、早く店に行く、煮物が昨日ゼロになったから開店までに完成させないといけない、となるとただただ時間が必要、労力はわりと不要、ただ時間が必要。

なので、出汁を取り、取れたら大根等の野菜等を煮、あとはのんびりしたもので、のんびりしていたが勤勉の血が騒いだのかカレーを仕込んだりし始めた、恐れ入った。

今日はご予約は少なく、開店と同時にお二人が来られた、二人組で、昨日予約されていた、他に誰もいなかったので他にいないうちは話しても大丈夫ですよと伝えたところ、楽しそうに話し出して、その、言った直後、言って他のことをし始めた直後、話し声が聞こえてきたとき僕は音に反応して「ハッ」として、そのあとこれが話し声で、そして自分で「話して大丈夫ですよ」と言ったところだということに気づき、この店でお客さん同士が話す声を聞くのはやはりそれだけ新鮮な感覚になるのだろう、変だった。しばらくお二人だけで、それがわりと続いた、なんか、デートで、間違いなくデートで、うわあ、クリスマスイブ、デートだ！　と思ったらニコニコしてしまって、ずいぶん短いご予約だったから最初に来られたときにこの時間で大丈夫ですか、もしあれならこちらで延ばせますけどと伝えたところ2時から予定があるもんで、ということで、2時からなにがあるんだろうなあ！と勝手に僕はウキウキしていた。いい一日になったらいいなと思った。

それからものんびりと働いていた、今日は二人組の方が多く、いっときは二人組の方の方が多い時間帯があった、いいことなのかは全然わからないが特に問題もない、みなさんフヅクエとしてちゃんと過ごしてくださった、そのなかの一組が英語の人たちで、ICCのなにか展示を見てきたところなのかICCのなにかを持っていて、「カフェッ？」と言ったのか多分そういったことを言った、なので「アー、イエスイエス、バッ、ユーキャントトークイーチアザー」と伝えて、オッケーということだったので、オッケーということだった、お二人ともがっつり英語の人のようで、これは、メニュー読めないよな、絶対、日本語過剰だもんな、と思って、なにか僕に手助けできることはありますか？　困難はありませんか？　もしそこになにか問題があれば尋ねてください。そういうことを言いたかったが、言いに行きたかったが、「キャナイヘルプユー？」でいいんだろうか、とか考えていたら動けなくて、動けるときと動けないときがある、今日は動けない日らしくて動けなくて、二人の挙動をこちらが不審な挙動をしながらちらちら見ていた、なにかを用いて解読している様がうかがわれた。やっぱりイングリッシュなメニューをアベイラブルにしたほうがいいよなあというのは、何度かというかこういうことのあるたびに思うことだった、それをまた思った。どうされるかな、と思ったら、コーヒーとピザトーストとカフェオレとカレーで、よかったというか、これでもしコーヒーとカフェオレだけだったら席料のことを説明する必要がきっとあって、そうならなかったので、よかったと思ったが、席料は実は問題なくて、以前説明するときにメモに書いているやつが検索したら見つかったからで、いつでも出せるぞと思ってそれは用意していた、でもとにかく、イングリッシュなメニューはあってもいいいらぶるなあ、と思って、真剣にピザトースト等をこしらえた。

持っていくと、女性はKindleでリーディングをしていて、男性はノートにドローイングしていた、見えたのはいろいろな書体で書かれた「fuzkue」の文字で、お、フヅクエじゃん、と思って、厨房に戻ってから「フヅクエミーンズ、ジャパニーズトラディッショナルテーブル、デスクかな、ジャパニーズトラディッショナルデスクフォーリーディングアンドライティング」、そう言ったら、きっと男性はもとより本を読んでいる女性もこちらを見て、ワオ、そうなの、それは美しい名前だね、なんて言うだろう。アメイジングでしょ、オーフルでしょ、僕は言うだろう。

のんきに働いていたらお客さんの数で言えばまったく普通に忙しい休日だった、異常に体感がゆったりしていた、昨日を乗り越えた俺は次のレベルに行ってしまったのだろうか。つまり、アイウェントトゥネクストレボー、ということか。

そう思いながら悠々と働いていると山口くんイン、山口くんにいろいろやってもらいながら、ゆるゆると働いていた、満席になったり、ほどけたり、また満席になったりして、ただの忙しい日に見えたが、なんの余裕だったのだろうか、InDesignを触って「なるほどブックってこうやって使うのか、なんかわかってきた気がする」とかやりながら、やたらな余裕だった、夜、お客さんの数もまばらになって、僕は外に出たくなった、ドトールは9時で終わりで、終わってしまった、残念、と思ったところスターバックスがあった、それでスタバに来た、来て、他のことをしようと思っていたのだが日記を書きだして、書いている。現在に追いついた。ここまで。

帰宅後、年末年始にご両親に挨拶に行く話を遊ちゃんとしていて、また口論になった、どうやったら話を煮詰められるのかわからなくなって、困惑した、うーん、と思いながら、そんなにきれいに話は着地せずに、タイムアップという感じで眠った、さみしかった。

12月25日（火）

朝、昨日の気分を引きずったらしくどんよりと起床、早起き。家を出、晴れていた、さっさか自転車を漕いでAbout Life Coffee Brewersに。僕はそういう考え方をするタイプだから渋谷のラジオに出ることに決まった瞬間に「さて、どこでコーヒー飲もう」となって、あの場所のすぐ近くには僕はおいしいコーヒーを飲める店は知らない、それは過去2度の出演というか、お邪魔したときに思った、それで、経路を考えて、一見するとアバウトライフから渋谷のラジオまでは少しあるようにも思うが、道玄坂のほうでなくて大きな通り、あれは246とかなんだろうか、とかに出たらぴゅーって行って曲がってぴゅーで、きっと5分だ、ラジオの時間の前にひと息ついて、それで、というのはきれいな流れに思えた、理想は渋谷のラジオから歩いて3分以内の場所にそういう場所ということなのだが、と書いていて思ったがもしかしたら新しくできた渋谷のあのあたりのビルディングのどれかの中にはそういうコーヒーがあるのではないか。

ともあれ、アバウトライフでコーヒー飲もう、とラジオの話が決まった瞬間から考えていて、だからそれを決行した、ドリップコーヒーをいただき外の壁にもたれ座りながら煙草を一本吸って、よし、行ってこよ、と思い、行った、自転車を停めて歩いていると声を掛けられ、あ、という久しぶりの顔に遭遇し、職場に向かうところということだった、やー、こんなところで、ばったりって、楽しいですねえ、と言いながら、あれ、渋谷のラジオってどこでしたっけ、あれ、あれ、これですよ、でもこんな入り口じゃなかったはずだ、とか言っていたら内沼さんがやってきて、こんにちはをして、ここですよ、工事が終わってこうなりました、と言って、入ることになった。よかったのは、工事完了以前は入り口の脇のエリアに灰皿があって、あったから、今日も一服はアバウトライフでなくてあの場所でもいいのではないか、と思っていたのだけど、行ってみたらきれいになって遊歩道みたいなところとそのままシームレスなものになった入り口のところにはもう灰皿は置いていなくて、もし渋谷のラジオの横で煙草吸おう、と思っていたら吸えないところだった。死活問題。あほらし。病人。しかたなし。

それで、入って、内沼さんとしばらくフォントの話をして、それから放送室というのか、に入って、ラジオを始めた。予定どおりというか予定以上にただただ相談に終始した。以前は冒頭の朗読や途中の音楽があったが、最近は朗読なしというパターンもある、ということで、今回はそうなった、というかそうしてくださった、音楽は、もし何かあれば、ということで、音楽なんかあったかな、とApple Musicのアプリの中を探したら、ギルバート・オサリバンの「Alone Again」が見えた、先日ドトールで聞こえてきてよくて、シャザムに教わったものだった、これはいい曲ですよねえ、ということを事前に、話していた、でも、掛けなかった、相談に終始した。

話していたら、というか相談していたら、いろいろクリアになっていくことがあった。やっぱり相談させていただいてほんとよかったなと思いながら楽しく愉快に話した、内沼さんもかつてメルマガをやっていたことがあったそうで、それはいくつかのチームで合同で、という形で、でも購読者数は100ほどだった、内沼さんのところには月々数千円が振り込まれていた。また、オンラインサロンについても最近は考えているところがあるということで、ふむふむ、いやー、ほー、と思いながら、聞いた。楽しい時間だった。洗濯機の話もしたかった、という話で放送の時間が終わって、洗濯機の話をしながら外に出て、あたらしくなった見慣れないというか初めて見るどこなのかわからないエリアというかきっと駅前の、エリアで、少し立ち話をして、別れた。よいお年をと言うのを忘れた。

この話を内沼さんに相談したいなと思ったとき、思ってから何度か思い出していたというかふっと浮上してきたのが植本一子の『かなわない』のすごく好きな場面で、植本さんが、なんのときだったか、なんの場面だったろうか、『かなわない』のZINEを作ろうとしていたところだったろうか、その話をだったか、最初の著書の編集者に相談して、たしか中華料理屋さんで夕飯を食べながら相談して、そのときに編集者の人から「時期尚早だと思います、編集者としても、一人の友人としても」という答えを得、そうか、と思った、思って、私は一人で行かねばならない、みたいなことを書く、その場面を思い出した。すぐに見つかった。

でも、私はやりたいんです。私は私の名前だけで、勝負したいんです。そう言うと工藤さんは「時期尚早だと思います。編集の立場からしても、友人の立場からしても」と言われ、もう終わってしまったんだな、と思った。この人を置いて、私は次へ行かなくてはいけない。

植本一子『かなわない』（タババブックス）p.134

この場面が僕は、好きだったというかなにか鮮烈ななにかだった、読みながら泣いた記憶がある、今も少し涙ぐんだ。僕はこの、ストリートファイトしようとする書き手、というその、その姿勢にたぶん、打たれたし、今もなお打たれる。別に今回の僕の相談がこういう形に帰結したらどうしようとかそんなことを思っているわけではなくてもでも、私はやりたいんです。私は私の名前だけで、勝負したいんです。きっとそういう話だから、思い出したわけだし、それについて僕自身がでも、時期尚早なのではないか、と思ったりもしているから、そして内沼さんは言ってみたら僕の担当編集（僕の担当編集！）ということをしてくださっているわけだし、つながって記憶が喚起されるのは自然なことだった。

それにしても『かなわない』は、『かなわない』もそうだった、読んでいて折っていたページが丁寧に全部戻されていて、こういう本をたまに見かける。人の読書の痕跡を何だと思っているのだろう、と思う。なんでこういうことするのかなと思う。もしかしたら折られているのが嫌な人、本のページは折るものじゃないと強く思っている人、というのがやっているのかもしれないが、そのルールは自分の本にだけ適用してくださいよと思う。人の本にまで手出ししないでくださいよと思う。腹立たしいし、悲しい。生きた履歴が痕跡が、なにか消されようとしているような、そういう光景に感じる。そんなに自分の痕跡を守ることが大切ならいろんな人が来る場所になんて置かなければいい、本をこの店から全部引き上げればいい、それだけなのだけど、そういうふうに考えたら自業自得なところはあるけれど。なんで？というのがいちばん大きい気がする。

坂を上がった。青山の方向というのか、に進んでいったところ金王八幡宮があった、遊ちゃんとお付き合いを始めることになった夜、歩いている中でここに入った、懐かしさと強い思いのようなもので胸が締めつけられるようだった、それから大通りを渡り、渡ると、反対側の道路のかどっこに初めて見るコーヒースタンドを見かけ、だったらコーヒー飲もうかな、お店研究というかお店は知りたい、ってあるんだな、俺にも、と思って引き返して店の前に行ったが、見たらガラスに「ワーキングスペース（登録不要）」みたいな文言があり、別の場所だ、と思ってまた引き返した。

青山ブックセンターに行った、行って、入ったところにあった佐久間裕美子の『My Little New York Times』を取って、中を開いたら面白いレイアウトというのか組版というのかあれで、トム・ハンクスの掌編シリーズみたいなやつを思い出した、それから岸政彦の『マンゴーと手榴弾』を取って、うろうろした、うろうろしているとそのうちに忘れがちだったがフヅクエTシャツと選書のコーナーを見かけて、お、と思い、がんばれがんばれ、と思った、デザインの棚に行った、タイポグラフィーなコーナーに行くと、昨日だったかおとといだったかに存在を知って気になっていた『Typography』の12号、「和文の本文書体」という特集のそれを手に取り、開いた、実際に使われている本文書体とかマジ知りたいというかめっちゃ面白そう、と思って、見ていたら、面白くて、見ていたら、9号、「美しい本と組版」というやつも目に入り、開いた、これもよくて、なんでなのだろうなんの勢いなのだろう、この2冊も買っておくことにした、それから先日ツイッターで見かけた、翻訳者の人が黒人女性に話を聞いた聞き書きのやつが復刊されて、という、それを探した、見当たらなかったので近くに店員の方があったので

「すいません、あの」

と言いながらツイッターの画面を見せようとしていたが手間取り、

「あの、岩波現代文庫の、復刊された、塩を」

と言ったところで

「あ塩入ってきてないんです～」

という答えがあり、早押しクイズみたいで、というのはあとで思ったことだが、これ俺なんかすごい感動するよ、と思って、最高と思って、別に書店の人になんでもかんでも把握していてもらいたいとは思っていないけれど把握されていたらなんかそれ俺感動するよと思って、礼を言った、その4冊を持ってレジに向かった。大きな紙袋に入って、初めて見るＡＢＣのそれはすっきりときれいな色合いでよかった。

それにしてもＡＢＣは、入って、並べられたというか配置された本を見ているととというか囲まれていると、「全部、全部知りたい！」となって、強烈になにか、焦れるよ

うな、全部、読みたい、という気持ちになる。これは丸善ジュンク堂では起きていないことで、丸善ジュンク堂は僕にとっては「必ずある」というそういう書店で、目当てのものがひとつもない状態で行くよりも少なくとも一つはこれは今日とっても買いたいの、という状態で書店に行くことが大半だから、そのときに「必ずある」は僕には必要で、そのうえでうろうろしていたら思わぬものを取ることになる、というそういう場所で、ABCは僕は「必ずある」とは全然思っていないからそういう行き方はしないのだけど、ふんわりと行って、それで、予期せぬものの未知のものとの邂逅を繰り返して、アワワワワ、となる、というのは毎回そうなっている気がする、危ない気持ちになる。好き。

腹が減り、丸亀製麺でうどん食ってこう、と思って向かったら長蛇で、やめて、区役所に行った、婚姻届をくださいと言って、言いながら、『茄子の輝き』を思い出していた、それから必要な書類も取りたいんですけど、戸籍謄本を、というところで、本籍地は渋谷区ですかと言われ、いえ、全然違います、と言ったところ戸籍謄本は本籍地でしか取れないということで、それは、いいことを教えてもらいました、ありがとうございます、と言って出た、出て、ふらふらと自転車を進めた、なか卯でうどん食べようかな、と思っていたが、出た道がもうなか卯を過ぎていて、じゃあフグレンでコーヒー飲もう、ということにして、フグレンに入った、ソファで、ソファに座ると、大きいソファに座っていたちびっこと女性二人が歌をうたっていた、イーヤーイーヤーヨー、イー、ヤー、イー、ヤー、ヨー、手本を見せ、繰り返させ、彼らは、歌った。

僕は、リュックには、もともと入れてきた本が3冊、『ライオンを殺せ』『新潮』『時間』の3冊があって、パソコンがあって、さっき買った4冊があって、リュックの中には僕の迷いがまるごと入っているようだった。パソコンを取り出し、コーヒーを飲みながら、内沼さんと話している中で「こうしようかな」と思ったというか、リンクを貼ったmobiファイルを内沼さんが開けなかったということが決定打だった、内沼さんに開けないものなんて、誰にも開けるわけがない、と思って、これは面倒なことは抜きにしてメールだな、メール、そこで完結、そう思って、HTMLメールを作る方法を調べ始めた。うんざりしていた。なにを俺はやっているんだろうな、優先順位おかしいんでないか、これなのか、いま俺がやるべきことはこれなのか、休日にやりたいことはこれなのか、と思いながら、手は止まらなかった、調べていると自前で作るのはこれ大変だぞ、というところに行き着き、いくつか配信のサービスをするところがあるようだった、そのひとつの「Benchmark Email」というところに登録して、それでそこで作ってみた、試しに送ったりしてみた、これだな、と思った、もうこれで、十分なんじゃないかな、と思った、ePubとかmobiとか、なくていいんじゃないかな、これで、もう十分なんじゃないかな、と思った、際限がなくなりそうだったので家に帰ることにした、帰る前に外の縁側で一服していると、ぼーっと空と建物を見ながらぼーっとしていると、お店のお兄さんが「いい天気ですね」と言って通っていって、「あ、えっと、あたたかい、気持ちいいですね」と答えた。あたたかいわけではなかったからだ。帰った。

帰ってから、昨夜の続きでいろいろと話し、そして仲良く着地した。よかったと思いながら、僕は外面的な元気がないモードを回復させることはできず、ダメだな、こういうとき、引きずるな、これはなにかのポーズのつもりなのかな、そういうの無益だからやめようよ、と思いながら、しょんぼりした、元気のない顔をしていた、でも気持ちはもう明るかった、眠くて、タオルケットをかぶって寝た。

気持ちはもう元気だったが、時間、時間、時間、と思った。追い立てられている。年内にやっておかないといけないことがいくつもある、いつやれるのだろうか、本は、読めるのか、いつ読めるのだろうか、なにをすべきなのか、時間、時間、時間、と思って貧しい、やはりこんな働き方がなによりもいけないんだよなということは痛感する、焦る。困る。バランスよく生きられないな、と思ったら情けない気分になって、涙が出た。

起きて、店に行った、行って入るとひきちゃんが働いていて閉店10分前だった、今日は閉店後にひきちゃんと飲む約束をしていた、僕は以前夏に遊ちゃんに閉店後に遊ぶ約束をしていてそのときに閉店直前に入ってきた遊ちゃんに「店は待ち合わせ場所じゃないからさ、そういうのよくないよ」ということを言った、そういう場面があったが、まるで同じことをやっちゃったな、と思った。隅っこの席について、『ライオンを殺せ』を開いた。

今日初めての読書で、体になにかがじんわり入っていくようだった、暗殺は失敗したか？　それでは次の作戦を考えろ。まだ、お客さんたち、いてくださっていいよ、なんなら30分くらい、まだいいから、俺、読んでたいから、と思いながら本を読み、一人、二人と帰っていかれたらしかった、端っこにいると動向がわからないものだった、7時を少し過ぎて、仕事が済んだらしかった。

向かいの二階の、徳島県の居酒屋さんに入った。僕は何年か前に行ったことがあった、夏、野球を見に行った帰りだった。

入る前に、店の前にあったメニューの黒板だったか張り紙だったかを見てひきちゃんは「白子ポン酢」と言っていて、白子ポン酢は遊ちゃんが食べられないものだった、僕はそういえば今日は、コーヒーを朝と午後に飲んだきりで固形物は何も口に入れないまま来てしまった、ビールを頼んで、それから白子ポン酢であるとかをいくつか頼んだ。おでんもあって、あったが、おでんは年末に遊ちゃんと食べる、だから頼まない、おでんでないものを、白子ポン酢であるとかをいくつか頼んだ、それで、いろいろと話した、「単語ひとつで恥ずかしくなれない人間は文章にかかわる仕事をしないほうがいいんじゃないか、と、最近思ったんだよね」と僕は言ったか言わなかったか。

話していると、僕はひきちゃんが大好きだなと思った、僕は内沼さんが大好きだなと思った、僕は遊ちゃんが大好きだなと思った。好きな人とばかり会って、それは幸せなことだった、そういうことを改めて感じた、いい時間だった、山口くんとは話す時間がいくらもあるけれど、ひきちゃんとは交代のときとか、あるいは開店前の時間とか、限られた時間しかなかったから、たまにこうやってうだうだとお酒を飲みながら話す時間を設けるのはとてもいいなと思った、働き方の話をして、本の話もいろいろとした、ひきちゃんは本は読むものとしても好きだけどそれと同じくらいにデザインされたものとして好きということで、だからジャケ買いをけっこうするのだと言った、買ってみたら全然読めたものでなかったりすることもあるし、買ってみたら面白くて好きな書き手になったということもある。それは僕はまったくない本との出会い方だし、デザインされたものとして本が好きというそういう好きは、とても好きだった。ジエン社を見に行った日のことを話した、あの日さ、と言ったら、予想どおりというか、そういうことはあるかもしれない、と思ったとおり、あの日ひきちゃんは見終えると僕たちとはほとんど言葉を交わすことなく「じゃ」と言ってさっさか帰っていったのだが、予想どおりというか、そういうことはあるかもしれない、と思ったとおり、ひきちゃんはとても感動して揺さぶられていたらしく、人と話してる場合じゃねえ、というので帰ったということだった、俺のその前週だか前々週だかに演劇見に行ってそうなってそういうことをしたそれと同じだね、と言った、ひとりひとりがかっこよかった、すごかったし、それに大学時代、仲のいい人たちでボードゲームをしている人たちがいた、彼らのこと、あの場所で過ごした時間を思い出した、そうしたら私はわーっとなって、わーっとなった、それであの夜は、帰った。洗濯機の話もした、月賦で買おう、提案した。

話しているうちに、がぜん来年の1月からメルマガを始めたくなった、がぜん、始めたいぞ、と思って、そうなったら、つまり今年の年末年始は覚悟を決めて根を詰めて仕事をこなすということだ、それもまたいいんじゃないか、と思っていった。

店の前で別れ、よいお年を、と言って、また来年、と言った、いい挨拶だった、トコトコと家までの道を歩いていると、飲んでいたのか仕事帰りか女性二人が別れるところ

で、
「また来年」
と言っていて、うん、いい挨拶だよな、と思った、帰った。帰って、俺はひきちゃんが大好きだし内沼さんが大好きだし遊ちゃんが大好きだよ、と遊ちゃんに言った。やっとちゃんと笑えた、元に戻った。僕たちはニコニコして生きよう。

それから、根を詰めるというけれど、実際どんなタスクが、と思って、年内のタスクだと思っていたものをそれぞれよくよく考えたら、どれも別に年を越してからで大丈夫だな、ということが知れて、つまり、メルマガだけがんばればいい、ということが判明して、安心した。

夕食にポテチを食い、ウィスキーを飲んだ、友だちとチャットというかメッセンジャーで話していた、チャットという言い方でいいのか、とにかく、話していた、メルマガについて。サンプルで昨日までの日記の分を貼りつけたメールを送っていて、それを、別に読んでほしくて送ったわけでなくて見てもらいたかっただけなのだが読んでくれていて、「あれ、オーフルじゃなくてオーサムでしょ」と言われた。きっとそうなのだろう。

寝る前、『ライオンを殺せ』をしばらく読んだ。

12月26日（水）

母親からのLINEに「游さん」とあり、「それじゃ游明朝じゃないか」と思い、「遊ちゃんだよ」と送った、ごめんなさい、わかっていたんだけど、変換されてしまった、ということだった。

早起きし、3日連続で早起きということだった、どういうことだろうか、仕込みをしてから皮膚科に行こうと思っていたが、存外に早かったので先に皮膚科に行くことに急遽予定を変更した。そうするとオペラシティの前の横断歩道であるとかにはまだ通勤の人たちがたくさんいて、それぞれの持ち場につこうとしていた。皮膚科は入ると誰もおらず、5秒で呼ばれ、30秒で診察を終え、30秒で会計に呼ばれ、出た。

店、時間にまだ余裕があったので先に昨日の日記を書いていた、フヅクエが閉店するところまで書き、それから仕込み、がんばり。がんばりながら、先日なにかを聞いた時にSoleを思い出してSoleを聞いてすごくよくて、その流れでAnticonで、Why?を聞くことにして聞いた、『Elephant Eyelash』だった、大好きな、大好きな大好きなアルバムだった、何年ぶりに聞いただろうか、聞いていたら白和えを作っているところで、涙が出てきて、涙があふれていった、よくて、特に、完全に、アンセムの「Gemini」はグズグズ泣いた、泣きながら、泣く曲といえば□□□のあれだよな、あれを掛けてもっと一気に泣こうかな、となんというか下劣というか、なんだろうか、下劣ではないけれど、特に品のない感じのことを思ったが、自制し、Why?を聞き続けた。大学生のときにO-Eastとかで見たライブを思い出した、「天使がいた」と思った、それを思い出した。

開店後、チーズケーキを焼いたりピクルスを作ったりして、やることが済んでからはひたすらメルマガのことを考えていて、頭で考えているだけではこれまでと同じように行き当たりばったりにしかできないから、ちゃんとワークフローというのか、ところでワークフローとはなんなのだろうか、仕事の、流れ？ であるなら、ワークフローまさしく、というところで、だからきっとワークフローなのだろー、それを組み立てていった、どういう順番でどういうアクションが起こされて、どういうリアクションが発生して、そのリアクションをするためには何を用意しておくことが必要で、それはいつまでに必要で、というのを一生懸命考えて、スプレッドシートを作っていった、そうしたらなんとなくやるべきことが見えてきたような感じがあり、「まずそれなんだ？」というところだったがメルマガ専用のアドレスを作った、「diary@」という形で、なんでだろうか「diary」というのはなにかなつかしいキュンとするいいものがあるなと思って、それからメールのロゴをなんとなく作って、試しに遊ちゃんに送ったところ、diaryに対して、どうしてだかなつかしさみたいなものがあってキュンとする、と言っていて、ほーすごいな、今このアドレスを見た全員がなつかしさを感じてキュンとしている、と思った、遊ちゃんのなつかしさは「昔のブログのメニューみたい」ということらしく、僕のなつかしさはなんか薄いブルーやピンク表紙で金色斜体のdiaryの文字みたいな、そういう日記帳みたいなそういうやつだった。

それから、今度はそのアドレスでSquareのアカウントを作って、そのアドレスでBenchmark Emailのアカウントを作って、そうしたらやっぱりBenchmarkで遊ぶのが楽しくなって、メールのテンプレートを作っていった、今じゃない、まだそれ今じゃない、と思いながら、やっていた、そのあと何かを調べていた、何を調べたかったのか、退会、登録解除、配信停止、そういうのをどういうふうにアナウンスしているか、というのを知ろうと思って、先日メルマガを思い立ったときに大人気メルマガがどうなっているのか勉強しようと思って登録してみた「堀江貴文のブログでは言えない話」を見、ちょうど初月無料が終わるところなので登録解除し、解除したが、なんとなく勢いで解除したが、Q&Aコーナーがけっこう面白くて、やめるかどうかいくらか迷っていた、勢いがやめさせてくれた、メルマガをやめるためには勢いが必要ということだった、それからまた初月無料ということなので登録というところで「藤沢数希メールマガジン「週刊金融日記」」の購読登録をし、登録した瞬間に今月分の4号が配信され、タイムラグがないって素晴らしいなと思って、ここは俺は手弁当になるからタイムラグ生まれるんだけど、まあ、しょうがない、ということを思って、4号届いたので即座に登録を解除し、それから以前2年間くらい購読していた「佐々木俊尚の未来地図レポート」を配信されていたものをメール上で検索して見た、面白く読んでいたのだが読みきれなくなって、それがだんだんもったいなくなってやめたのだった、そういえばこれは佐々木さんは個人で配信しているのではなかったか、と思い、Webのメルマガのページを見に行ったら、学ぶことが多かった、これは完全に学べる場所だと思った、「特定商取引に基づく表記」とか、そうだよなそうだよなと思ったり、学ぶ〜と思って、それから登録ボタンを押してみるとPayPalでの定期購読ということで、そうか、PayPalか、と思い、あ、これ、Squareじゃなくてこれ PayPalが正しいのでは？と思って検討したところ、PayPalだった、Squareだと登録完了までいったん僕の手を介してという動きがあって多分それはすごく登録する側にとっても邪魔くさいというかどんくさいもので、PayPalだったらそこから一発で決済、住所登録までできるから、それに安心感も違う、そっちの方が断然いいはずだった、数十円、手数料は高くなるが、たぶん僕の労力の軽減とお客さんの利便性の向上を考えたら安いものだった。

なんだかそればっかりやっていた印象もあるがお客さんもそこそこにいらした平日で、だから、あっちでもこっちでも働き続けた日だった、あっちというのは立ち仕事のことで、こっちというのは座り仕事のことだった。

根を詰めるというのは、だから、隙間の時間に本を読むみたいなことは完全に諦めて、ひたすら仕事に打ち込むということだった、だから、つまり、1月から始めるということは今週分が最後の更新というか、メルマガ以前の最後の更新というか、最後という言い方は正しくなくて、来週の分がフルでWebで見られるようになるのは3月ということで、ということでというか、それは僕が決めたことで、Webでの更新を2ヶ月遅れにして、先行配信というか、そういう形だった、だからとにかく、今までの形で運営する「読書日記」の最後の週が、本読まないぞ、という週になりそうだ、というそういうことだった、構いはしない、構いはしないというか構うが仕方がない。読みたい。

それにしてもこの突貫工事というか慌てて一気に準備をするのは『読書の日記』発売

の告知が始まるタイミングでオンラインストアを完成させようと、あ、日がない、と気づいてあわてて準備をしたのとまったく同じで、あのときも旅行先の山口でカタカタカタカタとやった、同じことを帰省の栃木でやるのだろう、根を詰めて過ごす。しかし考えてみたら去年はゆっくりだらだら過ごしていたかといえばそうではなくて『読書の日記』の校正ゲラというのだったか、校正が入った原稿を確認するという作業を年末年始ずっと、根を詰めてやっていた、それで年末年始に読むぞと持っていった『重力の虹』はけっきょく200ページしか読まれなかった、だから去年も今年も変わらない感じになるのだろうか、今年のほうがまだ余裕ができそうな気がする。たくさん、読みたい本がある。

帰宅後、「PayPalということに気がついた!」と得意げに遊ちゃんに報告し、それから家ではメルマガ仕事はやめることにして日記を書いていた、書かないと追いつかないからだった、昨日のひきちゃんと飲んだところから、ここまで、書いている。

午前中に日記を書きながら、『かなわない』の当該箇所の前後を読みたいな、あそこらへんすごく好きだった、読みたいなと思ったのだが、結局本を手に取る時間はなかったから読むことはなかったが、午後に来られた方が本棚から『かなわない』を取って読んでいるところを見た、だから、僕の代わりに『かなわない』を読んでもらった。

12月27日（木）

寝る前に少しだけ本を読もうと吉田健一の『時間』を開くも、物質が精神が五官が不連続が、頭に全然入ってこない、少し前のところに戻って、ページを折ったところを読んだ、こちらのほうがなにか入ってきそうな感じが、ぐっと来たところだから、感触はあったが、やはり跳ね返す感じがあり、ダメだ、と思い、閉じ、寝た、朝方、早く起きて隣の部屋にいた遊ちゃんに「どっちのパターンがいいかな？　購読パターンかな？」とはっきりとした声で言っているのを聞き、そのあと遊ちゃんの笑い声があって、それで自分がおかしなことが言ったことがわかって僕もそれからしばらくゲラゲラ笑った、笑いながらも、でもたしかにそういうことなんだよな、みたいなことも思っていたが、なにが「たしかにそういうこと」なのか、そのあと起きてからはもうわからない。「購読パターン」というものがなんなのかはわからないが昨日のPayPalボタンの設置の残響みたいなものだったのだろう。

店、行き、家賃を払いに大家さんのところに。なんでせっかく稼いだ金を払わなきゃいけないのかな、という変な気分が起きた、年が終わる。来年もよろしくお願いします、と言いながら、来年こそ雨漏りをどうにかしてください、とは言わなかった。

店に戻り、『かなわない』を開いた、引用箇所のある一日を読んだ、雨宮まみの本の出版の話をブログで読んで、それで植本さんは「あああ〜〜〜！　私も、勝負、したい！」となった、ということだった、読んでいて、なにかやっぱりこみ上げてきた。

開店。開店前、ずいぶんご予約が入っていることに気が付き、「わっ」と思う、一生懸命準備していてよかった、そうしていなかったらけっこう焦るところだった、煮物作り、味噌汁作り、カレー作り、トマトをオーブンで焼き、チーズケーキ焼き。本当に真面目によく働くなあと思いながら、仕込みをしつつ、オーダーをこなしつつ、がんばる。がんばって夕方に落ち着くと、当然、メルマガ準備の作業に入る。昨日のPayPalの出現によりワークのフローがずいぶんシンプルになった、今日はPayPalの決済のテストをおこない、登録完了のお知らせメールを作り、顧客情報の登録の段取りを確認し、質問フォームを作成し、特定商取引の記載を書いた、それで閉店時間になって、今日は忙しい日だった、忙しい金曜日くらいに忙しい日だった、だからずっとそちらでも働きながら、こちらでも隙間の時間を全部使って働いていた、つまり、一日中まるまるフルスロットルで働き続けた。勤勉な男だよお前は。

そうやってみると、残るは告知ブログの作成と配信メールの作成で、配信メールの作成は猶予がずいぶんあった、猶予はずいぶんあったがこちらの作業は一番あとでいいにもかかわらず最初の段階でつい楽しくてやっていてあとはちょっとした調整で済みそうだった、だから告知のメールだ、1月3日あたりに更新する、それの作成だ、それが済んだらほぼほぼ大丈夫だ、すごいぞ突貫工事、というところで閉店後、告知のブログを書き始めた。なるほど、それはいいね、購読しよう、と思わせる文章を書かないといけない。でも誰に向けて。というところの設定がたぶん問題だった。どの程度、いいぜ、読書日記、と思っている人に向けるのか。

ちょっと書いて、また明日と思い、飯を大量に食った。

帰って、パソコンを持って帰ろうかとも思ったが、ダメになるので、持って帰らなくて、帰って、『ライオンを殺せ』を読んだ。すると読み終わった、最後緊迫した、面白かった。訳者解説を読んだらメキシコの人だった。

布団に移り『時間』。さっぱり頭に染み込んでこず、すぐ閉じた。

12月28日（金）

パドラーズコーヒーが年内最後の営業で、去年の夏くらいからしばしば朝に行く、それは楽しいことで、うれしい朝だった、だから貴重というか大切な場所だった、だから納めたかった、だから行った。

昨日の夜に、明日は仕込みがなさそうだ、パドラーズ行かない？ と遊ちゃんに言ったら、明日が最後だということで、よかった、金曜か土曜かどっちかで行けないかな、納めたいな、と思っていたから、行けてよかった、行って、カフェラテを飲んで、外の席で、出していただいたブランケットがあたたかで、寒くなかった、お店の人たちに今年もありがとうございました、よいお年を、と挨拶をして、よかった、ずっとこの朝を過ごし続けたい。

昨日午後、タナカさんが来られ、そのときにそういえば去年の暮れに新宿でばったり遭遇して、そのときタナカさんはちょうどフヅクエに向かうときで、なにか節目的な挨拶をした、そういう記憶があるけれど、あのとき僕はどこに行こうとしていたのだったか、誰と会う夜だったのか、本当に年末だったのだろうか。僕の記憶だとそこから紀伊國屋に行って、なんか時間を潰して、『富士日記』を読んでいた、それは夏じゃないか、夏だろう、それから新宿三丁目のほうに出て大学時代の友人たちとタイ料理屋に行った。しかし夏であるとしたら、いったいなんの挨拶をしたのか。まさかお盆とかで、お盆で挨拶なんてまさか、しないだろうし、じゃあやっぱり年末だろう、なんの夜だったか、と思って帰り際に、去年、ばったり遭いましたよね、あれ年末でしたっけ、ということを聞いたらそうだということでやはり年末だった、だから去年は道端で、今年は店で、今年も「今年もありがとうございました、よいお年を」と、それを伝えることができた、よかった。それにしてもあの夜はなんの夜だったのだろう。日記を探した。

そうこうしていると夜になっていった、一日は短いと思った、新宿に出る電車のなかで本を読んだ、新宿はやはり人が多かった、よく来てくださる方が向こうから歩いてきたことに気づいて、僕は手を振るというか気づいてもらおうとしたところ伏し目にすーっと真っすぐ歩き続けて、僕は、「あ、そうか！　これはまるで俺は！」と思いながら、食い下がるようにして手を差し出して差し出して、最後は正面で待つような感じにして、やっと顔が上がって気づいてもらえた、僕のそれはもう完全にキャッチであるとかの動きだった、新宿で、そうだよな、そう思われるよな、と思ってすごく愉快なゲラゲラとした心地になった、これからフヅクエに行くということだった、今年はありがとうございました、よいお年を、と、それを伝えることができた、よかった。

読書日記（65）| fuzkue http://fuzkue.com/entries/519

12月26日にそうあった、僕はそのあと紀伊國屋に行き、武田さんと合流して二人で三丁目の九龍に行って、二人で三丁目の九龍に行った？　僕は武田さんが来るのを待ちながら九龍でフラナリー・オコナーの短編集を読んでいた記憶がたしかにあるが、でも、それは『スリー・ビルボード』の後だから年末じゃないしそもそも待ち合わせは九龍でなくて紀伊國屋のところだったのだから、違うときだ、ということは僕は二度、武田さんと九龍にいたのか、いや違うのか、オコナーを読んで九龍で待っていたのは武田さんではなくて優くんか、そんな気がだんだんしてきた、武田さんと紀伊國屋で合流して九龍で飲んだ、途中で遊ちゃんが合流し、それから優くんが到着するタイミングで店を変えて、地下のところに行った、淳子さんも来て、それで忘年会みたいな形だった、忘年会だった、その日だった、僕は武田さんや優くんと仲良くしてもらえてうれしい、そう思ったので今、二人にそう送った。

日記を読み進めていると去年も28日にパドラーズに僕たちは行っている。

12月28日

パドラーズコーヒーが年内最後の営業で、今年は夏くらいからしばしば朝に行く、それは楽しいことで、うれしい朝だった、だから貴重というか大切な場所だった、だから納めたかった、だから行った。

同前

それでだからパドラーズを経て店を開け、真面目に働いていた、昨日の伝票を入力したときに、営業日は今日含めあと2日だけど、今売上ってどんな感じなんだろうな、12月は暇だった記憶が強いから見ても面白くもなんともないだろうけれど見ておこうかな、とピボットテーブルをパチンとやって数字を出したところ、すでにバジェットは達成していて、というか、1日あたりのお客さん数でいえば今年一番の数字になっていた、まったくどういうことなのかわからなかった、今年一番というのは3月でバカみたいに毎日が忙しかったような谷川俊太郎御大のおかげでバカみたいに毎日オペラシティアートギャラリーから人が流れてきたそれが3月だったその3月よりも忙しいということ？　まったく実感が伴わなくて、もちろん営業日数が違うから売上としてはまったく足元にも及ばないのだけれども、平均お客さん数は、そうだった、残りは金曜と土曜だから、きっとこの今の平均が下がるということはないのではないか、ということは12月は歴代最高だった、レコード。

もちろん、『ソトコト』とか『すばる』であれだけデカデカと紹介されて、時期としてはお客さんが増えて然るべき時期というか、え、そうでしょ、だってさ、という時期であることは確かというか客観的な事実というか確かだと思うのだけど、なんか暇、暇、とずっと言っていた記憶がある、そういう記憶しかない、だから、乖離しすぎていて混乱した、なにか数字を間違えているんじゃないかというのは疑っているし確認してみていいことだし確認する気力はないことだった。

それからジンジャーシロップを仕込み、それからまたメルマガのことを考えていた、あとは告知ブログができたら、というところで、それをやったりしていた、お客さんは今日も昨日同様に調子よく来られ、堅調、という調子だった、なにを作っているときだったか、これまでずっと「読書日記」というタイトルで考えていたメルマガを、タイトルもそうだし打ち出し方もそうなのだが、これ、違うんじゃない？という考えが突然やってきてしまった。そこで思いついたのが「読書日記／阿久津のラジオ」で、こっち側なのではないか。そう思って、そうかもしれないと思っていたら山口くんがやってきた、おとといの晩に連絡があり激しい頭痛がやってきてそれが一向に取れず、というところで昨日は休んだ、心配だった、熱とか咳とかだったらわかりやすく風邪っぽくていいが、頭が痛いって怖いなと、頭痛を持っていない人間だから頭痛に対して免疫がないから怖い感じがあるのだろう、怖いな頭痛、よくなるといいな、と思っていたらだいたいよくなったということで今日は来た、どうなの、大丈夫なの、と聞くと、だいたい大丈夫になったとのこと、元気が一番。

じゃ、と言って店を出て、ドトールに来た、先日のスタバでそうしてみて「これがいいかも」と思ったのがコーヒーではなくお茶を選択するということで、スタバではハーブティーを飲んだ、ドトールは「ティー」だった。ティーを飲みながら日記を書き、済んだらメルマガのことに没頭した、途中で内沼さんに火曜日のお礼と（いまさら）、その後の急展開というかたぎる欲望に突き動かされた展開のことと、告知ブログと配信メールのサンプルができたら送らせていただくのでご意見等いただけたら幸いですというお願いを、メッセージした、その数十分後に、「たちまちできたので送りました〜！」ということをやった。するとご意見をいただき、あーそれいただき！という感じで改善改善をして、ということをしていた、肩がどんどん重くなっていって、寒く、空腹で、消え入りそうな体になっていった、疲れたので8時頃、店に戻った。7割方埋まった店内で、山口くんが働いていた、見ていたら、今まで見たことのないような速い動きをしていて、山口くん、こんなに速く動けたんだ！と思っていくらか感動すらした、僕は横で洗い物を手伝うところからインし、あとはマイペースにやっていた、ショートブレッドを焼く必要が浮上し、生地を作った、大きなやつを2枚作る成形の作業の片方を山口くんにやってもらうことにしたところ、上手にやっていた。

閉店、夕飯を食べながら、山口くんに「ラジオとは」ということを教授してもらう、彼は大活躍したハガキ職人だった、スタッフ募集をしてお会いしてみて山口くんにお願いしようとしているあたりで優くんと飲んだときに「ハガキ職人で」と言ったらラジオ好きの優くんは名前を知りたがり、言うと、「ファイヤーダンス失敗ね、知ってる知ってる！」と優くんのあの表情で言った、というくらいにだから、大活躍したハガキ職人だった山口くんに「ラジオとは」ということを教授してもらった、ほうほうと面白く聞いていいたしなるほどなるほどと思ったのだが、どうしてだかだいたい忘れてしまった。明日また聞こう。

そのあと山口くんにもサンプルメールを送ったところ、iPhoneでGmailアプリという同じ、iPhoneの新しさは違えど、僕のより薄くて大きい印象だった、なにかのシールが貼ってあった、違えど、似たような環境だったにもかかわらず、明朝体の部分がゴシックになっていたりして、違った見え方をしていた、ほええええ、と思ったが、しょうがないのかもしれなかったが、どうか。

しばらくBenchmark Emailをイジイジしたのち帰宅して、今日はこれを楽しみにしていた、という、であるならドトールでも読めばよかったのではないか、という、滝口悠生の「続続アイオワ日記」を読むべく『新潮』を開く、読む、一週間、読書をそっちのけで「読書日記」を続けていく新しい環境構築というか準備というかに追われというか勝手に追い込んでひたすら打ち込んできて頭がずっとオンの状態にあった熱した頭が読めばたちまち、冷まされていくというかゆるめられていく。滝口文章まちがえた滝口悠生の文章をずっと読んでいたい、ずっとこれ読んでいたい、と思いながら、読んでいく。

それにしても、今回に至っては「最後まで」であるとか「最後になって」であるとか、そういう書かれ方が何度かあって、これまでも未来から、折り込むように書かれる日記だったが、それがアイオワ終わりという終点をも含んでくると、より、なにか小説というか、小説とはなにか、わからないが、小説というか、を読んでいるような感触があらわれた、時間の枠組みが決められることと、それは関係あることなのか。

私たちがフィッシュアンドチップスの袋を下げて店を出ると、アウシュラたちは私がさっきビールを買ったスーパーで何か食べ物を買っていて、またそれを買うのに迷っているのかやたら時間がかかり、私とカイは外で待ちながら、ここで何か買うならはじめからそれでよかったのでは？　と勝手に振り回されていることはわかりつつややいらだちと脱力の感じをふたりで覚え、手にさげたフィッシュアンドチップスを食べる気力ももうほとんどなかったのだが、それでもホテルに戻って、アラムは部屋に帰り、中庭のテーブルでアウシュラとアドリアーナとカイと私とでビールを飲みながらフィッシュアンドチップスを開けて食べはじめたら、味など全然期待していなかったこれがひじょうにおいしく、私とカイは、おお、ベリーナイスだ、とふたりで励まし合うように感激して元気になった。どういう流れでだったか、雪の話になり、エクアドルのアドリアーナは自国ではほとんど雪を見たことはない。台湾もほとんど降らない。東京はしょっちゅうではないがたまに降る。リトアニアは冬はずっと雪だ。

滝口悠生「続続アイオワ日記」『新潮　２０１９年１月号』（新潮社）p.257

読んでいたら元気な明るいうれしい気持ちになっていった。それでニコニコしながら布団に入って、布団に入ると僕は遊ちゃんの掛け布団を一度剥ぎ取っていつもタオルケットをかぶっていないから、どこかに小さくなっているタオルケットを取って広げて遊ちゃんの体に掛ける、そして掛け布団を掛ける、それから横たわり、もう一枚のタオルケットを、足をバタバタさせながらなんというかおさまりをよくして、それに包まれ、掛け布団の半分をもらう、そのときいつも、楽しい、うれしい、と思う、それを今日もおこなって、「アイオワ日記」をおしまいまで読んで、寝た。

12月29日(土)

朝、日記を書いていた。年の瀬で賑わう、たくさん買い物をする人たちのいるスーパーを出て店に着くとエディタを開き、日記を書いていた。

それからコーヒーを淹れて飲み、それからショートブレッドを焼き、ごぼうのおかずを作った、年内最終営業日、作ったものをどれだけ、余らせないで済むのか、ちょうど、なくなった、くらいで着地できたら最高だが、甘い期待だが。

それで店を開けて、順調に始まり、快調に進み、2時ぐらい、「あっ」と思って声が出た、読書日記用の写真を撮り忘れた、どうしようか、明日はもう朝には家を出るから朝もう一度店に来るというのはだいぶ大変で、ずっと昼間の写真だったのにしかし閉店後に夜に撮るのも、嫌だな、と思って、2席、カウンターが空いている状況だった、いくつかオーダーがあって、こなしつつあるところだった、そのうちいくつかを出してから、まだもうひとつ定食を出す必要があったが、この方はいつもめっちゃゆっくりしてくださっている方だし急いでなんていないはず、という自分勝手な判断によって急いで本を3冊持ってカウンター席に行き、本を並べ、椅子に膝立ちになって、無音カメラを起動し、真上から、写真を撮った。珍行動。

それから、ずっと、ひたすら、だった、年の瀬、年内最終営業日、フヅクエ納め、そういう顔ぶれというかなじみのある方々が何人も来てくださり、見送りながらよいお年をと言うのを繰り返した、それはすこぶる気分のいいことで、この、今年もありがとうございました、よいお年をお迎えください、と伝えたくなる人数が、年を経るごとに増えている。それは幸せなことだった。

幸せを噛みしめるような余裕はしかしどこにもなく、恐ろしいほどに満席状態が維持されながらお客さんが入れ替わっていった、パズルのようにご予約が入った、夕方に山口くんがインしてから、僕もフルスロットルという状態は続いて、けっきょく9時半まで、満席だった。

結果、これまでで一番たくさんのお客さん数という日になり、快哉を叫んだというか、今年最後の日に最高を記録とか、なんかすごい締めくくり方、と思って、とにかく、疲れた、激しく動き続けていたためかこれまでなかったことだったが左足の土を踏むか踏まないかのあたりが攣りそうな感覚が何度かあって、「足を攣るとかｗｗｗ」と思った、また、意識が飛んだ、途中、いま自分がどの席の方のコーヒーを淹れているのか、ドリップしながらもまったく思い出せなくて、自分でうかがってきたオーダーにもかかわらずまったく思い出せなくて、コーヒーなんて誰かに頼まれたっけな、誰だっけな、どの方だっけな、と、熱心に思い出そうとしながらドリップをするというそういう場面があった、とにかくすごい日だった、毎日これだけの方が来られてこれだけの売上が立てば年収2000万円くらい行きそうだ、と無意味な計算をして、気が遠くなった。

飯食い、山口くんに「今年は山口くんに会えてうれしかったです」と伝えて、見送った。ブレーカーを落とし、ガスの元栓を閉めて、数日のあいだ安心して不在でいられるための準備というか、をした。持って帰るべきものをリュックに詰めて、家に帰った、帰って、髪を切って、内沼さんからいただいたメルマガのアドバイスというかご意見というかに返信をして、まったくほんとにおっしゃるとおりだ、そうしようそうしよ、全部いただき、と思いながら返信をして、そうしたらもう3時をとっくに過ぎていた、日記の推敲が終わっていなかった、来年からはこのペースでやらなくていい、というのはよかった、金曜締めで日曜更新とか、やっぱりなんでよりによって一番忙しいところで、という更新リズムだよな、と改めて思って、赤入れだけ終わらせることにした、ベランダでリビングの光を頼りに煙草を一本吸いながら、印刷した日記を読んでいたら、一枚するりと手から離れて、一階の大家さんの庭にひらひらと落ちていった。

4時半、4時間半後に起きる、という強い決意とともに、寝。

12月30日（日）

昨日水筒を持って帰ってきた、起きると湯を沸かしてやはり持って帰ってきた豆を挽いてそれでコーヒーを2度に分けて淹れた、僕の水筒の分と、遊ちゃんの水筒の分。東京駅に行って、遊ちゃんの情報によれば昨日は2時間待ちとかがあったようでだから待つことは覚悟していたので人の姿がたくさんあっても驚かなかった、年末に遊ちゃんの実家に行くというのはつい先週くらいに決めたことで指定席を取ることは叶わなかったため自由席というそういうことだった、乗り場に行く前にこのお弁当を食べてみたかったという、海苔弁屋さんに行って海苔弁を買った、僕は「畑」というやつを、遊ちゃんは「海」というやつを。

それで、東北の方向の新幹線のホームに上がろうとすると、遅れの表示が見えて、なにやら車両トラブル的なもので電車が遅れているらしかった、軽い気持ちで軽い口で「こんな大入りの日にそういうミスというか何かが起こってＪＲはここは一番がんばらないといけない日だろうにねえ」と思ったしそう言ったが、あとでそれはずいぶん大きな影響を多くの人に与えることになった大変なものだったということが知れて、大変だったんだなと思ったし、途中ですでにＪＲに肩入れというか、整備士の人たちとか忸怩たる思いというか悔しい思いをしたりしているのだろうなと思うようになった、駅員の人たちもみな、それぞれの持ち場でがんばるしかなかった、誰も状況が見えない、そういう戦いを強いられていた、のではないか、とやはりしかしヘラヘラと、思っていた。

待っていた、列は自由に作られ、秩序はできては崩れ、というふうに思えた、戦略的にいる場所を決めないと、なんだか変なことになるというか、待っていても待っていた甲斐のないことになりそうな気がして、待っていますよ、ずっとここで、私たちは、待っていますよ、という、これこそがやまびこに乗るための間違いのない場所ですよ、というそういう顔で私たちは、待っていた、次第に周囲の人たちと結託し始めるようなところがあり、結託というか、私たちこそがやまびこ、ですよ、ねえ、と、うなずき合うような、認め合うような、そういう空気が生まれていった、途中で前のちびっこのバイキンマンのおもちゃについて教えてもらったり、先頭のご夫婦と正規の待ち位置について駅員の方を交えて確認し合ったり、挙げ句は一人でいたおじちゃんが「お弁当買ってくるのでちょっと離れますね」とすら言った、ちびっこはその離れる時間を心配したらしく、戻ってきたら満面の笑みで間に合った〜と言った、そりゃ間に合うよ〜、とおじちゃんは返した。

電車を1本見送るたびに、なにか感動するようだった、最初に仙台止まりのやまびこが出て、そのあと指定席しかないやつらしいはやぶさ・こまちが出て、と、1本見送るたびに、なにか感動した、発車を知らせるサイレンはほとんどドラマチックですらあった。電車が出るということは、すごいことだった。ずっと遅れ続けていた山形行きのつばさが出ると、とうとう私たちが乗ろうとしていた盛岡行きのやまびこの番だった、着いて、着くと、行列はスタンバイをした、していると、私たちが最前列のはずだったが、なにやら違う角度から入ろうと画策していそうなそういう顔ぶれがいくつかあり、これは由々しい、と思った、私たちは間違いなく乗れるし座れるけれど、そういう問題じゃない、倫理の問題だ、僕たちの後ろにずっと並び続けた人たちがいて、その順番で乗られなければいけない、あいつらは、あいつらだって待ったのだろうけれど、でもそれは違う、いけない、と思い、思ったが為す術はない、JRの職員に期待したいところだが無理な相談だった、そんな余力は、なかった、毎年こういう行列はできるのだろうからもう少し工夫できることはいくらでもありそうなものなのだが、その責任をいま目の前にいる一人ひとりの職員に負わせるのは酷なことのような気がした、とにかく、なんだかずるそうな顔をした若い男と女が、扉が開くのを待っているように見えて、あいつらがもしそんなことをしたとしたらずるそうな顔というのは本当にあるというかずるそうな顔をして確かにずるいことをするというそういうことは本当にあるのだなというか、ずるさというのはこんなにも顔に刻印されるものなのか、と思うところだったが、扉が開き、私たちから順番に入ろうとすると、案の定でやつらは割り込んでこようとしたし、無事に割り込んだ。不正がなされた。それは悲しいことだった。

2時間近くだろうか、結局待つことになったが、不思議なことにストレスがまったくなかったというか、なんとなくもう待つ気でいたから、その通りになっただけというそういう2時間の待ちとなった、状況があまりにあやふやで定かなことがかなり少ない、噂レベルで大勢の動きが決まる、そういう気の許せなさはあったけれど、あたたかい格好をして、水筒にコーヒーを淹れて、というところで、問題のない待ち時間だった。

自由席は、当然、通路を含めてめいっぱいになり、乗る前から思っていたが、トイレに行きたくなったらきっとそれはとても大変だ、ということがやはり思われ、トイレに行きたくなりませんように、と思った。お弁当を食べて、おいしかった、それから、昨日の推敲の続きというか、赤入れしたものをエディタ上に反映していくことをパソコンを出しておこなった。最初はテーブルを出してそこで打っていたが画面が遠く、眠気も手伝ってまったく文字に集中できないというか文字が関係のないもののように感じられた、その調子のときに、途中で、金曜日の日記を書ききっていないことを思い出し、なんだか「うわ……」という気分になった、この環境で書かないといけないのか、思ったらしんどいタスクという気になった、パソコンを膝に乗せたら改善された。改善されたその中で、「続続アイオワ日記」の引用と、その次の段落を打った、雪のところを引き写したその直後、左側に白が一面に広がっていて、「あ、雪だ」と言った。

吹雪いたり、晴れたり、晴れても雪景色だったり、しながら、電車は北上していった。日記が終わって本を読むことにして平出隆の『私のティーアガルテン行』を開いた、久しぶりに読んだ、中学校の文集の先輩たちの文章のことが書かれていた。

弁当を終えてまわりの連中と騒いでいると、腕章をつけた上級生が二、三人、教室に入ってきた。当番制による校内見廻りらしかった。ⅢAという徽章を襟に付けたその中の一人が、一年生のとりとめもないはしゃぎの傍らに立つと、静かな笑みを浮べて、ひとこと諭しているようであった。私はその泰然として立つ上級生の目が、近くにありながら遠くを望み見ているような気がした。私がはしゃぎの勢いをかりてそばに寄ると、彼の下顎のあたりには、まばらな髭がしっかりと伸びていた。私は思わずそれに手を伸ばした。まばらではあったが、確かな長さのものだった。その上級生は自若としていやがる風も見せず、触られるままに笑みを絶やさず、さらに遠くを眺めているような様子だった。あれが、渡辺芳郎さんだった。あの人がこれを書いたのだ。私はまた、テクストに目を戻した。

平出隆『私のティーアガルテン行』(紀伊國屋書店) p.150

泰然として自若、静かな笑み、それはなんというか平出隆の文章に触れたときに僕が感じるものそのもののように思った、少し触れたら、すっと落ち着く。

そのあと吉田健一を開こうかとしたけれど眠気がやってきて、遊ちゃんの肩にもたれてしばらく眠った、起こされて、すぐに盛岡だった。

外に出ると、これまでスキー場とかでしか知らなかったようなすっきりと気持ちのいい冷気で張り詰めていて、よかった、雪は降っていなかった、砂みたいな雲が晴れ上がった空に横たわっていて一身にピンクの光を集めていた。タクシーに乗って遊ちゃんの実家というのか、おばあちゃんの家に行った、お邪魔して、お父さんお母さんは面識があった、こんにちは、と言った、おばあちゃんははじめましてだった、居間には『ソトコト』が置かれていておばあちゃんは3度読んでくれたということだった、それからお父さんの弟さんご夫婦、お母さんの妹さんとその息子さんつまり遊ちゃんのいとこ2人、がやってきて、こんにちは、と言った。僕は遊ちゃんの家族の集まりというか連なりと賑やかさがとてもよくて、情報量多いなあ、と愉快に笑いながら、なんだか感動していくようだった、この人たちがいて、この素敵な女性がいる、そのことになにか感動していくようだった。幸福な時間だった、行けてよかった。

それから車に乗せていただいて、僕は駅で下ろしてもらい、遊ちゃんはもう少し行ったところで高校の同窓会に出席だった、下ろしてもらったときにご両親が出てきてお母さんが「私にとっては大事な遊なので、よろしくおねがいします」と言った、そのときとっさには僕はうまく答えられなくてただニコニコ、ええ、そりゃあもう、という、ようなことしか言えなかった。一人になって、二時間くらい、僕は待つ時間だった、うろうろと駅のあたりを歩き、プロントでいいかな、と思ってプロントに入ったあと、やっぱり、と思ってその向かいのクラフトビールのお店に入ったが、やっぱり、と思って一階に上がって、Aeron COFFEE&BEER STANDに入った、それでカフェラテを飲みながら本を読むことにした、イヤホンをしてケンドリック・ラマーを聞きながら、佐久間裕美子の『My Little New York Times』を開き、ひと月分読んだ、アメリカもきっといろいろくだらないことになっているんだよな、その空気を知りたい、と思って、読んでいた。PHISHのライブに行ったという話が書かれているところで久しぶりに聞きたくなってケンドリック・ラマーからPHISHに切り替えて、続けて読んだ、なんとなくしかしその、PHISHのライブの話が印象に残るというか離れなかった、ライブを見に行ったがそこにいるのは本当にほとんど白人男性だけで、お腹周りのすごいことになっている感じの白人男性だけで、ということで、それがなんだか考えたこともなかった状況というか、なんだか思った以上にぎょっとして、離れなかった。そうかああいう音楽ってそうか白人たちのものだったのか、そりゃそうかカントリーミュージックからの派生物なんだろうし、それだったらそういうことなのか、と思って、日本人でいることは簡単なことだなあというか、カントリーもブルースもヒップホップも、簡単にそれぞれそれをそれぞれにかっこいい、と思っていられるから、簡単だな、と思った。

そのあと岸政彦の『マンゴーと手榴弾』に移り、読んだ。すごい語りだなと思いながらページを折りながら、なにか、折ることにためらいを感じるような、そういう語りがあった。そうしていると寒くなってきて足が冷たくなっていってそれで7時を過ぎて、そろそろ出ようと思っていると遊ちゃんから連絡があり、同窓会終わった、ということで、夜に予約していたお店に向かった、途中でうまいこと合流できた、根菜屋というおでんのお店で遊ちゃんはかつてお母さんと来たことがあっておいしかった。それでまた来た、そうしたら、出てくるどれもがおいしくて、大喜びでいろいろと食べた、日本酒を飲んだ、同窓会は楽しかったらしかった、僕は、遊ちゃんがかつて高校生で、教室で、あの素敵な顔で笑ったり、真顔でなにかを見つめたり、見ていなかったり、宿題を忘れたりして、先生から、「ひとつひとつ、だぞ」と言われて、ひとつひとつ、と唱え返す、そういうことをしていたんだな、そういう時間がたしかにあったのだな、と思ったら、なにか、胸がいっぱいになった。

12月31日（月）

泊まったホテルはビジネスホテルで一泊3000円で最近できたばかりでとにかくきれいで角部屋で岩手山がはっきりと見えた、岩手山でなく役所が見えたのだったか。一泊3000円てどうしてそんなこんな価格設定で、と思う、まったく清潔でまったく十分にいい宿泊施設で昨夜は寝る前に酔っ払っていてすでにすぐに眠くなっていてシャワーを浴びたあと眠るまで佐久間裕美子を読んでいた。

角部屋で最上階で遮るもののない部屋でカーテンを開けておいた、すると朝になると明るくなった、明るすぎて遊ちゃんが半分閉めた、遊ちゃんは早く起きたらしく、僕がうっすら目を覚ましたときは隣で本を読んでいて、早起きで読書とか、うらやましい、と思って僕はまた寝た。それでもわりと早く起きて、チェックアウトをして近くのコーヒーの飲めるところでコーヒーを飲んでトーストを食べていると晴れていて、車が止まって遊ちゃんの家族がやってきたから僕らはいったん外に出て遊ちゃんが昨日忘れていったマフラーを受け取った、お父さんお母さんに加えて遊ちゃんの弟くんがいて、初めてだったので「こんにちは」と言った、この家の人たちはみなとても話しやすく、こんなにも気負わないでいいのかというような調子で僕は普通に話す、好きだった。

散歩をした。駅で、地元の名店みたいなところがいくつか出店しているというエリアで白龍、パイロン、あの白龍が駅に出店、という驚きを持って迎えられたその白龍でじゃじゃ麺を食べてちーたんたん。駅で荷物をロッカーに置いて昨日の夜もそのわきを歩いてみたが夜でいくらかイルミネーションで彩られていた今は光っていないただ明るい川のところに出た、昨日歩いた開運橋は通らず川に沿って歩いた、フェザンにいる、北上川を歩く、好きな人と一緒にこの場所にいる、そのことに遊ちゃんは感慨を抱いた。川で白鷺が飛び立って、川の上を低いところをまっすぐに飛び続け、少しずつ上がり、上がり、小さくなり、旋回してビルのあいだに消えていった。

商店街は、かつては古着屋や雑貨屋、個人の店が軒を連ねていたが今はおびただしい数のカラオケ屋、全国どこにでもあるチェーン店で構成されて、これはもう仕方がないことなのだろうか、プリクラを撮りにわざわざ来ていた「サンシャ」ことサンシャインは健在だった、それに豆乳クレープ屋さんもまだあった、「冷たい鹿児島」も今も売られていた、「冷たい鹿児島2」だったから笑った。

さわや書店があったので入ってみた、外国文学棚を見ると「ベケット」の文字がやたら目に入ってきて、全体の量から見たらずいぶんな割合が「ベケット」ということだった、ベケット濃度の高い外国文学棚だった、ちょうど先日スズキさんから『名づけえぬもの』を「どうしてだかさしあげようと思って」ということでどうしてだかいただいて、これはうれしいいただきものだった、だから僕のベケットアンテナもいつもより敏感になっていたのかもしれなかった。岩手の、盛岡の駅前の昔の様子の写真が展示されているところがありいくらか見た。

びっくりドンキーの一号店だというベルという名前のお店があって、一号店はびっくりドンキーではなくベルだったのかと知れたし、そう大きいわけでもないひとつの店がそのようにこのように展開されていくことは、話としては知っていたとしても実際に目で見ないと感じられないリアリティがあるように思われ、ここからすべてが始まった、そのここが、光を放つ。覚えず、なんだか「ほう、ほうほう」という気になった、フヅクエはどうなっていくのだろう、初台の店が、あの、一号店、と、なったらそれは全国の読書好きにとってきっとそれは幸せなことだった、あの伝説の一号店としての初台の。

もうひとつの川にぶつかるころには時間は新幹線の時間の一時間前という時間になっており、存外に時間がないね、という時間だった、だから中津川はタッチして帰るような、スタスタと枝垂れ桜の下を歩いてくるりと回って駅に戻った。さわや書店の駅ナカの店に入って、本はいくらでもあったけれどなにか一冊、小説を買いたい気もした、それで探そうとしたが時間の限られている中で本を探すことは大変なことだったというか苦手なことだった、これは無理だな、この状況で本と出会うのは俺は無理だなと思って、さわや書店、帯だけで本を買おう、みたいな目隠し本のコーナーがあったりして、面白かった、さわや書店で本を書いたかった気があった。

荷物を取ってAeron COFFEE&BEER STANDにまた入って中煎りのコーヒーと「Diversity」という名前のドーナツとベリーのマフィンを買って、新幹線で食べる用だった、それで新幹線に乗った、今日は順調に走るらしく盛岡からのやまびこに乗った、電車では日記を書いてそれから佐久間裕美子を読んだ。郡山で乗り換えで、なすのに乗った、那須塩原でおりると叔父が迎えに来てくれていた、どうして今日はひろちゃんなの、と聞くと、両親は母方の親戚に不幸があって今日が葬儀で宇都宮のほうに行ってい るとのことだった、まったく聞いていなかったので驚いたというか、ひろちゃんが迎えに行くことになるかも、とは連絡を取っていた父が言っていたが、帰ったらコーヒーでも飲んであたたかくしていてちょうだい、みたいなことを言っていて、なんだかよくわからない不在感があったが、そういうことだったらしかった、それで家まで送ってもらって、着いて、ひろちゃんが任務を終えて家に帰るタイミングで喪服を着た両親が帰ってきた。

4人分のコーヒーを淹れて飲んだ、昨日までもうひとりの叔父もいたらしく、そこで先日屋根裏で見つかった兄弟3人の通信簿であるとかが配布された、小学1年のときの分から通信簿が出てきて、それぞれの卒業証書や学校のアルバムなんかが出てきた、机の上にはその名残で通信簿があり父は小学1年生のときコメント欄みたいなところで

「活発になってきました」みたいなことが書かれていて、元気がなかったのかなと思ったら、2学期は20日も学校を休んでいた、どうして休んでいたのかなあと父は覚えていない。だから不登校だったのよ、とは母。

叔父の、慶応の理工学部卒業の叔父のアルバムがあったそれを見た、72年から76年という数字が振られていた、最初のページから写真が異彩を放っている感じがありかっこういい予感とともに見始めたらかっこうよかった、早慶戦の写真ではグダグダに酔っ払って路上で倒れる学生たちの写真があり、試合のなにかに大興奮した顔また顔を捉えた写真があり、学園祭もまた、いきいきとした姿がいくつもあった、ほうほう、と開くと真っ黒のページになり、学費の値上げ、それにともなうストライキ、という学生運動的なものものしい怒りと怒りに伴う興奮にあふれた人々があり、撒き散らされた紙が床に広がっていた、その写真の隣のページから「慶應義塾の歴史」みたいなコーナーになった、福沢諭吉が、うんぬん。その展開がかっこうよかった。

それから平出隆の『私のティーアガルテン行』を読んでいた、大学受験のときの安田講堂がどうのということが書かれていて、叔父のその写真を見ながら交わされた父の受験のときの話とかぶったから、平出隆と父はこれは同い年だろうかと思いプロフィールを見たらたぶん同い年で、だからどうだという話だった。

夕飯の時間に合わせてやってきた叔父が、机の上にあった『すばる』を見て、岸本佐知子さんて、ここに名前あるだろう、何度か会ったことあるよ、と言って、僕も遊ちゃんも「えっ」となった。若くして亡くなった叔父の妻であるりかさんが英語が好きで翻訳をやっていて翻訳のワークショップがあった、月島とかであった、そこに何度か行ったことがあった。

夕飯で過剰に腹いっぱいになったあと、食事の席で話に出ていた母方の祖父、だから母の父、の遺句集を母が出してきた、俳句というものを読む機会はないが面白いものだなと思いながら見ていたら「四女を嫁す」と小さく振られた一句があり、「娘を嫁して雨蛙また鳴きにけり」とあった、母に、こんなのがあったよと言って見せると、結婚式の日、豪雨だった、と話した。

あとがきがあって、去年亡くなった祖母によるものだった、「昭和五十八年十一月二十七日未明、船山順吉は突然この世との別れを告げました。入院中とは申せ、主治医の先生から退院の話まで聞かされておりましただけに、ショックは大きく、残念でなりません。まもなく一周忌を迎えようとしております。五十年近く俳句に取りくんで来た順吉の作品を纏めて遺して置きたい、これは故人への供養でありますし、また残された私のつとめでもあると思いました。古稀までには句集を出したいと何度か私に洩らしており、順吉の望むところでもありましたので、最初であり最後のこの句集の刊行を決しました。」と、そうあり、祖母の記したそして活字になった文章を読むというのもなにか感動を誘うところがあり、全体にグッとくるものがあった。

途中、外で煙草を吸いながら、いくつかの死について思っていた、叔父の妻、祖母、僕は会ったことのないその句集の祖父、今日葬儀があったという母方の親戚、さらにその直前にもまた別の母方の親戚が亡くなった。そのことを思っていたことと関係しているとは気づかないまま、さわや書店でジョイスの『ダブリン市民』を買えばよかった、「死者たち」をまた読みたかったし、書き直したいとときどき思い出す一冊だった、その一冊のことを考えていた、全然、死者たちのことを考えていたと関係するとは気づかないで、考えていた。

叔父が帰り、母と父が順番に風呂に入って静かになった部屋で、プルーストを読み出した。今年はプルーストを読みながら年を越そうと思ったためそうした。サン＝ルーのいる兵営に行った、サン＝ルーの部屋で一泊した、それからはホテルで暮らした、そのホテルがよかった、そんな話が書かれていた。

寝る前に外で一服をしながら、遊ちゃんと星を見上げた、ちらちらとたくさんの星があって11時半には布団に入って、遊ちゃんは隣で庄野潤三を読んでいた、除夜の鐘がうっすらと聞こえてきて、少しして、寝た。

1月1日（火）

寝ている途中で目を覚ますと真っ暗で、まったくの暗闇で、しばらく目を開けていたが目が慣れてだんだん見え始めるということがなかった、あまりになにも見えないから、不安になっていった、突発性の目の見えなくなる症状だったりして、あるいはなにか異変が起きて目がもう見えなくなってしまったとしたら、と考え出し、最後に見たのは遊ちゃんの顔で、寝る前に遊ちゃんの、お母さんから送られてきた小さい頃の写真も見ることができた、もしかしたら最後に見られてよかったのかもしれない、そんなことをうっすら思いながら、嫌だ、嫌だよ俺は嫌だよ目が見えなくなったら、怖いよ、本読むのどうしたらいいんだ、全部音読してもらうということか、どうしたら、と思って、起き上がって電気をつけようとするもどこに引っ張るやつがぶら下がっているのかわからない、手に当たったと思ったらどこかに飛ばしてしまった、遊ちゃんがどうしたのと起きたので、いま何時かな、時間わかるかな、iPhone近くにある？ と聞いて、ちょっと遠いとのことで、もう一度引っ張るやつを探して、手が探り当てた、引っ張ったら電気の中心がほのかに明るくなり、それで安心してすぐに消して、ふわあ、怖かった、と、布団に入って今の話をした。

起きて、まだ真っ暗だったがいくらか明かりがあった、こちらの部屋は雨戸が閉まっているから光がまったく入らないが畳の続きの隣の部屋は窓があるからそこからの光がうっすらと部屋に明かりをもたらしていた、まだまだ早い時間だろうと思いながら、遊ちゃんも起きたらしかった、起きちゃう？　まだまだずいぶん早そうだけど、元旦に早起きをするというのも気持ちもよさそうだ、たくさん時間があるし散歩でもしたら楽しかろう、とりあえず早朝のコーヒーを淹れて、と思って、遊ちゃんが時間を見ると8時20分で全然とても早い時間というわけではないことがわかって笑った。

起きて、起きると父と母はとっくに起きて朝の準備をしていて、僕は4人分のコーヒーを淹れた。10時、元旦の集まりというかご飯で叔父が来て、昨日話に出た翻訳グループというのか、ワークショップの人たちの冊子と、同じ作りの、りかさんが亡くなったときの追悼文集の冊子を持ってきていた、追悼文集は開く気にならず翻訳ワークショップの冊子『NEXUS』を開いた、36号ということだった、２００３年。阿久津里香「玉川温泉より」という文章があった。

私ががんの転移を告げられたのは、誕生日を二日後に控えた七月半ばのことだった。筑摩書房版の三段がまえのチェーホフを読んでいて目がちかちかし出したのが始まり。そのうち文字が霞んで見えなくなり、次第に耐えがたい頭痛にとって変わった。「痛み」というのは恐ろしいもので、その鋭い牙で人間らしさ、人間としての尊厳を一枚一枚剥ぎとっていく。人一倍ひとめを気にする私が生徒の前でびっこをひき、出がけ先で激しい頭痛に見舞われうめき声を上げる。温かく支え見守ってくれる夫や家族たちにも、感謝するどころか憎まれ口を叩き突っかかってばかり。前頭葉と後頭葉に一つずつ転移巣が見つかったのはそれからまもなくのことだった。

阿久津里香「玉川温泉より」『NEXUS No.36』(NEXUSの会) p.58

祖母の文章もそうだったがりかさんの文章もそうで、その人が手紙とか特定の個人に向けてではなくなにか広いというか開かれた場所に向けて書く文章というのは想像をしたこともないもので、そういうものに触れるとなにかがひっくり返るようなところがあるし、音楽教師だったりかさんの口というか指からチェーホフという名が漏れることは考えたこともなかった、それからもハミルトンの名が出てきた、といってハミルトンが誰だか僕はわかっていないが、「S」とあったか、S・ハミルトン。江藤淳の名もあった。生きていたら『読書の日記』の発売を一番喜ぶというか、一番ビビッドに読んでくれたのはもしかしたらりかさんだったのかもしれなかった、考えたこともなかった。そしてまた、まるで見ることのなかった知ることのなかった怒りや憤りのような感情のあらわれも、笑顔以外の表情をほとんど知ることのなかった僕の動揺を誘うものだった。動揺を誘う、そしてなにか知れてよかった、尊さを感じるものだった。

がんになる前、僕は中学生のとき、読んでいた『「死の医学」への序章』を、これがとてもおもしろかったんだ、と言って教えたことがあった、送ってもらった歯医者の駐車場でだった、終末期医療についての本だった。僕はそのときのことをしばしば思い出す。りかさんは、どうだったか。がんになったあと、前からだったかもしれないが、あと、母はりかさんと手紙のやりとりをしていた、ダイニングテーブルで便箋に文字を書いていく母の姿を思い出した、これはあるいはそんな姿は実際には見ていないで勝手に作り出した記憶か。

総じて、読めてよかったと思った、最後、「あまりにしたたかな生への賛歌」、そういう言葉があった、怒りも、喜びもあった。

車を借りて去年買われた新しい車は僕は初めて運転した、エンジンを掛ける動作やハンドブレーキを掛けたり解除したりする動作が実感がないタイプで初めて乗ったそういう車は動き出せば特に変わらなかった、それで黒磯に向かった。車中でりかさんの話を遊ちゃんとした。

1988 cafe shozoに、例年通り行った、待ちがいくらかあり、そのあたりをプラプラ歩いていた、見たことのなかった建物があって、見ると「BOOK」の文字があり、本屋さんということで、上がっていった、HOOKBOOKSという古本屋さんだった、見ていたら「吉田健一」の名前が見えて箱入りの本が2つあった、『本が語ってくれること』を、見たら突然一気に読みたくなり、買うことにして買った、買いながら遊ちゃんに「吉田の健ちゃんがいた」と言ったら、お店の方が「最近いろいろ文庫化されてますよね」と言われて、あそうなんですね、という話をした、満足して出た、すると電話が鳴り、席空いたということで、入った、ティーコゼーを買いたかったが、売り場を見たら見かけなかったのでたぶんなかったので諦めた、階段を上がり、通された席についた。コーヒーとケーキを頼み、食べ、しばらくメルマガの告知記事の文言をいじることをパソコンを開いてしていた、それが済んでから、本を開いた、少しプルーストを読んだ、サン＝

ルーが語り手に、「もう一度頭を枕につけて眠りなさい、それがあなたの神経細胞の無機物解消には有効ですよ」と言っていてそれがよかった、それからさっき買った本を開いた、2年分の文芸時評と、本や読書に関する2つのエッセイみたいな構成のようだった、最初は河上徹太郎の『有愁日記』の紹介だった、今日では差し當りその内容はどういふ性質のもので作者の思想傾向はといふ風なことを書かなければならなくなるのだらうが、さういふことをする氣は全くない、というところから始まり最初から気持ちがよかった。

確かに一冊の本は何かに就て書いたものである他ない。併し或る本、或は書と呼ぶに足る一冊の本が或ることに就て書いたものであるといふのは字引を引いて或る言葉がかういふ意味だと出てゐるのを見るのに似てゐて、そのことに間違ひはなくてもその言葉が實際にその言葉として用ゐられる時にその字引での意味などは全く問題の序の口であることが明かになる。「有愁日記」では歴史でも何でも或ることに就て語られてゐるのではなくてその語られてゐることがそこにあり、それは作者の肉聲、又息吹きともにそこにある。これが文章といふものであつて、それを書くものが書いて行くに連れて我々人間の世界のことが次々に現前するのに接する魅力が我々を書に赴かせる。従つてさういふ一冊の本を紹介するには嚴蜜には引用する他に方法がなくて、もし紹介するものが自分なりにその本に書いてあることが言へるならばその本は書かれなくてよかつた筈である。

吉田健一『本が語ってくれること』(新潮社) p.10

お腹がずっとなんとなくゆるい、変な感じだった、しばらく読んで、もう一杯コーヒーを飲んで、夕方になった、出た、外は気持ちのいい晴れ空で冷たい空気が清々しかった、帰り、運転しながらメルマガの告知方法というか始めたあとにどうやったら人数が増えていくだろうか、そういう話を遊ちゃんとしていた、帰って、夕飯までの時間は佐久間裕美子を読んだりメルマガを触ったりしていた、佐久間裕美子を読んでいると「この人ほんとに毎日人と会っているなあ」とまず思って、それから個々の話について、なるほどなるほどであるとか、いいねであるとか、思うようになっている。印象的な言葉があった、「だっておれ、自分のVulnerabilities(弱さ)が他人にどう受け取られるか、まったく興味がないもん」というもので、弱さ、と思った。

『芸能人格付けチェック』が、今年も流された、毎年、これは僕も見る、ゲラゲラ笑う、ああだこうだ言いながら、ゲラゲラ笑う、よくできた番組だなあと思う、遊ちゃんと一緒に、ゲラゲラ笑う。

今晩も、夕飯の前から胃のあたりがなんとなく調子がよくなかったが今晩も、たくさん食べてしまって満腹だった、食後、トイレにしばらくいたりした、どうもやはり調子が変で、おならが強烈に臭かった、一年前は大晦日の日にお腹が痛くなってトイレに長いあいだ籠もったそういう記憶があった。あたたかい居間ではテレビが消えたあとはジャズのレコードやＣＤが流されていた。

寝る前、吉田健一。

考へた結果も考へることも思想であると見る時に思想の價値はその考へる行爲自體にあり、これはそれがなされてゐる本を讀まなければ摑むことが出來ない。それならば確かにプラトンの思想も見事であつて例のイデア、或は洞窟の說で理想と現實の交錯が鮮やかに說かれてその一句每に我々はプラトンの精神の動きを辿り、プラトンが眞實を摑まうと思索を進めて行くことで我々の精神も働き出してプラトンとともにその思索の段階を登り詰めることになる。そして結論に達してその結論自體が我々にとつてどれだけの意味があるだらうか。或る高度の、又持續した精神の作用に我々も與り、その上で我々は假設といふことの意味を知る。この爲に我々は本を讀む。

同前 p.139

それから久しぶりに『時間』を開き、どうも毎回進まない箇所を、こじあけるような手付きで、今ならもしかしたら、と思い、どうも毎回進まない箇所を、こじあけるような手付きで読んでいって、それで、眠ることにした、昨日の夜中の真っ暗のおののきを今日は避けるため豆電球というのか、小さい光だけは残して、寝た。

1月2日（水）

自然に早く起きるようになっている、9時。居間に行くと駅伝が始まっている、コーヒー淹れる。駅伝をなんとなく見ながら佐久間裕美子を読んだりする、ニューヨークのどこかで車が人混みかなにかに突っ込んだニュースがあった、ということが書かれている日を読む、竹下通りのことを思う、駅伝は1分見ていたら感動する、遊ちゃんが隣でたすきが繋がれる場面でグスグス泣いている、みんながんばっている、いい笑顔で待っている、そう言って泣いている。

昼、お雑煮を食べ、しばらくすると姉家族がやってくる、姪っ子がすぐに近寄ってきてくれるようになってうれしい。

バトンタッチのようなタイミングで遊ちゃんと出、ショーゾーに。少し待ちがあり、隣の雑貨屋さんに入ってグラスを見たりして、グラスを買う、フヅクエを始める前にも大宮から黒磯に行ってショーゾーに行ったときに雑貨屋さんに寄ってそこでスプーンであるとかを買った記憶がある。

ショーゾー、今日はスコーンとケーキとドリンクのセットでスコーンと松の実のタルトとカフェオレ。吉田健一の『本が語ってくれること』を読み、『時間』を読み、ぐいぐいと眠くなっていく、もう少しいようと深煎りな感じのブレンドを追加し、プルーストに移行。語り手はサン＝ルーにゲルマント夫人に自分のことをいいように言ってもらいたい、夫人の写真がほしくてたまらない、最初のリクエストはできた、いやね、たいしたことじゃないんだけど、私は彼女にバカだと思われているらしいんですよね。だからなんだっていうんですか、そんなこと、あなたほどの人にとっては些細なことではないですか。まったくそうなんだけどね、いや、だから、どうだっていいのですけどね、まあもしね、あなたがね。おやすいごようですよ。そのあと語り手は、写真の入手に照準を合わせる。

「さあ、もうみんなのところに行かなくてはならないんだが、あなたにいまたのんだのは二つあったうちの一つ、重要じゃないほうで、もう一つはぼくにとってもっと重要なことなのです、でもことわられはしないかと心配なのですが、どうでしょう、ぼくたちがたがいに《きみ》と呼びあうことにしたら、あなたはいやではないでしょうか？」

「いやなもんですか、どうしてまたそんなことを！　歓喜！　歓喜の涙！　未知の至福！　ですよ。」

「なんとお礼をいっていいか、あなたに……　いや、きみに。こいつはまずあなたからはじめてくださいよ！　ぼくにはとてもうれしくて、よかったらゲルマント夫人のことは何もしてくれなくてもいいくらいです。きみと呼んでくれるだけでぼくには十分です。」

「両方ともやりましょう。」

「あの！　ロベール！　ねえ」と私は、会食をしているあいだも、まだつづけてサン＝ルーにいった、「あの！　さっきの問答はなんだかおかしいなあ、尻きれとんぼで、それにどうしてそうなったのかぼくにはわからない、――ほら、ぼくがあなたに話していたところだった女のかたのこと、わかる？」

「ええ。」

「では誰のことをぼくがいっているのかよくわかっているわけ？」

「どうしてまたそんなことを、あなたはぼくをヴァレー州でいう癲癇（クレタン）か、それとも低能

demeuréとでも思っているのかなあ。」

「ではあのかたの写真をぼくにもらえないかしら？」

マルセル・プルースト『失われた時を求めて〈4 第3篇〉ゲルマントのほう 1』
（井上究一郎訳、筑摩書房）p.166

ゲラゲラゲラ。

で、帰ることにして、帰った、帰りは車がなにか「100メートル先のレーンに気をつけてください」とか声を出してきたことをきっかけにオーケー、グーグル、サンキュー、アレクサ、そういう遊びに興じた。

帰ると母の長姉とその子つまりいとこが来ていて、夜は新年の集まりの簡易版だった、例年は長姉の家に四姉妹を中心に集うのだが今年は去年の暮れが次女のところにも三女のところにも不幸があってバタバタしていたしそもそも夏に四姉妹の母つまりおばあちゃんが亡くなったそういう年でもあった、今年はゆっくりする年にしよう、というところで今年の集まりはなくなって、代わりにうちに二人が来て簡単な集まりとなった、いとこは去年はマッカランの18年を買ってきいて「」「」——

「「「「あ「あ

」:.:.、それは3まんEN kuらい

するお酒だった（めいっkがたいぴんぐ　しえいる　09964¥¥¥^31111111111111

ddddfrrrrrerrrd唖々ああっっっっっっっっっっっっっcっっっっっっっっ

っっっっっxッッッcbっっっっっっっっっっっb,、、、、、、　・:.:・おおお

っっっっっjkっっっっっjっっっっっっっっっっmっっっっっjdッッ

xbbbbbbbbbbbbbbxxxxxxxkmscっ　zっっbんっxkKKおおおおおおおおおおおお

おおおおっきいjkんmもおlkljっkj,っっっっっっっっっっっっっじゃああっっっh

っっっっっっっっっっっっっっっっっjmjっっっっっっっっっっっっっっっっっっっjんんん

んんんnっっっっっっっっっっっっっっっっっっっっっっっっっっっっっjんんんんんん、、、、、、、　m,、

;;;°・、、°　っk」

m・:.」::::・・・・・・———————————————、°°°°、　r.r;;::::4::::::0P;;;R-RE@;P

PP@;°°°°°」・・・・、°°　—

::::::::::::::::::@@@@@@@@@@

@@@@@

おいしいおいしいと言っていたら今年は山崎の18年を持ってきていて、あとでAmazonで検索したら7万円近くした、独身貴族という言葉が何度か聞こえた気がするが気のせいだったか。それで、そのバカ高い酒をいただきながら、姪っ子は夕方からの昼寝が続いていて別の部屋で寝ていた、昼間に父が孫娘へのプレゼントとしてドミノをあげていて、それがむしろ大人たちを楽しませた、そのドミノを、ちょっと机ぐるっと一周やってみようよという愉快な提案を僕の口がしたため、それで大きな机のぐるりを一周、8人の大人でドミノの駒を並べていった、途中でカタストロフが起こらないようにグラスであるとかで随所でストッパーを作り、部分を作り、それから隙間を埋めて全体を作った、僕は試したくなるたちなのか円筒のものを転がして倒すそういうピタゴラスイッチ的なことをしたくなってそういう仕掛けをつくった、それでいざ、というところで倒していくと、ダラララランときれいに倒れていき、仕掛けも無事に機能した、僕は大喜びをした。

それから姪っ子が起きてきて、ずっとかわいかった。親戚たちは「親戚の集まり」的なエクリチュールはこういうものなのか昨日だか今日だか千葉雅也がツイートをしていたことを思い出させる発言がいくつかあって、僕は姪っ子に「るっきずむ」「すてれおたいぷ」と言葉を教えた、繰り返してもらいたかったがそれは叶わなかった。

いとこが、おいしいおいしい、やっぱりおいしい、と言いながら山崎をさぷさぷと飲んでいたら酔っ払ったらしかった、途中で煙草を吸いに外に出たときに時間を見たらまだ6時半で驚いた、そのあといとこは8時を過ぎてからトイレに入って出てこなくなって、僕と遊ちゃんは温泉に行くことにして出た、去年も歩いた道を散歩して温泉に向かった、遊ちゃんが喉が痛いらしく温泉でよく深呼吸をするといい、それがあなたの神経細胞の無機物解消には有効ですよ、とアドバイスをして、それぞれ風呂に入った。

入ると内湯、露天風呂、脱衣所とわりと同じリズムで回ることになった二人組の男があり最初露天風呂で話が聞こえた。

「バク転できるようになること……夢いつも大きすぎんだよ、俺の今年の抱負聞いて……なによ……いいパパになること……向こうがお母さん17のときの子だから、そのひとつ上……血なんだね……メンヘラだから好きになったんじゃなくて、好きになった人がメンヘラだったの……職人だから稼ぎは十分に……普通に就職しても最初は手取り十何万じゃん、俺は日当1万あるから……時給にしたら千円は超えるね……最初は850円で、上がって今は950円……スーパーの時給って上がるんだ……最初は研修期間だったから上がったけど、もう上がらない……あいつ友だちいねーから氏家にしか友だちいねーから……育った環境が悪いから性格悪いんだよな……ケンカよえーのに……そういうときに行くのって俺とかハトリ先輩くらいじゃん……」

風呂の中で聞いたのは稼ぎのところまででそのときはただ聞いていたけれど、脱衣所で誰かのことを話していたそれを聞いてなんだか苦々しくなった。地方、というものを簡単に言いたくもないけれど地方みたいなものを考えるときに想像しやすいそういうつまりステレオタイプな地方像が強化されるそういう会話が聞こえてきて、そんなに簡単に強化させないでくれ！と思った。

仲良く散歩をして帰ると、歩いていると、新しい店や家ができていたり、ずっと変わらず荒廃したままの建物があったりして、そのひとつを見ていたら、時間とともにあらゆるものは朽ちていく、のだな、と思った、その鈍い強い認識はグッと迫ってくるものがあった。時間とともに朽ちていく、それは自然なことで、自然なことなんだろう、と、思った、が、まだ、朽ちさせるわけにはいかないし時間なんてまだまだ経っていないも同然だった、店のことを考えたらしかった。

家に帰ると伯母の車がまだ止まっていて、つまりいとこはまだ伸びていた。僕は山崎をいただくことにしてトゥワイスアップでいただいた、僕は7万円の酒を7万円分享受できるような舌も経験も持っていないな、と思った、7万円の山崎はとてもおいしかった、6千円のマッカランがとてもおいしいように、とてもおいしかった。

いとこたちはどうにか帰っていき、我々もひとりずつ寝床に移っていった、少し日記を書いてから、布団に入った、プルーストを読んだ、サン＝ルーは直後、「それはできない。彼女に確認してからでないと」と言った。

1月3日（木）

起きて、まだ8時だった、居間にいくと母と父は雑煮を食べていた、また4人分のコーヒーを淹れて、飲んだ、おいしくて、昨日やおとといよりもおいしいし、また、やっぱりオブスキュラの豆とはまた違う味というかオブスキュラの豆にはないまた違うおいしさだよなあ、と思って飲んでいたら、少し残ったので店で使っている豆つまりオブスキュラの豆を持って帰っていたのだが、今日は缶にはそれが入っていたらしくだからオブスキュラのコーヒーを僕は淹れて飲んで「昨日やおとといよりもおいしいし、また、やっぱりオブスキュラの豆とはまた違う味というかオブスキュラの豆にはないまた違うおいしさだよなあ、と思って」いたわけだった。遊ちゃんが起きてくる前に藤井さんが起きてきたのでコーヒー飲みますか？ と問うて飲むということだったのでいま淹れたやつを渡し、姉も起きてくるということだろうから、というところで姉の分と遊ちゃんの分を新たに淹れることにしてまたお湯を沸かし、コーヒーは何杯でも飲みたいということなのかまた僕の自分の分も淹れることにして3人分淹れた。

外で煙草を吸いながらツイッターを見ていたら山口くんが1日から日記を書き始めたらしく、「誰かの日記」というタイトルでnoteで、他人の日記を書くというそういう試みらしかった、2日分あって、読んだら震撼した、これを続けたらこれはものすごく面白いことになるなと思って、というかすでにものすごく面白くて、震撼した。震撼はいいすぎだろうか、あんまり震撼震撼言っていると震撼が軽くなるだろうか、とにかく、「これは俺はとてもすごい面白いものになると感じるというかすでにすごく大好き」と思った。雑煮を食った。

昼になり、家族で写真を撮ると、父の運転で駅まで送ってもらった。例年になく年末年始の帰省が終わることがなにか寂しさを伴うものだった。遊ちゃんとずっと一緒だったからだろうか。

宇都宮まで鈍行で行き、宇都宮で湘南新宿ラインに乗り換える、グリーン券を買っている、乗り換えのホームに行くと列ができている、大丈夫だろうかと思うが、数えたら10組くらいだったので、グリーン席は上下で8×2×2×2あったので前後に入り口があるから÷2だとしてもまだまだ大丈夫だと確信をして安心をしていた。そのとおりに、座れた。

『GINZA』の原稿の直しをして、それからプルーストを読んでいた、宇都宮の次の次くらいで乗ってきた若い女性二人が座る場所はもうなかった、なので車両の入り口のすぐ前というか、階段のところにいて、話していた、その声がやたらに静かな車両のなかに入ってきて、すんなり入ってきて、一番前の席にいた僕らの僕の耳にまったくすんなり入ってきた。

りさゲームとかしないの
しない、時間ない
ずっとYouTube見てんだ、YouTube飽きてもしないの
なにやるの、ツムツムとか
しないの
しない

しないんだ
YouTube飽きたときなにしてるんだろう、でもゲームはしない

それはお前が

なんでママと友達登録しないの?
ＬＩＮＥしなくたってショートメールで済んでるから一緒じゃん
そうだね

帝王切開だったらしいよ
そうなんだね
でも痛いよね
大丈夫だよ
でも痛いよ

わたしほくろできやすいの、でも髪に引っかかりやすいじゃん、痛いんだよ、もうや

んなっちゃうよ、エンドレス、終わらない、でも大きくならないからさ、しょうがないね、でもちっちゃいやつだからしょうがないの、もう大きくならないから、もうやんなっちゃうよね、すごくいやだ、すごくいやだ首とかさ、

二人は姉妹だった、池袋で乗り換えで、一人は西武線で所沢まで行くようだった、結局彼女たちが座れたのは赤羽で、ひと駅で降りることになった。諦めというか見定めが悪かった。

夕方に家に着き、しばらく昼寝をしようとしたりしながら過ごしているうちに、大地が家に来た、配偶者のまりなちゃんと一緒に来て、ルイボスティーを飲んだ、大地に婚姻届の証人欄に署名捺印をしてもらった、それを僕と遊ちゃんは見守った、僕は夫婦姿を見たことのほとんどなかった二人が仲良さそうにケラケラとやっているのを見て、とてもうれしい気持ちになった、金沢のお椀をいただいたので、母からもらったチョコあげた。

それから四人で家を出て、まりなちゃんは駅に入り、遊ちゃんは買い物に行き、僕と大地で飲みに行った、そこでいろいろを話した、有限の時間のこの人生をどう生きるか、どう悔いなく生きるか、みたいな話もしていた、なにもなければそれはなんとなく青臭

い話だったが、リアリティがあったしアクチュアリティもあった、そういうときに話されるそれは笑い話ではまったくなくなった。

それからメールマガジンについての大地の意見を聞いた、大地は昨日、僕が登録のテストをしたいと思って、登録してくれるなら先に大地に登録作業をやってもらおうと思って「それはそうと大地はメルマガ本当に取ってくれるの？」と不躾というかそれなりに押し付けがましい問いを投げたところ意想外な返答といったらおこがましいが意想外な返答として「それね、こないだ長くチャットしてた後に考えてたんだけど、現在の形のままのメルマガのやり方でだと心からの応援は難しいかなと思っているというのが正直な所ですかね。というより、阿久津さんはやるべきではないんではないか、と個人的には思っている。このあたりニュアンス、また明日話させてもらえれば！」と言っていたので、それはぜひ聞いてみたい〜！と思っていて、それを聞いた、それによれば、ミッションに根付いたことなのか、ミッションを実現するための行為として成立するならば何も反対はない。また、時間はあまりに有限だ、リソースを割くことに対してよくよく選択したほうがいい。とりあえず『GINZA』の原稿料くらいのところが得られたらと言っていたがその金額のためにそれをやるのは果たして意義があるのか。勝負をしたいならば勝負のために振り切るべきなのではないか。2ヶ月遅れで更新しますというのは、勝負になっていないのではないか。こうも言った。「ペンタゴン」は映画『ペンタゴン・ペーパーズ』のことだ。「ぼくらがペンタゴンから学んだのはなにかを選ぶということはなにかを捨てることだということだと思うんだよな」

首肯するところもあったし、首肯しきれないところもあった、僕が文章を書くのはミッションとは直接関係しないというか、文章とミッションなんて関係はない、文章は僕は欲望だ、欲望を果たし続けたい、「それを換金したいのは関係なくない？」、うまく答えられない、けれど関係ある、僕はこれまでに特に去年を通して売文という行為を経験してきて、その上で、僕が売したい文はこれなんだというこれが日記なんだ、これが俺の文章なんだというそれをそれで勝負したいんだ、答えになってないだろうか。

とにかく、話していて、よかった、聞いてよかったと思ったし、そのあとすごい発展があった、これはすごいアイディアだ、というアイディアがあり、テンションがバカ上がって、わーっとなった、刺し身を食って、酒を飲んだ。

そうだった、僕は、僕にはというかフヅクエにはやりたいことがあった、成し遂げたいことがあった、それを実現する手段がほしかった、それを、これで作ったらよかった、そういうことだった、それは、コロンブスのエッグみたいなところがあって、テンションがバカ上がった、だから帰って、バカ上がったテンションで遊ちゃんに「すごいことが起きた！」と報告した、急いで告知の文言を書き換えて、それでなにか満足したような気になって、布団に移り佐久間裕美子を開いた。

あるプログラムに願書を出そうと考えていたシャンテルに、当時の先生が「どうせ受からないから申請するな」と言ったのだという。誰かをインタビューしていて、こういう話を聞くことはしょっちゅうだ。ニキも同じような経験があると言っていたし、自分自身も「ろくな大人にならない」「あなたみたいな人が大学に入れるほど世の中は甘くない」と言われたことがある。学校という狭い世界において、先生は絶対的な権力者だった。大人になってみると、あの狭い世界で生きている先生に何がわかったのだろうと思う。思い出すとヒリヒリするけれど、そういう経験があったから、悔しさから自分をプッシュすることができたことも否定できない。学校でつらい思いをしている子供たちに、学校の外に、もっと大きな世界が待っているよと教えてあげたい。

佐久間裕美子『My Little New York Times』（NUMABOOKS）p.89

失敗を恐れることを教えこむ、染み込ませていく大人たちにいったいどんな価値があるのだろうなと思う。一発で到達できることしかできなくなってしまうというか、なんというか、自分が失敗しながら学んだり成長してきたということはすっかり忘れるのだろうか、あるいは失敗せずにやってきたのだろうか、とにかく、本当に、失敗しないとなんにもならないと、どこにも進めないと、失敗すればこそ前進があると、それればかりここのところは思う。

1月4日（金）

金曜日、ということは明日は土曜日、それはだから週末、というそういう金曜日、起きたら8時だった、年末から早起きのリズムができている、好ましい、コーヒーを飲みたい、どこで飲めるだろうか、パドラーズは何時からだろうと起き出して調べると、明日からだった、どこかにコーヒー飲みに行こうよ、と遊ちゃんに言う、リトルナップは？と二人で調べるとやっているようで、だからリトルナップに行くことにして家を出て、自転車。

行くと、着くと、そのタイミングで自転車の大集団というか10人弱の集団があり、見るとそれはパドラーズコーヒーの面々というか方々だった、気づき、気づかれ、あけましておめでとうございます、今年もよろしくおねがいします、と何人かの方と挨拶を交わした、なんだか愉快な場面だったと同時に、大集団だったので、あと1分早く着いていたら！と思った、僕らの前に8つとかのオーダーが入ることになった、8つか知らないが。それでカフェラテを注文し、しばらく待っていた、待っていると、出来上がった、受け取り、外に出て公園の柵というのか、のところに置いて、腰掛けて、飲んで、僕は煙草に火をつけた。

遊ちゃんと、メルマガの告知文言のことを話したというか遊ちゃんに相談した、今朝起きた瞬間に、「あれ？　なんか違うんじゃないか？」と思ったところがあって、それとともにというかともにではないけれど言葉は覚えていないけれど今日は僕は朝はなにかメルマガがらみと思しき寝言を発していたようだった、それは僕は寝ていたので知らない、とにかく起きた瞬間に「あれ？　なんか違うんじゃないか？」と思ったところがあって、それを相談した、遊ちゃんもそのときに抱いた違和感があり、それを教えてくれた、なるほど、たしかに、そうだね、と思って、カフェラテを飲み終えて、カフェラテはいつ飲んでも特別においしかった、リトルナップを出た、僕はそのまま店に行ってというか買い出しをして店に行って明日の買い出しをなくす作戦を決行する予定でいたがまだ時間があった、それで、急峻な坂道を上がり、下がり、代々木八幡宮に初詣に寄ることにした、山手通りのほうに出て自転車をとめて階段のところから入ろうとすると僕らの先に入ろうとした人たちが階段の下のところでお辞儀をしていて、次に来た人たちもしていた、どちらも若い人たちだった。そうなの？　そのお辞儀というか神社リテラシーかなにか、そんなに浸透しているものなの？と思っていくらか感嘆して、そういうリテラシーというかそういうものはなにかいいもののように思ったため僕らもちょこんとお辞儀をした、上がり、書き初め参道みたいなところが終わった箇所が列の最後尾だった、去年は両サイドが書き初めで、それを見ながら「おもしろい」「つまらない」と好き勝手言いながら、歩いた、たしか風邪を引いて店を休んだ日だった、風邪を引いて店を休んでしかしもう元気になった、そういう日だった、38度とか熱を出したのだったか、どうだったか。今日はすぐに先頭までたどり着き、賽銭を入れ、パンパンとした。つい祈ってしまった、依頼、お願いをしてしまった、遊ちゃんは謝意と意志の表示をした、僕もそちらをしたい派だった、忘れていた。

代々木八幡宮の前で別れ、買い物をして店に行って、大量の買い物をした、リュックがアホのように重く、これは今日済ませちゃってよかったなと思って、店に行った、荷物をおろして冷蔵庫に納めて、それだけして、家に帰った。

帰って、それで家を出る時間になっていたので二人で出て、大宮に向かった、埼京線の車内で座っていてうしろから眩しい太陽の光がときおりあったが気にせず、告知の文言の調整をしていた、調整をしていたら、どんどんギュッとしてきたというか、いいようになっていった、遊ちゃんの助言はとても大きかった、ああ、この形だわ、という形になっていった、あっという間に大宮に着き、それから成城石井に寄って手土産というかなにかつまむものを買って、東武野田線とはもう言わない東武アーバンパークラインに乗って、これがね、俺がね、ずっと乗っていた電車なんだ、と言ったか言わなかったか。

駅でおりると前にさっちゃんの姿があり、去年も同じ電車に乗っていた、そして僕がさっちゃんの後ろ姿を見つけた、気づかれないように尾行をした、今年もそれをしようと思っていたら、キョロキョロとしたさっちゃんと目が合ってそういう時間はすぐにというか駅構内ですでに終わった、それで、途中でお酒を買って、僕はおにぎりもひとつ買ってお腹に入れて、永山の家を目指して歩いた、途中で僕と遊ちゃんで写真を撮ってもらったというか撮られた、カメラを新しくさっちゃんはした。聞いたらすごい値段だった。

一年ぶりの永山の家は変わらず快適な調子で、入るとテーブルにはすでにたくさんの食べ物が並んでいた、今年のテーマというか今年は野菜を食べたいというそういうテーブルらしく、しめ鯖はあったがそれもクレソンとかの野菜とともにあったし他に最初にあったのは蒸したキャベツと里芋のやつ、バーニャカウダのやつ、なます、春雨のサラダ、ポテトフライ、という感じでとにかく野菜で、とにかく野菜を僕はおいしいおいしいと、食べた、永山も春衣ちゃんもさっちゃんも遊ちゃんとははじめましてだったため（さっちゃんは一度ちらっと顔を合わせたことはあった）、いろいろ遊ちゃんは質問をされ、それに的確に愉快に答えていく、という時間が続いて、僕はその横で野菜おいしい、野菜おいしい、と思いながらどんどん食べていた、そのあと、オーブンでじっくり焼いたカブと人参と玉葱と鶏肉のやつが出てきた、食べて、おいしくて、やっぱりオーブンあるとこういうことできていいよね、という話に、遊ちゃんと、なった、家電の話をしたりした。

お腹が膨れた、ちびっこが起きてきて、3歳になったちびっこはしゃべるし、僕にも物怖じしないで近づいてくれる、遊ちゃんが途中から長く一緒に遊んでいた、cherry chill will. の写真集『RUFF, RUGGED-N-RAW The Japanese Hip Hop Photographs』を、二人がいいというから、開いたら、これがよかった、強く見せた顔の一枚裏側にある弱さが見えるような、それでいて強くあろうとするようなそういう強さが見えるような、そういうことを思わせる写真たちで、「わあ」と思った、あの写真もこの写真もこの人の写真だったのか、と知った、春衣ちゃんが故郷である青森に帰ったときに八戸ブックセンターでの展示を見て、それで買ってきたということだった。そのあともお酒を飲んで、眠くなって、しばらく眠った、例年通りだった。

起きるとパスタができるところで、最初がひき肉と白菜とトマトのやつで、おいしい、おいしい、とバクバク食べ、そうしたら次にゆずの風味のきいたホワイトソースのペンネのやつだった、おいしい、おいしい、とバクバク食べて、いつも本当にどれもおいしいばかりだなあ、と心底感心するというかすごいなと思う、おいしかった、コーヒーもいただいた、ソファで、僕はもう更新しちゃいたい、と思って、パソコンを出して、告知のブログを更新した、それが7時くらいだろうか、シェアもしちゃおうかなと思って、シェアの文言を遊ちゃんに確認というか相談して、相談したのちに、した、しばらく置いて、帰るまでにどうなるか、見ものだね、とまわりの人たちは言った、そしてまわりに今いる人たちが、まずリツイート等をしていてというかしてくれていて、なんだかおかしかった、洗い物をして、それで帰るところで、帰る前にパソコンを開いてみると、6人の方が購読の登録をしてくださった、すごい、と思い、それで、家を出た。

駅のホームの人のがらんとした様子と白々とした蛍光灯と全体の黒、の黒が変に外に広がりがあることを感じさせるようで、そんな印象を持ちながら10分くらい電車を待ちながら、さっちゃんの仕事の話を聞いた、みんながんばりたい。

大宮から新宿でいちばん最初に着くのは埼京線の各駅停車だったから42分かけて新宿まで戻った。久しぶりに京王新線に乗ろうとしたらホームドアができていて、電車は少し外れたところに停車した、それから仕切り直しで少し動き、ドアに合わせた、まだ導入間もないのだろうか。

店に着くとブレーカーを上げて、それから一気呵成に仕込みをした、どうしてだか、というか先日iPodでSoleを聞いた流れで、近くにあったSPDILLを流して、もう本当に何年ぶりだろうという聴取をしながら、一気呵成に仕込みをした、かっこよかった、途中でやはり近くにあったSparklehorseに切り替えた。チーズケーキを2台焼き、鶏ハムを作り、煮物と味噌汁の下ごしらえをして出汁を取って鶏胸肉と鶏もも肉をマリネしてきゅうりの漬物を作って、そのあいだ遊ちゃんは途中までは僕がやっているのを見ながら面白がり、途中で眠くなってソファでダウンを着たままこうべを垂れて、ソファの上に丸まった布団がある、みたいな情景になって眠りこけていた。12時まで掛かった。明日から働くという日に、2時間みっちりフルスロットルに働き、いい準備運動になった感じが強くあって気持ちがよかった。これで明日から働ける、と思った。

家に帰り、メールマガジンの様子を見たら登録がいくつもあり、なんというかそれは、感動することだった、高揚を覚えたし、なによりも感動した、お金を払って、読もうとしてくれる人たちがこうやって、いる、という、フヅクエの目指そうとする姿に共鳴してくれる共振してくれる人たちがこうやって、いる、という、それは求めていたというかそれは実現したいことだったがいざ実現されるというかひとりひとりの登録を見ると、うわ、これは、すごいことだ、ぞ、と思い、感動した。

プルーストを読み、寝た、長い戦術の話が終わり、ゲルマント夫人は遠くにいる。

1月5日（土）

9時起き、9時15分には店にいる、一気呵成に仕込みをがんばる、今日もiPodの近いところで、Superchunkをシャッフルで流していた、胸がキュンスカして仕方がなかった。スーパーチャンクを初めて聞いたのは『Here's to Shutting Up』で、おそらく『クロスビート』とかで知ったのだろう、そのアルバムの曲が掛かるとやはり一番キュンで、どわー、となりながら、準備を一所懸命した。

今日も、ご購読の人数がポツリポツリと増えていっている、このペースで増えていったら、という、「日本人総EXILE化」の話のような無駄な妄想をして、そうしたらなんということになるのだろう、と無駄な緊張を覚えた。11時に、だいたい仕込みも済んで、朝ご飯を食べようとしていたところ山口くんが来たので新年のあいさつを大声でおこなった。

開店前、二人分のコーヒーを淹れて、チル。

チル。

ご予約が開店の頃にはとんとこと増えて、2時までの時間に10のご予約があったのでつまりご予約だけでいったん満席という格好になった、そのあともパズルみたいに埋まっていき、

真面目に働いたが二人いると楽だった、フルスロットルというふうではなかった。

異常。23のご予約

動けなくなった

ご予約でだから、弊店は10席の店だからだからだから、2回転分というか、以上が全部ご予約で埋まったということだった、どんなに多くても10くらいがご予約がこれまでだったたったたのだけどだから23というご予約はありえない多さだったしある時間まで7時くらいまでだったろうか「俺は今すべてのお客さんのお名前を知っている状態」という、なんだか信じられないことになっていた、これはだからおかしなというかこれまでのフヅクエではないことだっただからおったまげた途中からさすがに疲れたし、山口くんに哀願して1時間延びてもらって、助かった、明日は山口くんはいない、と思ったら、一人でこれ全部やる、と思ったら、なんだか単純に怖くなったたったたった。

最初の日。いい日だった、いい挨拶もいくつもできた、気持ちがよかった清々しかった、

閉店して、動けなくなって席から、ビールを飲んで、パソコンの画面を定まらない目で見て、またビールを飲んで、今日は休肝日にするつもりだった、それは週明け平日どこかでいいとすぐになった、ご飯を食べる気力も湧かず、しかし食べねばなので重い腰をへばりついた腰をどうにか椅子の座面から引き剥がし、飯食って、帰った、帰って、

帰りながらだったかその前だったか、ツイッター広告を出そうかな、メールマガジンの告知のツイート、このタイミングでちょっと強くぐーんって、やるべきなんじゃないかな、と思い、考えだし、ツイッター広告について調べだした、調べながら、その方法はどうなんだろうな、有効なんだろうかな、まったくなんの心理的なつながりというか、つながりとはなにかわからないが、つながりというか、結びつきというか、ないところに届いて、意味というか、あるのかなというか、意味というか、でもそれはこれから作っていけばいいだけのことなのかもしれないとも思って、このメールマガジンというものにおいて、これは本当にいい設計になったなと思ったけれど、人が増えれば増えるだけ、社会にとっていいことになっていく、だから増やしていくことはいいこと、とはっきり言える、気がする、だから増やすべく、このタイミングで、まだリツイートであるとかいいねであるとかが増えていくこのタイミングで、ぐーんと、加速させるというか、させることはいいことなのではないかその方法はだから広告はひとつあるのではないかと、広告を出してみようと持ち帰ったパソコンを睨むが、ウイスキーを飲みながら、睨むが、どうにもエラーというか、うまくできない、「ツイートを直接選択して、「ツイートアクティビティを表示」し、「Twitterにログイン」ボタンを押しても画面が切り替わりません。また、広告マネージャー上でツイートを選ぼうとしたところ、数年前のツイートが表示されます。(添付画像はこちら)」、と、問い合わせをした、3時を過ぎた、3時半だった、早く寝ないと本当にwwwと思って、布団に入り、プルーストを開いて一段落読んだその一段落にはこうあった。

沈黙は力であるといわれた。その沈黙は、愛されている側の人間によって一方的におし通されると、まったくべつの意味で、凶暴な力となる。その力は、待つ側の人間の不安を増大する。相手とのへだたりほど相手への接近をさそうものはない、そして沈黙以上に越えがたい障壁があるだろうか? 沈黙は責苦であり、牢獄でそれを強いられた人を狂気にすることがありうる、ともいわれた。しかし、愛する相手の沈黙をじっとこらえているのは——自分が沈黙をまもっている以上に大きな——なんという責苦であろう! ロベールは心のなかでいうのであった、「こんなにだまり通しているなんて、一体彼女は何をしているのか? ほかの男たちといっしょになってぼくをだましているのだろうか?」彼はさらにいうのであった、「こんなにだまり通しているなんて、彼女にたいして一体ぼくは何をしたのか? 彼女はぼくをにくんでいるのかもしれない、しかも永久に。」そして彼は自分をとがめるのであった。そのようにして相手の沈黙は、彼を嫉妬と呵責に陥れて、実際に彼を狂気のようにしていった。それに、このような沈黙は、どんな牢獄の沈黙よりも残酷で、むしろ牢獄そのものなのである。おそらく非物質的な、しかも侵入することのできないかこい壁であり、その隔壁は真空で、見すてられた者の視線の光はそこを透かしてなかにはいりこむことができない。われわれに一人の不在の女ではなくて千の不在の女を思いうかべさせる沈黙、その一人一人がそれぞれ何かべつのうらぎりに身をまかせているのを思いうかべさせる沈黙、それにも増しておそろしいスクリーン照明があるだろうか？　ときどきにわかに緊張がゆるむと、ロベールは、この沈黙がいまにもやみそうな気がし、待たれた手紙がきそうに思われるのであった。彼はその手紙を目に見る、その手紙はやってくる、彼はどんな物音にもきき耳をたてる、もう渇は癒されている、彼はつぶやくのだ、「手紙だ！　手紙だ！」そのように想像による愛情のオアシスをかいま見たあとで、ふたたび彼は沈黙のはてしない現実の砂漠のなかを、とぼとぼと歩いている自分を見出すのであった。

マルセル・プルースト『失われた時を求めて〈4 第3篇〉ゲルマントのほう 1』
（井上究一郎訳、筑摩書房）p.200, 201

最高の一段落を読んだなと思って、あまりに同調できすぎる一段落というか、人と人とのあいだに起きる沈黙はなんだってたいてい怖い、可能性が無限に開かれすぎているその無限が怖い、マルセルほんとそれわかるわ俺それ、と思って、マルセル、僕は2019年に日本に生きる者なんですがあなたの書いた小説を読んでいるんですが完璧に最高に「ほんとそれ」と思っていますマルセル、あなたは最高にクールだ、と思って大満足して、まだ眠くなかったが閉じて、眠ることにしたところ眠った。

1月6日(日)

またたく間に生活のリズムが正常に狂った、眠く起きて店、準備し、佐久間裕美子を少し摂取し、開け。

今日はご予約は昨日のような状況ではなかったが開店と同時にとんとことあり、いくらか慌てる、すぐに慌てなくなる、夕方くらいまではちょうどいい埋まり具合で、しかし静かというか静的という感じで、静かに働く、どんどん暇になっていく、

暇な日曜日になった、山口くんがいるのが昨日でよかった、座っている時間が長く、その時間を利用して明日やろうと思っていたメールマガジンに登録してくださった方への手続き完了メールのお知らせのメールを送る準備として、ここまでに登録いただいた方のリストを作っていく、メールの受信画面でコピーし、スプレッドシートに行列を転

置して貼りつけるということを繰り返す、メールは、「n」で「o」をすると同一スレッドに連なっているメールを順繰りにたどっていけることがわかったのでそうした、「n」、そして「o」、知らなかったしこれまで必要としたことのないショートカットだった。

そうやって登録を順次していくと、していると、だんだん、最初は自分の小銭稼ぎというか、自分の文章で勝負だどりゃ〜という、そういうだけのつもりで考え始めたものが、ラジオをやろう、となり、そしてローンチ前日に、そうだ、俺の欲望があり、そしてフヅクエの欲望がある、それをこれは結びつけられる！という考えてもみなかった考えが与えられ、それをやることにして、そうしたら一気に社会みたいなものと接するものになった、登録いただいた、そこにすでに金銭が介在している、その、８００円というか手数料抜いて７５０円とかの金額が、や、消費税があるからやっぱり８００円くらいだろうか、PayPalの管理画面を見ると少しずつ増えていく、その金額を見ていると、あれ、これ、これってなんだっけ、誰の金なんだっけ、これって俺の金なんだっけ、そうじゃなくて、希望のようなものを乗せた僕に預けられた金だった。消費税と同じというか、消費税を昨日からいただくようになって、これは店の懐に入る金じゃなくて預かって国に渡す金だからね〜というのを僕は言いたくてしかたがないのだけど、同じで、これは僕の懐に入る金じゃなくて預かって、そして次につなげていくための金、という性格を強く感じて、わわわ、なんか、責任、みたいなもの、だ、と思い、いささかドキドキした。

しかし困るというか困りはしないのだが、その預かったお金が、100万円とかだったら、これ一年続いたら1000万になるということよね、そうしたら、店作れるよね、そしたら、作るよね、というそういうものだが、そうでない、あ、なんか月々の売上が補強されますみたいな増収っぽさ、みたいに見えるボリュームの金額の場合、困るというか、困りはしないのだが、いよいよ「なんの金だっけこれ!」という感じが強くなっていくように思う、このペースだったら店っていう話になるまでは10年かかるわ、とかだったらわりと、なんのことだかわからなくなるし、それに、ぜひとも作ってほしい!と思って登録してくださった方に対してどういう顔をしたらいいのかわからなくなりそうにも思う、えっと、いつまで経っても店の話聞かないんだけど、えっと、というような。だから購読者よ、違う、未来の購読者よ、お前は犀の角のようにただひとり歩め。歩み、増えろ、ということだった、そうしたら、なんの金なのかがわかるようになる、わかるようになったらみんなハッピー。ということだろう、ということを考えながらときどき働いたり、しながら、Gmailからスプレッドシートへ、スプレッドシートから

Benchmarkへ、行ったり来たりして、登録しきったので、配信した。

するとさっそく、エラーが出た。

登録しようにも登録してくれないアドレスが出た、見ると同一文字が連続しているアドレスで、ヘルプページを見てみたところ「不完全なアドレス」として、「一般的な基準（RFC2822）に準拠していないことが起因して」、除外される、という、そういうエラーだった。これは、なんかスムースに走り始めるまで、いくらか大変だぞ、と思った、座り続けていたら疲れた。

閉店後もメールと格闘して、時間が経ち、どうにか立ち上がり、夕飯に余っていたカレーを食べ、遅く帰り、今日は今日こそは休肝、と思っていたら気づいたらウイスキーを飲んでいた、飲みながら平出隆をひとつ読み、平出隆は昔のことをたくさん覚えていてうらやましいな、と思って、それからプルーストに移り、今日もサン＝ルーは恋に身悶えていた、身悶え方がスワンとも語り手とも同じように見えるが、どうなのか。恋の対象の女性たちも「奔放な女」みたいなものとして描き出されていてオデットも、アルベルチーヌも、サン＝ルーのそれも、同じように見えるが、どうなのか。どうなのかというか、面白いので、どうなのかもなにも、面白かった。寝る前、フヅクエラジオについて名案を思いつき、わーこれだこのやり方だと興奮したため遊ちゃんに話そうとしたが、とっくに寝息を立てていた。

1月7日（月）

朝、重く眠い。起きる前にミーティングがあるとかで家を出た遊ちゃんは、僕が起きて着替えているくらいのタイミングで帰ってきて、ミーティングがなかったとかだった、なんの話だったかゲラゲラと笑って朝から僕は毎日が気分がよかった。

店、コーヒーを淹れる、現在はインドネシアの豆で深煎りは。豆で、おいしい、とろんと甘くおいしい、インドネシアが一番好きな気がする、気がするというかずっとそう思っている。

ご飯を食べていると山口くんがやってきてなにもかもを投げ出したくなることってある？と聞いたらあんまりないということだった、やだなってなったら、うーってなる前に、やめちゃいます、と言った、そう言ったかどうか定かではない、特に「うーってなる前に」は完全に僕が作った気がした、そう聞こえたということだった。僕は、ある、たまに店が怖くなる、これずっと続けていくっていうことだよな、この労働をこれから先ずっとずっと続けていくってことだよな、と思うと怖くなることがある、それはなんというか、生きていくといことは生き続けていくということはとんでもないことだな、ということとの突きつけであり、たまに顔をそむけたくなる。それを聞いたのはたぶん昨日、メールマガジンの購読者の方の登録とかをしながら、責任みたいなものを感じて、感じてというか知って、お～、と思い、そういうときが来たりして、と思った、ということだった、そういうときというのは、もうやーめた、と言って、知らん知らん、知らんよ～俺は知らん～、と言って、全部やめる、そういうことを言い出す、言わない、言いもしない、ただ投げ出す、そういう誘惑というか、店の恐れとかと同じように、突きつけのようなものとしてやってくるタイミングというのはあるだろうなと思った、ということだった。それはそうしたいというよりもたぶん、「そういうことって思いうるよね」というもののようにも思う。思いうることを制限しすぎると、思いうることを思ってしまったことを咎めて抑圧しすぎると、よりよくないことになるというようにも、ずっと思っている。

幼児を陵辱したいとか、障害者施設を襲撃して次々に殺したいとか、なんだろうか、浮かばないが、そういうことを、思わないが、どちらも僕は助かることにそれらを欲望しないようにできているらしくそういうことを思うことはないが、ふとそういう発想がでてきたとして、なんか今おかしなことちらっと思わなかった？と自分にぎょっとしたりすることはいくらでもあるが、そんなのはなんというか言葉の組み合わせでしかない、今も「幼児を陵辱する」とか「障害者を殺す」とか、どこまでも凡庸な掛け算でしかない、というか、自分の中にある禁忌というのか規範というのか、そういうものが逆に働くことがある気がする、しちゃいけないこと、したくないこと、すべきでないこと、と思っていること、が、思っているがゆえに、それを逆向きにひっくり返す方に作用することが、ある気がする。僕の場合は公衆トイレで突っ伏して便器を舐めるとか、隣に座っている人（特に男友だち）にキスをするとか、そういう映像が浮かぶことがある。浮かんで浮かぶと何これ気持ちわる！となる。と書いていて思ったがそういうこともずいぶん減った。

こんなのは選択の問題で、可能性の問題で、僕たちはしようと思ったことをしたいと思ったことをできるし、同時に、しようとも思わないしそもそもまったくしたくなんかないいろいろなことも僕たちはしかし、できる。できてしまうことを、ちょっと考えついてしまうくらい、気にしないようにしたい。そういう発想自体を絶対になしにしようとする考えのほうが危険というか嘘だと僕は思っている。

仕込みをいくつかして、それからは山口くんが働いたりやることがなかったりする様子を背中で感じながらメールマガジンの、もろもろを考えていた、いくつか出てくるな〜、と思った、iCloudのメールアドレスの方から連絡をいただき、届かない、調べてみたらiCloud系はHTMLメールそういうことあるみたい、Gmailのこっちのアドレスにしたほうがいいですか、というお問い合わせで、マジかそうなのか、と思うと同時にこういうのはマジで助かるなありがたすぎる、と思う。送った先の人の状況を自分の目で見られるわけではないから、間違ったことが起きたときに、教えてもらう以外に僕には手の施しようのないことがあるし、教えてもらうことで、こうすりゃいいかな、ということも考えられるので、本当に助かる、と思うと同時に、まずいな、これは、スムースに流れ始めるまではけっこういろいろつまずきがあるだろうな、読書日記をいいように続けていくための環境構築のためには読書も日記も後回しだな、というバターになりそうなことを思い、土曜日までにうまくやれるかな、どうしたらいいかな、これはちょっと集中して考えないと、と思い、店もゆっくりだったので山口くんに任せて、ドトールに来た。そろそろ独り立ちしてみるというか一人で立ってみる？と開店前に聞いて、できそうかしらね、と聞いて、こればっかりはやってみないとわからないよね、ということになった、そろそろ、そうしていきたい。

ドトールで、その作業と考え事をしていて、結果としてはネットサーフィンの時間みたいになり、なりながら、メールが、届かない、というのは由々しいし、届くにしても迷惑メールに送られやすいということになったらそれはたぶん運用上面倒なことも起きやすそうだし、というところで、見ていたら「メール到達率を向上させるには」というヘルプページがあり、そこに「SPFの追加」「DKIMへのCNAME追加」というのがあり、なんか難しそう無理そう、と思いながら、見ていたら、やってみる気になって、お名前.comのページにいってドメインのDNSのうんぬん、というのを、触って、SPFレコードを変更したあと、これ触ったんだけどこれで合ってるかな、という連絡をした、したときに、というのも今年はこういうことを始めてね、ということでその記事を送ろうと店のWebに飛ぼうとしたところ、「このサイトにアクセスできませんfuzkue.com からの応答時間が長すぎます。」というエラーが出て、見られなくなった、「見られなくなった!」と慌てて送ると友だちは、仕事中にもかかわらず対応してくれて、なんか本当にこの愚か者のためにすいませんありがとうすぎる、と思って、ちょうどメールマガジン始めますブログをフェイスブックの個人アカウントでシェアしたところだったのでタイミング最悪だなと思いながら、僕は木偶なのでやれることもないのでコーヒーのおかわりを買った。「プロ野球スポーツナビ」を開いた。長野、広島へ。人的補償で内海と長野が出ていくとは、隔世の感というか、なんというか、すごい、不思議な感覚になる。

山口くんアウトの時間が迫り店に戻らねばというそういうギリギリのタイミングでどうにか、元に戻り、大感謝、といってドトールを辞した、日中はひたすらゆっくりだったようだがちょうどいくつかオーダーが重なったところらしく、あたふたと働いていてそこに合流し、時間になったので上がってもらって、見送る、そのあと、閉店までひたすら、ひたすら働いた、だいぶあたふたしながら働いた、一瞬だったが満席にすらなった、どうしてだ？と思って、それはすぐにほどけたが、また何人か来られた、なんだ？これはなんだ？なんで日曜より忙しくなっているんだ？と思いながら働いて、ドトールでもひたすら働くというかひたすらやって、店でもひたすらで、一日、寸時も休む余裕がない、そういう日だな、と思いながら、ひたすら働いた。

わりと疲れ果て、メルマガとも格闘していた、夜、遅くに帰った、パソコンを持って帰ったら際限がないから持って帰らなかった、時間、まずい、時間がない、土曜日の創刊日までに全員がちゃんと見られるようになんてなっているのだろうか、時間がない、時間、時間、と思って時間に攻め立てられたため吉田健一の『時間』を開くことにした。もし時間というものがなければということも一度は考えて見る必要がある。という一文から始まる章だった。無になる。この無を想像することはヨオロッパでいわれる無の観念に近づくことになる。ヨオロッパにおいては長らく時間は、すべてを過去に持ち去っていくものとして捉えられていた、芸術作品のようなものは時間を超えるものとして捉えられていた、なにかに没頭し時間を忘れ超えることが価値のあるものを生み出すと考えられてきた、そんなようなことが書かれていて突然おもしろく、おもしろい、おもしろい、と思いながら読み進めていったら眠くなってソファで夢を見たので布団に入って、布団でも読んでいたら夢を見て、簡単に夢を見る日だと思って眠ることにした。

1月8日（火）

初台百貨店の八百屋さんで野菜を買おうと思っていたところ10日まで休みとあり、10日まで！と思ったがそういえばなくなったルッコラを山口くんに買いに行ってもらったときにそう言われて「10日まで！」と笑ったことを思い出した。

店、着くなりメルマガのことをやりはじめて、しばらくして時計を見て、まずい、働け、働け、と立ち上がらせ、働かせた、仕込みをいくつかしながらも頭の中はメルマガのことでいっぱいで、30%を超える未開封の方にメールを送っておこうと思い、なにをどう送るか考える、考えながら仕込みをして、開店し、それからメールを作って送る、そのメールを送った直後、他のメールを作るときにGmailの編集画面を見ていたらフォントを選べる、あれ？　これ、あれ？と思った。これ、もしかして、ＨＴＭＬメールである必然性なかったりして？というもので、あれ？　もしかして、メールで直接でよかったりして？というもので、いくらかその可能性を探った、フォントを「Georgia」にして、文字の大きさを変えて、送信してみて、見てみて、ということをやっていた、ダメだった、行の高さというのか「line-height」というのかが狭すぎて、これはダメだった、２３０％ほしかった。なかった。ダメだった。少し安心もした、ダメでよかった、これまでのことが無駄にならなかった、というような。

それから、何をしていたのか、ひたすらメールマガジン関連のことをしていた、今日は昨日とは打って変わって極端に暇だった、途中で来られた方が、メルマガ登録しましたよ、と教えてくださって、「え！」と言った、メール、届いてますかね！　どれどれ！　開いてみてください！　見せてください！という鬱陶しいことをしていた、あまりにも気もそぞろだった、それ以外はほとんど座ってひたすら何かメルマガ関連のことをしていたが何をそんなにしていたのだろうか、非常に効率の悪いことをしているとしか思えない、「読書日記にかかりきりで読書をしている場合じゃないし日記を書いている場合でもない」というのが今日のお気に入りフレーズになった、なって、どこかで一区切りをつけて今度は日記の推敲をすることにした、やっていたら、縦書きで印刷したものはやっぱりきれいで、縦書きはやっぱりいいなあ、と、数週間前の気分が蘇った、やっぱり縦書きで読めるものも用意しようかな、ePubとかmobiとかそういうのはもういいや、PDFでいいや、いま推敲しているやつと同じフォーマットでいいや、モバイルだとたぶん読みにくいですがパソコンでの閲覧やあるいは印刷して読む用に、みたいなていでPDFも提供しようかな、やることが増えすぎるかな、どうかな、と考えだした。果たしてどうするだろうか。今週間に合う必要性もない気もするが。

推敲は、していたら、だから読書どころではない今日推敲で自分の日記を読んでいたらとてもグルーヴがあってずっと面白くて、とてもいい心地になりながら読んだ、いい日記が目の前にあった、うれしかった。簡単だった。

その読み直しをしている途中、外に出て遊ちゃんのお母さんに電話をした、年末に入籍をすることにしたと伝えたところなにかお祝いで買ってあげるよ、ということになって、なにかほしいものないの、テレビとか、ということになる。テレビ要らない、ルンバ、と遊ちゃんが言うと、もっとなんかないの、となり、え、いや、洗濯機を買おうと思っているところではあるけれど、とおずおずと言うと、いいよ、買うよ、となったらしく、それで、買うためのお金を送ってくださったということで、それは俺も完全にお礼しなきゃな、年末お邪魔したときのお礼も改めてしたいし、と思い、電話をしたわけだった。それにしても洗濯機はいいタイミングで探したものだと思わざるを得ない、まったくもって完全に私たちは洗濯機の購入を検討しており検討した結果としてこれはわりといいやつを選ぶべきだねという認識に至り、それでだからだいぶいいやつを、僕らの生活レベルからしたら圧倒的にいいというか法外に立派な値段のやつを、買おうとしていた、そのタイミングだったからこそ、言えたというか、もし具体的に検討していないタイミングでこういうことになり、洗濯機買おうと思っているけれど、と伝えて、うん、買ってあげるよ、となっていた場合は、なるほど、私たちは洗濯機を買ってもらえることになった、では何を選ぼうか、というときにきっと遠慮が生じる、でも今回はというか実際はすでにもう「これにしよう」とほぼ決めた状態だったから、それがたとえハイエンド的なもの、とても立派なお値段のもの、検討以前は洗濯機にそんなお金出せるわけがないと思っていたようなものであっても、しかたがない、これを買っていただくことにしよう、だってこれにしようとすでに決めていたのだから、と、なった、と思う。

だから、いいタイミングで探したものだと思わざるを得ず、それで電話が通じたので外で、腰掛けて、電話でお話をした、お礼を言い、それから先日の盛岡訪問のときに言いそびれた、送っていただいた駅で言われた、私にとっては大事な遊なのでよろしくお願いします、に対する応答、しそびれた応答を真面目にした、僕も誰かをこんなふうに大切に思うようになるとは思ってもみなかったです、とても大切です、いい会話になって、僕は感動して泣きそうになった、そのあとお父さんに替わって、最初それに気づかずに「お母さんも日本酒飲まれるんですか？」とか話していた、僕の耳はどうなっているのか。

電話のあとにお母さんからショートメッセージが来ていてうれしい電話でしたとあり、僕もなんだか感動して泣きそうになりましたと返したら私は泣きましたと来た。

本当に暇な日でほとんど店の仕事はしていないような感覚があったがお帰りのお客さんにゼーバルトで最初に読むならどれがおすすめですか、と問われて、ゼーバルトコーナーに一緒に行って、これとかこれとかこれとか、ぼく特に好きですねと、言った、いいコミュニケーションだった、そのあと、ゼーバルトという言葉というか名は不思議なもので声に出した途端にまた読みたくなる。こういうことは何度も起っているそういう珍しい名だった。読みたくなった、また、今日は、ツイッターを見ていたらムージルを読みたくもなった、ムージルも魅惑的な名だった、なんていうタイトルだったっけかと検索を、出てくるだろうと高をくくってAmazonでしたところどれかわからなかったがムージルも日記を書いている、全集で日記の部もあるようだ、ちょっと読みたいな、と思って下にスクロールしていくと『ムージル日記』というタイトルが出てきてだから全集で一部収録ではなくて日記単体の本もあるということらしく値段を見ると12348０とあり、「ふぁ」と思い、開いてなんとなく下っていったらページ数があって１４４７とあって「バカかよｗ」と思って思ったあとに、１１００ページもそう変わらないバカバカしい長大さだったということを思い出した。

推敲は終わらない、3万字あった、まるでメルマガ創刊号だからはりきっちゃいました、みたいなボリュームだがそういうことではない、ただ日数が多く、そして休みでいろいろ書くことがあったというそういう3万字だった、それにしても終わらない、赤入れはどうにか終えて修正作業に掛かったが閉店時間を迎え、半分ほど終えたところで今日はもうやめることにした、飯食い帰った。

帰り、推敲は明日にして日記を書いた、日記を書き終えると外で煙草を吸いながら山口くんの日記というか山口くんの書いている「誰かの日記」を数日分読んだ、日中、山口くんこの日記メルマガにして売ればいいのにな、と思ったことを思い出した、金に換えよう、ということでもあるしまた、プッシュで読みたい、プッシュでという言い方でいいのか、プッシュされて読みたい、一日一通メールが来て毎日山口くんのというか「誰かの日記」が送られてくる日々はちょっと愉快だろうな、そんな日々いいな、という単純な欲求があった、noteに見に行くのが面倒というのがけっこうあった、だからメルマガにしてさ、金払って、読みたい、と思った、そのあと夜にフェイスブックで滝口悠生の「アイオワ日記」の完結編が載っている『新潮』が出ていることを知って明日買いに行こうかと思ったことを思い出した、というか『新潮』もう出たのか、と、ついちょっと前の年末に「続続アイオワ日記」を読んだ身は驚いた、滝口さんのそのあとのというかずっとの日記も僕は読んでみたい、滝口さんもメルマガにして日記売ってくれたらうれしいのにな、ということは『新潮』を先月買ったときに思った、読みたかったが『新潮』を買いたいんじゃなくて「アイオワ日記」に金を払いたいの、という気分があった、先月号は「続続アイオワ日記」以外は読んでいなくて『新潮』は、でも1000円とか惜しくなく払うあの感じを、ずっとやれたらいいのになと、何度か、自分がメルマガを始めようと考えていたときに思ったことをまた思った。

寝る前、『時間』。

1月9日（水）

昼、起き、眠い。

下北沢の物件の仮申込が来週末ぐらいに迫っていて出さなければならない、というので年末年始に書類を作ろうかと思っていたが忘れていて、初めてもろもろを開く、この箱でどれだけのことができるのかわからないが僕はこれを楽しみに思っている、違うフヅクエ。それはいいとして、仮申込書を見ると連帯保証人の欄があって、そうだよなあ！と思った、うっかりしていた、考えてもみなかった。要はなにも考えていなかったということだった。父はもう引退しちゃっているから、ということは誰なんだろうか、遊ちゃんの親御さんにお願いするのも申し訳ないし、なんだか、と思い、ということはいいとこだろうか、と思い、母に、かずひろさんにお願いするのはありかな、と連絡をする。

それから日記の推敲を終わらせ、それからそれを、配信用に形を修正する、修正していたら、とても面倒な気になる。慣れていないだけで、慣れたらなんてことなくなるだろうか。

徐々に、未開封の数は減っていく、20%以下までは行った、ちょっと見えてきた感じはあり、よかったと思う。なんだか疲れた。

夕方になる前、時間がない、とまた切迫した思いに当てられながら、家をやっと出、寒い日だった、ガタガタ震えるようで、これは僕の体があたたまっていないのか、それとも寒いのか、判じかねた。パドラーズコーヒーへ。なんとなくパドラーズ始めはいつもどおり遊ちゃんと二人で行くのが適切にも思ったが、今日はフグレンが改修工事をしているという遊ちゃん情報もあり、そうしたらもうしょうがなかった、少しの後ろめたさがあった、一人で勝手にごめんね、というような。怒られるわけでも嫌な顔をされるわけでもさみしい顔をされるわけでもないのに。だいたい誰に対してもなにかしら、後ろめたい気持ちを覚えながら生きている。

着き、コーヒーを頼み、今日はにぎやかな日のようでちびっこたちがたくさんいた、とてん、と転んだりしていて、よかった。カウンター席につき、パソコン開き、30分のタイマーをセットし、タイピンタイピン。フヅクエラジオの収録をおこなった、なんだかよくわからない勢いで楽しい。面白い読み物かはわからないというか、できるだけ面白く読まれるかどうかは考えないでただただ打つことにする、そうしているとあっという間に30分でアラームが鳴っておりそのアラームは「無音」と名前をつけられたもので実際にはAndrew Chalkの「Vega」の「1」だったか「2」だったかで、最初のほうがほとんど無音なのでそれを電車の中であるとか、音を鳴らせないとき、使っている、そのそれになかなか気づかず、だんだん音が出てきたようにも聞こえるような気もするが気のせいかもしれないそういうところで気づいた。けっこう、あっという間で、書ききれない、と思ったが、書ききれないくらいでずっと続いていくくらいのほうがいいのかもしれないとも思う。続けるかどうかはあとで考えることにして出ないといけない時間でもあったので、出る。

渋谷に出、角っこのタバコ屋さんの喫煙のできる場所で喫煙をしながら先ほどのテキストを見直す、少しいじる。いじっていると横で立っていた人が電話をし始めて、最初、「はい」という相槌のトーンが不思議で、それから、あ、これ日本語じゃないのか、と思って納得していたら「後任者」「わかりました」そういう言葉が聞こえてきて、日本語だった、僕は最初なにを聞いたのか。

それからヤマダ電機、遊ちゃんを待ちながらなんとなく展示されているiPhoneの画面に触れた瞬間にお店の人が近寄ってきて買い替えですか？となる。日本語が母語ではないと思しき、ベンガル系というのか、大学時代の同級生のクマールに似た顔つきの男性が、いかにお得かを教えてくれる。遊ちゃんが来て、礼を言って辞す。3階に上がり、洗濯機。見当を付けていたというかほとんどそれと決めていた洗濯機の前に行き、見始めるとすぐにお店の人が近寄ってきて、それで最終的な確認項目というか、候補の2つの違いを明瞭に教えてくださり、やっぱりそうするだろうと思っていたハイスペックなほうに、ハイエンドのほうに、決める。これで遠隔で洗濯機を回せるようになる、その機能よりも実際は、ナノイーなのだそうだ、洗濯かごにではなく洗濯機に直接入れておく、そのときにナノイーがどうのという除菌のモードにすることができる、すると菌が繁殖しないのでいい、電気代もそのつど1円レベルだそうで、それは使わないわけがない機能だった。直接入れておくことがそんなにダメなことだとは知らなかったし、カゴのなかだって今までたくさん繁殖させてきただろう、とは思うが、大事な機能ということだった。

それは表示価格35万円、税込みで38万円だった。一人あたり19万円。バカ高。こんな高い買い物したことない気がする。店をつくるとき以外には。

もともとは、それを買うことを考えたとき僕は、父親に返済しているお金の返済を2ヶ月は中断させてもらう、そうしたらほとんどタダで買える、と思っていて、でも税込み価格を見たらやっぱり3ヶ月だな、そうしたらほとんどタダで洗濯機を買える、無料の洗濯機、そういうどうでもいい計算をしていたがどうでもよくはない計算でもあったがしていて、だが今回、遊ちゃんの親御さんが結婚祝いに買ってくださるというまさかの、恩寵、そういう事態だったため、本当にタダだ！という喜びが大きく湧いていた、ふむふむ、と思っていると、価格、他のなにかここよりも安いみたいなそういうやつがあったら、言ってもらったら上の者と相談してきますので、というあちらから価格を下げる話を提案され、そうか、下げてもらえるのか、と思い、価格を探す、僕はうまく探せなかった、隣で遊ちゃんは価格.comを見ていてその横でお店の人も価格.comを見ていてそれが探し方として正解だった、二人によると10万も安いものがあった、10万はちょっと違いすぎるな、と思っていた、いくらタダで手に入るとはいえ、違いすぎるな、と思っていたら、いったん離れて戻ってきたお店の人が、税抜価格30万円で、そこから、うんぬん、かんぬん、ここまでは許可をもらいました、うんぬん、かんぬん、で、結果としてその10万の差がほぼなくなるところまで下げてくださった、なんというか、僕らがどうこう言う前に自動的にそこまで下げてくださった、あの35万円というのはいったいなんだったのか。ともあれそれで、買う。計算が複雑すぎて何が起きているのかわからないし、レジでレジ打ちを見ていたら複雑すぎてレシートがものすごく長くなった。3万円分のポイントがついて、1万8000円分のギフトカードをいただいた、調べると東急百貨店で使えるようなので丸善ジュンク堂で本を買える、我々は喜ぶ。

長い時間をかけた会計が終わると、オーブンレンジを少し見た、ポイントの3万円で、念願のオーブンを買う可能性がある、春衣ちゃんのところで食べた野菜をオーブンで焼いたやつがおいしかった、ああいうものが食べられるのはやはりオーブンは素晴らしい、そもそも家には電子レンジもなかった。見て、疲れるね、といって離れ、それからルンバ的なものを見に他の階に行く。そのコーナーに行くと、今度は恰幅のいい女性で、日本語が母語ではない、僕のまったくなんてことのない推測は彼女を「トルクメニスタン人」と見た。その方がルンバではなく、パナソニックの「ルーロ」というやつの、いろいろなパターンというか、全然値段が違うものが並んでいるからその違いが気になって聞くといろいろと、教えてくださる。なるほど、と思い、床に置かれていたルーロのボタンを押すと、動きだして、掃除をしながら向こうに進んでいった、その姿は妙に健気で、かわいい、と思った。きっと家にあったら、終わったら、お礼を言いたくなる、そういう健気な動きと表情があった。話を聞き終え、まあ、今日は真面目に検討する気はないから、というところでお礼を言うと、ルーロの姿が見えない、遊ちゃんが「ルーロを解き放ってしまいました」と言った、どこだ、と3人で探す、なにか音が聞こえる、遊ちゃんが見つける、「下に潜ってしまいました」。ルーロは商品が陳列されている台みたいなところの下にもぐりこみ、そこを懸命に掃除していた。女性が、救出というか強制終了のような形で奪還というか、して、それを見届け、安心して僕らも離れた。

僕は家電量販店に来る機会がないから知らなかったが家電量販店でもこうやって日本語が母語ではない人たちが家電というずいぶん高い説明能力が必要なものの説明をするようになったのだなと知って、コンビニの多岐にわたる業務もそうだけど、家電の説明もすごく大変で、だから彼らはすごいことをやっている、僕が外国に放たれて、そこで家電を説明しないといけないとなったら、まったく途方に暮れる。

いったん家に帰り、それから、すぐに出る、連帯保証人について母親と連絡を取っていたら「お父さんに電話してちょうだい　メールめんどう」という、なんだか笑ってしまうLINEが来て、なので歩きながら、父に電話をする、連帯保証人について、「僕じゃダメなのか?」と父は言うが、働いていないとダメっぽいんだよね、姉にお願いするわ、と言い、いいよね、と言い、しょうがないよな、ということなので、姉にお願いすることにする、僕は連帯保証人というものをわりと軽く考えているらしく、彼らはそうではないようだった、いくらかセンシティブな話のようだった、僕はいろいろなことを軽く考えすぎる。

それで、マル・デ・クリスチアノに行く。入籍前最後のデートというか、独身最後のデートというか、そういうやつやろう、というそういう日だった。引っ越しのお祝いはここ2年、クリスチアノに行っていたから、じゃあ結婚のお祝いはマル・デ・クリスチアノというのも、なんでクリスチアノ推しなのかわからないが、面白かろう、というそういうマル・デ・クリスチアノで、僕は一度来たことがあった、フヅクエを初めて直後の冬に、大学の友人たちと来た、開店祝いということで出さなくていいと聞いたとき僕は、

「ラッキー!」

と思った、そういうマル・デ・クリスチアノだった。ポルトガルの微発泡の白ワイン、ヴィーノ・ヴェルデだかヴィーニョ・ヴェルデだか、それを、飲むたびに「緑のワイン」

と思い、それから、思うのは「ピンク映画」「ブルーフィルム」で、たしか中国だと黄色で、ヨーロッパのどこかが緑だった、エロい色。それを思い出す、思い出して、いろいろを頼み、マルなので海のものを魚介のものをいろいろと頼み、食べる、食べながら、メールマガジンの話を飽きもせずにする。

いろいろやっていて、新規の方の登録、それに伴うメールの送信、もろもろ、それからメールマガジンのフォーマットに流し込み、作るその作業、これはやっぱりもしかしたらやっぱりというか、人に任せられるところは任せるように仕組みを作っていったほうがきっと健全だろう、ということで、ひきちゃんに、あるいは山口くんに、在宅でできる仕事、お小遣い稼ぎとして、お願いできたらいいかもねと、そんなことを話していたら、そうしたくなった。ひきちゃんに来週話そうと思って、早く話したくなった。僕は個別のメールのやり取りはするけれど、他のルーチンのものは触らないで済むようにしたい、文章を書くことだけに費やしたい、というかもっと本読みたい、そうできたらきっといい。つい、なんでもかんでも自分でやるというふうに考えてしまうというか、自分でやる以外の選択肢があるということをほとんど考えないで考えてしまうが、考えたほうがいいだろう。時間の持つ意味をもっと真面目に考えること。

それから、途中で遊ちゃんに今日のラジオのテキストを送った、ちょっと見てみてよ、と、僕はいつも遊ちゃん頼みだった。送信すると僕は外に出て煙草を吸いながら、4年前、ここでやはり煙草を吸ったな、というのを思い出した、あのときはなかった高架の駅舎が、作りかけの駅舎が、空のあったところに横たわっていた。

店に戻ると遊ちゃんが笑いまくっていた。とてもおもしろかったようで、

「それならよかった！」

と思った。お店の方が、とても親切だった、いくつか追加で頼もうとしたら、けっこう多いですよ、大丈夫ですか、と確認してくださり、じゃあいいようにお願いしますと言ったらいいようにしてくださったし、デザートを頼むときも、最後、これとマデイラワインを組み合わせるととってもおいしい、ということを聞いていたので頼もうとすると、マデイラワインは一杯分をふたつに分けましょうか、と提案してくださり、一人で一杯飲むには多いですか、と聞くと、このデザートと組み合わせて楽しむという用途であれば半分ずつで十分だ、ということで、いいようにしてくださいとお願いしたところいいようにしてくださった、そしてそのデザートとマデイラワインの組み合わせはもうまったくびっくりするおいしさで、「ふぁ〜」、と思って、またもうひとつ普通にデザートとして頼んだティラミスも、俺これずっと食べていたい、というおいしさだった、思えば最初に頼んだムール貝とセロリとかのサラダも、サバとパクチーとかのマリネも、

俺これずっと食べていたい、というおいしさだった、総じて、とてもよくて、よかった、とってもよかったねと言いながら、帰った。

帰り、ラジオに追記し、それからやっと少し本を読もうと『時間』を開いた。

どうしても時間に就て考えていると親密ということが頭に浮かんでその情に襲われてそれが繰り返してである。もし凡てのものが時間であるならば我々にとって親しいものも時間であってそれ故にという説明も付く。併し時間そのもの、その観念自体が親しいものに感じられるのは何故なのだろうか。ランボオが死と何が二人の姉妹だと言ったのか詩集を調べて見るのも面倒である。併し時間が尽きる所に死が我々を待っている。

吉田健一『時間』（講談社）p.139

1月10日（木）

遊ちゃんは早くに出た、僕は一人で起きた、店に行き、準備をした、すぐにパソコンにかぶりつく、引き続きメールマガジンの調整というか、をする、今日は今日くらいには今日で配信の準備を終えたいというか、配信登録というのか、形を作って、あとは時間が来たら配信されるように設定したい、そのためには、そのためには。

未開封の方の割合はだいぶ減った、もう15％くらいだろうか、その名前を見ているといくつかなじみのある名前があり、この人たちには他の方法で連絡もできよう、と思うと、だいぶ荷が下りる感じはあった、全員にちゃんと、届くようにしたい。

昨日、その、事務局的なことをひきちゃんか山口くんかにお願いできないかなと思っていたけれど、でもそんなに大変でもないかなあ、流れさえ作れたら、あとはぺっぺっぺと、あれを検索して置換して、これを検索して置換して、というのを繰り返せば、形にはなる、それを幾度か繰り返せば、メールマガジンになる。と思ったら、それにお金を使うこともないかな、と思ったが、思ったあと、いやでも、やっぱり、時間は取られるというか吸われるよなあ、メール作って送信だけがメールマガジンの仕事じゃないもんなあ、それこそ、新しい登録の方があって、それを今は二通メールを送るだけだけど、これがあとになったら、前月分までのメールマガジンを送るということになるから8通とか、送らなければいけなくて、というその作業を考えたらやっぱりこれは一人でやるべき作業ではないかな、リソースは、何よりも大事だ、と、先日友だちが言ってたっけ、そう思うよ俺も。メールマガジンに忙殺されて他のことができなくなるなんて馬鹿げているというかそれは欲している状況ではない。今週はその忙殺されている状況で、始まりの苦労とも言えるけれどやっぱり、でもやっぱり、大変だぞ、と、だから、ちゃんと人に、任すんだぞ、と、思いながら、今日も気もそぞろに働いていた、おとといの劇的に暇な日から一転して、今日は日中でおとといのお客さん数を超えるようだった、今日が忙しいというよりかは、おとといがひどかったという話ではあった。

夕方、山口くん。しばらく僕も残りオーダーをこなしたり洗い物をしたりシロップを作ったりして、それから外に出ていくつかの引き継ぎをして、シャルル・ド・トール。一人の話し声がさっきからひたすら聞こえ続けている。見ると女性二人組で、一人だけがひたすら話し続けている。いろいろなものを対象に愚痴をいっていて、最近彼女は足をすくわれた。たしかに私が不用意だったけれど、だからってそんなふうに言わなくてよくない？　でも私は、周囲の人には本当に恵まれている。感謝の念を忘れたことは、ない。

メールを、つくる。つくって、できた、テストと思い、本番を想定したテストと思い、自分、ひきちゃん、山口くん、遊ちゃん、を宛先にして配信する。無事、あるべき形で送信され受信された模様。安心して、安心したら肩がどっと重くなり気持ち悪くなった。余裕があったら読もうかと『時間』と佐久間裕美子を持ってきたが、けっきょくパソコンにかぶりついている。

ドトールの喫煙エリアは地獄。激しいいびきをかく人。口汚くなにかを罵りながらゲームをしている人。横の椅子に靴をはいたままの足を置いてダべっている若い人たち。だいぶ怪しげなビジネスの話をしている集団。いたくない。いたくないから、吸うときだけ入って、吸って、出る。ちゅーちゅー。ちゅーちゅー。

気持ち悪くなりながら、佐久間裕美子を少し摂取して、したら、ふいに明るい心地になり、それで店に戻り、平和、と思いながら伝票を見るとわりとコンスタントで、山口氏、やるな、と思いながらジョイン。月曜同様くらいの数字に落ち着いた、今年もよろしくお願いします、と何人かの方と挨拶をできてよかったし、今年もお願いしますと言うときいつも、店として言うとお願いというのが「今年も来てね」という感じがして、少し抵抗を感じる。もちろん来てもらいたいけれどそれはお金を落としてくださいということではなくて（もちろん落としてもらえたらうれしいのだけどここではそれではなくて）今年も、この場所でいい読書の時間を過ごしてもらえたらうれしいというか、あなたがそれをうれしいと思うのならば僕もうれしい、いい時間を過ごせるといいよね、という祈りに近いものだと僕は思っているが、「今年もよろしくお願いします」でそれは伝わるものだろうか、と言うたびに思う。

閉店後、飯食いながら、山口くんの日記、送られてきたら俺うれしいなあ、毎日誰か知らん人の日記がメールで届くとかすごい愉快だと思うんだよね、いいと思うなー、noteでの有料化も検討してたんでしょ？　それならnoteでなくてメールが楽しいと思うけどなー、明確にこのアドレスたちに自分の文章を飛ばす、ってなんか、しかもそれが誰かの日記って、それすごく俺楽しいと思うんだよなー、と、そそのかし続ける。彼女にも、届くといい、とは言われた、だから彼女には送っているんです、そういうニーズがあるんだなあ。そうだよそうだよ、あれがメールで来るとか俺その日々を愉快に思うんだよ、いいと思うんだよ、そそのかしまくる。山口くんがやるのはさ、これ見て、新しい購読者の方が登録してくれたらメールが来るでしょう、それでここにあるアドレスをコピーしてスプレッドシートに登録していくでしょう、それで、日記書くでしょう、書いたらこうだよ、Gmail開いて、日記コピペして、宛先自分にして、ＢＣＣで、さっきのリストをずらーっとコピーして、ペーストすると、ペッ、ほら、これで送信、作業としてはこれだけだよ。あーそんなに簡単なのか。だね、俺の場合はＨＴＭＬメールにして別の配信サービスから配信だから手間が違うけれど誰かの日記に適しているのは俺はこれな気がする、この、メール、という感じがいいし面白いと思う。なるほどなー、これはやるかなー、考えよー、マジ考えよー、でもそのPayPalっていうのは。PayPalはね、この、すべてのツールってところでボタンの作成っていうのがあるでしょう、それでここでこうで、これでほら、500円の定期購読のボタンが作成されたから、このコードを表示でURLこれ、これをぶちまけたら、押したら、決済に行くから。あ、これでもう。そうだよ、じゃあ山口くんのPayPalアカウントを作ろうか、ほら、ここに……

そうやって、その場でPayPalアカウントが作成された、その場で定期購読のボタンが作成された、その場で、試しにやってみるよ、これで貼ると飛ぶとこうでしょう、これで、ほれほれ、あ、俺購読した！　届いた？　そうそう、これ、これが俺、これが俺が今500円で山口くんの日記を定期購読した通知、ほら完了！

帰宅後、ツイッターを見ていると、山口くんが「『誰かの日記』を有料化します」というツイートをしていた、開くと「誰かの日記」のマガジンの一覧ページで、そこには購読ボタン的なものはない、「山口くん！」と即座にLINEをして、最新の記事として「『誰かの日記』を有料化します」というタイトルで、決済URLを入れてなんかアピールしたそういう記事をすぐ作るんだ！　その気になった瞬間を逃しちゃいけない！

と伝え、そうすると「そうします！」ということで、そうすることにしたようだった、とても愉快。

遊ちゃんにもそれを伝えるが、というか店の時点で遊ちゃんにそのＵＲＬもすでに送っていた、遊ちゃんは今日は眠いというか寝ぼけているモードで、「バームクーヘン食べたい」と言ったかと思うと「お腹空いた」と言い、なにも食べなかったの？　人参は？　じゃがいもは？　キャベツは？と聞くとヨガに行って、いつもはヨガに行く前に食べるから、今日は時間がギリギリだったから、食べていない、ということだった、そのあと、「人参とえのき食べたい」という声が聞こえてきたから、どうやって食べたいの、と聞くと、答えがモニョモニョとしたものだけでなかった、あれは本当に寝言かもしれない。

寝る前、飲酒しながらプルースト。軍隊のことがなにか言われていて、あまり興味湧かず。

1月11日（金）

起きると通知画面に「誰かの日記」とある。笑う。最高、と思う。誰か知らない人の日記の冒頭部分が表示されていて、この「誰だよｗｗｗ」という感じはこれはやっぱりマッドでとてもいいよ。

店に向けて自転車を走らせていると前方にわらわらと人の姿がありそれよりも先にパトカーの赤い光がくるくるしているのが見えてそれに気づく、だんだん人が多くいることがわかる、見ると、カメラとマイクの人の姿もある、椅子を出してパソコンを開いている人もいる、その、もっとも過密するエリアの前を通ると脇道に入るところで黄色いキープアウトのテープが貼られていて奥が犯行現場か。以前に日記で、初台で殺人事件が起こった、そのときのことを書いたが、そんな事件は起こっていなかったが、書いたが、事件が起きると報道陣が来ることは考えていなかった。

なんだったか、と思いながら店に着。誰かが悲しい思いをしているというか、もしかしたらお客さんである可能性だってある誰かが悲しい思いをしていることに悲しい思いを抱いた。これはなんだろうか、共感能力がずば抜けて上がってきたという証左だろうか。

山口くんからＬＩＮＥが来ていて記事をダッシュで書いた、ありがとうございます、というような内容だった、noteを見に行くと書かれていて読むと、よかったし、メールで来るというのはやっぱりとてもよくて、これが毎日届く生活は俺はとてもいいと思って、送信時間を見ると4時51分とあった。今日は彼は11時からだ、ちゃんと起きられただろうか。

起きられたらしく、やってきた、それで準備をし、開店したところ、どうもぼーっとしているのではないかと、いくつかの行動から感じた、おいおい困るよ、頼むよ、と思い、でもしかたがないというか結局、ぼーっとしたとき、パフォーマンスが落ちたときにどこらへんで食い留まるかというのはなんというか熟練というか慣れというか身体化というかそういうものが必要で当然まだそんな状態ではない、だからつまり、ぼーっとした状態に陥らないで済ませることが彼に課されたことということだった。ぼーっとするのは俺みたいに目を閉じてでもコーヒーを淹れられるようになってからにしてくれ、俺は目を閉じてコーヒーを淹れることはしないしできないが。

昼を過ぎて、家に洗濯機がもう届いたということだった、今日は僕は用事があった、先月の時点で「この日の日中、入ってもらいたい」と山口くんに言っていたそういう日だった、それで外に出ていくつか指示というか、出して、ちょっとぼーっとしてない？あの、がんばってね、と、だってもうがんばるしかない、だからがんばってねと、言って、それで、じゃ、ちょっと結婚してくるわ、と言うと、わっはっは、といい顔で山口くんは笑った。

家に帰り、婚姻届けに記入をして押印をして、それで出た、独身最後のデートということで、先日マル・デ・クリスチアノで写真を撮ってもらい忘れたのでなんか撮りたいね、という、独身最後のデートということで、リトルナップに行くことにして、行って、カフェラテを飲んだ、遊ちゃんはカプチーノを頼んでいた、外で、延々と写真を取り続けている家族連れの旅行者とか、見ながら、遊ちゃんの仕事の話とかを聞きながら、過ごした、飲み終えたので空いたカップを手に店内に戻り、ちょうど混み合っていないところだったので、お店のお姉さんに、写真を撮ってもらえますか、とお願いし、撮っていただいた、撮っていただいたあとに、これから入籍してきます、と言うと、盛り上がった、言わなくてもよかったけれど、言ったらみんなが幸せな気持ちになるのではないかと思って言ったら、やっぱり、よかった、大喜びしていただき、手を振って出た。結婚というイベントのよさはこういうのあるよなと思う、なんだか見ず知らずでもなんでも、手放しで喜べる、祝いの気持ちを持てる、これはいいものだと僕は人の結婚式とかに出るたびに思うそのことを今また思う。

区役所に行き、仮庁舎は来週くらいまでで新しいのがもうきっと完成したのだろう、住民戸籍課のところに入って、婚姻届けの提出ですと伝え、番号札をいただき、椅子に座った、前に4つのディスプレイがあって、番号お知らせ系が2つ、広告系が2つで、音もいろいろな音が鳴っている、見たり聞いたりしていたら、酔っ払った、なんだか三半規管がやられるようなそういう酔い方をして、胸が変なふうだった、来る前から少し緊張みたいなものを感じてもいた、それを僕はうれしく思った、しばらくして呼ばれ、提出し、隣の二人は座った状態で職員の方にカメラを渡して写真を撮ってもらっていた、毎日、夫婦の門出という幸せな場面を見送る職員の方はどういう心地でいるのだろうか、たいていい何も思わなくなるのか、でもときどき、とてもあたたかい気持ちになる。

なんとなく酔っ払った心地になりながら待っていると終わり、おっほっほー結婚したねー、これからもよろしくおねがいします、と遊ちゃんと言い合い、今度は入籍直後の写真だ、と、僕らは夏から二人で並んだ写真をどこかに行くたびに適当な人をつかまえて撮ってもらうそういう遊びをしているそれをまたやるわけだけどさっきリトルナップで見た家族とどう違うのか、なにか違うとは思っているがきっと大して違わない、いや本当にそうか。それで、駐輪していたところの警備員の方にお願いすると仕事中は撮れないことになっていて、とすげなく断られ、えー、ほんとにそんな規則あんのかねえ、と言いながらうろうろして、また別の警備員の方に、実験みたいな気持ちだった、本当にそんな規則はあるのか、実験みたいな気持ちで打診すると同じ答えでやっぱり規則だった、それで近くに、いい調子のおじさんが通ろうとしたので、打診したところとても愉快に撮ってくださって、いいおじさんだった、いい人を選んだ、と私たちは喜んだ、駐輪場に戻りながら、あ、規則、そんなの、と思ったけれど、ここ、そういう二人組が毎日わんさかいるところだ、対応し始めたら際限がないのかもしれない、規則にする必要がたしかにあるのかもしれない、と納得した。

渋谷の町を通り抜けると、黄色いタワーレコードのビルの装飾とその手前の工事しているところの高く空に突き上がった重機が同じ黄色で、向こうから太陽の光が強くやってきた、目がくらんだ、今日はあたたかな日だった、タワレコのやはり情報量過多のいろいろにまたやられ、それからコスメキッチンに入って遊ちゃんが買おうとしていたなにかを買っているあいだに僕はコスメキッチンではハンドウォッシュをいつも探せないんだよな、と思って試しに探してみたところやっぱり見つけられなかった。

ゆっくり、家のほうに戻り、遊ちゃんは家に、僕は店に、向かった、着くと、今日は日中というか最初の2時間くらい、僕が出たあとの特に1時間くらいがけっこう立て込んだようで、がんばっているなあ、できるようになってきたなあ、と喜ばしく思って、休憩してきなさい、休憩してきなさい、と言って、ねぎらった、ねぎらってそのあと一緒にワタワタと働いていたらやっぱりぼーっとした感じがあって、やきもきした。

少し作業をする必要があった、夜に山口くんが帰るまでにしてしまいたい、それでタイミングを見計らってドトールに今日も来て、今晩、閉店したら、そこでメルマガを飛ばす、その最終準備をする。

今日も僕はそこには滞在はしないたまに立ち入って煙をチューチューして戻るその喫煙席は、勢いのある感じの若者がいる、離れ離れの席について、遠投は言い過ぎの距離だけれども、いくらか挟んで、言葉を投げ合っている、一人はスマホをずっと見ていて、一人はパソコンで何か作業をしている、スマホが言う、「Macしぶいね、ステッカー、俺のやつクソダサい」、パソコンが返す、「ありがとうございます」、「また俺のも見てやってよ」「うん?」「また暇なとき俺のも見てやってよ、クソダサいから」、なんか笑った。

配信の準備が整い、時間も少しあったので、少しだけ本を読んでから店に戻ろうと佐久間裕美子を開く。キャロラインに子どもが生まれた!

山口くんとバトンタッチして、外で、今日はきつかった? と聞くと、あ、最初はそうだったんですけど、そこからは大丈夫でした、という答えで、僕は先入観でずっと今日の彼をぼーっとしている存在として見ていた、謝った、こういうのはよくない、抑圧的だ、改めたい。

その後、妙に忙しく、お客さんが、というよりは仕込みが多く、ガシガシとあれこれをやっていく、けっこう必死にフルスロットルに働き続ける、最後のお客さんが帰られ、まだ11時過ぎだったが、ゼロになり、まだやることはあった、それでEarl Sweatshirtの『Some Rap Songs』を大きな音で流しながら、いろいろ下ごしらえとかをする、やたらかっこいい。久しぶりにこの人を聞いたけれど、やたらかっこいい。

メールのことを考えている、山口くんが始めた、それで考えている。山口くんの日記のメール配信を僕はずいぶん面白く思っていて、僕の日記の配信も面白い、なんでこんなに面白いのだろうと、考えていると、メールというツールが本来、本来というか、コミュニケーションであり情報伝達であり、ところでコミュニケーションと情報伝達って同じことだろうか、まいいや、コミュニケーションであり情報伝達であり、というのが本来の役割というか機能であるところに、一方的に、他人の日記という、情報も交流もないものが送られてくること、さらにそれが、僕の場合であれば一週間で2万字とかのだいぶおかしな長さの日記であり、山口くんの場合であれば「知らない人」の日記であり、それは普段、受け取るものではない。だから、メールというツールのあり方から考えると日記を受け取るというのは異様なことだし、日記側から考えても、日記とは普通は自分の中だけで完結する人に見せない極私的なテキストで、それを、Webに開き放つことも面白いけれど、それを、登録した限られた人数に直接手渡す、直接というか、放つ、放って、届く、それもたぶん構図として気味が悪く、いい。山口くんの日記のほうが気味が悪いということでいえば気味が悪くて、山口くんの場合はさらに、それが知らない人の日記である、さらにその誰かは毎日変わる、あたかも毎日、知らない人が近寄ってきて、自分の一日分の日記をぼそぼそと低い声で音読して聞かせてくるような、そういうことになる。「今日は誰なんだよｗｗｗ」という、愉快さ。「というかこれはいったいなんなんだよｗｗｗ」という愉快さ。

帰宅後、ソファにぽんと置かれていたそれが目に入り、取った、『エコラリアス』をとても久しぶりに開いた、少し読むも、なにか、遠く、うまく、読めない、少しで閉じて、それからプルーストを読み、寝。

1月12日（土）

3連休のはじまりということでいささかなーバス、あれ？　なーバス、あれ？　ナーバス、ナーバスにいささかなる、ナーバスなっているようにはとても思えない変換となった、いささかナーバスになる、身構える、なのでいくらか早く行き、一所懸命準備はしたか？

開店前、トイレで『週刊ベースボール』を開いていると川口和久のコラムが読まれて巨人の小林のことが書かれていた。

今回、俺が小林に贈る言葉は「まずは隗（かい）より始めよ」さ。これは中国の故事で「大事を成すにもまず身近なことから」の意味だという。（…）

これで何となく話の流れとタイトルの理由が分かったと思うが、実は「まず隗より始めよ」という故事は、「かい」を違う漢字でいろいろ調べていて見つけた言葉なんだ。そう、隗じゃなくて甲斐さ。日本シリーズのMVP、甲斐拓也だね。あの〝甲斐キャノン〟は小林の参考になると思うよ。

俺が日本シリーズを見ていて感じた甲斐のスローイングの特徴があるんだが、スペースが足りなくなってきたんで、それは11月14日にアップする俺のWEBコラムで読んでください。

川口和久「川口和久のスクリューボール 第81回」『週刊ベースボール ２０１８年11／26号

特集：「完全保存版」２０１８プロ野球熱戦の記憶 全８７７試合カタログ』
（ベースボール・マガジン社）p.117

これで終わる。

この自由さはいったいなんなんだろう。かつて何かで見かけた川口の著書の一節、投手とは、という話で、「さびしいからみんな一緒に生きていこうよ、一緒に飲もうよ、うんこしようよ、というのではなくて、自分の生き方を常にはっきり他者に提示しながら生きる。そういう存在です」、これを読んでから一目を置いてはいたが、なんとも言えず癖になる文章なのさ。

それから、開店前、昨日の夜にメルマガの配信を設定して、朝の5時前後にスケジュールした、それが配信され、それから、配信にエラーがないか、どんなふうに開封されているか、そういうところを見たり、新たな購読者の方の通知があってそうしたらコピー、スプレッドシートに登録、それをBenchmarkに登録して、購読完了通知を配信、メールでご確認のお願いを送信し、それからBenchmarkに戻って昨日配信した2通のメルマガを配信、ということが、作業として必要になってくる、これが創刊だから2通でいいがこれがあとあとになったら前月分まで全部送るから月の終わりとかのタイミングだったら8週分で16通とかを一気に送るという作業が生じる、それはどれだけのことだろうか。もちろん、新規の購読者の方が同じようなタイミングで何人かあれば今の作業は全部まとめてできるものだから、いくらか効率はよくなる、もしかしたらというかきっと、一日一回と決めた方がいいのだろう、もともと告知の購読を案内するところに「36時間以内に送ります」と書いているから待たせてもまったく問題はない、わかっているのだけれども、登録してくださったということは「読みたい」と思ってくださったということで、その欲求にできるだけ迅速に応えたい、と思ってしまうから、そういう通知があるたびについやってしまう、ということを、一日を通して何回かやっていた、増えると、だって、ありがたい、うれしい、しょうがない。

店は、そこまで忙しいふうではなかった、というか静謐というふうだった、夕方から山口くんがインして、二人で働くにはずいぶん余裕のある状態だった、だから僕はわりと座ったりしていて、それでメルマガ対応とかをしていた、今日は11時間おられた方がいてほぼ新記録だった、いや新記録ではない、毎週来てくださっていた方が大阪に転勤になってしまうその前に、一日おられた、そういうことがあった、分厚い『セカンドハンドの時代』をひたすら読んでいて、その日、その隣の隣の席でも『セカンドハンドの時代』を読んでいる方があるというちょっとどういう状況なのかわからないことが起こった、それを覚えている、ときおり彼の、だから転勤する彼のいつもと変わらずに本に向かっている彼の姿を見ながら、しんみりした気持ちになっていた、でもそれは最後ではなくてそのあとに今度は短い時間で、本当にたぶん転勤の直前、前日とか、忘れたが、来られ、それであいさつをした、でもそのあとも3ヶ月とか4ヶ月とかにいっぺん、ほとんどフヅクエで過ごすために東京に来て、店に来てくださっている、大阪にフヅクエをつくりたいと思うのはわりと彼のためにつくりたいというところがある、彼が読む場所をつくりたいという気持ちがわりとある、そういう、具体的に「この人に届けたい」と思うものがあるというのはなんというか、もしつくることが本当にできたとして、なんというか、いい流れというか、とてもいい流れだなと思う。

『セカンドハンドの時代』といえばあれも大きな本だったが大きな本といえば昨日はとうとうフヅクエにあの、タイトルは覚えていない、国書刊行会から去年の終わりとかに出た8000円とかするらしいすごいらしい小説、訳者が木原善彦ということ以外は覚えていない、それをフヅクエに持ってきて読んでいた方を見かけて、というか、クソでかい本を持ってきた方があって、その本を、書店のカバーは巻かれていた、その本を見て、もしかしてあれがあれなんじゃないか、と思い、「でっかｗｗｗ」と思い、それでそれってもしかして国書刊行会のあれですかと尋ねたらそうだということで、「でっかｗｗｗ」と思った。でかかった。

閉店後、山口くんと夕飯を食べながら、メルマガの購読者を増やしていくってどういうことしたらいいんだろうね、と話した。どうせやるなら増えたほうがいい、というか特にフヅクエのというか僕のというかの場合は、僕だけの話ではないのだから、増えたほうが絶対にいい、いいというか責務ですらある。ではどうすれば。美しくない振る舞いは僕はしたくないというか僕が美しくないと思ったらそれはできない、美しくなくていい人はできることが多いよね、と思った、美しくなくていいというか、みっともなくてもいい、というか。

そしたらちょっと、「メルマガ　購読者　増やす」で検索して、調べてみるわ、といって調べてみると参考にできそうなものはなにも見当たらない、「奇跡のメルマガ読者購読法」ってのが出てきたよ！と笑った。

帰りながら、Webも少しいじった方がいい、メールマガジンやってますがいろいろなところで気づいてもらえるようにした方がいい、情報を取りに来た人の邪魔はしかししてはいけない、慎ましく、しかし、届くように、と思いながら、帰って、家に着くと今日から働いてくれている、健気な音を立てながら働いてくれている、ドラム式洗濯乾燥機のドラちゃんに「ただいま」と言ってから、遊ちゃんに「ただいま」と言った。

シャワーを浴びるべくタオルを取ると、いつもと触り心地がまったく違った、ふわふわ、やわらかく、これまでのバリバリとした硬質な、僕はそういうものだと思っていたからまったく心地悪くはなかったそれとはまったく違った、これまでの普通に干す干し方を考えるときについ「野ざらし」という言葉が浮かんでしまうほどで、ベランダに失礼だ、ベランダに謝れ、そう思いながら、ドラちゃんは立派だねえ、よくがんばるねえ、と声を掛けるも、伏し目のままうんともすんとも言わない。毛布を洗い、それからタオル等を洗う、二度にわたる労働で消耗しきっているのかもしれない、と、風呂で一人でそのようにしゃべりながら、シャワーを浴びた、上がり、ツイッターのプロフィールをいくらかいじったりしたのち、寝る前、『エコラリアス』、やっぱり今日もなにも頭に入ってこないな、と思いながら、諦めないで、布団に移っても『エコラリアス』、やっぱり今日もなにも頭に入ってこないな、と思いながら、ただただ今読んでいる章が、ページをめくったらその章が終わったことを告げる空白が、あったらいいなと思いながら、読んでいた、頭にも入ってこない、空白も現れない、眠った。

1月13日（日）

朝、「起きる意志はある」とだけ言いながら眠いのと寒いのでなかなか起き上がれずにいたらりんごがあるよという声に釣り上げられて起き上がるとりんごを僕が食べていると今日の山口くんの日記すごくよかった、と言っていて、お、そりゃいいね、楽しみ、と思いながらiPhoneを起こすと「誰かの日記　一月十二日」とタイトルがあり「雨。休み。近所にあるクリーム色の家から滴る水が練乳に見える。塗料が溶けているのでしょうか。コインランドリーにて笹山と会う」と見える、まだ2日目だがこれがある日々を愛している。

遊ちゃんとゲラゲラ笑いながらメルマガ購読者を増やす方法を話して家を出ると扉が閉じると扉が開いて遊ちゃんが「オンラインファイナンシャルプランニング！」と言って二人はわっはっはと笑った。僕は人の保険の加入状況を聞いて「それはきっととても無駄」と言うのが趣味だった。

店、着き、米、炊き、コーヒー、淹れながら山口くんの日記を読む。遊ちゃんの言ったとおりとてもよかった。短いなかでずいぶん遠くまで連れていってくれるこの文章はなんなのか、僕は山口くんの文章のだいぶファンで、そろそろ「２０１８年のよかった本ベスト10」みたいな記事をアップしたいな、そのためには本を考えなければな、と思うのだけどそのときに最初のほうに浮かんでくるのが彼の『デリケート』だった、いろいろな場面をいろいろなタイミングで思い出す。それは、すごいことだと俺は思うんだ。

開け、ゆっくりなスタート、ゆっくりな、ゆっくりな……ただの暇な日が徐々に形成されていった、ツイッターを見ていたら岐阜の本屋さんであるところの庭文庫のツイートが流れてきてこの本を1000冊売りますというものでその本を見てみると『文化のなかの野性』という本で途端に読みたくなり、まったく知らなかった本を途端に読みたくなる、なったときに、それはなんというかもう完全に、そのツイートに、だからそのお店に、本を教わったことになる、教わり、欲望を喚起されたわけで、知らせ、喚起する、それは完全に本屋の仕事で、それを抜かしたら本屋は書籍販売店でしかなくて、それは本屋の本分ではきっとない、本分にきっと近い、知らせ、喚起するその仕事を果たした店でせっかくなら買いたいよと思うのだけど、と思った、でもAmazonか丸善ジュンク堂で買うだろうなと思った、なんせそうは思ってもそれに従うだけの忠誠心とかはないし、そのそこで買いたいという欲望にしたって日頃の便利さに打ち勝つだけのものでも、長いあいだ持続させられるだけのものでも、ない、だからAmazonか丸善ジュンク堂で買うだろうなと思ったら、ツイートの連なっているツイートでネットショップが案内されていて、そうしてくれるとね、非常にね、生じた欲望を処理しやすい、コストなく処理できる、ありがたい、そう思ってそこでポチッと買った。届くのが楽しみな本があるというのはそれだけで生活に潤いをもたらす。

ぼんやり、そうやっていたら、しかし午後の遅めの時間からみっちりと埋まり、夕方に山口くんがインしたあたりは僕もまだ余裕があったが次第に余裕を失ってほとんど憔悴していくようだった、ご予約のすぐ後ろにご予約があり、そしてご予約とはまた別にどこかで席が空くのを待たれている方が何人もいる、という状態に、どうやってこれ管理したらいいいんだっけ、となって、ワタワタとしながら、生きて、生きて、生き抜いた。

夜、暇、座り、今度はWebをいじろうと、どこを触ろうか見当してから、Dockerを立ち上げて、云々、やろうとしたら、表示させていたローカルホストのページがリロードしたら赤くなって「ActiveRecord PendingMigrationError」というものでどうしたらいいかわからない、先日のDNSサーバーのときみたいにおかしなことになってはいけないから、と思って、やめた。なんでも勘だけでやっているから、なんの蓄積もないから、なんにもできないまま。銭湯いきたい。体が、夕方くらいから、背中等、体全体がギシギシと重く、銭湯に行きたい。本読みたい。満たされない。

しかし銭湯には間に合わない時間だったので家に帰り、風呂をわかした、珍しいねと遊ちゃんに言われ、全身が疲れた旨を伝えた、風呂がわくまで『時間』を読んだ。

例えば一軒の家はそれが何年前に建ったかということにも増してその家に人間が住み着いてから何年になるかということがその家をその家であることに向って進めるのでこれは人間がそこに住み続けることで時間が働き掛けるものがそれだけ多くなるからである。何だろうと我々が使い馴れた道具というのは凡てそうでそれが物質であっても生命に触れ続けているものは生命を帯びてくる。

吉田健一『時間』(講談社) p.141, 142

生命に触れ続けているものは生命を帯びてくる。

風呂がわくと、体を洗うと、湯船に体を沈めると、呼び出しボタンを押した、遊ちゃんがやってきて、お風呂をわかすときいつもそうするように、僕は湯船に浸かり、遊ちゃんは扉の外の洗面所の床に座っておしゃべりをする、それをするときにいつも思い出すのはリリー・フランキーがトイレでうんちをしているときに扉の前の廊下に対面の位置に彼女が座って弁当を食べるといういつだかに読んだエッセイに書かれた場面で、忘れない。なんか昨日もうんちに関することを書いた気がしたがなんだったか。そんな覚えがあるが思い出せないが。執着でもあるのだろうか。肛門期とかなのだろうか。

それで、ああだこうだと話してゆっくり浸かり、体の疲れがゼロになったため上がった、上がって、本を読みたい、全然ここのところ読めていない、でもしかたないよね、メルマガの始まりのときだったわけだもんね、そりゃそうだ、しかたなかったわ、と話してからウイスキーを飲みながらもう少し『時間』を読んだ。

1月14日（月）

いくつかの仕込み、そのあと、パソコンを見ていたらメールの通知があってメルマガ用のアドレスへのメールでPayPalからで見かけたことのなかったタイトルとかだったからなんだろうとすぐに開いたら購読停止の知らせだった、これまでは増えていく喜んでいくそういうことだけだったがもちろんやめる方が出てくるのは当然起こることというか想定はいくらでもしていたことだったけれどだからメルマガにおいて初めて感じた喪失だった、それは、想定はしていたけれど、おお、そうか、動揺を誘うものではあって、動揺することない、頭ではそう思っている、動揺することない、辞める人も当然出てくる、むしろあのバカ長い日記を金を払って読んでくれる人がいるということのほうに驚き続けるべきだと頭ではそう思っているが、だから慣れないだけだ、店でもそういうことはある、具体例が出てこない、最初のうちはなんだかけっこう動揺をいちいちしていたことが次第になんでもないことになっていくというそういうことは店でもきっとあった記憶がうっすらとある、だからこれも初めてだから動揺を感じるだけで喪失を感じるだけで慣れる。でもこの、目の前で、あそっか、辞めにしたのか、というのが見えるというのはけっこう、そうか、というところはあるものだなと思って店は、店の場合は、そういえばあの人最近見ないな、みたいな、ところで、僕の思い出しもそれも次第に間遠になっていき、そしてそのままフェードアウトしていくそういうものが店のお客さんの離れるときに起こることだがこういうものはわかりやすく目の前で起こる。

そっか、と思いながら、まあまあ、と思いながら、「なにがいけなかったかな?」とか思う自分を見かけて戒める、そういうこと考えちゃいけない、購読してくださる方におもねるとか配慮するようなそういう姿勢を持ってはいけない、そんなふうになるんだったらやらない方がいい、フヅクエにおいてフヅクエを律する統べるのはただフヅクエだけであるのと同じように日記において日記を律する統べるのはただ日記だけであって、どちらも僕は従うまでだった、余計なことを考えてはいけない、等々思いながら、いやそもそも、試しに、という形で課金というとてもハードルの高いものを越えてくださったことにまず重大な感謝をちゃんと覚えないといけない、それは覚えないといけない、喪失を感じる前に立ち戻る場所が、立ち戻るというか立ち寄る場所があるはずだ、戒め、等々思いながら、つまり忙しく考えが頭に去来しながら、店開け、働く。

わんさかと、働く、3連休、今日がいちばん忙しい日になった、なっていくな、というのは夕方くらいにわかった、特にテンパるということはなく、淡々とがんばった、淡々だったが、途中、ずっと息を止めて働いているような感じになった、外に出たときに、ぷはっ！と水の上に顔を出した感じがして、面白かった、途中、どうしてだかエアポケットみたいな感じで座る時間があり、ついパソコンに向かいそうになったが、このままじゃなんだかダメになっちゃいそうだ、と思って佐久間裕美子を開いた、少し読んで、それからまた激しい業務が再開したが、そのひとときで、1ページとか2ページの読書で、なにかすっと楽になるところがあった。

夜、まさかの事態、コーヒー豆の残量がそうとうあやしい！となり、やっべ、これやべ、やっべ、と思っていた、7時、深煎りなくなる。8時、浅煎り残り1杯。8時半、なくなる。これは、やばい、というか、あるまじきすぎる、完全にダメ、初めてのことだった。昨日豆を100グラムずつ、お二人に売った、それで200グラムが出たが、それも「これだけあれば明日は乗り切れる」と思ってのことだったが、甘かった、甘かったのか、現実が想像する必要のないレベルで厳しかったのか、とにかく豆がなくなってしまった、コーヒーを出せない店になってしまった、コーヒーを飲みたい人がもう現れませんように、と祈りながら、もしコーヒーをどうしても飲みたい人があったら、どうしよう、もうスタバで買ってきてもらうか買ってくるかしようか、それでお席料はその分減らすみたいな、そういうことにさせてもらおうか、それがいいかもしれない、等々考えながら、それにしてもびっくりだな、どうしてだろうな、なんでだろうな、と思いながら、働いた、そのあとは結局、何杯だろうか、3杯分だろうか、すいませんかくかくしかじかで、とお伝えした、みなさん笑って受け入れてくださり、ありがたいことこの上なかった。僕だったら、え、コーヒー切れてるんですか？　いや、それはちょっと……となりそうだ、だってコーヒーを飲みたい。コーヒーを、飲みたい、となって、夜遅くなり、お客さんはお二人だけになり、どうしよう、ちょっと抜けてセブン行ってコーヒー買ってこようかな……コーヒーを、飲みたい……となったが、我慢したため立派だった、11時過ぎ、最後のお客さん帰られ、もうおしまい、と閉めて、セブンに行ってコーヒーを買ってきた。

コーヒーを飲み飲み、推敲のため一週間分の日記を雛形に流し込んで印刷をしたり、内沼さんから届いたいくつかのフォントの組まれた本文のパターンのやつを5パターン、印刷する等する。それらはあとで見ることにして店を出て、ラーメン屋、行く。煮玉子をつけようかと思ったがそうしたら「代々木スペシャル」というものが目に入って「スペシャルとは」と思ったためそれにしてご飯の大を併せて発券した、で、「Number Web」の記事を読みながら、食。

帰り、遊ちゃんは最近は頭と足がひっくり返って寝ている、本が読みやすいそうで遊ちゃんはかなり薄暗いところでも本を読むから光を本を読むときに必要としないから目によくは絶対にないなと思っていたから逆向きだと隣の部屋の光がちゃんと紙に落ちるからそれがいいと思う。

いくつかのメールを、なんとなくほくほくした心地で打ったりしてから、組版案というのか、をためつすがめつする、ブラインドで見比べたとき、一番しっくりきた、すっきりきた、それはリュウミンオールドかなだった、その次が筑紫明朝で、そこから游明朝、イワタ明朝オールド、モトヤ明朝と続いた、本は本文フォントはきっと本当に内容というか文章のたたずまいとか与えたい雰囲気とかで選ばれるものが変わるのだろうな、と、いろいろ見ながら思った。そういえば買った『Typography』の2冊は袋から出してすらいない、買った日までずっと毎日InDesignを触っていて、それからまったくInDesignを触らなくなった、そのことと明らかに関係していたというか買った時点ですでに、メルマガの配布方法はmobiとかePubとかでなくてＨＴＭＬメールだなとなっていたから、それはその前の時間に内沼さんと話しているときにそうなったから、いや違うか、その、『Typography』を買ったＡＢＣにいたときはまだそれは明確になっていなかったというか顕在化していなかった、完全に潜在的にはもう発生していた、それが、そこからフグレンに移動するその中で、あ、ＨＴＭＬメール、ときっとなって、フグレンではもうＨＴＭＬメールだった。

寝る前、『時間』。本をがぶがぶ読みたい。

1月15日（火）

ずいぶんと眠いと思いながら起床しりんご食べる。それで出る。ひきちゃんは今日は今年初めてでだから深々と頭を下げて挨拶をする。煮物をつくったりいくつかやるべきことをやりながら、コーヒーを二人分淹れて、飲み、話す、ＡＢＣが本の出版を始めるんだってねということであるとか、それからメルマガの事務局仕事みたいなことにどうだろう在宅でできるお仕事で小遣い稼ぎは、という打診をしたりする、昨日はもう新規のご登録はなかったし慣れてきたら流れができたら大したことではないかなとも思ったけれどそんなに長いことをメルマガに費やしすぎるのはきっとなにも健全健康な生活ではないというか、その時間を読書に充てられたほうが間違いなくいい、全体のQが変わる、全体というのは、というかその前にQというのは言うまでもなく「クオリティ」のことで、全体というのは、僕の暮らしというか読書という欲望を抱えた暮らし、日記の内容が毎日毎週「今日は新規の登録作業をした」「今日は配信作業をした」であるよりも「本読んだ、眠かった」のほうがよほど、書く身としても読む身としてもいいだろうというか書く人とか読む人とかではない、日記にとってそちらのほうがいいだろう、それにそれでそれを外注というかひきちゃんに仕事として与えることによってひきちゃんがそれを悪くない心地でやりまたやりたいと思いそしてそれで得る金がひきちゃんの暮らしをよくする、例えば月賦でドラム式洗濯乾燥機を買うであるとか、ということに寄与するならばひきちゃんにとってもいい、だから、全体にとってよほどいい、と思って、ひきちゃんは「あ、やりたいです」と軽いものだった、段取りというかメールマガジンまわりのマニュアルを作成しよう。

しばらくおり、出、山手通りをぐんぐんと下り、上がる、平たくなる、折れる、代々木公園のあいだを通りながら先日区役所に行ったとき代々木公園のあいだを通って線路沿いに折れるところでそれはたしか左のレーンが直進で右のレーンが右折でだから右折したい身は右のレーンに止まり、左のうしろから直進車、前方からは直進車、というはざまで待つ、その待ち方で待って折れるという行き方をしたら遊ちゃんが怖がって「こういうことはしないで」となった、「これがいちばん安全だよ」と僕は言ったが、安全であることが不安を減らすわけではないというか人の不安はいつだって正しいものだった。だから、遊ちゃんが一緒のときはしない、と言った。

それを思い出しながら今日は直進して表参道を下り上がり、ここらへんだったよな、と思って右側に渡って、ニールズヤードを探してニールズヤードがあったので入った、入ってお店の方が近寄ってきたので「ふれぐらんすを」と言って、「るーむの」と言って、それで試したことのないひとつを試させてもらってやっぱり前に使っていたバランシングが一番いいと結論してバランシングを買った、トイレに置くやつで、いま使っているカーミングがほとんどもうなくなったような重さだったから買わないといけなくて、ニールズヤードはヒカリエにもあるがヒカリエはなんだか心理的に遠く、今日は丸善ジュンク堂に行きたかった、どうしようか、と考えたところ、表参道の本店に行って、それで青山ブックセンター、という流れがきれいなのでは、と思い、そうすることにしたニールズヤードだった、買おうとするとハーブティが入っているんですけど飲みますかということだったのでいただくことにして「Happiness」というやつと「S.O.S」という、ずいぶん極端な2種類の名前の、前者をいただくことにして前者を飲んだらこれがとてもおいしかった、カモミール、レモンバーム、なんかのピール、ローズヒップ、とかとか、それとセントジョーンズワートというのがこれが鬱にいいんです、みたいなことでサンシャインハーブとヨーロッパでは呼ばれている、とかだったか、教わり、これおいしいですねえ、と言って会計をして商品をいただいて出た。

裏道でどこまでＡＢＣに近づけるのだろうと思いながら裏道を進み、小さなものだったが行列のできている店があった、なんの店だったのだろうか、なんか、誰も幸せにしなそうな店に、なにかを見て思った、それで表の道路に出るとだいぶ近くだったことがわかって喜んでＡＢＣに行った。

行くと、行って、うろうろとしていた、やっぱりどれも読みたくなった、今日は『新潮』をとりあえず買おうと思っていた、あとは乗代雄介の『本物の読書家』も読んでみたくて読みたかった、保坂和志との対談が『群像』だったかにあってそれは読んでいないがそれの一部を保坂和志のインスタで見かけて読みたいと思ったしその投稿でリンクが貼られていたインスタなので飛べはしないので検索して見に行った乗代雄介のブログを読んだらまた読みたくなった、それで読みたかった。

うろうろしていると店長の山下さんが話しかけてきて僕はちょうど『読書の日記』コーナーというかTシャツとかコーナーのところの近くに、いることに気づかずにいるところだったから、気になっているんだな、と思われたら恥ずかしいなと最初に思って、でも選書の本がちょこちょこ出ている、『犬が星見た』とアレハンドロ・サンブラが特に出ている、と聞き、サンブラが売れるのは僕はとても嬉しかった、『盆栽／木々の私生活』、大好きな一冊だった、それで山下さんに、前にひきちゃんを通してちらっとお伺いを立てた、「ひとの読書」のやつをやらせてくださいという話を、して、今度どこかで飲みながらでもやりましょう、ということになり、楽しみだった、本屋さんはどうやって本を読んでいるのか、気になるところだった。

で、『本物の読書家』はなく、代わりにというか、小山田浩子の『庭』が、ツイッターで何度か2018年のベストみたいなやつで見かけて、僕が見かけたということは『読書の日記』も含めてくれたリストできっと何度か見ていて、何度かといっても二度くらいだと思うけれど、見ていて、『読書の日記』を面白がってくれる方が面白いというのはそれってけっこう僕も面白い確度高かったりしないかなというところがあって気になっていたその『庭』を取って、『新潮』と2冊、買った、フグレンに行って本を読もう、と思った、パソコンがリュックに入っているがWebいじりもInDesignいじりもしてはいけないぞ、InDesignは昨日その組版案のやつを見ていたらいま推敲用に使っているそれで縦書き版としてメルマガにもPDFを添付することにしたそれが、ギチギチすぎる、もうちょっと読みやすいようにしたい、と思ってだから僕は今はWebいじりとInDesignいじりがあった、でもやっちゃいけないぞ、フグレンでは本を読むぞ、仕事は仕事の時間にやろう、店の時間の隙間の時間にやろう、そうしないといくらでも仕事をし続けることになってしまう、それはいけない、本を読もう、「アイオワ日記」を読もう、と思いながら『本物の読書家』がなんとなく諦められなかったのか、しかし丸善ジュンク堂に行くほどの諦められなさではなかったのかSPBSに寄った、小雨が、まだ降っていた。『本物の読書家』はなさそうで、しっかり探すほどでもなかったがなさそうで、入り口の最初のコーナーをざっと見ていたら白い本、表紙に手書きで「cook」と書かれた白い本が目に入り「なんだ」と思い見ると坂口恭平の『cook』で、坂口恭平の料理本、と思って、と思いながらそういえば武田さんのインスタとかで見かけたかもしれないな、そんな気がうっすらするな、と思いながら開くと、もうこれは、いいでしょ、抜群にいいでしょ、と思い、うれしい気持ちがわきたって、買った。

フグレンは先週は改装工事で通ったときに縁側がなくなっていた、縁側、なくなるなんてこと、ないよね、と思っていたが昨日行った遊ちゃんが縁側なくならないってと教えてくれていたが今日行ったら縁側は復活していた。小雨ゆえか座っている人はいないで店内はだから混んでいた、ソファは無理で、どこに座ろう、と思って、窓向きのカウンターに人と人のあいだに座った。

それで今日もコーヒーはおいしく、フグレンは不思議で広くない場所に人がいくらでもいるのにどうしてだかあまり声が気になるように響いてこない、イヤホンをする必要を感じないで済むことが多い、今日もそうでそれは両サイドが一人の人だったからだろうか、それはそうで読書の時間を終えて日記の推敲を始めてから隣に二人組の方が座って「やっぱりやらなかった後悔よりもやってする後悔のほうですよね」「結局どこまでお金を稼いでも準備万端になんてならなくて、結局どこかで踏ん切りをつけて行動するしかないんだよなあって」と話しているそれはやっぱりそのときが読書の時間だったらイヤホンをしていただろうから運でしかない。読書の時間は『新潮』を開いて「続続続アイオワ日記」を読んでいた。完結編で、アメリカ滞在の残り日数がどんどん少なくなっていく、よりいっそう、これまでの日々でつくりあげられていった親密さが際立って目に入ってくる、この時間ももう終わる。

ベジャンが私が持っていた本を見てなにかと聞くので、これは日本の文芸雑誌で、私はここにアイオワの日記を書いた、と説明した。これがあなたの名前、と「ベジャン」の文字を示すとベジャンはそれを写真に撮った。なにが書いてあるの、と訊かれたので、私はその号の日記の最後に載っていた八月二十七日の記事を英語で説明した。

ベジャンは、トルコから来た詩人。彼女は話した、学生だった時の牢屋の暗闇と、彼女が子どもの頃に見た鮮やかな景色について。私は、ベジャンとはたくさん話さなかった。彼女は孤独な感じがする、と私は感じていたから。しかし、教室で彼女の話を聞いているときに、私は、彼女が子どもだった時に彼女が見た景色が見えたように思った。植物の緑や、空の青や、花の色。私は、私のその想像について、説明することができます。私は、イランの映画の色を想像していた。それは彼女の国ではない、隣の国です。それから、彼女はいつもビビッドな色の服を着ていた。ブルー、グリーン、この日も彼女は、レッドの長いジャケットを着ていた。私は彼女の話を聞きながら、彼女の鮮やかな服の色を一緒に思っていた。はい、私の想像の材料は、とても貧しいです。しかし、私は思った。彼女の暗闇のなかで、彼女は鮮やかな色を忘れなかった、そして彼女は彼女の詩を書きはじめ、書き続けている、私は彼女のそのようなマインドをつかめたかもしれないと思った。

滝口悠生「続続続アイオワ日記」『新潮 2019年2月号』(新潮社)p.94, 95

もう僕は泣いている。「ベジャンは、トルコから来た詩人」からすでにもう泣きそうになって、「私は、私のその想像について、説明することができます」でもうダメだった。

日記にはその話を聞いていると涙が出る、と書いてあった。しかしそこまで読まぬうちに私はまた泣いてしまったので、日記に涙が出ると書いたことはベジャンは知らない。それを見ていたチョウも知らないと思うが、漢字は読めるからもしかしたらわかったかもしれない。ベジャンは、ありがとうユウショウと言い、それから、ごめん今日はビビッドカラーの服じゃない、と着ていた薄いピンク色のセーターを指さした。

同前 p.95

グスングスンと鼻をすすりながら、なんて素敵な場面なんだろうと幸福で今日が一日ここまで幸福に生きているような気がする。読むのが惜しくその日でおしまいにして、それで日記の推敲をした、10枚の紙を机において赤ペンを入れていく、なんだかんだと誤字であるとか違う言い方をしたくなるところというものはあるものでRAWというのは一週間くらいの単位としてのＲＡＷであって書き直すことはそれを裏切ることではない。本当か？

1時間やって、残り2ページくらいになって、雨はもうやんでいてやんだ途端に外に人がわらわらと出て写真を撮る習慣を取り戻していてウケた。寒くなってきた、帰ることにして帰って、続きをやって、それを今度はパソコンでエディタに反映させていく、家でも1時間やった、だから推敲に掛かる時間というのは2時間ほどということだろうか、これまでは営業中にやるばかりだったのでどういう時間の掛かり方なのかあまり考えたこともなかったが通してやってみるとそういうことだった、と、ここまでやって気づく、仕事は仕事の時間にやろう、と、思った矢先じゃないか、『庭』を読んでもよかったし『cook』を読んでもよかったのに結局推敲をしているのか、笑った、でも今日済ませたかった、月曜印刷、火曜推敲、水曜ラジオ、木曜配信フォームで体裁整え、くらいがおそらく流れだった、店の時間になっていって、店に行った、ひきちゃんとおしゃべりをして、日中はそれなりに忙しそうだったがお願いしていたタスクは8割方かたづいていていて立派なものだと思って「立派」と言った、今後の働き方についていくらか話して、いいようにしていこう、ということになった。

さて、仕事は仕事の時間にやろう、というところで、チーズケーキを焼いたりしたのちお客さんは夜はまばらだった、なんだかお腹に変な満腹感があるな、なんだろうな、と思ったあと、家を出る前にナッツをぼりぼりと貪っていてそれでだからただのこれはただの満腹感なのかもしれない、と思ったら、なにか不調のようなものに責任を帰そうとしたその身勝手さというかとぼけた身勝手さにおかしくなってウケた。しばらくニヤニヤした、さて、というところだった。

まずWebいじりをすることにしてそれは大好きな呪文、ドッカーアイタームそれからアトムでプルリク&マージのGit Hubだった、とりあえずモバイルがファーストというところで今日はモバイルを触ることにしていくつかの場所にメルマガやっていますと周知ができるようにした、それは僕は反映まではさせられないので友人に依頼の連絡をしてそれからどうしようかと思って今度はInDesignを立ち上げて縦書き版のPDFを作り直すことにした、そのときに買ったまま手に取りすらしていなかった『Typography』の「美しい本と組版」の号を開いて開くと新潮文庫の組版ルールとか、具体的に、「本文書体：秀英体　級数：9・25ポイント　行間：5・5ポイント　38字×16行　ベタ組」みたいに教えてくれてもっと細かい僕はよくわからない段落設定とかいろいろ、そういうところもあった、そのとおりにやったら新潮文庫のページを再現できるような。

それでだから楽しくそれを見ながら新しいそれを作っていって、ということをやっていた、そうしたらこれまでよりもずいぶん読みやすくなったものができて先週号というか、118週目のやつを流し込んでみたら15ページになった、2ページくらい増えた、行間が大きくなったからそれはそうだった、というかつまりだから、A4だと2段組にして、文庫にして4ページくらいちょうど収まる、内側の余白というか、が要らないから4ページよりも多い、5ページは言いすぎだろうけれど4・5ページくらいはいくのか、それで15ページということは文庫にしたら一週間で60から70ページくらいの分量だったわけでどうかしている。と思ったが118週目は9日あったのでそういうものかもしれない、119週目の今週配信するやつは12ページだったから50から55ページ分くらいだろうか、だからそういうくらいの書かれるペースということなのだろう、いや、そんな多かったっけか。とにかく、前よりも格段に読みやすいものができてうれしく、来週の推敲が楽しみだった。

結局、推敲をし、Webをいじり、縦書きフォーマットを作る。日記、メールマガジン、それにかまける一日ということだったのだろうけれど午後の自転車と本屋とフグレンでの滝口悠生と、なにか変な幸福感のある明るい一日と感じていた。

帰り、できた縦書き版を遊ちゃんに送って「きれいでしょ」と送って「きれい！」ということだったので満足して今日は酒を飲まない日にした、疲れていなかったし休肝日を設けるにはうってつけだった、遊ちゃんが白湯を飲もうとしてやかんでお湯を沸かしていたのでちょうどよく、なので白湯を僕ももらってあまりのおいしさにごくごく飲んだ、風呂から上がり、今度は自分でおかわり白湯を沸かして飲みながら「続続続アイオワ日記」。読み終えるのが本当にさみしいと思いながら、だからこれ以上読み進めたくないと思いながら、どんどん読みたくてページを繰る手を止められない、「あなたは美しい」、また泣いた、チョウとの別れ、また泣いた。

1月16日（水）

今週は休みないんだねえと遊ちゃんが朝に言うからそうで、今週は明日の夜を閉めるけれど一日閉める日はなくて僕で言えば昨日のひきちゃんの時間、今日の山口くんの時間、明日の夜が休みということになる、そういう半休の日に働く時間は9時間ほどである、「半休の日に働く時間は9時間ほどである」。？？？　なんだこれ。なんでそれにしても今週はそうしたのだろうか、と朝はやはり呪わしい気持ちというか先週とかの自分の判断を呪わしい忌まわしい馬鹿げた思慮の足りないものに思い、なんでだったか思い出そうとしたが思い出せなかった、それから武田さんがシェアしてた『精神看護』っていう雑誌面白そう、中動態とかを出している出版社の、と言いながらくるみをつまみ食べる遊ちゃんをどうしてか真似る遊びをしたら二人でゲラゲラ笑った。

店、今日もEarl Sweatshirtを大きな音で聞きながら仕込み。

開店前、外階段に腰をおろして煙草を吸いながら『cook』を開く、いい、とてもいい、と思っていたら階段の下つまり路地のところに警官が4人くらいいてなにかの業者っぽい人もいる、「ホームレス」「入ったのはそこからですかね」「あいつが喜んじゃう、食事も出るから」、そういう言葉が聞こえる、警官の一人と目が合う。

今日は山口くんが夕方の日で今日はとうとう独り立ちというかもうほぼ独り立ちね、というそういう位置づけの日で僕は今日は夜は友だちと飲みに行く、しかし優しさかただ心配なだけか飲むのは向かいの2階の徳島県の居酒屋にすることにして、だからつまり、緊急時はすぐ出動するよ、酒気帯びだからお客さんと接することはしないけどキッチンの中でだけ手伝うそれは物理的に可能だよ、というそういう飲み方をするそういう日だった、どうなるか。

山口くんが来るまでにいろいろ片付けようとシャキシャキ働く。途中、外階段に腰をおろして煙草を吸いながら『cook』を開いていたらあまりにいい、生物の役割は創造することであります。他のすべてが決定されている世界のなかで、決定されていない地帯が生物を取り巻いております。というベルクソンの言葉が引かれていて、「決定されていない地帯」、と思った。

読書は祈りの行為でほんのわずかな時間のそれが一時間のそれに劣るわけではなくこうやってパッと開いて、開く手が祈りだ、そして落とす目が垂れる頭がそれが祈りだ。パッと開いて、ほんのわずかな時間、本とともにある、それがどれだけ人を救うことか、ということをよくよく知らせる本だと、そう思いながら何度か同じ行為を繰り返す。読んでいると、そうだった、料理も祈りだった、となっていった、おいしくあれというそれは正しく祈りだった、この本のまとう空気の明るさ、と最初思ったがもっと切実だった、切実に明るかった、それもまたつまり祈りだった。読書も料理も祈りで、僕がどん底みたいなところに落ち込まないでいられるのは日々を構成する行為がこういったものだからなのかもしれないとそう思った。

そのあと冷たいドリンクをつくるために氷を触っていると食べ物を扱うということはこの冷たさ、あるいは熱さ、固さ、柔らかさ、そういうものを感触し続けるということでそれは豊かなことであるなあと、いい心地だった。

それから、日記を少し書いていた、「続続続アイオワ日記」の引用のところを写しながらまた涙が湧き上がってそれははっきりと玉になったそういう泣き方をした。店主、営業中、泣く。

昨日今日と、「アイオワ日記」と『cook』で僕はなんだか心地がとてもいい気になっている。ショートブレッドの生地をつくるためにバターを切る。バターは触っていると冷凍してパキパキだったが溶けてヌルヌルする。それに触れる。

いろいろ一段落し、夕方、山口くんが来たらドトールに行ってラジオの収録をしようと思っていた、なんでかそう思っていたらなんでか緊張みたいなものを感じた、僕は緊張しやすいがそれにしてもこれはなんなんだ。面白いことになるかな、みたいな緊張なんだろうか。それで山口くんが来てしばらくして店を出てドトール。コーヒーを少し飲みシナモンロールを貪り食べてそれから喫煙席に侵入して一服して深呼吸したのち、ラジオ。30分のアラームをかけて、イヤホンをしながら、やる、けっきょく楽しくなって、30分のアラームは無視して50分やっていた、50分やっていたら8000字になって多すぎる、こういう週があるのも仕方ないか。

それが終わったのが6時半で、7時まで時間が少しあったから本を開くことにして『Typography』を開く、何人かのデザイナーの方の仕事を紹介しながらこういうフォントが使われていて、こういうふうに組んでいて、ということが書かれていた、使われているのが多かったが僕はイワタ明朝オールドはカタカナがひとまわり小さくなる感じがあまり好みじゃないのかもしれないと思って、カタカナは固有名詞とかで使われがちだけれどもそれが少し小ぶりになると、弱いものではないはずの情報が一段弱くなる感じがするというか、弱くなるから嫌だというのではなくて弱くなることがそぐわないようなそういう感覚になるのかもしれない、副次的な文字に見える、副次的でない内容で。ということだろうか、とはいえ先日ブラインドで「どのフォントかな〜」と見比べたときイワタ明朝オールドは僕はきれいだった。だから僕の見え方なんてまったく当てにはならない。でもリュウミンオールドかなが一番やっぱりきれいだった、フォントはほんといろいろなあ、と思い、ふむふむ、と思っていたら肩がぐっと重くなり、時間にもなったので、出。

戻ると店は残りお二人でお一人の方のお会計を僕は上着を着たまま見送ってそうしたら残っているのは優くんだけになった、それで優くんのお会計を済ませ、つまりお客さんゼロになる、山口くんに、じゃあ僕たちは飲んでくる、そこで、と向かいの建物ってて！と言って出た。

を指差し、暇すぎるのもあれだけど、ちょうどいいくらいの日だと、いいよね、がんば

　それで居酒屋に入って、窓際の席に座れたためフヅクエのほうを見てみるとフヅクエが見えた、窓ガラスが曇っていてはっきりとは中は見えないんだな、ということが知れた、でもよくよく見ると山口くんが座っている様子が見えた、ここで、見守る、という席で、愉快だった、一杯目のビールを飲んでいるとすぐに武田さんも来て、右腕を吊っていて黒いやつで吊っていた、それは席につくなり外して、可動域がここまで広くなりました、と言って動かした、徐々によくなっているようでよかった、僕は今日はメルマガのことを話したかった、二人から助言をもらいたかった。と、思い出し、ジョッキを箸でチンチンと叩いて静粛を求め入籍したことを伝えた、二人ともとても喜んでくれたので喜んだ、それで洗濯機の話とか、最近引っ越した武田さんの家のこと、引っ越しを検討している優くんの検討のこと、だから暮らしのことを話していて坂口恭平の『cook』がとにかくいい、そう言った。ときおりフヅクエのほうを見るも、山口くんはずっと座っているように見える、今日はガチガチに暇な夜のようだった、「どう？　調子いい？」と連絡をすると、「誰も来ません！」と、泣き顔マークの絵文字とともに送られてきて、山口くんに向けて手を振ったが見えただろうか。

調子よくビールばかり飲んでいたら途中ではっきりと眠たくなって僕はいつも眠たくなる、でも今日は山口くんがおしまいになる12時までは帰れない、だからがんばって起きるぞ、と強い意志を持ちながらも眠くなる、どんな話をしていたのか、楽しい会話がずっと続いたということは覚えていた、眠くなってうとうとしたりしていたら11時半で出ようということになって、頼んでいたそーめんがやってきたので食べてそれがおいしくて、半田そーめん、あたたかいつけ汁、11時半かあ、7時から飲み始めてずいぶん長く飲んだものだなあ、と思い、出てセブンでコーヒーを買って店のビルの屋上に3人で上がってしばらくそこにいた、すると山口くんから「終わりました！」という連絡が来たので、酔っ払った年上の3人とか、マジで嫌だろうなと思いながら店に戻って、やあ！　おつかれさま！　という調子で接した、武田さんも優くんも「ファイヤーダンス失敗」という名前をもともと知っていた。山口くんはショートブレッドの生地を作っているところだった、けっきょく夜に来られたのは2人だけだった、僕はお客さんが少なかったことよりも無事に閉店を迎えたことのほうが大事なような気がしていて、だから、まあ、よかった、という感覚を持った、今日のこの2人が次は5人で、その次は10人で、となって、できた、今日もできた、また今日もできた、となっていったら、一番いいが、そんなこちらの都合よくなんていくわけはなかった。

あたたかな店内でソファに座ってしばらく、話し続け、たまに山口くんに話を唐突に向けて、話して、なにかでイースタンユースの話になったのでイースタンユースを流しながら、話した。1時前、山口くんの夕飯が終わり、全員で出て、じゃ、と言って別れた、家に帰った。

シャワーを浴びて水をたくさん飲んで少し眠気と酔いを落ち着かせて、パソコンを開いて今日のラジオの誤字脱字チェックというか一度読み直しをしようとパソコンを開いて、途中で夢を見たので終わりまでやるのは諦めて寝た。

1月17日（木）

朝、臥床より起床。体重し、喉乾くこと甚だし。重ゐ体を引き摺り玄関にて靴履き扉押し開き、宅、施錠。

ぽやぽや、働く、ショートブレッド焼き、ピクルスつくり、チーズケーキ焼き、二子玉川のやつと下北沢のやつに入力し、送付。鶏ハム準備し、のんびり、本開く、今日は『Typography』の12号の「和文の本文書体」という特集の号を読んでいた、デザイナーという人はなんというかすごいよなあ、美の番人みたいなものなんだよなあ、と思う。フォントを見比べていても違うということはわかってもどっちがいいとかそんなことは僕にはまったく言えない、そういう場所で「こっち」と言うそういう世界で戦っている遊んでいる人たちというのは僕からは神様だ。

すると、夜。今日は19時で閉店でだから19時で閉店した。

スーパーで遊ちゃんと待ち合わせ、もう売り場にいるというからどこだろう見当たらないと思ってきょろきょろとしていると茶色いもふもふしたかたまりが遠くに見えて見えた瞬間に破顔する、ダウンを帽子というのだったか頭にかぶるやつ、ジャンパー、ファスナー、違う、パーカー、この感じはなにかしら「あー」という音が語尾にある言葉ということだろうか、フード、あれ、出てきた、全然「あー」なかった、「ファー」か、ファーに邪魔されていたのか、納得だった、それでだから遊ちゃんは茶色いダウンをフードをかぶってそれで買い物かごを持っていたその姿が遠くにあった、今日はお味噌汁をつくろうという日だった。

先日婚姻届けの保証人をお願いした大地が保証人欄のところに名前等を書いてくれるときにうちに来たときにお祝いにということで金沢の器をふたつくれてそれが汁椀で、

それから翌日永山たちのところに行ったときに春衣ちゃんが茅乃舎の出汁をどういう話の流れだったのかくれて、だから器はある、出汁はある、味噌汁である、という味噌汁の日でそれが今日だった、ではなにを入れようかというところで僕はピクルスをつくっているときに余ったカブと人参を持って帰ってきてこういうのは要らない野菜を入れないとねと言った、それから、タラと長ネギと椎茸と厚揚げを買ってこれはいい味噌汁になりそうだ、リュックには余った鶏ハムも入っていてご飯と味噌汁と鶏ハムそれで十分に夕飯だというところで、ビールを買ってそれで帰った、家にはさっき遊ちゃんが作っていたというカリフラワーとかぼちゃを蒸し炒めにしてスパイスをからめたそういうおかずがあってそれはお弁当用だということだったがこれも並べることにした、つまみ食いをしたらとてもおいしかった、クミン、コリアンダー、ターメリック、塩。

ご飯を炊いて、出汁をとって具を入れて、具だくさん味噌汁だった、ご飯が炊けるころにはできあがって、この、これが一汁一菜みたいなまさにそういうやつだろう、この、味噌汁だけ作る、というそういう夕食ってこれとても豊かな感じがぐんぐんにして、食べたらそのぐんぐんはもっともっとぐんぐんだった、味噌汁最高だな！という気づき・学び、得た、おいしくておいしくて、おいしいおいしい、と言いながら食べた。遊ちゃんと長いこと仕事の話をしていた、珍しくうだうだしていて、こうじゃない、ああじゃない、こういうのは、と返すも、前に進まない、珍しいことだった。

どうやって働きたいか、どうやって暮らしたいか。僕は一日2時間は読書をしたいなあ、と思っている、今はどれくらいだろうか、30分とかだろうか、夜、終えて、帰って、寝るまでの、30分、それくらいだろうか、2時間くらいは読めたらいいよなあ、2時間といってもきっと30分で飽きるか疲れるかする、だから小分けでも、ぶっ通しでもどっちでもいいけれど、読めたら、いいよなあ、と思う、思っているが、どうしてそれがうまく実現されないのだろう、どうしてって、働く時間が長すぎるからだった。

本を読んだ、ウイスキーを飲み飲み、チョコレートのコーティングをされたくるみをつまみつまみ、「アイオワ日記」を読もうかとも思ったがもったいない気持ちになって今晩は小山田浩子と思って『庭』を開いた、「うらぎゅう」、短編集らしかった。不気味な不穏な短編で、うわ、不気味&不穏、と思ってゾゾっとして、それからもうひとつ読んだ、「彼岸花」、これも、同じように不気味で不穏でいろいろな細部がいろいろなところで響き合う、暗い音を響かせる、そういうふうになっていて、面白いとは頭は思わないというか不気味&不穏とだけ思いながら、しかし読まさった。「読まさる」、この「〜さる」というか「ささる」というか、というのは僕の理解が間違っていなければ岩手の方言で、なんか意志とは関係なくしかしそう動いている、中動態的ななにかしらそういう様態の動詞（助動詞？）で遊ちゃんがよく使う、聞くたびにちょうどいい言葉というか的確な言葉だと面白く思っている。

ふたつ読み、ぐったりし、シャワー浴び、酒は尽き、おとなしく布団に。まだ12時にもなっていない。布団では別のものを読もうかと思った、「アイオワ日記」を読もうかと思ったがもったいなく、それで、遊ちゃんが年末年始に読んでいた庄野潤三を借りて読もうか、昨日優くんが読んでいたという『ほぼ日の経営』を読もうか、と思ったが『庭』を読んでいた、とても短いやはり不気味&不穏なやつ、それから動物園のやつ、これがすごかった、めまいがするような圧力があって疲れるぞと思いながら、息が詰まるぞと思いながら、ぐんぐん景色が変わっていった、体も時間もぐねぐねと変容するようだった、変容と思うと『夜のみだらな鳥』を思い出した。

それが読み終えられ、わあ、疲れた、と思い、『時間』に手を伸ばし、少し読み、夢を見たので本と目を閉じた。

1月18日（金）

10時間近く寝たはずだがそのまま疲れている、こういうときバカらしい心地になるが生きているだけで疲れるのは仕方がないことなので仕方がない。

店、やる気にならず、コーヒーを飲んだり、ぽやぽやとする、開店時間が迫ってきて少しだけ慌てる、ほうれん草を湯がく、なんで先にやんないの、と思うが、仕方がない。

昨日の夜にWebのモバイルのいじったやつが反映されて、つまりマージ&ディプロイされて、これであちらこちらにメルマガの存在をちらつかせられるようになった、その成果だとしたらあまりにうれしいのだがここ数日のあいだ一人もなかった新規のご登録が今日は朝と午後にひとつずつあって、うれしくなってまたすぐに対応した、36時間待たせる気はさらさらないらしかった。

店は今日はとんとことコンスタントで、ふむ、と思った。夕方に山口くんが来るまでに、というところでどんどんやることをやっていき、和え物を作り、カレーを作り、おかかの佃煮を作り、とやっていた、調子よく働いていた。

途中、永山とさっちゃんとのＬＩＮＥのグループで僕は午前中から投資信託についてなにか説明というか僕の知っている範囲のことを説明していてそこでそのあとにところで坂口恭平の『cook』がめちゃんこよかった、と言って勧めた。これは珍しいことで僕は『cook』はやたらに人に勧めたくなる本のようだった、昨日もわざわざ家に持って帰ってまで遊ちゃんに見せたし、おとといも優くんに勧めたし（武田さんはとっくに読んでいたというか本の元になっている料理ツイートが始められた時点から知っていた）、山口くんにも言った、「めっちゃなんかいいんだよね、暇なときとか見てみてよ」というような。これは珍しかった、本は僕は人に勧めたいと思うことは多くないタイプだった、それぞれ勝手に読もう、というタイプなので多くないタイプだった、その僕がこういうのは珍しくこれは面白い現象だった。

それで夕方に山口くんが来てしばらく店内にとどまり、それから「ぴゃ」と言って店を出た、ポストに荷物が入っていてそれは本だったのでそれを抜いて出た、ド・トールに収まり、日記を書き、それから「２０１８年のよかった本のベスト10」の記事を書いて、ベスト10は20冊くらいになった、２０１８年は、結局把握しないでいるのだけど何冊読んだのだろうか、去年は読了ということになったら一応しるしをつけていたのだけれども今年はそれもやめてしまったらどうだろうかと思っている、読了とはなんなんだろうかというのがある、あとがきまで読む必要は？　とか、細かいことを言い出すとしるしなんてつけられなくなるし読み終えにやはり意味なんてないのではないかと思う、ただたとえば読み終わって、そのしるしがあって、でもまたその翌日に読んでいる、みたいな記録が残っているとなにか動きというか物語が出て面白いというのもある、読了とはなにか。読了の定義が今のところ僕の中であいまいでこれがいけない。

それから、本を読もうと、ポストに入っていたのは庭文庫から買った『野生の思考、じゃなくて、『文化のなかの野生』で、シャーマニズムが云々という本のようだった、それを読み出して、踊ること。

しばらく読んだり読まなかったりしていたらiPhoneの電池が残り19%のところで電源が落ちて、この10日間くらいで一気にiPhoneが老け込んだというかダメになった、迅速な動きが期待できなくなった、そういうそれならそれで、ゆっくり動け、こちらもゆっくり動くから、みたいに、平時は思うのだけれども地図を調べたいときとか意外に、速く動いてほしいときというのはあって、だからこれはただの不便になりそうな予感だった、つまり買い替えなのか？？？　いやだなあ……

店に戻り、特に慌ただしいふうでもなく山口くんは働いていたし本が置かれてすらいたからゆっくり働けたのだろう、いいことだった、いいこと？？？　ちょっとよくわからないけれど「わ～」ってなっているよりはずっといいことだった、成功体験を増やしていこう、僕はだからちょっと洗い物をやったりする程度に留めて店に戻ったらやろうと思っていた今度はデスクトップ版のWebいじりをおこない、ほうぼうにメルマガの存在を散りばめた、それで、プルリク。

それから今度はメルマガ配信に関するマニュアル作りをおこなって、InDesignを開いてスクショした画像をベタベタ貼りつけて流れを作っていった、ひきちゃんに任せる体制を整える。検索と置換のことで正規表現のことを調べていたら肩が気持ち悪くなった、全然わからん。

そうして悪戦していたら閉店時間が近づいていって、お帰りのスズキさんと外で話しながら「アイオワ日記」が本当に面白い大好き、という話をしていた、文芸誌を買って連載を追うなんて初めてかもしれない、できるものとできないものがきっとあってきっと、書き手にもひとしく時間が流れている、というものが感じられるものはできるというかそうじゃないとできない気がする、そういうことを話していた、閉店し、夕飯を食べながら山口くんと味噌汁の話をした。具だくさん味噌汁はとってもいいぞ、と、山口くんも「はい、味噌汁、たまに作ります」と言っているにもかかわらずまるで作っていないように「山口くん、味噌汁って、めっちゃいいよ」と言っていてうっとうしかった。

帰り、コンビニ、酒なくなったので買おうと、いつも買うジムビームが見当たらず、ない、と思ったらシーバスリーガルがだいたい似た値段だったので、たまには違うのでも、と思って買って帰ってシャワー後に飲もうと箱から出したら小さい瓶だった、半分の大きさだった、それで値段がだいたい一緒ということは倍の値段のお酒を買ってしまったということだった、これは大変なことをしたぞ！と恐慌をきたしながら開けて飲むと倍の値段の味がした、というのは本当だろうか。モルトとグレーンで作られたシーバスのリーガルよりも僕は原材料はコーンだけのジムビームのほうが簡単で好きかもしれない、グレーンがなにか諦めの象徴のように見えるのだが僕はグレーンというものをもしかしたら過度に低く見ているのかもしれない。それで『文化のなかの野生』を読む、アフリカの話がされている、面白く読んでいる、厳粛性と娯楽はいつでも同居する。

一章読み終え、布団に移るときに続きを読もうかとも思ったがそんな気分になったのでミシェル・レリスの『幻のアフリカ』を久しぶりに読むことにしてそうした、10月7日まで読んでいたらしかった、ということは10月くらい以来ということだろうか、そうかもしれない。今日も「アイオワ日記」は読まなかった、もったいなくて開けない日々がしばらく続くのだろうか。

1月19日（土）

先週が3連休だったので土日の2日だけかと思うとなにか気が楽なところがあって朝から軽やかだった、開店前、『cook』、こんなに楽しく嬉しく料理している本をこれまで読んだことがあっただろうかというようなそういう本で、読むたびに明るい心地になる。そういえば味噌汁をつくって食べようというのももともとあった話ではあったがこの本に触れたことでスイッチが押された感じがする。『cook』を読んだ日に思いついて遊ちゃんに「木曜の夜お味噌汁食べようよ！」と言っていた。

開け、変な日、滞在時間がやたら短い方が何人もあり、僕はそういうときはあまりうれしくないというか不安になる、そう謳い続けている通りゆっくりしてもらうための店だから、ゆっくりしてもらってなんぼの店だから、それが欠けたとき、むやみに満足度が下がりそうで、大丈夫かしらなと思う、頼むからそれで何かを判断しないでくれ、とも思う。

忙しいのだかそうでもないのだかずっとよくわからない感覚で途中で佐久間裕美子を読む、２０１８年になる前後を読んでいて、なにかいちいちにグッときた。それからは『Typography』をまた開いて美しい組版ねえ、と思ったりしていたが、僕はこれを読んで何を学ぼうとしているのか。そうしていると山口くんが来て、働く。

一日を通してまったく暇なお客さん数ではなかったというか完全な上首尾というか普通にひーひー言っておかしくない人数だったけれど、やたら持て余らせていて、でも疲れていて、変だった、6時ごろに空腹の山が訪れ、おとなしくなり、8時を過ぎてから30分、休憩と思いドトールに退避した、そこで『文化のなかの野生』を開いていた、仕事の休憩中に読む本じゃないなと思った、あまり頭に入ってこなかった、息子の卒論がどうという話を声高にしている女性が3人あった、戻り、戻ってもたまに洗い物をしたりする程度で、だいたい任せていた、『文化のなかの野生』を開き、少し読み、それから佐久間裕美子に戻り、ということをしていた、キムチが無性に食べたくなったためコンビニに行ってキムチを買ってきた。忙しくて、暇で、へとへとに疲れる、そういうよくわからない日だった。

大根を、少し余った大根をいつも薄く切って生姜と浅漬けにする、それがおいしいので好き、なのだが、今日はどうしてそう思ったのか切るのでなくピーラーで削ごうと思い、そうした、けっこうたいへんで、山口くんはもうやることがなくなったのかなんとなく立っていて、それが視界に入って、それがしばらく視界に入っていて、なんかやろう、と思ったため五徳を洗うことを命じた、それで僕は一所懸命ピールして、生姜の細切りとゆずのみじん切りを合わせて、塩をやって混ぜて、そうしたらみるみるうちに水分が出た、水分が出たので水を切るのでぎゅっとしたところ、「なんだこのふわふわは

ｗｗｗ」というふわふわが手の中にあり、ふわふわで笑った、たまり醤油をかけて、混ぜた。

夕食の時間、煮物と和え物と、キムチと先ほどの浅漬だった、浅漬が、食べてみてもやはりふわふわで、「ふわっｗｗｗ」というふわふわが口の中にあり、ピール大根はいいなあこれはすごい、と思って、たらふく飯食って、帰った。

夜が寒くない。1月も20日になろうというところで、ということは寒さ的にはだいぶピークに近づいているはずだったが、なんだ、こんなものか、という寒さで、今年は寒さをまったく問題ないものとして乗り切りそうだと思った、変な感覚だった。


帰り、遊ちゃんと生命について話して、料理をする人やマッサージ師や子どもの仕事をする人は、生命や、限りなく生命に近いものと接する人は、健全な心地でいられる確率高かったりして、という、生命について話して、どうなんだろうか、じゃあ医者は、とかも思ったが、医療機関はちょっといろいろと違う要素がある気がした、生命、生命、と思って、寝る前は今日はベケットだった、『名づけえぬもの』。一日、食べ合わせのまったくわけのわからない読書をずっとしていた、へとへとに体は疲れていた。

ベケットは、「なんだろう？」というところだった、ちょっとこれは、続けて読みたい。

1月20日（日）

朝、煮物、煮る、飯食い、開ける、お客さん、いらっしゃる、しゃる、らっしゃる、っしゃる。早い段階で一度テンパる状態になり、どこかで落ち着きを取り戻す、今日も何度も満席時の対応をしていてやはりこれは体力的には削られる。好きな場面で僕は「何時くらいになりそうですかね、といってもいつくらいに空くかわからないですよね」と言われたときに勘というか、勘で、いや、これね、おそらく1時間以内にはいけるんじゃないかなわからないですけどとか、今日はちょっと時間掛かりそうな気がするっすねとか、言うこのやり取りが好きで、なんで好きなんだろうと考えたらちゃんと無責任なことを言っているからだろうと思った。

6時にはもう疲れ果て、え？ まだ、6時？ てことは、あと6時間？ 半分あるってこと？ と思い、驚いた、もうめいっぱいだ、という感覚があったが、夜はゆっくりしたもので、僕も落ち着きを取り戻していった、夜、ツイッターを見ていたらよく来てくださる方というか今日も来てくださっていた方が自分はフヅクエは4時間だ、3時間4時間確保できないともったいないという気持ちが働いてしまうので行かない、ということをつぶやいておられて、わかるわかる、と思って、それが4時間なのか3時間なのか2時間なのかは人それぞれだろうけれどその人にとって十分な時間を充てられないときに来るのはもったいないと俺も思うと思って、そのあと「これってfuzkueというお店が本質的に抱えている弱点のような気もする。fuzkueに繰返し通う人ってfuzkueが相当好きな人が殆どだと思うんだけど、fuzkueへ行くに際してのハードルは決して低くない。「行きたいのに（時間がなくて）行けない」という事態が生じやすい。」と続いた。

ちょうど昨日、初めてとかで滞在時間短い方を見ると不安になるということを思っていたところだったがだからこれは弱点ではなくてただのフヅクエが目指すところで、むしろ強みで、ハードルがあるからこそ、その都度の体験がきっと豊かなものになるというか、大事にされる、自分がそこで過ごす時間それ自体に敬意を払う、そういう人が集まればおのずといい空気がいいグルーヴが生まれる。

逆にそのハードルがなかったら、例えば2時間3時間のご滞在を前提にしているからこそ設定している席料というものをなくしたら、きっと使い方がどうしてもだんだん雑になっていく、あるいは「雑に使うフヅクエ」という味を知ってしまう、今日は短い時間しかいられないから30分でコーヒー一杯で700円で、ということを一度してしまうと、3時間ゆっくりしていくらか飲み食いして2000円払って帰るぞ、というそれまでの使い方が今度はハードルになって、あるいは余計な迷いのもとになる選択肢ができてしまうことで、戻れなくなる人もきっといる、わからないけれど、というか人それぞれだろうけれど、フヅクエは「なんのかんのと2000円前後は掛かります、なので2000円前後でいい時間買うぞ、というくらいのつもりで来てください」という縛りというか、「ただただゆっくり本読みたい」というすごく狭いところに完全にフォーカスすることで、貧しい時間を過ごさないでいいようになっている、というつもりでいる。し、とてもシンプルに、今のフヅクエのハードルを取り払ったら、空気が汚れるはずで、え、なに？　読書？　この人たちみんな読書してんの？　ウケる。とりあえずインスタ投稿できればうちらはなんでもいいんで、みたいな人たちがとても流入しやすくなるだろう、そういうのを切る、できるかぎり切る、それがハードルで、場の方向づけを明確にしたいときハードルの設定はきっととても大切だし便利だ。フヅクエはだから、方向付けのために、余計なものができるかぎり混入しないように、ひたすら切ることをしている。ささっと一杯。ささっと食事。楽しくおしゃべり。ひたすらパソコン仕事。全部切って、「ゆっくり本を読む」というそのまったく字義どおりのところだけにフォーカスして、それ以外は、来てくれてもいいけどその人たちの満足のために何かをする気はこの場所にはないよ、という姿勢になっている、ささっと過ごすには安くはないはずだよ、おしゃべりまったくダメだよ、タイピングできないよ、それでもいいんならどうぞ、知らんよ？　もっと向いてる場所よそにいくらでもあるはずだよ？　という
それがフヅクエで、

疲れた

というそれがフヅクエで、というそれを、なんとなく日記だけで書こうと思って書いていたのだけど、ツイッターで書き始めて、「ハードルがあるのはむしろ強みで、だからこそその都度の時間がちゃんと大事にされて、その積み重ねがあって、フヅクエいいぜ、ってここまで思ってくださっているんだと思います。「行く以上はいい時間を」という意識が、自分が過ごす時間それ自体に敬意を払うことにもつながる、からの好循環、というか」とツイートして、「いい時間を過ごすぜ、という気分の人たちの集合、というのは、すごくいい空気をつくりだすんですよね。」とツイートして、「自分の選択した時間に敬意を持ち続けたい人にとっても、敬意とか何それ関係ないという人たちにとって関係ない場所でいられるためにも、ハードルはめっちゃ大事というか便利というか少なくとも「本の読める店」にとっては必要。」とツイートして、「読書の場というのは脆

弱で、簡単にダメになるから、「え、なに？　読書？　この人たちみんな読書してんの？　ウケるw　喋っちゃいけないとかなんの修行www　LINEで話そ」みたいな人たちにとってちゃんと不便でないといけないというか、行きたい理由がないようにしないといけない、というか」とツイートした。

こういう、連投みたいなものは珍しいおこないで、いま俺はどういう気分なんだろうな、と思った。ただ疲れているだけだろうか、疲れていてなにかぽんやりしているというだけだろうか。

終え、まだ12時にもなっていなかったから今度は余裕が出たのか、2018年の読書ベスト10記事用の写真を撮ろうとベスト10に選ばれた20冊ほどの本を集め、それから去年の同じところ、ボラーニョとかが収まっているラテンアメリカ小説コーナーを空けてそこに詰め込み、何度も、シャッターを、シャッターってなんだったっけか、押す？　おろす？　切る？　なんかわからなくなった、とにかくそれをおこなった、それでそれが疲れをまたもたらした、夕飯をたらふくに食い帰り、私はベケットを開いた、そこには「おれは自分のまん前に現われるものしか見えない、おれは自分のすぐ近くに現われるものしか見えない、いちばんよく見えるものでもよく見えない。」という文章がありあり僕は胸をわーっとさせて、喜びながら読んでいった、語り手がいるのは小さな箱かなにかの中で体はもちろん顔も動かせない、かろうじて目を上下左右にキョロキョロさせることはできるようだが閉じることはできないから映像は常に流れ込んでくる。

1月21日(月)

店に着くとコーヒーを飲んでご飯を食べてからやっと動き出して味噌汁と和え物とごぼうの炒め物を作ろうとしたが完全には間に合わずに12時になった、11時には山口くんは来ていた、12時前に遊ちゃんが来た、12時になって、ごぼうのおかずだけ完成していなかった、あとは煮詰めていくだけだったが。煮詰まったら、火を止めて、という指示を出し、店、出、電車。

乗ると僕は遊ちゃんにそういえばベケット読んだことある？と聞いて「ない」ということでこんな感じだよと知らせたくなったらしく、リュックから出して渡したら遊ちゃんがなにか言うから「なに？」と聞いたら音読していた。ベケットが音読されている電車に乗って新宿三丁目で降りて、Googleマップに従ってC４の出口から出て、というところで、副都心線はわからないねえ、遠いねえ、と歩きながらそのC４を一度見失ってから見つけて階段で、上がっていくと空が広がっていて「外に出られるのなんかうれしいね」と言った、それで外に出て、A５みたいな出入り口を探した、よくわからなかった、いや、待てよ、そもそも都営線から副都心線の乗り換えで外に出る必要なかったのでは、と気づき、時間もない、慌てて適当なところから入り階段をおりるとだいたい元いた場所だった、副都心線のしるしを追いながら副都心線に向かいながらなんて無思考だったんだ、と私たちは言った、Googleマップに従順に、なんも考えずにいったん外に出てのんきに「外に出られるのはうれしい」なんて言っていた自分たちの無思考を面白く思って、駆け足で、電車を目指した、乗れた。雑司が谷の乗り換えの表示に「東京さくらトラム」という初めて見る路線名があり、なんだろうねえ、と言ったら、カッコ書きで「都電荒川線」とあった、あって、え、なに、それ、そんなことになったの、となり、あとで調べたら２０１７年の４月から付いている愛称ということらしく、２０１９年の１月になってそれを初めて見かけた僕はきっとつい最近の変更なのだろうと思って僕はだいぶ憤りを感じてけっこう怒っていた、バカが、バカが、と思い、バカの思いつきで文化とか歴史とか台無しにするのマジでやめろよと思い、都電荒川線に対する思い入れも思い出もひとつもないが東京さくらトラムとか架空の町に走る電車みたいだとぷんぷん怒っていたらすぐに小竹向原でたった15分だった、小竹向原という字面のせいだろうか都心から1時間くらいの場所だろうと思っていたが新宿三丁目から15分の乗車だった、調べたときに知っていたとはいえ改めて驚いた、外に出る階段を上がっていくと空が広がっていて、新宿よりも明確になんにもなさを感じさせる広がり方で空が広がっていて、完全に地上に抜けると、もうちゃんとやっぱり広がっていた、見覚えのある、静かな町だった。

見覚えはたぶん飴屋法水の『ブルーシート』を見に行った豊島区の中学校、あれはなんていう学校だったろうかと調べると「第十中学校跡地」というところで地図を見ると、あれ、と思って、見ると、どうも小竹向原の隣駅の千川駅だった、だから「見覚え」といっても豊島区あたりのあのあたりのなにかしら通じる風景、くらいのものだろうと思っていたが通じるもなにも本当にそのとおりに通じていた、同じ道路だった、それでアトリエ春風舎に向かって歩いていくと静かで、ゴルフの打ちっぱなしがあった、「打ちっぱなし」とはそれにしてもすごい名づけで、遊ちゃんの足取りが明らかに遅く、僕は少しだけ急いでいた、つないだ手が引っ張るような張り方をして遅さに気づいて、あれ、遅いね、と思うと「速く歩いてって？」という感じのことが言われ、や、あれ、遅いね、と思って、と言った、のんびり歩いているというのではなく、先ほどの乗り換えの急ぎ足でどうも疲れたらしかった。ちょっと歩いたら、あとは座っていられるからさ、と言いながら、前に神宮球場に野球を見に行ったときに渋谷で乗った電車で座りたがる男の子がいて彼も野球観戦で、お母さんに「着いたら座ってなくちゃいけないんだから立ってなさい」と言われたその光景をそのとき思い出したか思い出さなかったか。山本太郎のポスターが貼ってあるビデオ屋さんかなにかがあって異彩みたいなものを放っていてそれに目を取られていたらその横が春風舎で、着いて、あたたかな日だった、珍しいことにペットボトルのお茶を買って、これは僕はとても珍しかった、僕はペットボトルを持たない、ずいぶん水分を欲していたらしかった。

螺旋の階段をおりて会場に入った、中に入ると、編み物のというのか毛糸の、色とりどりの毛糸でできたタジン鍋みたいな形の山があってそれがとにかくきれいで、きれいだなあ、と思ったらその頂上で長髪の人間がお腹から上だけを出してうつ伏せになって寝ていた。山は舞台全体の大体に及んでいるから後ろはあまり見えなくて開演までの時間の途中でその後方というか裏側というのか、のところに今度は人間の脚が見えた、寝そべって折り曲げられた脚、さっきまでもあの形であったのかそれともいま現れたのかわからないと思った、ほどなくして、暗転し、始まった、ハチス企画『ハッピーな日々』、ベケットのやつだった、女は腰から下は地面に埋まっているのかその状態で暮らしていてしゃべっていた、男はのそのそと四つん這いで歩くかほとんど寝ていた、返答はたまにあってそのたびに女は破顔した、ずっと僕はさみしさがつきまとった、言葉が女の口からひたすら溢れて音楽のようで僕はベケットの言葉を聞いていると途中まで思いながらそれでもやっぱりそれは女の体から出た言葉だった。さみしく、こわい、せつない、おもしろい、と思いながらずっと見ていた、休憩のときに体を伸ばしたく外に上がると隣が工場かなにかでフォークリフトの運転を見た。器用に上げ下げ。二幕目は女はもう首まで地面かなにかに埋まっていて首は回すこともできないから見られるものは完全に限定された、自由なのは顔面だけだった、目と、口が動いた、『名づけえぬもの』とほとんど同じシチュエーションが与えられて、そのなかで女はやっぱりしゃべりつづけた、僕はなにがおもしろいのかまったくわからないままずっとなんだかただただおもしろく、銃口はいつもおそろしく、沈黙はもっとおそろしく、ドキドキしながら見ていた、ベケットをすごく近く感じたというかベケットの語りを真似してみたくなった。

終わって、少し小竹向原を散歩しようかと歩いたらすぐに駅前になったので電車に乗って、新宿三丁目まで今度はたったの二駅だった、池袋、新宿三丁目、10分も掛からなかっただろうか、知らなかったぜ、小竹向原、と思って、遊ちゃんに「ステッドラーの赤ペン買いたい」と言ったら世界堂に行こうとなって世界堂に行こうとしたら伊勢丹のところに出て、あ、伊勢丹といえば、と思い入り、地下の2階のビューティーなフロアに行ってハンドウォッシュを買った、もうハンドウォッシュ選びで遊ぶことはやめてしまった僕はモルトンブラウン一択で「ウード・アコード」というシナモンとかの香りのするやつにしてすぐに買った、金粉が入っていてそれは要らなかったがいいにおいだったのでそれにした。

小竹向原を出たあたりから肩が重くなってきて服が邪魔なようだった、圧してくるようだった、世界堂でステッドラーは僕はいつどこで買ったのか使っている赤ペンがステッドラーで使いやすく僕はこういうところが保守的というか一度選んだものはどうしてか理由もなく「それがもっともいい」と思うときがありアトリックスのハンドミルクがそうだったしステッドラーもそうだった、選択肢を持っていない。持たないことで考えるコストを下げているのかもしれない。それでそれを2本買い、コーヒーを飲むべくコーヒースタンドに行ったら夏だったか秋だったかに経営者が変わったということだけ知っていたが変わってから初めて行ったらいろいろと変わっていて、というか見たことがなかったほどに人がたくさんあった、若い女性たちが壁に沿ってあるベンチ席にずらっと並んで座っていて、ひたすらにぎやかで、音楽もアップテンポのものが流されていて普通には話せないのではないかと思うくらいだった、全体になにか美しくない感じがありなんでそう思ったのだろうと思ったら僕はそのベンチに若い女性がずらっと並ぶ様子を見て『バンコクナイツ』とかで見たミニスカートの女性たちがずらっとピンク色の光のなかに並んでいるあの光景を思い出したのかもしれなかった。

カフェラテを頼んだが、遊ちゃんがコーヒーを頼んだのを見てなにを思ったか僕もコーヒーに変えて、それは早くこの場所から脱したいということだったとあとで気づいた。前の経営者の気さくな若いご夫婦は体調を崩されてやめた、というふうにインスタを見て認識していたがあの光景ができてそれでやられたのか、それともあの光景ができたのは経営者が変わってからなのか。もし前者だとしたら容易に想像がつくというか個人の店は流行ればいいというものではないというかがんばって軌道に乗せていこうとする努力と流行ったときに対応する体制づくりはまったく別物で、個人でやっているとその準備はおろそかになりがちというか、「流行っちゃったときちゃんと回せるようにしないと！」という危機意識って持ちづらい。

勝手な憶測で考え事をしながらテイクアウトしたコーヒーを飲み飲み歩いた、肩が重かった、御苑のほうを少し歩こう、と御苑側に行ったら、御苑の右端で、あとは砂塵の舞う工事の景色に沿って歩いた。

駅で遊ちゃんと別れ、僕は一度店に寄ってパソコンを取ってからまだ時間があるからドトールに行き、肩が気持ち悪い、お腹が空いた、お腹を埋めたら肩も治るだろうか、ホットドッグのようなものを買い、食べた、肩が気持ち悪く呼吸が苦しくなっていった、演劇を見ているときに身動きのとれない女の姿を見ながら恐怖を感じていた、閉所恐怖的な恐怖で僕は頭がおかしくなるだろうと思いながら見ていたそれも関係しているのかそれともただの疲れの表れなのか。体という閉所に閉じ込められて僕は逃げる場所がない、肩が苦しい、間違えた、肩が重く呼吸が苦しい、ホットドッグみたいなやつを食ったがまったくよくならない、まだ腹は減っている、もしかして温かいうどんを食べたらよくなるだろうか？という考えがやってきた、さすがに退けた。山口くんアウトの時間までまだ2時間あることから家に帰ることにしてドトールを出た、コーヒーはほとんど残した、なにがおこなわれているのだろうか、帰り、遊ちゃんはどこかに行ったらしかった、帰り、布団に入り、寝た、呼吸を意識し始めるとよくわからなくなる、と思いながら、混乱しないように気をつけるというか気をつけないようにしながら、とか思っていたら、寝ていた、アラームで起きるとモヤモヤはいくらか晴れてそれは筋肉痛のような筋肉の張りのようなものにいくらか変容していて家を出るとビルの上にまんまるの明るい月が見えて、このモヤモヤ周期調べてみたら月と関係していたりして、と思った、おそらく日記内を「モヤモヤ」で検索したらいつ肩がモヤモヤ気持ち悪くなったのかはわりとすぐにわかるはずだ、それを月のカレンダーとかで照合したら、わかるかもしれない、本当にそう思っているのか？　店、着き、今日はちょうどいいぐらいだった模様。机に紀伊國屋書店のカバーの巻かれた本があって「今日はなにを読んでいたのかな」と勝手に開くと滝口悠生の『高架線』だった、先日「今月の福利厚生本どうする？」と聞いたら「滝口さんの愛と人生の文庫版で」ということで、だから何か最近滝口悠生づいているということのようだった。アイオワ日記もおもしろいよ。

　アイオワ日記。もったいないまま読み進めていなくて明日の日中が僕は非番でその午後に僕は読もうと昨日くらいから思っている。いい時間、過ごすぞ、というつもりが明日の午後にあるらしく、今週は今週も間違えた、休みを設定し忘れた、今週はフヅクエはずっと開いている、山口くんに任せるようになりつつあって今日もこうやって過ごせた、それでだから今週の他の夜の日も同じように任せてもう離れようかと思ってのそういうことらしいが、それで僕は本当に休まるのだろうか、わからないが、交代し、働くことにしたが仕込みは開店前に済んでチーズケーキは山口くんによって焼かれて今日やることはもうほとんどなかった、お客さんもほとんどなかった、だからだいたい座っていた、日記を書いたりしながら、座っていた。

途中、ツイッターを見ていたら、やっと登録した、読んだ、というものを見かけ、あれ、と思い、Benchmarkの開封状況を見たら、反映されていなかった、あれ、と思い、現在開封が確認できていないリストをスプレッドシートで見ると、今は6人おられ、見ると、そのうちの5人がdocomoのアドレスだった、でも、そのツイッターの方は読んでいる、と、いうことは、これはもしや、docomoのアドレスの方でも開封の確認が取れている人もいくらもあるからある種のなにかの種のdocomoの方はどうしてだか開封してもそれが反映されないようになっているのかもしれない、と思ったら、よかった、と思った、これでほぼ、とりあえず届いてはいる、と言ってしまっていいかもしれないことになった、残りのおひとりはhotmailアドレスで、この方はどうなんだろうか、届いているだろうか、届いていればいいのだが、どうだろうか、どこかのタイミングで直接メールをしてお聞きしたほうがいいのかもしれない。

ほとんど働かなかった、数人の方が来られた、どうしてだかみなさんジントニックを頼まれた、ジントニックをつくる仕事みたいになった、ナプエ、サン・ローラン、サン・ローラン。サン・ローランがこれでなくなったので次はノエゾン・ジンだった。ぶどうのジンということだった。

肩が重くやはり重く、お風呂だ、血行をよくしたほうがいい、という遊ちゃんのアドバイスに従い、間に合ったら銭湯に行って熱いお湯に体を入れて血行をよくしようと決意した、間に合わなかったら家でお風呂を沸かしてあたたかいお湯に体を入れて血行をよくしようと決意した、間に合う時間になり、ご飯を食べ、銭湯に行った、「気持ちがいいなあ」と思いながら風呂に入った、上がるとテレビでテニスの試合が映されていて大坂なおみが打ち合っていた。

帰り、ベケットを読む。今までよりも今日の観劇が助けになったのかよく見えるような気がする見え方があって、飽きずに読んでいた。

遊ちゃんがどこかからもらってきたかきたねキッチンの塩ダレ味の柿の種をつまみながらウイスキーを飲みながら読んでいた、柿の種を開けながら「かきたねかきたね」と歌っていたら遊ちゃんがおかしそうに「夜ふかし男子かわいい」と言った。遊ちゃんに「かわいい」と言われると僕はいくらか有頂天になる。

途中、外で煙草を吸いながら「ハッピーデイズ」のトークの採録を読んでいたら訳者の方が「基本的には、「昔っぽい」に限らず、原文で同じ言葉であれば、徹底的に同じ言葉にしたいと思っています。戯曲には構造があり、同じセリフをくりかえし使用することによって、韻を踏んでいるようなもの。翻訳者が別の言葉にしてしまうと、その構造が壊れてしまうんです。『ハッピーデイズ』で言えば、「で、それから?」という言葉もそうですね。ベケットは、そこで作品が分節化できるように書いているんです。」と言っていてそれは見ていてとても思ったことだった、それが気持ちよさの大きな要素になっていた。

だがおれは、いつかある日、しゃべり続けのままで放免されるだろうという望みを捨てていない。その日にこそ、なぜだかわからないが、おれは口をつぐみ、話を終えることができるだろう、わかってるんだ。そうとも、そこにこそもう一度希望がある、つくられもせず、失われもせず、ここに、昔からずっといると言ったここに、というのも早いことなにかを言う必要があったからだが、ここにとどまり、ここで終わる、という希望が。そうなったらすてきだろうな。だがそれは望ましいことだろうか? そうだ、望ましいことだ、終わるのは望ましい、終わるのはすてきだろう、おれがだれであろうと、どこにいようと。

サミュエル・ベケット『名づけえぬもの』(安藤元雄訳、白水社) p.29

1月22日（火）

昼過ぎ起き、今日はひきちゃんの日で仕込みもなかったから店は交代のときに行くことにしていたから好きなだけ眠ることにしたら昼過ぎ、いや11時過ぎだったか、に起きた、布団でiPhoneを触りながらうろうろしていた、起きて、奥歯が痛かった。うどんのストックがないことは昨日の時点でわかっていたし煙草が切れることも計算済みだった。コーヒーも飲みたいし、というところで家を出て、コンビニで煙草、スーパーでうどん、それから少し歩いてコーヒー屋さんに行きコーヒーを買い、家に戻った、午後で人々は活動していた。

家に戻りうどんのお湯を沸かそうかとも日記の推敲をしようかとも思ったが一番最初にするのは「アイオワ日記」を今の、なにかクリーンな状態で、読むことだった、それが今日の楽しみだった、それで『新潮』を開いた。あと10日でアイオワ滞在は終わりだった。

ずっと、ずっと、胸がいっぱいになりながら読んでいた、このいっぱいの胸はなんなんだろう、と思いながら、ずっと、さみしく、うれしく、幸せで、とにかく、いっぱいだった。

余って持って帰ってきた日本酒やたこ焼きなどをコモンルームに持っていくと、廊下からモハンの声が聞こえてきて、電話で誰かと話している。コモンルームに入ってくると、楽しそうに、自分の国でけんかが起こっている、といまの電話の内容を教えてくれた。

何のけんか？

詩人のけんか、と言って殴り合う動きをして見せながらたこ焼きのパックを手に取ったので、それ食べていいよたこ焼きだよ、と言い、うまく開けられないので開けてあげると、ひとつつまんで、指で丸をつくって見せた。

アマラが来て、お腹が減ったと言うので、たこ焼きをあげる。タコ？　私タコ食べたことない、とおそるおそる口にしたが、だめだったようで大笑いして、足をばたばたさせた。隣に座っていたモハンは、タコとは全然関係ない話をアマラの向こうのカイに話しかけているがカイは何のことだかわからず、何度も訊き返している。アマラはたこ焼きを諦めて、ボウルに入った魚のフライみたいのを食べはじめ、こちらは悪くないようで、どじょうに似ている、と言った。カイが誰かと電話をはじめた。モハンはラッパーの話をしていたらしい。ケンドリック・ラマーとか、JAY-Zとか言っている。私はビールを飲んでいる。モハンはコーラを飲んでいて、スマホをいじりながら、アマラに魚の話をはじめた。インドの南にあるモハンの街は海沿いで魚をたくさん食べる。英語がネイティブに近いふたりの会話は私には内容が拾えず、ふたりの向こうでは窓際に移動したカイが中国語で誰かと電話をしている。アマラがテーブルを何度か叩いて、なにか嘆くようにテーブルに突っ伏しておどけた。それを見てモハンは笑っている。テーブルの上には、何日か前にアマラが持ってきた大きなハロウィンのカボチャがある。アマラが自分でつくったと言っていたが、いつどこでつくったのか私は知らない。アマラが箸を打って鳴らし、モハンが何か歌を口ずさんだ。アマラは、とうとう私は人生ではじめてタコを食べた！　とサムズアップして両手を広げ、ガッツポーズをした。モハンがスマホをいじりながら、やったね、みたいなことを言い、アマラは、でも二度目があるかはわからない、とたこ焼きのパックを少し押しやって遠ざけた。

　アマラとアウシュラが来て、バイサも来て、音楽を流し、踊り始める。モハンが、この曲が好きだ、と言ってYouTubeでエミネムをかけた。モハン、レッツダンス！　とアラムが言い、モハンはぎこちなく身体を揺らす。

滝口悠生「続続続アイオワ日記」『新潮　２０１９年２月号』（新潮社）p.112

むねが、いっぱい、と思いながら、涙を目にあふれさせながら、読み終えて本を置くと、ベランダに出て室外機に腰を下ろして煙草に火を付けた。
目の前には梅の木があり小さな鳥が飛来して、その気配というかはっきりした枝の揺れる音で気づき目を向けると鮮やかな赤い実をくちばしに挟んでいる、と認識した瞬間にお尻からピュレみたいなものが垂れたのでフンをして鳥の排便はこんなにもシームレス、と思って鳥をそのまま見ていると赤い実が飲み込まれて、と思っていると目がなにかを感知して焦点を手前にずらすと梅の木に薄い淡い灰色がかったピンク色の芽が小さくついていることがわかって花が咲こうとしている。

そのあとは日記の推敲を2時間やっていた、今週も面白い日記だった、疲れ、寝ちゃうなと思い、おいしいコーヒーが飲める店に行こう、と家を出て、フヅクエに行った、ゆっくりそうだった、ひきちゃんにコーヒーを淹れていただいて、カウンターの端っこの席について、本を読んだ、『文化のなかの野生』を読んでいる。

これを言葉で表現しようとすると言葉は見事に私をだまし始めるのがわかります。というのは言葉は私を「われわれ」に変えた上で「われわれ」に対する責任を捏造する働きがあるからです。

中島智『文化のなかの野性　芸術人類学講義』（現代思潮社）p.84

その認識の上で紡ぎ出される言葉を読んでいる、僕はたくさんがしっくりとは体に入ってこなくてどういう態度で読んだらいいのかわからないでいる。

ひきちゃんと交代の時間になり、外でいくらかおしゃべりしたのち、交代し、佐久間裕美子を読む。ずっと面白く読んでいる。「どこに行っても、みんなが政治の話をしている。政治が日常のすべてに入り込んでいる」とあった。僕の日常に政治の話はまだ入り込まない。入り込むように、なるのだろうか、いつか。

暇。昨日も今日も暇でどうしたのだろうというか僕は暇で、体の疲れが抜けない。

夜になり、コーヒー屋さんの定期便というのかサブスクリプションのサービスを見かけ、それでウェブサイトでどういうふうに案内しているのかを見て、見たりして、他のお店や、それから「ロードサイダーズ・ウィークリー」であるとか、見、ふむふむ等を思い、メルマガ告知ページをどうにかしようという気になっていった。開始から20日、初動はもう終わった、ここまでは、もともと読書日記を知っていたりフヅクエを好きでいてくれたり、そういう人たちだったのだろう、方々、だったのだろう、ここからは、そうでない人たちというか、そうでない人たちをその気にさせないといけない、となったときに今の告知の書かれ方は不親切で、もう少し情報として整理されていないといけないし、なにかしら惹句めいたものも必要なのかもしれない、と思って、思って、閉店したら元気が余っていたのかやろうやろうと思ってやっていなかったエアコンフィルターの清掃をおこなった、きれいになった、今度はレンジフードのフィルター清掃を元気な日におこないたい、飯食い帰りの道すがら、ここで阿久津隆は告知者としての意識をあらためて検証します。「メルマガ、メルマガ、と阿久津は小声で繰り返した。私はこんな風に告知を書くべきだったのだ、この壁面のように、同じフレーズに何度も立ち戻り、書き直し、膨らみをもたせ、何層にも重ねて。私の告知はあまりに乾いていて、少しも練られていなかった」

家に着いてシャワーを浴びると意識は明瞭だった、パソコンを開き、項目を立てていく、必要に応じてページ内リンクを用い、また、フォントをゴシックにしたり、サイズを調整したりテーブルを組んでみたり、そして文言を書き換えたり、書き加えたり、していく、夢中になってやっていたら気づいたら4時で、4時半で、バカが、バカが、と阿久津は小声で繰り返した。眠くないが眠らねばならない、ベケットを開いて頼むから眠気に引きずり込んで、と小声で繰り返し、するとその願いは叶えられた。

1月23日（水）

時間大丈夫なの、と言われ、うん今日はやることほとんどなかったはず、といつもより遅くまで寝ていたら「あ」と思い、煮物だ、と思い出した、慌てて起き上がり、いちごを食べておいしかった、「いちごの叫び」だったか、そんな名前の無農薬栽培のいちごで先日遊ちゃんが友だちからもらってきたかなにかしたいちごだった、それを食べて、それから昨夜の成果を見せた、「日記作家！」と遊ちゃんが言う、「こういうところはかますことが大事かなと」と僕は恥ずかしくなりながら答える、「かます」という言葉は発する機会はめったにないが発すると一気にSpdillが思い出されて「かます、かます、かわす、くらわす、くらます」だったか、「かわす、かます、くらます、くらわす」だったか、こっちか、それが思い出される、すごいリリックであーる、イルリメは、すごい、「写真じゃ」という言葉が出たら「切り取りきれないから」を思い出すようになっているし「話せば」といえば「白々しくなるから」を思い、「連れていきたい」は「気持ちになります」が圧倒的に引き出される、全部「トリミング」だが、だから「トリミング」が偉大というのもあるだろうが、記憶にべったりと定着して次の言葉を自動的に引きずり出す言葉、そんな言葉をひとつでも記すことができたら、それはすごいことだと思う、それで、「かますことが大事かなと」と恥ずかしくなりながら答えると、「こうやって恥ずかしいところを乗り越えて人は名乗るんだなというのをいま目撃した」というようなことを遊ちゃんが言って、ほんとにね、と思った。名乗ること、名乗っちゃうこと、これは本当に乗り越えで、僕が「日記作家」と名乗りたいのかはわからないけれどよく知らない人に簡単に通じる言葉を用意することはきっと大切だ。「本の読める店」がまったくそうだったように。それにしても「日記作家」なのだろうか。人気作家みたいだ。日記作者。日記家。日記者。ダイアリスト。

「ダイアリスト」は『ヒロインズ』で出てきて知った言葉で好きだった、ダイアリストというと、というかダイアリーというと思い出すようになっているのが『ウォークス』で見た「ダイアリスティック・ジェスチャー」という言葉で訳語は「日記体の身振り」だったろうか、慌てて家を出、店、前日に水を張って昆布といりこを浸けておいた鍋を火にかけ、今日はタイラー・ザ・クリエイターを流しながら、コーヒー、飲む、野菜を、切る、昆布を引き上げ花鰹を入れ、少し置き、出汁完了。煮る。飯食う、納豆、ご飯、「Number Web」、ご飯。

開け、働きながら、メルマガページをさらに調整していく、そうしたらぐっときれいになって、ぐっとランディングページっぽいものになった気がして大喜びをした、そうしていたら、もともと謳っていた「各都道府県で１０００人の方からご購読いただいたらその土地にフヅクエを作っていきます。あるいは１０００人には達せずとも累計で次の出店に足るだけの利益が出たら、やはり作っていきます」という文言が気になり始めた、文言というか、ここで言われていることが気になった。薄々気がついてはいたが、こんな状況は生まれ得ない。各都道府県の１０００人を待っていたら、全体の購読者数は何万人にも膨れ上がっている。そうなる前に「あるいは」である「１０００人には達せずとも累計で次の出店に足るだけの利益が出たら」にとっくに達している。全体で１０００人の数があれば次の店はきっと作れる、なのに土地土地の１０００人待ちを先に謳うのは違うというか、違う。それでどう謳うのが一番なんというか現実に近く、また、誠実で、正しい、適切なものなのか、と考えていたら、こうなった。「１０００人の方にご購読いただけたら、たぶん作れます。１０００人に届かずとも、作るに足る金額が集まったら、次のフヅクエを作っていきます。作る場所については、ご購読者の方々の投票や招致や合議その他によって、有機的に決めたいと思います。」

始めて20日でさっそくいきなり変えちゃったな、と思ったけれど、こちらの方が圧倒的に実現可能性が高く、そして、ただの数の論理ではないことにもなるから、地方都市にとってもきっと今よりも有利になる、楽しくなる、投票ということでいえば、今の状態だと東京の方の割合が高いから居住地でいったら地方は勝てないけれども東京の人が東京にほしいとは限らない、初台で間に合っているという人もいるだろう、それよりも出張でよく行く場所、旅行でしばしば行く場所、帰省先、そこにあったらいいな、と思う人もあるだろう、そのときに投票であればそれを反映できる、合議合議、とか考えていたら楽しくなって、購読者の方がひとりひとり「フヅクエのある世界」のグランドデザインに参加する、とか、おもしろ、と思い、それから現時点ではそもそもまったく足りていないということを思い出し、人、増えるといいな、と思った、そう思いながらよく働いていた。

今日はわりに忙しい日で激烈に暇だった昨日とおとといのお客さん数を足した数くらいになって、均したらこの3日間は「まあ平日」というところになったから水曜日偉い。終わったら今日はフヅクエラジオを収録しようと思い、夜、仕込みであるとかを真面目に片付けていく、本は開かれない。

閉店までにやることが全部済んだので最後の10分ほど、本を開いていた、佐久間裕美子を開いた。

結婚時の姓の選択のことが書かれていてちょうど遊ちゃんの名字が変わって、いろいろと手続きをしたり、しているところで、今日も免許証の変更のことを言っていた、俺にできることがあったら言ってねと、全然なにかできることがあるのか見当もつかなくて頼りない態度で僕はいて、申し訳なさを覚えたりしているところだった、名字は結婚を決めたときに「どっちにしようかね」と話をしたけれど、それは僕の「口だけリベラル」的な性質が見せた態度でしかなかったんじゃないかと思っていて僕が名字を変えるという事態を想定してはいなかった、どちらの姓にするか話し合った、その事実だけほしかったんじゃないか、と僕は思っていて、それでいくらかの情けなさを感じてはいるのだけれどもだからそのことが書かれていた。

それにしても、別姓を制度として導入することに反対する人の気持ちがわからない。ある人にとって大切な問題がある、自分には大して問題ではない、という状況において、他者の切実な問題の解決を邪魔したい気持ちが理解できない。どうして、自分に影響がないのに、どこかの自分に関係のない人の権利が少し拡大されることに反対するのか謎である。同性結婚に反対する人たちにも同じことを思う。

佐久間裕美子『My Little New York Times』（NUMABOOKS）p.145, 146

読みながら、ほんとそうだよなあ、と思って、思いながらふと東京さくらトラムに憤った自分のことを思い出して、僕はそのときに文化とか歴史とかを台無しにする、バカが、と怒っていたけれど、この、僕が東京さくらトラムに憤ったのと同じような憤りを夫婦別姓や同性結婚に対して抱いている人が、きっといるんだろうなと、思った、夫婦同姓、別性結婚の文化とか歴史とかを、それこそが唯一正しい、と思ってそれを台無しにするバカには賛成できるわけがない、というような。いや、そう思う前に、あのとき自分が抱いた憤りは正しいものだったのだろうか、無関係のものの無関係な愚かな憤りだったのだろうか、と思って、どうだったかな、と思ったのだった。いや、よくわからなくなったな、僕の足りない頭は、夫婦別姓や同性結婚に反対する人に対する謎というか佐久間裕美子と同調する気持ちと、東京さくらトラムに反対する僕の、

あれ、なんだ、なにがわからなくなったのかわからないがなんか頭がもつれてなんのことかわからなくなった。

わからなくなっているうちに閉店になり、看板を上げに下におりて階段を上がっているとポストに何かが入っているのが見えて、取ると手紙だった、両親の名が書かれていた、ダブルネームでの手紙だった、表を見ると、なんとなくそんな予感を持ちながら表を見たが、「阿久津隆様　遊様」という、宛先もダブルネームで、きっとなにか言祝ぎ

的なものが書かれているのだろう、帰ったら遊ちゃんと一緒に読もう、と思いながら、ちょうど姓のことを読んだり考えたりしていたところで、すごいタイミングだな、と思った。ところで最近「ダブルネーム」という言葉をどうしてか使いたがるのかなんなのか、今日も別のことで一度思って、先週も音として発することがあった。

それで、ジム・オルークの『Happy Days』を聞きながらラジオをやったあと、野球の記事を読んだ、広島に移籍した長野の入団会見か何かだった。

——原監督は「(開幕戦は)長野がホームランを打って、丸が逆転ホームランを打つことがジャイアンツの理想」と話している。長野選手が逆のことをする自信は

「(報道陣に)ちょっと何を言っているのかわからないですね」

広島・長野入団会見全文「とにかく石原さんが酒が強いのでビビっています」(1/4ページ) - 野球 - SANSPO.COM(サンスポ)

https://www.sanspo.com/baseball/news/20190123/car19012318490005-n1.html

笑った。

帰った。

ベケット。

1月24日（木）

眠い&眠いというか足りない&足りないなのでたしかに眠い、昨日も午前中は頭がぽやぽやして動きというか注意が散漫だったがだんだん起きていくから夜はけっきょく夜ふかしでラジオをやって帰ったら2時を過ぎていた、なので足りない&足りないなのでたしかに眠い、と思いながら起き、両親からの手紙を遊ちゃんが音読するのを聞く。聞いて、出る。

ショートブレッドを焼いてチーズケーキを焼いて、やることをとんとんと片付けていく、今日は変な日、お二人連れで、ご飯だけ食べて短時間で帰る、という方が昼の時間に二組あって、商売をするときに自分の金銭感覚はあまり当てにしないで考えたほうがいいというのはフヅクエをやっていくなかで思うようになったことだけれどもすごいなと思う、僕は昼飯にうどんに500円を払うだけでも「払って食うべきか、家で自分で茹でて食うべきか」と考えてしまうタイプだから、すごいなと思う。

今日は夕方から山口くんで今日は僕はどうしようかと思っていて先週は近くでスタンバイをしながら飲酒をするというおかしな過ごし方をして今日は、あるとしてピークは

7時とか8時だろう、9時になれば趨勢は、趨勢ってなんだっけな、どう使うんだっけな、決まる？　決まっているだろう、だから9時まで近くにいて、そこで大丈夫だったら家に帰ろうとかと思って、そうしようかと思った、閉店作業はだいたいもうできるようになっているけれど漏れがあるといけないからチェックシートを作ることにして作って、そういうことをしていたらやってきた、その僕の今日のつもりを伝えてからいくつかの指示を出した、その指示は今までになく抽象的なもので、具体的なことができていくとわりと抽象的な伝え方になっていくのだろうかと思ってそれは面白かった、意識の持ちようみたいな、そういう指示になる。

それでずっとドトールという心地ではなかったためにオペラシティに向かってその敷地に足を踏み入れると見上げるとなにか壮大だなあという気持ちになった、階段が続いていて天井はガラスのアーチになっている、オペラシティアートギャラリーに入って、それで「石川直樹 この星の光の地図を写す」を見た、最初、これでもかという眩しい部屋屋で、眩しい、眩しい、と思いながら見ていた、北極とかそういうあたりだった、流氷の漂う海の港町の夕暮れだろうか家々のオレンジ色の光が暮らしだったし屋根は、家屋の屋根はあわいピンクやグリーンやブルーやイエローで、それがよかった。ハイヒールを履いた女とスーツの男と、だいたい同じペースで見ていて二人は手をつないではいたがどこか他人行儀なところがあった、「あ、山、好きなんだ」というような。シリア王、知り合おうとしている途上というような。

途中のK２のノースフェイスのテントの中の、映像を長いこと見ていた、手に持っていた展示の情報の紙を見たら音楽は坂口恭平とクレジットされていた、山、すげえなあ、と思って、山すごかった、高いところから撮られた見下ろされたところはなんというのだろう、たいらな地面も見えていて、その上に円錐形のお香のような調子で山が、ぽんぽんぽんぽんと無数に置かれているように山々があって、それがぐるりとあって、なんだか人混みみたいに山があって、考え方もこういうものの調子に合わせた考え方に変わらざるを得ない、を得ないというか、自然とこういうものの調子に合わせた考え方が作られていくのが自然だよなあ、と思った、それは僕の眼差したことのある世界とはまったく違うものだった。

写真を見るというよりは「自然すげえ」という「冒険すげえ」というそういう調子で見て、楽しかった、出て、ドトール。持ってきていた『新潮』を開いて蓮實重彦の「「ポスト」をめぐって」を読んだ、殺戮装置としての延命装置としての「ポスト」。隣の男女は、中国語のことを話していた、研究者らしかった、この語で検索してみると３つしか論文出てこないの、これってつまり、というようなことを言っていた、せっかくなんだからその教授に話を聞きに行ったらいいんじゃない、それは無理、今回は無理。あの学会には絶対に顔を出したくない。『新潮』の次は小山田浩子の『庭』を開いて、最初がやもりが窓ガラスに張り付いている話でひたすら不気味&不穏だった、なんでこんなに不穏な話を書くんだろう、とたぶん先日読んでいたときも思った、面白いというかすごいんだけど、どうしてこれらの話が書かれなければいけないのだろう、というふうに、思っているらしかった、思いながら、しかし面白く、すごく、次を読み、また次を読んだ、庭。

9時前になり、よし、どうだ、と思い店に行くと半分くらいお客さんがおられ、伝票を見ると今日はいい調子の日だ、昨日と今日でおとといとその前の分を取り戻した感があった、よかった、外で「どう?」と言い、「がんばってます」ということで、じゃあよろしくねと、帰った、帰りながら、これができるようになっていくんだ、と思うと、うれしかった、これがコンスタントにできるようになると、心強いしとても楽になる、これができるように本当になっていくんだ、と思うと、うれしかった、うれしかった。それで家、帰り、玄関ですぐに折り返し、遊ちゃんと外に出て歩いた、歩いて、今日は1月24日で、だから、確定じゃないけど9時には出られるんじゃないかと思うんだけどそのあとにどうだろう按田餃子でご飯を食べない？と聞いていてそうしようということにしていた、2年前の1月24日も僕たちは餃子を食べた、それをまた僕は再演したかったらしかった。

按田餃子で行列はなかったが満席だったので外で待って、待ちながらあれこれを話して、15分だか20分だか意外に長く掛かった、待ったら空いたので入り、あたたかな店内に入り、それから餃子の定食とビールとラゲー煮込みを頼み、少ししてなますのようなものも追加した、働き方のことであるとかを話し、僕は1日2時間本読めたら最高なんだよね、2時間読書、1時間日記、それができたらうれしい、日記に1時間は要らないかもしれない。

按田餃子にいると先週に飲んでいるときに優くんが言っていた店はダサいくらいのほうが売上は上がる、ということを思い出した、かっこいい店はそれだけで自分が見下されると感じる人がいる、ちょっと自分が上に立てるくらいの感覚を持てるくらいの方が誰でも入れる、入ってくれる、そんなことを言っていて「それはなるほどなあ」と思った、それを思い出したのは按田餃子のメニューの書き方というか作り方というか、ルビが振られているメニューとそうじゃないメニューの行の高さというか、が違う、ワードとかで作ったようにも見えるようなメニューを見たときで、そのあとにスタッフ募集の張り紙のメールアドレスがGmailアドレスであるのを見たときにも思った、Webサイトが Tumblrというところもそうかと思った、『スペクテイター』で取り上げられていたときに知ったが按田餃子はデザイナーの方が立ち上げて按田さんを招聘して、という多分、たしか、そういう作りでだから首謀者はデザイナーの方で、それを考えるとメニューにしてもドメインを取らないでGmailやTumblrで済ませるのもどれもあえてのものだろう、ダサさとは違うが抜けみたいなものを作る感じというか、それを見せる感じというか、それは考えられた振る舞いなのだろうと思った、それにしても、久しぶりに食べたけれど、おいしかった、もちもち、おいしい、皮がずっと食べていたかった、なますのようなものはりんごにすりおろした大根が絡められていたのだろうか、食べたことのないおいしいなますのようなものだった、ラゲー煮込みはホクホクしていた、ずっと食べていたかった、大満足して家に帰って、プロジェクターを初めて設置して、山口くんが去年撮っただか出ただかという映画を見ることにしてパソコンを繋げて投影した、うちにはスピーカーがないから音はパソコンから出ていた。スピーカーほしい。それで、7話あるというその映画の1話を見て、山口くんが喋ったりツッコミを入れたりしていた、まったく動かないカメラが、どういうつもりなんだろうな、と思ってしまって、気になり始めたらそればかり思っていた、ストローブ=ユイレかよ、というような。終わり、4

人の男がカメラの前から消えたあと、背後の工事中の新国立競技場のクレーンがこれまで一度も動いていなかったと思うクレーンがぐぐぐぐと動いた、あの瞬間は、すごい、と思った。唯一の映画の瞬間というか、映画だけがもたらすことのできる喜びがあった。だから終わりよければよし、なのか、という気持ちで見終えて、スピーカーを買いたいな、と思った、小さい音声で聞くものじゃないというか会話が主だから会話をちゃんと聞けないといけないよな、と思って、思って？　とにかくスピーカーほしいなと思って、風呂に入った。

上がってからはウイスキーを飲み飲み、柿ピーをつまみながら引き続き小山田浩子を読んだ、犬の話がとても面白かったというかすごかった、いや、この短編集、とても面白いな、と思いながらどうやら読んでいる。ジョナス・メカスが亡くなった。

1月25日（金）

8時間以上寝たが起きるときはいつだって眠い、遊ちゃんは今日は愛知に出張だということで出ていた。

店に着き眠く、コーヒーを淹れ、今日は開店までにしなければいけない仕込みがわりとあった、それをがんばって済ませながら、途中でご飯を食べて、「Number Web」で野球の記事は未読のものは今日はオリックスの若月健矢の記事で23歳だか24歳だかにして今年は選手会長をやるということで立派な選手なのだろうと思い、それから「若月健矢」で検索して他の記事を探したら2016年の記事が見つかり20歳だった、ふたつも続けて読めば好きになる。好きになった。

店が始まるまでにやるべきことはがんばって終え、それで始めた、カレーを作り始め、いくつか何か他のことをやって、誰も来ない、今日は誰も来なかった、来なかったので経理をした、昨日の伝票を入力して、それでいつもよりもう少しExcelを触ることになって今年のバジェットを決めたりしていた、バジェットといってもいい加減なもので適当な数字がなんとなく入れられるだけだが、最初は去年全体の平均の値にしようかと思ったが、いやいやそれって目標？と思い、思い直し、去年の4Qというか、10月から12月の3ヶ月間の平均の数字を目標値として設定することにした、忙しい時期だった、この数値を達成したらそれは年間を通じては成長ということになる、がんばれ、誰か。

それから、そういうことを考えていたら、メルマガのことに当然ながら考えは移り、そのバジェットにメルマガでの売上も入れるべきなのだろうかとかそういうことを考えていたら当然そちらに移り、この購読者数をどうやって増やしていったらいいのだろう、というか、どういう数値目標で考えたらいいのだろう、現在が140人弱で、今年中に何人までを目標にしたらいいのだろう、500とか、行ったら、最高、と思い、500で考えると週に7人、つまり毎日ひとりずつ購読者が増えていく必要があった、そんなのってしかし、というか「そんなの」も何も、増やすのってそもそも、どうやったら増えるのだろう、と思って、それから考えていた、何かしらファンというか、フヅクエという店をいいぜって思う人を増やさないといけない、というか、それを増やすことが多分メルマガの購読者数を増やす唯一の方法だろう、どうやって増やしたらいいのか、ひとまず、露出を増やすというか、目に触れる機会を増やすことだろう、それはそう思ってここのところツイッターをわりと使うようになったというかツイートをできるだけしようみたいな気分があってツイートしているのだけれども、ネット上でできることで言えば、そういうことと、あとはブログを書くことだろう、ブログ、ブログ、と思ったとき、お蔵入りになっている本の原稿があることを思い出した、これ小出しにするというか、一冊分全部出していったらいいのではないか、それこそ仮タイトルが「本の読める店」だから、ちょうどいいというか、本の読める店についての理解を深めていく、それ、いいね、と思ってくれる人は出てくるのではないか、それに、面白いと思ってくれる版元が現れて「本にしません?」という話だって出てくるかもしれない、眠らせておくよりはずっといい、今時分ブログの書籍化なんていくらでもあるのだから、先にブログにアップされていてまずいこともないだろう、だから内沼さんの逆バージョンというか、本を全文公開しますの逆で、全文公開しますからの書籍化、みたいなことになったら万々歳だしそうならなくてもフヅクエいいぜって思ってくれる人が増えたらそれでもうオッケーだ、だから、やろうかな、これはnoteで並行してやってもいいだろう、それこそ内沼さんのやり方を真似て、まえがきと目次のページを作って全体像を見せたうえでひとつひとつ順番に更新していくような、そういう形でやっていこうか、と考えていた、考えていたら、考えがさらに進んだ、そのとき、そこで「フヅクエいいぜ、おらがまちにもあったらいいね」という人が出てきたとして、その人は読書日記、読みたい?というもので、そうじゃないだろう、そういう人もいるだろうけれどもそうじゃない人もいくらでもいる、次なるフヅクエに向けてということなら課金したいぞという人でも、読書日記は別に要らないんだよな、という人はいるだろう、と思って、じゃあ、と思って、わかった、メルマガを2プランにしたらいい、「読書日記/フヅクエラジオ」が800円で、「フヅクエラジオ」が500円というそういう2プランで提供したら、どうだろうか! これなら、僕は800円は半年ごととかの献本があるから仕入れ値があるから見込みの利益は550円だと計算していて、雑な計算だったが計算していて、だからどちらのプランを取ってもらってもこちらとしては利益は変わらないというそういうことになって、それだったらこれが用意されていてもいいのではないか、どうだろうか！と思ったら「あーたのし」と思って、興奮していたら山口くんが来た。興奮しているあいだにカレーは最後のフェーズになり、チーズケーキは焼かれ、つまりちゃんと勤勉に働かれた。

ドトールに場所を移し、そうなるとは思っていたがそのとおりに、ひたすらメルマガ関連のことをやっていた、ラジオ上でこの変更というかプラン追加をお伝えする文章を書き、プラン切り替えも損しないようにできるように案内をし、それからメルマガページを2プランバージョンに作り変え、ということを延々とやっていた、延々とデスクワークの時間でこれはドトールは事務所だなというふうになって、「事務所」という言葉の出現がなんでだか変で、おかしな心地になった。

途中で遊ちゃんとLINEをしていて遊ちゃんは今日は名古屋で、せっかくなのでON READINGに行ってくる、と言って、遊ちゃんは以前ON READINGの刊行物を買って読んでいた、『世界をきちんとあじわうための本』、少し読ませてもらったけれどそれがとてもよかった、それでその直前に千葉雅也のツイートのスクショを送ってきて「ごまかし上手の官僚おっさんのための話し方スタイルマガジンとか創刊してほしい。」「総特集「させていただくの極意——幽玄なる意思のありか」とか。」「「ごまかし上手の官僚オヤジ」の方がリズムがいいな。ＬＥＯＮみたいなノリでそういう存在をエロく提示する。「ごまかし上手の官僚オヤジは手堅いスーツでここまでごまかす?!」みたいなファッション記事とか。」というもので面白くて、それでON READINGに入ったら『意味がない無意味』の隣に『読書の日記』があった、と教えてくれた。

それで、そうしながら、延々と仕事をして、途中、はて、金曜だが、山口くんは大丈夫なんだろうか、踏ん張っている状態なんだろうか、なにか、そろそろ独り立ちというところで、その覚悟みたいなものが芽生えて、踏ん張っているのだろうか、すごいぞ山口慎太朗、立派だぞ山口慎太朗、と思いながら、閉店の9時前までみっちりメルマガをいじり、そうしたらいいようになったというか落ち着いた、それで戻ると、お客さんは一人で、そして、伝票を見ると、僕のいないあいだの数時間で来られた方はそのお一人だけという、度しがたいというかにわかには信じがたい金曜日となっているようで今日は日中もバカみたいに暇だったから今日は４人しか来られていない！　目を丸くしてみせると山口くんもそういう顔をした。

これはもう仕方がないので、僕が僕のところに座っていても山口くんは座れないで立つことになるからそんなことは不要なので、コーヒーを二人分淹れて、どうぞと言って、僕の席というか店番席を指してここどうぞと言って、僕はカウンターの端っこの席に行って本を読むことにした、今日ドトールで読もうと思って収録されている『新潮』を持って行ったが本を開く余地は一切なかったその読もうと思っていた町屋良平の「1R1分34秒」を読むことにして、それで読み始めた、表紙に枚数があって180枚とあって120ページ分くらいという感じだろうか、それならこの夜にこの場所で最後まで読めるかもしれないと思って読み始めたらボクシングの小説で、すごいなあ、めっちゃボクシングだ、よくこんなふうに書けるというかこんな身体感覚を書けるものだなあと思いながら、面白く、読み、読んでいったら、うわあ、面白いなあ、となって、面白い、面白い、と、読んで、そうしたら、読み終えられた、ボクシングはすごい、ボクサーはすごい、試合前の減量のことが書かれていて減量ってこんなに大変なんだな、と初めて知った、これは、これだけ大変だったら、リングに上がったときはもうなんというか、目の前にいる対戦相手もそれを経てきている人ということはわかるのだから、同志の情みたいなものが芽生えそうだ、と思った、まったき暗闇からの晴れ舞台、だなあ、と思って、ボクシングはすごい、と思って、喜びながら読んだら読み終わった。勝つよ、きっと勝つ、そう思いながら、今日はけっきょくお客さんは5人だった。どういうことだ！

終わり、山口くんは山口くんで今日『高架線』を読み終えたらしく、泣きそうで我慢したと言っていて、泣いたらいいんだよ、と言った、泣いていいんだよ仕事中だろうとなんだろうと、と言って、『高架線』と聞けばいくらでもあの場面さあ、あそこでさあ、柚子子のさあ、タムラックスのさあ、三郎のさあ、歩のさあ、新井田千一のさあ、と、言いたいことはたくさん出てくるから話して、満足の金曜日だった、こんな日でも疲れるもんだよね、と言うと、それ僕もすごく思いました、と言って帰っていった。

ほどなくして僕も帰り遊ちゃんは深めに眠っていて話しかけたが反応が小さかったので話すことはやめてベケットを読んだ、ぐるぐると、男が内側に螺旋を描くように、歩いている、歩いて歩いて、ネジを巻いて、それがはじけるように逆方向に今度は広がる方向に歩いていく、という運動が描かれていて、「なんなんだよｗ」と思って、面白く、寝た。

1月26日（土）

1月ももう終わりなのか、と日付けを打って思う、驚く、昨日は、それにしてもなんだったのか、エアポケットのような日で、と思ったが月曜も火曜も暇だったから、全体にダメな週なんだろう、怖くなる、起きたときはそんな恐怖はどこにもない、起きて今日は朝は遊ちゃんとパドラーズコーヒーに行くことに昨日の夜に決めたため起きて、行った。外の席でカフェラテを飲みながらああだこうだと話す30分くらいの時間はいつでもよくて、そのあと店に着くと「さわやか！」という気持ちをはっきりと自覚する、今日もそう自覚して、飯食い、準備し、開け。

開店と同時に4人だか5人だかの方があり、もう昨日じゃんというか、昨日この一瞬じゃん、と思い、笑い、わりとまたたいているあいだに席が埋まった、そこからは、ずっと、がんばって、は荒いて、い t.あ m優雅たあ t にぎゃマグ理くんたが来て m それまか m ら、、二人で hs 炊いているけれど樹分に古漬ロットるの状態であじゃ地れいた、屁とネトに k ルア k れて、おっら

ぼーっとしながら、椅子から離れないで、何度もブックマークバーにある「プロ野球スポーツナビ」のブックマークをクリックして、クリックするたびに「日本ハム・吉田輝の直球に同期驚き！ 「今までで一番受けていて手が痛かった」」というタイトルの記事があって、あ、さっきも押した、とそれで知る、それは嘘、クリックした瞬間には

「あ、また押しちゃった」と思っている、

ジョナス・メカスのウェブサイトに行って、マイフレンズ、と呼びかけるメカスの姿を焦点の合わない目で見ていた、ラッパを吹いていた。日記のことを考えるときメカスのことを考える。数日前にも考えていた気がした。三宅唱の『無言日記』のことを考えて、それからメカスのことを考えていた気がした。メカス。日記。ダイアリスト。

僕は、もしかしたら、あまりに巨大で誰にも全容を把握させないようなそんな構築物をつくろうとしているのだろうか。つくりたいのだろうか。メカスの他の日記映画というのか日記映像というのか日記か、それを見ていたらふと、思った。

1月27日（日）

寝る前、ベケット。「そのときどきのあわて方」とあり、コーヒーでも紅茶でもジンでもビールでもなんでもかんでも「そのときどきの」で済ませたがる人間としては目に入ってくるフレーズで、そのときどきのあわて方、いいな、と思い、りんごを食べたら店行った。

先日ベケットを見て見たあとからどうしてだか聞きたくなった感があったそれは会場で佐々木敦さんを見かけたからかもしれなかった、遊ちゃんが座席の前でうろ、ちょろ、として進路を塞ぐ格好になって右、右、左、左、のような、あ、あ、どうぞ、みたいな感じで対峙したそれが「あ、佐々木さんだ」で、僕は大学のときに授業を取っていてよく挙手して質問したりしていて書いた小説を「これ、読んでください」みたいな感じで渡したことがあった、どうしてだったか渋谷まで同じ電車に乗ってきっとチェルフィッチュの話とかをしたことがあった、授業の打ち上げか何かの飲み会に参加してそこには映画監督の松江さんもいた、松江さんの特集上映か何かを下北沢に見に行った、思い出すと、大学生だったなあ、文化系な生活を送ろうとする大学生だったんだなあ、と思う、その佐々木さんがいて見かけたからかもしれなかった聞きたくなっていたGROUPの1枚めのアルバムを、2枚めでもよかったが1枚めにした、1枚めのアルバムを聞いた、30年ぶりくらいに聞いた気がする、『RECORD』、それを大きな音で聞きながら準備をした、今日は昨日の時点で7つくらいご予約があって忙しいことになりそうという予感があって、店に着くなりいつもそうするように淹れたコーヒーは開店前には飲み終えられていていてコーヒーは飲み終えたそばから「コーヒー飲みたい」となるため開店直前に急いでもう一杯淹れた、さっきは浅煎り、今度は深煎り。

それで開けたらご予約の通りとんとんとんとなり、とん、と埋まる、静かに席が埋まった、静かに働いて、途中で事務作業をしたりするような満席だった、昨日とは変わってバタバタしない満席だった、と思いながら働いていくと切り替わる時間というのが怖い、今日もご予約のすぐ後ろにぴたっとご予約みたいな形で5時とか6時とかのあたりにそういうものが待ち構えていて、それはだから、帰られ、片付け、埋まり、オーダー、ということが波状に来る感じで、ここでひいこらになる、それで気づいたら疲れきっていた。


いい日だった。

最近はわりとその日のうちに伝票を入力してしまう、そうすると翌日の伝票入力タスクがなくなる、それを毎日やるから結果として毎日伝票入力タスクが生じている、それは生じるものだから生じるのであって構わないがなんとなく翌日分をやったという感覚が得られてそれでその日のうちに伝票を入力してしまう、入力すると売上もわかるが平均の滞在時間もわかって今日は3時間15分だった、これは立派な数字で、いいね、いいね、みんなゆっくりしてくれた、最高だ、と思い、いい日だった、ととても思う。疲れて、眠い、ビール飲んだら、朦朧。

どうしていたっけな？　長い長いメッセージを人に送っていたような記憶もあるな、長い長いメッセージを1時間も掛けてつくっていたような記憶もあるな。それともただ自問自答を繰り返していただけだったかな？　帰って、遊ちゃんが眠っている顔を写真に撮ったら「搾取される〜」と聞こえて、「搾取？」と笑ったら「削除して〜」だった、そんな光景が浮かぶ、浮かんでは消える、そのなかでおれはただ自問自答を繰り返していただけだったかな？　それとも、どうしたら人に言葉を伝えることができるのか、考えていた、ぶつぶつと独り言を言い続けていただけだったかな？

しかし待てよ。甕のなかにはいって、おれは自分で自分に質問を出していたのかな？　外にいたときは、まだ立って歩いていることが多かったが、おれはやはり自問自答していたのかな？　おれは縮んでいった。いまも縮んでいく。以前は、しかられたみたいに首をすくめれば、おれは甕のなかに引っこんで見えなくなることができた。だがもうじき、この調子で小さくなっていけば、わざわざそんなことをする必要もなくなるだろう。日の光を見たくないと思っても、目をつぶる必要もなくなるわけだ、甕が何インチかのところで目をさえぎってくれるからね。だからおれの額を甕の内側の壁にもたせかけさ

えすれば、上から来る光が、夜になれば月の光だが、そこに反射することもなくなるわけだ、

サミュエル・ベケット『名づけえぬもの』（安藤元雄訳、白水社）p.87

1月28日（月）

朦朧としながら起きて、机のわきに突っ立って、着替えながら、時間を見ると10時4分で、「お、10時4分じゃん、いい数字じゃん」と言ったそばからSAKANAの「19」を思い出す、「いい数字」という言葉はいつもあの曲を思い出させる、その次の次の次の刹那くらいに、あれ、なんだか、視界の中に、と思って、机に置かれていた本に焦点を合わせた、それで「あれ！？　ハッピーデイズじゃん！」と、遊ちゃんが「あまり聞いたことのなかった声」と評した頓狂な声を上げて、誕生日とかクリスマスのプレゼントに気がついたちびっこみたいな声を上げて、その本を取った、それはたしかにベケットの『ハッピーデイズ』で、戯曲集で、ここ数日、ベケットを読みながら、やっぱり「ハッピーデイズ」読みたいな、買おうかな、とAmazonでなんとなく見ながらも、でも買っても読まない可能性高い気がして二の足踏んじゃうなあ、と思って二の足をいちに、いちに、と踏んでいた、買っても読まない気がする、あるいは「ハッピーデイズ」しか

読まない気がする、それはもったいないことのような気がしていた、そうしたら遊ちゃんが買ったらしく、遊ちゃんは今度のかもめマシーンのやつも予約していて羨ましかったが、買ったらしく、それで「ひとつひとつの戯曲が短くて、朝読書にぴったり」と、爽やかに軽快にリズムよく言っていて、爽やかで軽快でリズムのいい言い方と、そこで指されているのがベケットの戯曲集であるという内容の、組み合わせがなんだかおかしなふうに思えて、笑って、家を出た。

店を開ける前に外で煙草を吸っていると、今日は連載というか勝手な連載、いや、なんだろうか、連載という言葉は人の場所でやらないと言えないわけじゃないのに、自前のところでやるとなんだか恥ずかしい気がする、でも連載だ、あるいは全文公開、こちらのほうがおかしいが、連載、仮タイトル「「本の読める店」のつくりかた」の、構成というかをどうしようかというか構成ってどういう順序で考えたらいいんだろう、と考えていたら、カードだ、と思いつき、カードにトピックをどんどん書いていって、それを組み合わせるというやり方が試行錯誤しやすそう、と思いつき、慌てて百均に行ってそういったものを探して買った、開店2分前の話だ。

それで、働きながら、動きすぎてはいけないが動かなくては頭も動かない、思いついた項目を書いて、書いて、書いて、としていた。もともと250ページだったかの量があって、あるが、書かれたのはいつだったか、2年近く前か、その頃からは考えが変わっていることもいくつもある、そもそも「本の読める店」と名乗る前のことだった、だからフヅクエについて書かれたそれは第二部というか後半の半分になるのだけどそれは大きく書き直す必要がそもそもあった。それを、考えていた、でも全部捨てる必要ももちろんなく、どういうことが書かれていたかな、なんかテンションが違いそうで恥ずかしくて読めたものじゃないかもな、そんな気配がちら見するたびにあるんだよな、と思いつつ、改めて頭から読み始めたら、面白かった、面白さで笑ってしまうようなところもいくつもあって、愉快な文章だった、俺はときにとてもいい文章を書く。

原稿を見ながらキーワードというかトピックを拾っていって、ということをしていた、疲れて、肩が気持ち悪くなりかかった、後半、つまらなくなるというか僕の興味が失せる、というか僕が疲れた、今日は日中はどうも忙しかった、6時を過ぎたころには平日のバジェットには乗っていた、もうオッケー、たとえ夜はこれから誰一人来られなかったとしても、問題ない、数字としては、ということになり、疲れた、チーズケーキは焼いた、他にやることはあったろうか、あるが、やる気が起きない、動かないと、動けない、本を開くことにして『庭』を開いた、「広い庭」というのが読まれているところだったらしく、最初から読んだ。

それはこれまでの作品と違って不穏さ不気味さをあまり感じさせないもので、そのことにむしろ不穏な不気味な気配を感じていた、どうして、不穏でも不気味でもないんだ、というような。読んでいったら、男の子が庭に背中からどうと倒れて、すると蔦や草が彼を取り巻く部屋になった、その描写がすごかった、この小説集を読んでいる中で初めて感じるたぐいの興奮を感じて、それから、女の子が登場した。

「私バーベキューすごい嫌いなの。ホースの水でそういうことしたり、子供連れてきた人とか大概花火持ってくるの。草とか燃えてすごい嫌だ」僕は少しゾッとして「燃える?」「え?」「草、燃える?」「生だからそんなにウワーッとは燃えないけどでもじわーっと嫌な煙が出て、それでそこ後で枯れるでしょ。男の子とか虫捕まえてきて焼いたりする。コンロに入れたり、信じられる?」「うん」僕は頷いた。女の子はさらに怖い顔をして「カエルとかも焼いた奴いるの」「うん」「わかるんだ」「うん」いろいろなものを捕まえて、投げつけて踏みつけて振り回してちぎって捨てる、拾ったライターで火をつける、生きた虫、死んだ虫、落ちている物、何でも。「自分もする?」僕は首を振

小山田浩子「広い庭」『庭』（新潮社）p.159

った。

これがすごくて、このあとの「予報」もすごかった、なんなんだあの、飲み会で飯食いまくっているところは。それから、その次の「世話」がとんでもなかった、数ページのとても短いものだったがなんだかとんでもないものを見た感があった、それで、本を読むのをおしまいにした、夜は、結局ひとりもなかった、なんだ、この店は。

閉店後、ツイッターを見ていたら「ファンを増やす」的な文脈でこれはもしかしたら有用だったりするのかも、というnoteを読むことになって、それが続きは有料、1500円ね、というもので、1500円って本だな、高いな、と思う、買わないかな、いや、いや、でも、有用であるならば、いや、でも、買わなかったら有用かどうかもわからない、これは必要な踏み越えなのかもしれない、いや、しかし、いや、と思い、ついにポチる。すると「あ、さっきサマライズしていたことを敷衍するだけか」と気づき、それは僕が不用意だったわけだが、気づき、そしてそこで書かれていることは、どうだろうか、もしかしたらなにかに使えるだろうか、うーむ、たしかに考えたことなかったことだ、なるほど、しかし僕に振る舞える振る舞いだろうか、と思い、しかし内容よりももしかしたら量だった、2分くらいで読み終わった、さすがに2分は言い過ぎか。それでももったいなかった気持ちになって家に帰るとベケットを開いた。

ほとんど働いていない気もしたが、でもそんなわけではまったくなかったはずだが、とにかく体はべったりと疲れていて、座っていても休まらないものだなと思った。

ひょっとしておれの思っているらしいほどには休息にならないかもしれないな、その世界にひとりきりで、何物にもわずらわされずにいるっていうことは。どうでもいいさ、休息というのも彼らの言葉のひとつだし、思っているというのもそうなんだから。だがこいつはどうやら、おれの頭を狂わせてしまいそうだぞ。新しいものに行き当たりながらそれに気がつかず、またひとつ蝋燭がともったのにそれを知らずにいるとしたら、情けないことじゃないか。そうだ、そろそろ後ろをちょいとふりかえってみるときがきたような気がする、できればの話だが、そして自分の状況を見きわめるんだ、さらに前進するつもりなら。

サミュエル・ベケット『名づけえぬもの』（安藤元雄訳、白水社）p.95

「約1万フォロワーを獲得しました」「重視すべきは量ではなく質です」「誰でも必ず質

のいいコンテンツは生み出せるはずです」「必ず課題解決に対応する具体的な解消法を書いてあげましょう」「あなた独自の視点を出していくほうが消耗せずに差別化できることになります」「そろそろ後ろをちょいとふりかえってみるときがきたような気がします」「そして自分の状況を見きわめましょう、さらに前進するつもりなら」

1月29日（火）

重く眠く、店、行き、仕込みが今日はいくつかある、それで行ったがまず飯を食い、そしてコーヒーを飲む、それから仕込みを始めるとひきちゃんがやってきた、今日はパソコンを持ってきてもらっていてメルマガの事務局的な仕事をひきちゃんに任せていくべくレクチャーの日だったが仕込みが意想外にあり、時間がとてもじゃないが足りなかった、失敗した、開店前にほんの少しだけやり、それで開店した、僕の仕込みもだいたい済んだ、すると、お客さんが来なかった、なのでおしゃべりをしていた、おしゃべりをしていたので、この時間にレクチャー進められるのでは、と思い、またパソコンを開いて、新規の登録作業であるとかの説明を済ませることができた、いつから実際にお願いするかはわからない。どうも重篤に眠い。

店を出、風が強い、そのままフグレンに。コーヒーを受け取り、円卓に。

リュックから昨日印刷した原稿とカードとペンを取り、原稿を見ながらカードに項目を書き出していく、それが済んで、そうしたら今度は順番を考えていく、ということをやっていた、円卓の隣の若い男性はずっとスマホで、ときどき思い出したようにカメラをいろいろなところに向けてパチ、パチと、聞き慣れないシャッター音を何度も何度も響かせて、またスマホに戻り、またふいにパチ、パチと、写真を撮る。僕が煙草を吸わないと死んじゃう病気みたいに煙草を吸うように、写真を撮らないと呼吸ができなくなったりするのかな、と思った。本当にあの写真を撮りまくりたい感じというのはなんなんだろうか、途中で外に出て、僕は僕の病気なので外に出て煙草を吸っていると、同じ構図で10回くらいとりあえず連写する、そういう女性たちがいつもいるようにいた。見返すの面倒にならないのだろうか、撮りまくり、消しまくるのだろうか、どういう運用がされているのか、知りたいといえば知りたかった。

構成を考えるのは家でカードを広げながらがいいだろうなと思い、カードに項目を書ききると、今度はまた昨夜同じときに印刷した日記を取り出して、推敲を始めた、一日分だけやって、おかわりをしようと思いながら、レジにすぐに列ができる、タイミングを逃し続けていたらそのまま帰ることになった。

お腹が減ったので途中でパン屋さんに寄って甘そうなパンをひとつ買って、帰った。食って、寝た。

1時間後の5時25分にアラームをセットして寝て、途中で遊ちゃんが帰ってきていた、鳴って、起きて、遊ちゃんが「鳴ったよ」と言う、「じゃあ……5時、半!」と言う、5時半になると遊ちゃんが「5時半だよ」と言う、「うーん、そうしたら、皮膚科は明日でいいか、そうだ明日でいいや、だから……6時!」と言う、6時になると遊ちゃんが「6時だよ」と言う、「まだ眠いなあ、どうしよう……6時、20分!」と言う、6時20分になると遊ちゃんが「6時20分だよ」と言う、「いい加減起きなきゃなあ、うーん……30分!」と言う、6時30分になると遊ちゃんが「6時30分だよ、私もう出るよ」と言う、起きて、「いやあ眠い」と言いながら、一緒に出る、自転車置場は向かいのマンションで、管理会社が一緒なのか、そういうことになっていて、自転車を二人で取って表の道に出ると、家の大家さんが外に出たところで、それで「こんばんは」と言うと、こちらを見ながら、まったく怪訝な顔をしている、もう一度「こんばんは」と言う、それでも不審そのものの表情を見せて、僕は、あれ、どうしたかな、と思いながら、「あの、阿久津です」と言うとたんにほどけて、「あ、やだ! こちらはよくお会いするから見慣れているんだけど」と遊ちゃんのことを言って、そうですよねえ、暗いですしねえ、と言って、「やだ、すごく変な顔しちゃった」というようなことを言って、3人で笑った。圧倒的な不審の表情、不審を絵に描いたような表情、というものを見ることができて、それはけっこう、普段ないことだと思った。

店に着く前に一服しようと思い、文房具屋さんの前のところに灰皿があるのでそこで停まって一服した、壁に張り紙があり、「吸い殻は灰皿に捨ててください！」というものので、この場所で吸って灰皿以外に捨てるやつとかほんとどうなってるんだろう、本当に頭の中身はどうなっているんだろう、本当に愚か、ただでさえ吸える場所なんてないのに、こうやって灰皿出してくれているのに、もちろん中で煙草を売ってもいるからそのためでもあるだろうけれど、近隣から苦情があったと聞いたこともある、公園の喫煙所がなくなった直後、大挙して人々はこの灰皿に押し寄せて、それで苦情が来たと聞いた、でも灰皿をなくさなかった、商売の都合でもあるだろうけれど、そもそももはや商売でもないような商売だろう、おばあちゃんの喫煙者への優しさみたいなそれだけの灰皿だろう、それを踏みにじるバカとか本当にバカだし、そういうバカなことをするやつが灰皿のあるところを求めるというのが本当にダサい。お前はどんどん町の中を歩きながら吸え。電車の中とかでも吸え。それくらいやってからこの灰皿を外したところに吸い殻を捨てろ。と思ってから店に行って今日は忙しい日だったらしかった。ひきちゃんにショップカードのちょっとした修正をお願いしていて、それは僕がイラレを使えなくなったからで、お願いしていて、今日は時間ができたらその作業をする、と言っていたが、できなかったようだった、帰るときに「シロップまでやりたかった」と言っていて、なんだろうそのうれしいその意欲は、と思い、「シロップチャレンジ」と言った。帰っていってからその日の伝票を改めて見ていたらシッキムの紅茶を「キッシム」と書いていて二度現れたからひきちゃんには「キッシム」のようだった。

それから、それからもいくらか忙しさがあり、僕もパタパタと働きながら、さっきまで寝ていたが、起きて、店に立って、なんとなく、お客さんと接していると、自分が価値のあることをしているような気になれて、自分が価値のある存在だと思えるような気になれて、店というものはいいものだ、と思う瞬間があった、よろこばしいことだった、それが仕事だなんて。

それで、空いた時間で構成というか目次を作っていった、そうしたらこれまでの目次よりもずっとそそられる目次というか、読んでみたいと思えるような目次ができたような感じがしてうれしかった。本を読みたい。その前に日記の推敲をしなくてはいけない。

やることがたくさんある。

夜、エゴサーチをしていたらメルマガに言及するものを見つけて、「一昨夜、勢いでフズクエのメルマガ（有料）を登録してしまい、今朝起きたら今月分が配信されていた。ラジオの語り口調（話し口調）・・・なのだが、一言、読みづらい。早くも登録解除の予感がする。」とあり、「読書日記はそれなりに楽しいのだが、この文体をさらに崩した行書体のようなメルマガに、わたしの目は滑るばかりだ。」とあり、そうか、と思った。そうか、と思ってから、そうだよなwと思って、もし僕が「誰しもに面白がってもらえるはずのもの」として日記なりラジオなりを書いているとしたら完全に頭おかしいよな、と思って、そりゃそうだ、と思った。

ずいぶん遅くなった。帰り、ウイスキー飲み飲み日記の推敲。相変わらず面白い。これが俺の読書。いつまでこんな日々が続く？　いや、いや、違う、そうじゃない。

今日は小山田浩子。蟹の話を読んで寝た。

1月30日（水）

起きられない、「皮膚科じゃないの」と言われ、そうだそうだ、と思いすっきり起きる、一緒に出る、店に行き、それから皮膚科に行く。診察はまたどこも露出していない状態で「よさそうね」だったため「そうなんです」と言うことにして、適当に薬を処方してもらい、ものの3分で出。隣の薬局に入るとテレビでスリランカカレーのことが映されていて体をひねり見上げる、とてもおいしそう、食べたい、四谷のお店だった。北千住で食べたやつ、おいしかったな、ジエン社を見に行った日だった。また行きたい。

店に戻りご飯を大量に摂取。幸福。

今日は開店してからいろいろとやることがあった、チーズケーキを焼き、きゅうりの漬物、ジンジャーシロップ、トマトソース。切るものが多かった。切ったらだいたい勝利、みたいなそういうものが多かった。それをやっていきながら、働いた、日中はお客さんが多く、おお、と思いながらがんばった、この三日間は日中が多く、平日なのになんだろう、と思う。それで夕方からだんだん隙間の時間ができてきたため「「本の読める店」のつくりかた」の目次を整え、それから今日アップしたい「はじめに」と「家で本を読む」の文章を整えていった、今日アップしたかった。

これはなんというか、見切り発車だった。目次を作ったとはいえ第2部はこれから完全に書き直すし、いやそれは自明のことだった、ただ、第2部書き直しなんだよなと思ったときにとてもダルい気持ちになって、だからこそダルさに追いつかれる前に急いで見切って発車する必要があった。動き出してから考える、それが僕の性に合っていた。

それで夜にどうにかアップでき、アップする前に緊張を覚えた。攻撃的なところとかもあるし、変な伝わり方バズり方をしたら怖いなと余計なことを思って緊張を覚えた、それに、これは寒々しくはないだろうか、というような緊張もあった。昨日目次ができたときに、この目次めっちゃかっこいいな、これめっちゃ読みたいやつだ、という、満足を覚えて、それでその勢いでここまで進めたわけだけど、見当違いで、かっこ悪いことになっていたら恥ずかしいな、というなんだかそういう思いがあった、そのときはそのときだ。なにかやるとき、なにかやらなければ失敗もできない。これは本当に、もう、あまりにも、それ。なにかやるとき、いつも思うようになっている。メルマガを始めるときも思ったけど今回も思った。どうせ何かしら失敗する、早く始めて早く失敗して早く修正しよう、それればかり、思って、一気に始める。いつもそう。

そのあとに昨日推敲した日記をエディタに反映させていきながらぼんやりと文字列を見たら、この連載は金曜に思いつかれていた。5日。思いついて5日で始めた。実質は月火水の3日間だった。よくやるなと思った。準備をする暇があったらさっさと始めろ。

というのが家訓か何かだったろうか。

飯食い、帰る。明日は遅くまで寝ていたらいいので今日は夜ふかしだ！と思ったらぐんと楽しくなり、読むぞ、本たくさん読むぞ、と思う、柿の種をつまみながらウイスキーを飲みながら小山田浩子の『庭』を読む、「緑菓子」「家グモ」。「家グモ」、すごかった、どんどんどん、と隣の家が壁を叩いてきたその3つの重い音がなんだかずっと反響するような心地でいた、「家グモ」で終わりだった。

それで、柿の種が終わっていて、もう少しなにかつまみたい、と思って3時だった、コンビニに行った、小さな胡椒味のお煎餅みたいなものを買った、戻り、ベケット。

だがこの括弧はここで閉じよう、そうすれば心も晴れ晴れと、次の括弧を開くぞと宣言できるわけだ。物音。どれだけのあいだ俺は耳になりきっていたんだろう？　答え、あとの続きに比べてあまりに美しいので、もうそれ以上続けられなくなるときまで。この何百万というさまざまな音、いつも同じで、休みなく立ち戻ってくる音、これだけでじゅうぶんだ、

サミュエル・ベケット『名づけえぬもの』（安藤元雄訳、白水社）p.134, 135

お煎餅は多すぎた。辛くもあった。お酒を飲んで流し込むようにしながら食べて、途中でやめること、つまり、それはどういうことだろうか、お煎餅を密封できれば途中棄権できるだろうか、そういうことをチラチラ考えながら、しかしそういう密封するものはない、そういえばお給料払わないと、明日払う気でいたけれどワンタイムパスワードのやつ持って帰ってくることなんてもちろん忘れていた、どうしたらいいか、店にあれを取るためだけに行くのもバカみたいだ、月末に払っていたけれど1日にさせてもらおうか、いや、スマホでできないかワンタイムパスワード、アプリを落として、しかし何かハードルがあった、あっち持ってるなら切り替え手続き必要だよ、というような。これは1日か、あるいは取りに行くか、と思ったら、あれ、振込みって、オンラインじゃなくてもそういえばできるというかできるよな当然、という、当たり前すぎるというか、その不便を解消するためのオンラインでの振込みだったわけだけど、それに慣れすぎてオフラインというかATMから振込みをするという行為がまったくないものになっていたことに気づき、驚いたというかなにか新鮮な思いをした。ATMで、払おう。楽しく読書をして、4時過ぎだった、あ、けっこうちゃんとたくさん読めた、と思って満足して、ぐうぐう寝た。

1月31日（木）

昼までしっかり寝、起き。メルマガの配信準備等、なにか事務的なことをパソコンでやっていたら遊ちゃんが帰ってきて僕はうどんを茹でた、ねぎもあるよ、と、前に味噌汁のときに買ったねぎがまだあってねぎって長持ちするのねえと感嘆しながらそれじゃあ今日はかけうどんにしようとめんつゆを薄くしてねぎを入れてくつくつ柔らかくなれよ、それで遊ちゃんが仕事の電話をしている前で僕はかけうどんをずるずるずるずるると食べていた、寒くなってからは釜揚げばかりだったがかけうどんもとてもいいもので、これはとてもいいなあ、と思いながらあっという間に食べた。

家を出て、ＡＴＭでお給金を無事払い、それからヤマダ電機。今日はオーブンレンジの日だった、電子レンジもなかった我が家にオーブンレンジ導入、年始の新年会のときの春衣ちゃんがつくってくれたグリルの野菜があまりによかったからずっと導入しようとしながら踏ん切りというかきっかけのなかった導入にきっかけが与えられてそういうことになった、でも、たくさんの並ぶオーブンレンジを前に我々は無力だ、何がどう違うのかまったくわからないし見ているだけで気持ち悪くなりそうだった、近くにいたお店の方をつかまえて、聞いた、いろいろ聞いた、自動メニューの数、最大温度、両面焼き、それらに値段は左右されるようだった、しかし、洗濯機のときはわりとなんというか一直線にスペックと値段を比べられた感覚があったがオーブンレンジはもっと分散的で一概にこれがということが言いにくそうな気がして、気がしてというかそういうふうにしか理解できなくて、わりと悩んでいたらお腹が痛くなっていったんトイレに行った、戻り、これか、これかな、と思っていたら、あまり考慮に入れていなかったそれらよりも安いやつがもしかしてこれなんではないかと急浮上して、僕たちは野菜をグリルできてパウンドケーキを作れて野菜を蒸せたらそれでよくて自動メニューの数だとかそういうことはなんというかそういうことではなかった、蒸す、そのスチームのやつが僕の中ではわりと大きな決め手となって僕がこれじゃないかと思ったのはワンランク低いものというか、蒸すための水を容器に入れて庫内に直接置くそういうスチームの発し方で、それ以降のものはそうじゃなくて機体の下部にそういう水を入れるケースがあってそこに水を足してということになるのだけどどっちが洗いやすいどっちが運用がシンプルかと言ったら前者だった、後者は水が余ったときに「水が余ったかな？」と引き出して確認しなくては確認できないし開けにくい感じの蓋があるし細くて細かくて洗うにも隅々まで洗いにくそうで、一方で前者は、シンプルな陶器みたいな、ナゲットのケチャップ入れみたいな形の容器で、それは一見してわかるしその一見は自然な一見だしそして洗うのも簡単だった。自動メニューとかいらねえぞ、なんでも組み込めばいいってもんじゃねえぞ、家電メーカー各社に対する攻撃的な気持ちをいくらか感じながら、シンプル側に寄ったそれが選ばれた、値下げを交渉しようとしたらお店の人はすでに価格コムとかで値段を調べ始めていて、それで上に相談してきますと言っていったんいなくなってそれから戻ってきて、紙に数字を書きながらいくらかの値下げをしてくださったことが示されたがなんの計算がされているのか全然わからなかった、キャッシュオンの店でいったんお金を払ったらもう無料で食べられるみたいな話と似たような計算にも見えたがわからなかったからわからなかった。

会計の場に行って会計をすると先日の洗濯機で溜まったポイントを使ったら払うお金は291円でそれはポイントだけで買うよりも安く買った感覚を与えてくれる小銭だった。洗濯機は、遊ちゃんの親御さんからのお祝いで買ったから、そしてそれで付いたポイント＋291円でオーブンレンジを買えたから、結果、291円で洗濯機とオーブンレンジを買えたことになった、安い！

買い終えたらもう二人とも疲弊していた、何を基準に比べたらいいか結局手がかりがわからなかったものを長いこと検討するというのは無駄なエネルギーが要るみたいだった、一応、そうしようと言っていたとおりにオーディオの階に行ってBluetoothのスピーカーを考えたが考える気が起きなくてすぐやめた、1万円くらいでどうもこれでいいんじゃないかというのが買えるのかなと先日ネットで記事を見たときに思ったが渋谷のヤマダ電機はオーディオはそんなに力を入れていないのか種類が少なく見えてこれあたりかなと思っていたDENONのやつとかはまったくありそうになかった。フヅクエのステレオはDENONで特にそれだけをもとにした好意をDENONに対しては抱いている。

それで1階におりて、僕はiPhoneがとうとうというかあまりに挙動がもう遅くなってしまってアプリを開いて15秒くらい待つような感覚になる、ひといきふたいき待って、動き出す、そんな感じになりそれは多分わりと不便でいいものではない、テキストエディタを開きたいときに時間が掛かるとけっこうストレスを感じる、いつ買ったのだろう、たしか6とかだったけれど、いつ買ったのだったかまるで思い出せないがだからこれはさすがに買い替え時ということなのだろうか、なんでこんなにヤマダ電機に用があるような感じになっているのかわからない、一挙に来る、あれらが291円だったからよかったもののもしそれが40万円だったとしたらけっこうただただ暗い気分になっていそうだった、しかし291円だったから余力があったというかヤマダ電機には291円しか払っていないから余力もなにもなかった。それでiPhoneを買う気は今日はないが見るだけ見よう、あたらしいのはボタンがなくなったと聞く、それはどういう勝手なんだろうそれを知ろうとiPhoneコーナーに行くも、スマホコーナーはそれがよくない、触った瞬間に係の人がすぐ来る、買い替えご検討ですか？　検討です、だから検討したいのでちょっと検討させて、と思うのだがあまりにすぐ来るから検討する暇がなくなる、商売上もよくないのではないか？と思いながら、ソフトバンクで、ソフトバンクに乗り換える気はないよ、と思いながら、何度説明されてもXSというのとXRというのがどっちがなんだったのかまったく自分の中に定着しない、ありがとうございました、出た。

まだ雨は降っていなくて夜には降り出すだろうし雪になるのだろうか。

まだ降っていないから、僕は今日はラジオをやりたいから、というところでフグレンに行き、ヤマダ電機にいたときからうっすらあったが肩が重くなりかけていて「休みの日にいつもこうなるのか？」と思ったらそれは嫌だなと思って、コーヒーをいただいた、なんとかの豆という聞き取れなかったそのコーヒーはすごく好みで「おいしい……！」と遊ちゃんに飲んでもらった、同意してもらった。久しぶりのソファで、外で一服してから、さて、さて、といつもラジオは始める前の瞬間にいくらかナーバスな心地がある、生中継、では一切ないのに一発録り、真剣勝負、みたいな気分がわりとあるらしかった。それで始めて、あのラジオにおけるつつがなさとはなんなのか僕にはわからないがつつがなく終わり、そうしたら雨が降り出していた、出て、わりと強く降っていた、いったん家に帰った。

リュックを置いて僕はお金すら持たずに遊ちゃんに6000円の貸しがあったから僕はお金すら持たずに出る自由を獲得していた、手ぶらというのはいいものだなと、肩が重くなり気持ち悪くなりかけていた身にとってはよりありがたい手ぶらだった、下北沢に行った。

どこかでカレーを食べようということにしていて電車で検討したところ。般若に行くことにして行って、「。般若」とコピペして打ちながら、はて、これは縦書きの場合はどういう表記になるのが正しいのだろう、半濁音みたいな丸をルビとして振るという格好だろうか、行って、ラムのキーマとチキンのハーフみたいなやつを僕は食べた、遊ちゃんはラムのキーマとひよこ豆みたいなやつだった、卵のピクルスと野菜のピクルスもつけて、食べた、おいしかった、ホカホカした体で雨の降る中を歩いてB＆Bに行って遊ちゃんとカレーを食べながら話していたら庄野潤三が無性に読みたくなって遊ちゃんはやたら楽しそうに庄野潤三を読んでいて楽しそうに読む姿というのはやはりなによりのそこに導く力を持つよなと思った、それ自体が輝き、導く、それは忘れられない標語で批評のことを言っていた。だから遊ちゃんが楽しむその楽しむ姿はそれが批評で僕もそうありたかった、楽しく読むこと、読むことが楽しいこと、それを書けたらもうそれでよかった、庄野潤三は見たらあったのは『ザボンの花』で今ちょうど遊ちゃんが読んでいるらしかった、年末に読んでいたのは『夕べの雲』で僕はどうもそれを読みたくなった、今読みたくなった、今日読みたくなった、帰ったら遊ちゃんのやつを借りて読もうと思ったら楽しくなった。入り口で見たトーマス・ベルンハルトの『凍』がとても気になったが『夕べの雲』の気分に一気になっていたため買わないことにした、面白そうだった、遊ちゃんはなにか雑誌を買っていた。

本多劇場に行き、iPhoneを。般若に忘れたことに気がつき戻ってから本多劇場にまた行き、入る前からその感じがあったがロビーに入るといよいよそれは『アイスと雨音』で見たことのあった場所で、あの場所だ、と思った、それでトイレに行った遊ちゃんを待ちながらチラシとかを見るでもなく見ていたら自分に向けられたと思しき声が聞こえて振り向くと滝口さんがいた、わー滝口さんだ、と思って、姿を見るだけでなんというか「滝口さんは本当にいいなあ！」というあかるいうれしい気持ちが湧いて、それで「今日はどういったわけで」というような話をした、遊ちゃんが戻ってきて、あ、滝口さんだ、こんにちは〜といつもの素敵な笑顔で挨拶してそれが面白かった、遊ちゃんは面識はない、トークのときに見たり「アイオワ日記」を読んだりツイッターを追ったりしているあいだに醸成されていった親近感がきっと「もう知り合い」みたいな錯誤をもたらしていてそれがもろに出た格好だった、だから滝口さんに「あ、遊ちゃんです」と言って、そうしたらご結婚おめでとうございますとなって、それでそれぞれの日記のことや野球のことを少し話してではでは、と別れた、席について、通路のすぐ横の席だった、そうしたら階段を上がってくる滝口さんの姿があった、どうやらとても近くの席みたいで、と思ったら僕らが座っていた席の一つが滝口さんの席だった、Hの19で、僕らは本当はHの16と17でそれは通路の左側で右側の18と19が僕が取りそうな席だとなんだか妙に強い確信を持って思ったらしく席番号を確認もせず座っていた、確認をしていないということすら気づかなかったほど勝手に思いこんでいた。

それで正しい席に移り、舞台には円状の映像が映されていた、小さい丸、小さい丸、それが踊るようにあった、セットの奥行きで分断されて、丸がずれてそれによって丸が変なリズムを持っているように見えた、始まった、範宙遊泳の『うまれてないからまだしねない』だった、僕は前作の『#禁じられたた遊び』ですっかり「すごい」となって、ロビーで滝口さんと話しているときに「前のやつがすごくよくて、だからもう少し付き合おうかなと思って」ということを僕の口は話していたが「もう少し付き合おうかな」というようなものではなかった、ああいうことはなんで言われてしまうのだろうか、普通に話していたつもりだったがけっきょく憧れの人というか憧れではないが「大好きな小説家のあの人」というその感じに舞い上がっていたところは当然あっただろう、実際ではではと別れてからやはり気持ちがいくらかホカホカして遊ちゃんに「ホカホカする」と言っていた、だから口の滑りはしかたがない、実際は「もう少し付き合おうかな」どころか「ちょっともう付いていきたいかも」が正しくて、なんせ今はチェルフィッチュの舞台もやっていてだから今日は僕はチェルフィッチュではなく範宙遊泳を選んだというう僕にとってチェルフィッチュは偉大な偉大な偉大なものだからそれを横においてでもという範宙遊泳になっているということだった、チェルフィッチュはバニラのリッチのやつの再演みたいなものということはもちろんあった、もし新作だったら、どうだったかはわからない。

その範宙遊泳の、これも再演らしい、代表作らしい、それが始まって星が壊れて緑の光線を発した。その場面からとてもよかったというかセットがぐぐーっと動いた瞬間からなんでだか強く感動した、女の脚が踊り始めるその踊りから強く感動した、脚が踊って、それから萎えた、先週だったかのベケットのときの腰まで首まで埋まった体もそうだったけれど運動の制限された状態で使われる体というのはとても強さがあった、魅力的だった。たくさん、ずっとよかった、にじゅうごねんまえの夫婦と山の上で大丈夫、と掛け合いがあるところから泣き始めて、それからは随所随所で僕は涙がまったく止まらなくなったためごくごく飲むことで対処して飲んでいた。しょっぱかったぞ。それで、うまれてないからまだしねない、うまれるからしねる、しぬということはうまれることができたから、いきることができたからだ、いまあなたはうまれた、というのはつまり死刑宣告だったし死刑宣告を受けることができること、つまり生刑宣告でもあった。たくさんしんだ、でもなんだか、しぬ死ぬそれは僕は舞台上での供養みたいなものとして軽く見ていてそれよりもいくつものコミュニケーションの回路が開かれた瞬間とかに感動していた、体が新しい動き方を覚えていくことに感動していた、その感動のほうがずっと強かった、だから死ぬのはちょっとした供養みたいに僕は見ていた、『#禁じられたた遊び』のほうがずっとずっと重く沈静した気持ちになっていてだから見終えたとき僕は人とまったくコミュニケーションを取りたくなくなった、今日はそうではなかった、生き残ればいいというものでもない、『#禁じられたた遊び』のときも舞台にいる全員が尊重されているように見えてそれが気持ちよかった、それが今作でもそうで、尊重されている、そう感じる瞬間がいくつもある、それが僕にとってはただ幸せだった。

遊ちゃんは人が死んだり病気になったりということに対して強い忌避反応がある人でだから「その映画は人死なない？」みたいなそういうことを言う、死ぬとしたら見ない、そういう人だから、今回はきつかったらしくて、電車を待っているホームでぐすんぐすんと泣いていたし「あの人たちはなんで死ななきゃならなかったの」と、下北を出てから一杯飲んでから帰ろうと寄ったアイリッシュパブでそういう話をした、それで僕は死んだことで生まれたからこそ死ねるんだよなっていうそういうことがあーそうだったそうだったってなりやすくなるんじゃないかな、俺はそうだった、というようなことを言ったり死ぬとかよりコミュニケーションの回路が開かれた人の姿を見ることのほうが貴重だから僕はそっちに気を取られて幸せだったというようなことを話していたら話してよかったということになった。

劇場を出たあと、雨はまだ降っていた、雨が降っているねと、そう伝わるニュアンスで言うと、昨日とかにインスタグラムであるとかで通信障害が起きていた、と遊ちゃんが言った、演劇の世界となにか地続きにあるような気分になるというそういうことだった。僕らは僕らのデートのときにいつもそうするように写真を撮ってもらう、でもなんだか下北沢の観劇のあとの人に声を掛けることがためらわれた、そうだ、滝口さんに撮ってもらったら楽しいね、ということになり、外に出て路地のなんか凹みみたいなところで滝口さんの出待ちみたいなことをして、そうしたら目論見どおり通ったのでお願いして撮ってもらった。夏の終わりくらいだったかに始めたこのどこかに行ったときそこらの人に写真を撮ってもらうプロジェクトは多分、すべての写真においてどういう人に撮ってもらったかを写真を見たら思い出せて、それはとても楽しかった。この一枚もずっと「あーこれはあのとき」と思い出すだろう。いい遊び。滝口さんは僕らの前を通ろうとしたときはまだ傘をさしていなくてその位置は屋根がなくなってからそんなに突然の場所ではなかった、撮ってもらって、ではでは、と挨拶をしてから、傘を開きながら向こうに歩いていった。

それにしてもやはり、僕は明るかったらしい、こうやって、こんな見た直後に写真を撮ってもらうとか、ずいぶん普通に開かれている、明るかったということだった、そして、『#禁じられたた遊び』のときはやはり暗く重かったということだった、それを今日の自分の明るさを見て改めて思った、終演してぞろぞろと外に出ようとしていると座席から立ち上がった人が見覚えがあってそれは『#禁じられたた遊び』でみなとてもよかったなかでもとても印象にのこったよかった役者の方で、立ち止まって「あの、禁じられたた遊びで拝見して、全員すごく強くよかった中でもあなたの存在は特にとても印象に残ってすごくよくって、よかったですっていうことを今、お顔を見たら伝えたくなったので、伝えさせていただきました、とてもよかったです」と言わなかった、言うだけの反射神経は持っていなかった。

2月1日（金）

帰りはタラモアに寄ってキルケニーとなんとかというラムを飲んだ、今年から禁煙になった、飲みながら演劇の話をして、最初は観劇後になにかを話すってやっぱりなんだかうまく話せないと思っていたがだんだん興に乗るというかリズムができて話した、楽しかった、つまみを買って帰って楽しみにしていた『夕べの雲』を読むことにしてシャワーを浴びた、まだこれからつまむから歯磨きはしないと、洗面所に足を踏み入れた瞬間に思ったことは覚えていたがシャワーを浴び始めて5秒くらいして自分が歯磨き粉のついた歯ブラシをくわえていることに気がついた、風呂場から出て、それで戻ろうとしたときにいつもは電気を消すけれど今日は遊ちゃんがこれから入るから消さないでおこうとそのままにしたらパンツを履かずに廊下に出ていてそこで笑った。歯磨きにしても電気にしてもルーチンで、体がまったくそれを染み込ませているルーチンで、ルーティーンで、それが外れると行動がいろいろと外れる、ということがよく示されていた。頭で考えているのではなく体で考えているし過去の行動の繰り返しその厚みそれ自体が思考になっている。

僕が笑いながら風呂に入っているうちに遊ちゃんは眠ってしまったらしく布団で逆さを向いて体を折り畳むようにして眠っていた、しばらくビールを飲みながら日記を書いたりなんやかんやとやっていたらなんやかんやと時間が経って1時間くらいして遊ちゃんが目を覚まして「もうシャワー上がったの?」と「もう」にアクセントを置いて言って「1時間前に上がったよ」「えっ」とそこでぱっちり目を覚ましたらしかった。

つまみの袋を開けてウイスキーをグラスに注いでそれで『夕べの雲』を読み出した。最初は萩の話というか丘の上の家に引っ越してきて風が強くて風よけの木を植えなければいけないという話だった、そのあとが夏休みの宿題の話だった。

「これはこうそう植物よ」

「こ、う、そ、う」

こうそうというのは、きっと紅藻と書くのだろう。うみとらのおが褐藻で、これは赤い色をした海草なんだろう。これが本当の耳学問だ。大きな画用紙の上半分に海の底に岩があるところを描いて、そこからいろんな海草が生えているように、ひとつひとつ、セロテープで貼りつけてある。

水彩の絵具を出して来て、水と岩の色をかいたのは細君だ。ちょっとそういう風にして色を添えると、感じが出て来る。ひとりでに色のうすいところと濃いところが出来るので、海の底の岩のように見える。急いで一息に塗ってしまうから、思わぬ効果が出る。

この海草は、八月の初めに大浦の家族が外房州の海岸へ行った時に採った。採ったのも細君なら、ビニールの袋に入れて持って帰ったのを、水で洗って、新聞紙に挟んで、安雄と正次郎の部屋の隅にいつも積み上げてある漫画雑誌をおもしにのせておいたのも細君であった。

新聞紙を取りかえなくてはいけないのにそのまま入れっ放しにして忘れていたのも彼女で、今度出してみると、とけてしまって新聞紙にしみ込んでいたのもかなりあった。これで自然淘汰が出来て、いろいろきれいなのがあっても形が複雑で、調べてすぐに名前が分りそうにないものは捨ててしまうから、「海草しらべ」の画用紙の上に残ったのは、全部で十三種類であった。

それを海草図鑑で探すのも細君で、正次郎の役目といえば、書記か何かのように、いわれた通り書き入れるだけであった。何にも異議はとなえないのである。

庄野潤三『夕べの雲』（講談社）p.27, 28

もうなんだか即座におかしくておかしくてたまらないしおかしさは愛おしさによっている。即座にこの家族がすっかり愛おしい。これはなんなんだ。長男の音楽の宿題。何かを聞いて、何かを書く、というやつ。

細君は新聞の番組欄を見終って、

「こういう時になると、案外ないものね」

といった。

「何かあるだろう」

「ひとつだけあるんですけど、どうか知ら」

「何だ」

「九時からね、モオツァルトの『劇場支配人』というのがあるの。歌劇と書いてあります」

「劇場支配人？」

「ええ」

「そういうのがあるのか」

「あたしも知りませんけど」

そういうのがあるのかと大浦はいったが、他の歌劇ならよく知っているわけではない。

「軽騎兵序曲、というようなのは、どこかでやっていないか」

「やってないんです。そういうのがあれば、安雄には丁度いいんですけど」

「いいよ」

と安雄がいった。

「それ、きいてみるよ。劇場？」

「支配人」

と細君はいってから、

「でも、ちょっと面白そうな題ね」

「面白い題だ」

と大浦はいった。

「こんなことでもなければ、一生きけない音楽かも知れない。ついでにきいてみよう」

「お願いします」

なんだかおかしくてうれしくてたまらない。次のやつでは長女が修学旅行に行った。

同前 p.39

「いま頃は宿屋だな。夕飯、食べてるかな」

大浦は毎晩、同じことをいっている。

「食べてるでしょうね」

と細君が同じ返事をする。

同前 p.46

あ〜たのしい！

というところで満足して眠くなって布団に入って、これは本当にいいねえ、とってもいいねえ、あのくだりとか、ここといか、すっごくいいねえ、と遊ちゃんにほくほく話してからもうしばらく読んでいたら寝て、早かった気がしたがそれでも2時くらいだったろうか、起きたときはまったく十分な重さで眠かった。

特に買い物もなかったのでのんびり行って、それで朝の準備を簡単にして、ご飯を食べたりラジオの推敲をしたりしていた、昨日の演劇のゴキブリの扱いというのは感動的だった、ゴキブリをあんなふうに扱ったものをこれまで見たことがなかった、ゴキブリだからって即座に毛嫌いするのは少し思考停止なのかもしれないなと思った、というか、毛嫌いしない状態というのが可能性としてあるということすら考えられていなかったことを知らされた。

ゴキブリ役の俳優もそうだし、あとはミサとカオの二人、背負う男、彼らは『#禁じられたた遊び』でも出ていてミサとカオの二人は早稲田のところで見たやつにも出ていた、そうやって何度も見ていると役者の人というかなんというか存在自体になにか身近さというか親近感というかそういう情が芽生えるところがあるというか、どんどんより魅力的に見えてくる。

ゆっくりとした動き出しでゆっくりと働きながら、やるべきことをやっていた、カレーを作ったりケーキを焼いたり。それからメルマガ関連のこともいくつかやって今週の配信の準備は整った感じがあった、あとでドトールでやろうと思っていたから済んでよかった。

そういうあたりで山口くんが来て直後にお一人だけだったお客さんが帰られたので誰もいなくなった、先週の金曜日のことが頭をよぎる、たった5人だけだった金曜日、今日はどうなのか、それでレッドレモンのシロップがもうできあがっていたけれど味見をまだしていなかった、作っていたときの感じはレモンとは少し違う風味があるようで、味見をちゃんとしないと、と思っていたが、生来の面倒くさがりのためそれをしていなかった、来たばかりの山口くんに「山口くん、レッドレモンでレモネード、作ってもらえる?」と指示を出して、たいそうな指示だった、それで分けて飲んで、おいしいね、と言った。

それから『夕べの雲』を指してこれ昨日から読み始めたんだけど、遊ちゃんがあんまり楽しそうに読んでいたから読みたくなって、借りて読み始めたんだけど、これすごくよくてさ、なんにも起こらないで小説はちゃんと成り立つというか、家族の話なんだけど、最初は山の上のところの家に引っ越したら風が強くて風よけの木を植えないと、ていう話で、次のが子供たち3人いるんだけど、高校中学小学校の、その子供たちの夏休みの宿題を手伝わないと、ていう話で。いいですね、もう面白いですね、と、もう面白そうな顔で言ってくれて、山口くんはそう言ってくれると思った、と思ってうれしくなった。そうなんだよ、もう面白いでしょう。

出た。

ドトール。

「「本の読める店」のつくりかた」の原稿をひとつアップしようかと思っていたのでそれをやっていた、ほとんど書き直した、そのあいだすぐ近くの席で男が電話をしていた、終始ヘラヘラとした粘っこい口調だった。

だって言ってることぐちゃぐちゃじゃないですかって。

樋口くんは人生が辛いんだ。

でしょ、だから、だから昨日からずっとその話してるじゃん、ね、樋口くんわかる？その話ずっとしてるよね、ずっとしてるよね、俺はだからそれでいいよ、いいけど、大事なのは人生が辛いんだよねってことだよね、わかってると思うけど、そうそうそう、だから人生が辛いんだけど、それを他の人のせいにしちゃいけないんだよ、自分がしたくないってことを直視したくないから人のせいにしてるんだよ、そそそ、そうでしょ、そうでしょだから人生なの、会社から逃げても何から逃げても、しかたがないでしょって言ってるの、だから俺は、そこがわかっている上で、あとはもう樋口くんがどうするかっていうそれは樋口くんの選択だからね、それはもうしょうがないから。そこがわかってほしいんだ。

毎日いじけててもね、毎日数千円お金入ってくるなんてそんなの社会にないよ。

あのね、いい加減にしなさいよ、いじけてるのいい加減にしなさい。

だからね、親はそれをわかってんのって話。いじけてても何も変わらないんだよって。

何が不満なの？　よくわからないんだよね俺、もうよくわからないやマジで。

自分がどれだけ恵まれてるかさ考えてみなよマジで。

何もしないでも入ってくるなんて世の中ありえないよ本当にマジで。

あとはもう自分で決めなさい、なんべん俺のとこに電話してきたって同じことしか言えないからね、あとはもう自分で決めなさい。

毎月10万7千円死ぬまで入ってくるんだよ。

いま樋口君が持っているネットワークがどれくらいの価値があるかわからないけど。

はい樋口君昨日の話覚えてる？

そういうことでーす。

すぐわすれる。

書いときなもう。

すっぐわすれる。

すっぐわすれる。
それじゃあね、俺次のところあるから。はい。なんべん俺に電話しても同じだからね、なんべん親に相談したって変わらないからね。
はいはい、そういうこと、明日来なくていいからね、はいはーい。

一年先になるか、二年先になるか、それが分らなかった。きっちりした性分の人なら、それを確かめるだろう。大浦は、もともと面倒臭がりである上に、はっきりしないことははっきりしないままでいる方がよい、無理にはっきりさせなくてもいいという男であった。

いいことなら、その時に喜べばいい。もしそれが悪いことなら、なお更はっきりしない方がいい。どっちみち、分った時には苦痛を味わうのだから、わざわざ途中まで出迎えに行かなくてもいい。それにこの人生では、いいことはそんなに起るものではない。それならなおのこと、はっきりさせる必要はないと、そう思っているのだった。

だから、いつから工事が始まるのか、知らない。いずれ近いうちに始まることは確からしいが、少くとも今すぐということはない。それなら、この山がこのままの姿をしている間にうんと楽しもうじゃないか。

同前 p.85, 86

電話に心底うんざりしてから庄野潤三を読み始めたらまたたく間にニコニコというか、ずっとやさしい、胸がほわほわするような心地になりながらページがめくられていった。こんな小説、いいなあ、となんというか全身で喜びながら読んでいる。と同時に山が切られて開発されることが知らされて、全身に悲しみがやってきた。どうしてこんなたったこれだけの付き合いでこんなに悲しかったり愛おしかったりするのだろうか。

日の暮れかかる頃に杉林のある谷間で安雄と正次郎の声が聞えて来る。「もう夕御飯なのにいつまで遊んでいる気だ」と腹を立てながら、大浦は二人を呼びに行く。そんな時、彼はつい立ち止って、景色に見入った。
「ここにこんな谷間があって、日の暮れかかる頃にいつまでも子供たちが帰らないで、声ばかり聞えて来たことを、先でどんな風に思い出すだろうか」

同前 p.87

金曜だ。山口くんは音沙汰ないが無事なのか。まさか今日も先週の惨劇を繰り返しているのか。と気になる。気になるしドトールに飽きたらしく、まだ閉店までは時間があったけれど出て、戻った、わりと埋まっていて、おお、と思った、洗い物が溜まっててんやわんやになっているというふうでもなく、マジでこれは成長、と思って喜び、適当に手伝ったり手伝わなかったりしながら過ごした、途中からは佐久間裕美子を読んでいた、「黒人以外の人間がなぜNワードを使ってはいけないかは、歴史を見れば自明である。さらにはババア本人がババアと言ってもいいけれど、他人が言うのはNGなのと同じである」とあって、これは僕はわりとずっとモヤッとしていたところだった、「そのへんの機微をわかっていない感じに少し気の毒な気持ちになりかける」とありまずい、そのへんの機微を俺はわかっていないじゃないか、と思って、気の毒な気持ちになりかかった。ヒップホップとかでニガーニガー言うのを聞きながらたまに、これはこの人たちが当人たち同士で使う以外には使ってはいけないのだよなと思うときにモヤッとしたことがこれまでもあった、言っちゃいけない言葉ならあんまり聞かせないでよ、というようなな。やばい、すごい、マジで機微をわかっていない感じがしてきて焦ってきた。

焦りながらご飯を食べて焦りながら帰った、帰る前に『夕べの雲』をポチった、楽しみだから、届くまでは続きは読まないことにして、進めるのがもったいない、というそれは「アイオワ日記」と同じ感情だった、それで今晩は酒は飲まないことにして白湯をガブガブ飲みながら遊ちゃんと恵方巻きについて話してゲラゲラ笑ってから吉田健一の『時間』を久しぶりに読んだ、けんちゃんは相変わらずで、ぶん殴ってくる。

2月2日（土）

起きたら昨日ゴミ捨て忘れたと遊ちゃんが言っていて僕も忘れていた。でも間に合うはずと言って遊ちゃんはゴミを捨てに行って間に合って帰ってきた、家のところはもうきれいになってしまっているが、すぐのところのマンションはいつも山みたいになっていて遅い。そこに捨ててきたと聞いた途端に唐突に高校のときまで住んでいた大宮の家のマンションのゴミ捨て場の映像が浮かんで、唐突だったしずっと思い出していない映像だった。

それから店に行って自転車を担ぎながら階段を上がっていると唐突にアラビア語の研修旅行で滞在していたアレッポのホテルの階段らしきものが浮かんで唐突だったしずっと思い出していない映像だった。どうしたのか。

開店前、煮物をつくったりショートブレッドを焼いたりしていたらふと暗いなにかうごめく系の不安な感情がやってきてどうしてそういうものがやってきたのかさっぱりわからなかった。

わからずとも暗さは暗さとしてうっすらとだがそこにとどまり「ふーむ」と思い、開ける直前は外で佐久間裕美子を開くことにしてそれで何ページか読んでいるうちにだいたい元気になった。

開け、わたわたとし、最初がどばーっとでわたわたとし、必死に働いた、いい時間が今日も流れていてウィリアム・ギャディスの『JR』を持っている方を見かけて見かけるたびに変にテンションが上がるというか飽きもせず「でかっｗｗｗ」と思うようになっているからそう思って、余計な声を掛けてしまう、すべったなと思って反省して、でも『JR』はなんだか物それ自体が愉快でこれまでに3人見た。会話のない読書会を開催しようかな、と思いついた、すべての人があのどでかい本を読んでいるという光景を見てみたいというそういう欲求で実際それはとても馬鹿げた愉快な美しい光景になるだろう。

夕方、山口くん来店。「人は自分が寛容な態度を取るとそれ自体が喜びになり報酬となる」ということについて説こうかと思っていたがその余裕がなく、「寛容な自分」と書かれたメモ切れが僕の尻ポケットに入ったままになった。

忙しく、働く、9時くらいまではずっと満席で二人でわたわたとしながら働いていた。へとへとになって僕は銭湯に行きたい。

閉店、疲れたので褒美が必要だった、今日ビール屋さんがおまけでビールをくだすった、そのなかの「Perler For Svin」というビールを飲むことにした、LERVIGというノルウェーのブリュワリーのものということだった、ラベルアートの雰囲気というか缶全体の雰囲気がなんとなく覚えがある気がしてあとで調べたらやはり「Liquid Sex Robot」と同じブリュワリーのものだった、かっこよかった。IPAだった、おいしかった、僕の舌はなんにもならないので「うん、おいしいIPAだ」で終わってしまってビール屋さんもあげ損じゃないかと思うがどうか。

帰り、遊ちゃんはパウンドケーキのことを考えている、ケークサレもいい。僕は吉田健一を読む。

そういうことが言葉数、或は言葉であるのに価しない符牒の数を多くしてその洪水から誰かが大に考えているという印象を受けることで自分もその一人であって考えているという錯覚を生じ、それがその通りであるには自分で考えなければならないことが宙に消えて考えるというのが符牒を繋ぎ合わせることになる。又それで考えさせられるという言い方が流布するので考えさせられてもさせられなくても考えるということを実際にするのでなければどれだけの外からの圧力も効を奏することがないのである。又それをすれば外からの圧力の必要もない。

吉田健一『時間』（講談社）p.166

そこでやめてウイスキーを十分に飲んだため布団に移るとこう続いた。

これは世界というのが符牒で不当に拡大された平板というのか雑駁というのか解らないものでなくて人間の精神を中心にその人間の精神にとって親密な姿をして拡るものなのだということである。もしそうでなければその人間にとって世界はなくて世界がない人間というものも考えられる。併し人間にとって世界というものがあるならばこれが世界であってそれが確実に自分のものである程度に応じてその世界が拡って行く。それは確実に知ることによって知るということの性質が解って来るからでこうして一歩ずつ進むことで世界が開ける。併しそれはどこまで行っても自分が知っていることに即して同じ世界であり、そのうちのどこに達してもそこに自分がいてその周囲に世界が拡るのでそれは広くも狭くもない。そのようなことよりも大切なのはそれが自分にとって親めて又実際に親しいものなのだということで住み馴れた家に入る気持で臨めることでその人間にとっての世界がある。

同前 p.166, 167

読書の日記

InDesign／入籍／山口くん

2023年5月1日　初版第1刷発行

著　者　阿久津隆
編　集　内沼晋太郎、久木玲奈（日記屋 月日）
装　丁　戸塚泰雄（nu）
装　画　カナイフユキ

印刷・製本　株式会社広済堂ネクスト
発行者　内沼晋太郎
発行所　NUMABOOKS
〒155-0033 東京都世田谷区代田2-36-12
BONUS TRACK SOHO 9 日記屋 月日2F
MAIL: pub@numabooks.com
http://numabooks.com/

ISBN978-4-909242-10-5

阿久津隆（あくつ・たかし）
1985年、栃木県生まれ。埼玉県育ち。慶應義塾大学総合政策学部卒業後、金融機関に入社。営業として3年間働く。退職後の2011年、配属地の岡山に残ってカフェを立ち上げ、3年間働く。2014年10月、東京・初台に「fuzkue」をオープン。著書に『読書の日記』『読書の日記　本づくり／スープとパン／重力の虹』（ともにNUMABOOKS）、『本の読める場所を求めて』（朝日出版社）。趣味はNotionを用いた情報整備です。https://fuzkue.com/

※本書は、著者が経営する「本の読める店 fuzkue」のウェブサイトやメールマガジンに掲載されていた「読書の日記」のうち、２０１８年10月4日から２０１９年2月2日までの分をまとめ、加筆・修正を加えたものです。
※本書は、日記は著者の思い違いも含めてなるべく日々記録された生のままのものでありたいという考えから、事実誤認や言葉の誤用についても、敢えてそのままにしている箇所があります。予めご了承ください。

登場する本